韓國所藏
中國古典戲曲(彈詞・鼓詞) 版本과 解題

* 이 책은 2010년 정부의 재원으로 한국연구재단의 지원을 받아 연구되었음 (NRF-2010-322-A00128)

경희대학교 비교문화연구소 비교문화총서 06

韓國所藏
中國古典戱曲(彈詞·鼓詞) 版本과 解題

민관동·유승현 공저

연구제목	한국에 소장된 중국고전소설 및 희곡판본의 수집정리와 해제
연구기간	2010년 09월 01일 – 2013년 08월 31일
프로젝트 전반기 연구진(2010.09.01-2012.02.29)	
책임연구원 : 민관동	
공동연구원 : 정영호 / 이영월 / 정선경 / 박계화	
전임연구원 : 김명신 / 장수연 / 유희준 / 유승현	
연구보조원 : 이숙화 / 심지연 / 김보근 / 유형래 / 홍민정	
프로젝트 후반기 연구진(2012.03.01-2013.08.31)	
책임연구원 : 민관동	
공동연구원 : 정영호 / 이영월 / 박계화	
전임연구원 : 김명신 / 장수연 / 유희준 / 유승현	
연구보조원 : 배우정 / 옥주 / 최정윤 / 윤소라	

머 리 말

本書는 한국연구재단 토대연구 과제인 《한국에 소장된 중국고전소설과 희곡판본의 수집정리와 해제》(2010년 9월 - 2013년 8월 / 3년 과제)의 일환으로 나온 책이다. 본 연구팀에서는 국내 유입된 中國古典戲曲과 彈詞·鼓詞의 판본을 수집·정리하여 목록화하고 이에 따른 解題를 하였다.

朝鮮時代에는 中國古典戲曲이나 彈詞·鼓詞가 中國小說처럼 많은 작품과 판본이 유입되지는 않았다. 오직 《西廂記》만이 상당히 많은 판본이 유입되었고, 또한 원문을 전사하거나 한글로 번역한 筆寫本만 상당수 남아 있을 뿐이다. 朝鮮의 문인들은 비록 《西廂記》에는 상당한 관심을 보였지만, 戲曲이라는 장르 자체는 매우 생소한 분야로 여겼던 것으로 보여 진다. 즉 그들에게 희곡 장르의 특수한 형식은 읽기에도 또 창작하기에도 힘든 장르였기 때문에 朝鮮의 문인이 창작한 희곡은 李鈺이 《西廂記》를 모방해서 지었다고 하는 《東床記》 밖에 없다. 이도 실제로는 지은이가 불분명한 상황이다. 朝鮮에서 창작된 희곡이 이렇게 희소한 것은, 희곡 장르에 대한 조선인들의 수용이 일천했음을 암시하는 것이며 실제로 《西廂記》 이외의 다른 작품들은 유입이 매우 적은 편이다. 심지어 단 1종의 판본밖에 없는 작품들도 不知其數이다. 이런 상황은 강창 장르에 속하는 彈詞·鼓詞의 경우도 마찬가지이다. 이 방면의 작품들은 朝鮮에 유입된 판본 자체가 적기 때문에, 필자는 한 작품이라도 더 찾기 위해 다방면으로 조사를 진행하여 그 성과를 이 책에 담고자 최선을 다 하였다.

朝鮮時代 유입된 중국고전희곡 전체 작품을 분류하고 정리 및 목록화하는 면에 있어서 나름대로 심혈을 기울였음에도 불구하고 미흡한 면이 상당히 있을 것으로 보인다. 그러나 국내에서는 최초로 유입된 中國古典戲曲과 彈詞·鼓詞의 판본을 수집하여 목록화하고 총괄정리했다는 데에서 그 의미를 찾고자 한다.

本書는 총 3부로 구성했다.

제1부 : 第一部에서는 韓國에 所藏된 中國古典戲曲과 彈詞 및 鼓詞의 版本目錄을 수집정리하여 목록화하였고 이에 따른 解題를 했다. 특히 朝鮮時代 국내 유입된 판본목록을 作品 別로 일목요연하게 정리하였다.

제2부 : 第二部에서는 韓國에 所藏된 中國古典戲曲과 彈詞 및 鼓詞의 版本目錄을 所藏處 別로 정리하였다. 전국 각지의 도서관 및 사찰·서원·문중 및 개인 소장자까지 총망라하였다.

제3부 : 第三部는 附錄으로 韓國에 流入된 中國古典戲曲과 彈詞 및 鼓詞의 작품을 目錄表로 일목요연하게 정리하여 연구자의 편의를 돕고자 했다. 또 중국에서 출판된 中國古典戲曲과 彈詞 및 鼓詞의 작품을 綜合하여 總目錄으로 만들었다.

本書는 朝鮮時代 국내에 유입된 중국희곡과 彈詞·鼓詞에 대한 판본과 기타 서지양상 등 關聯資料들을 총망라하여 소개 및 해제를 하였다. 그러나 능력의 한계로 미흡한 부분과 보충해야 할 부분은 추후에 지속적으로 보완해나갈 예정이다.

어려운 상황에서도 흔쾌히 출간에 응해주신 학고방 하운근 사장님을 비롯한 전 직원 여러분께 감사의 뜻을 전한다.

2012년 10월 10일
민관동·유승현

* 본서의 수집정리는 대상은 국립도서관 및 박물관 그리고 대학도서관 및 박물관·서원·향교·사찰·기업체 도서관·각종 연구소·각 종가집(문중)·개인소장자 등을 대상으로 하였다. 조사대상의 명단은 다음과 같다.

古書目錄 收集現況

1. [國立圖書館 및 大學圖書館(大學博物館 包含)]

所藏處名	古書目錄	細部 分類	刊行年度	番號
國立 中央 圖書館	國立中央圖書館 外國 古書目錄Ⅰ 中國本篇		1976年	1-1
	國立中央圖書館 外國 古書目錄Ⅱ 韓國本篇		1977年	1-2
	國立中央圖書館 古書目錄1	文學(詞曲, 小說)	1970年	1-3
	國立中央圖書館 古書目錄2	小說類:無(經學/史學)		
	國立中央圖書館 古書目錄3		1972年	1-4
	國立中央圖書館 古書目錄4		1980年	1-5
	國立中央圖書館 古書目錄5		1993年	1-6
	國立中央圖書館 古書目錄6		1994年	1-7
	韓國古典的綜合目錄시스템 htttp://www.nl.go.kr/koris			1-8
韓國學 中央研究院 (舊韓國 精神文化 研究院)	藏書閣圖書中國版總目錄 (藏書閣貴重本叢書第7輯)	詞曲類, 小說類	1974年	2-1
	韓國古小說目錄		1983年	2-2
	藏書閣圖書 韓國版總目錄	小說類	1984年	2-3
	藏書目錄 古書篇1	小說類 國文 小說類 漢文	1991年	2-4
	韓國古典的綜合目錄시스템 htttp://www.nl.go.kr/koris			2-5
國史編纂 委員會	國史編纂委員會古書目錄	集部 小說類(國文, 漢文)	1983年	3
國立 中央博物館 圖書館	韓國古典的綜合目錄시스템 htttp://www.nl.go.kr/koris			4

所藏處名	古書目錄		細部 分類	刊行年度	番號
韓國國學振興院	韓國古典籍綜合目錄시스템 htttp://www.nl.go.kr/koris				5
國會圖書館	國會圖書館 古書目錄			1995年	6-1
	韓國古書綜合目錄		所藏處一覽表	1968年	6-2
	韓國古典籍綜合目錄시스템 htttp://www.nl.go.kr/koris				6-3
서울大	奎章閣圖書 中國本 綜合 目錄		小說類	1982年	7-1
	奎章閣圖書 韓國本 綜合 目錄		小說類(國文, 漢文, 隨筆, 雜著)	1994年(修訂版)	7-2
	奎章閣 寄贈古圖書古文書 目錄		小說類(漢文, 隨筆, 雜著) : 1995年-2004年	2005年	7-3
	서울大學校 中央圖書館 古書目錄		國文學, 中國文學	未詳	7-4
	韓國古典籍綜合目錄시스템 htttp://www.nl.go.kr/koris				7-5
高麗大	高麗大學校 漢籍綜合目錄(上)	晩松文庫	小說類	1979年	8-1
		高麗大學校 藏書目錄 第8輯 漢籍目錄(舊藏)	子部 小說	1984年	8-2
	高麗大學校 漢籍綜合目錄(下)	薪菴文庫 漢籍目錄	子部 小說	1974年	8-3
		華山文庫		1976年	8-4
	高麗大學校 藏書目錄 第9輯 石洲文庫		小說類	1973年	8-5
	高麗大學校 藏書目錄 第15輯 貴重圖書目錄			1980年	8-6
	韓國古典籍綜合目錄시스템 htttp://www.nl.go.kr/koris				8-7
延世大	延世大學校 中央圖書館 古書目錄 第1輯		文學 全體 文庫目錄(黙容室文庫, 綏堂文庫, 庸齊文庫, 元氏文庫, 李源喆文庫, 張起元文庫, 佐翁文庫, 濯斯文庫, 韓相億文庫, 海觀文庫)	1977年	9-1
	延世大學校 中央圖書館 古書目錄 第2輯		한글小說 / 漢文小說 中國戱曲 / 中國小說 中國史文, 稗說 中國諷刺, 笑話, 雜文 貴重圖書架目錄 庸齊文庫古書追加目錄	1987年	9-2

所藏處名	古書目錄	細部 分類	刊行年度	番號
		鶯山文庫古書追加目錄		
	韓國古典的綜合目錄시스템 htttp://www.nl.go.kr/koris			9-3
成均館大	古書目錄	集部：小說類(國文, 漢文)	1979年	10-1
	古書目錄 第2輯	集部：小說類(國文, 漢文)	1981年	10-2
	古書目錄 第3輯 (成均館大學校 東亞細亞學術院 尊經閣)	小說類(國文, 漢文)	2002年	10-3
	韓國古典的綜合目錄시스템 htttp://www.nl.go.kr/koris			10-4
慶熙大	韓國古典的綜合目錄시스템 htttp://www.nl.go.kr/koris			11
漢陽大	韓國古典的綜合目錄시스템 htttp://www.nl.go.kr/koris			12
西江大	西江大 中央圖書館 電算資料			13
梨花女大	梨花女子大學校 圖書館 古書目錄	集部 全體	1981年	14-1
	韓國古典的綜合目錄시스템 htttp://www.nl.go.kr/koris			14-2
建國大	藏書目錄(漢籍綜合編)		1984年	15-1
	韓國古典的綜合目錄시스템 htttp://www.nl.go.kr/koris			15-2
東國大	古書目錄	中國文學(小說, 其他)	1981年	16-1
	東國大學校 建學 100週年 紀念 古書目錄	韓國文學(戲曲, 小說) 中國文學(戲曲, 小說)	2006年	16-2
	韓國古典的綜合目錄시스템 htttp://www.nl.go.kr/koris	慶州캠퍼스 出版本 古書目錄은 없음		16-3
檀國大	檀國大學校 粟谷紀念圖書館 漢籍目錄(天安캠퍼스)	羅孫文庫[金東旭], 秋汀文庫 (天安 캠퍼스)	1994年	17-1
	韓國古典的綜合目錄시스템 htttp://www.nl.go.kr/koris	竹田캠퍼스 出版本 古書目錄은 없음		17-2
中央大	韓國古典的綜合目錄시스템 htttp://www.nl.go.kr/koris			18
淑明女大	韓國古典的綜合目錄시스템 htttp://www.nl.go.kr/koris			19
國民大	省谷圖書館 古書目錄	文學 全體	2008年	20-1
	韓國古典的綜合目錄시스템 htttp://www.nl.go.kr/koris			20-2
崇實大	崇實大學校 韓國基督敎博物館 古文獻 目錄	韓國學, 其他	2005年	21-1

所藏處名	古書目錄	細部 分類	刊行年度	番號
	韓國古典的綜合目錄시스템 htttp：//www.nl.go.kr/koris			21-2
明知大	明知大學校 中央圖書館	인터넷(古書：請求番號812)		22
가톨릭大	韓國古典的綜合目錄시스템 htttp：//www.nl.go.kr/koris			23
京畿大	韓國古典的綜合目錄시스템 htttp：//www.nl.go.kr/koris			24
龍仁大	龍仁大學校 傳統文化硏究所 古書目錄	集部(詞曲類, 小說類, 안동오 先生 寄贈 圖書)	2000年	25-1
	韓國古典的綜合目錄시스템 htttp：//www.nl.go.kr/koris			25-2
仁荷大	韓國古典的綜合目錄시스템 htttp：//www.nl.go.kr/koris			26
江原大	韓國典籍綜合調査目錄 第3輯 江原道		1989年	27
忠南大	忠南大學校圖書館 古書目錄	集部(韓國, 中國)	1993年	28-1
	忠南大學校 中央圖書館 鶴山文庫目錄		1997年	28-2
	韓國古典的綜合目錄시스템 htttp：//www.nl.go.kr/koris			28-3
大田 가톨릭大	韓國古典的綜合目錄시스템 htttp：//www.nl.go.kr/koris			29
忠北大	韓國典籍綜合調査目錄 第9輯 忠淸北道 / 濟州道		1996年	30-1
	韓國古典的綜合目錄시스템 htttp：//www.nl.go.kr/koris			30-2
淸州大	韓國典籍綜合調査目錄 第9輯 忠淸北道 / 濟州道		1996年	31
全南大	全南大學校 圖書館 所藏 古書目錄 I	小說類	1990年	32-1
	韓國古典的綜合目錄시스템 htttp：//www.nl.go.kr/koris			32-2
	韓國典籍綜合調査目錄 第6輯 全羅南道		1992年	32-3
朝鮮大	韓國古典的綜合目錄시스템 htttp：//www.nl.go.kr/koris			33
順天大	中央圖書館 電算資料			34
全北大 圖書館/ 博物館	韓國典籍綜合調査目錄 第4輯 全羅北道		1990年	35-1

所藏處名	古書目錄	細部 分類	刊行年度	番號
	韓國古典的綜合目錄시스템 htttp://www.nl.go.kr/koris			35-2
圓光大	圓光大學校 古書目錄	文學 全體	1994年	36-1
	韓國典籍綜合調查目錄 第4輯 全羅北道		1990年	36-2
	韓國古典的綜合目錄시스템 htttp://www.nl.go.kr/koris			36-3
全州大	韓國古典的綜合目錄시스템 htttp://www.nl.go.kr/koris			37
釜山市立 圖書館	釜山廣域市 市立圖書館 古書目錄		1995年	38-1
	韓國古典的綜合目錄시스템 htttp://www.nl.go.kr/koris			38-2
釜山大	釜山大學校圖書館 古書目錄	海蒼文庫, 東麓文庫, 直齊文庫, 夢漢文庫, 芝田文庫, 小訥文庫, 설뫼文庫, 蒼原文庫, 于溪文庫	2010年	39-1
	韓國古典的綜合目錄시스템 htttp://www.nl.go.kr/koris			39-2
釜慶大	中央圖書館 電算資料			40
東亞大	韓國古典的綜合目錄시스템 htttp://www.nl.go.kr/koris	石堂文庫(鄭在煥)		41
慶星大 博物館 慶星大 鄕土文化 研究所	韓國典籍綜合調查目錄 第7輯 釜山直轄市		1993年	42
釜山教育大 圖書館	韓國典籍綜合調查目錄 第7輯 釜山直轄市		1993年	43
釜山女大 伽倻文化 研究所	韓國典籍綜合調查目錄 第7輯 釜山直轄市		1993年	44
蔚山大	韓國古典的綜合目錄시스템 htttp://www.nl.go.kr/koris			45
慶尙大	慶尙大學校圖書館 漢籍室 所藏 漢籍目錄	小說部	1996年	46-1
	慶尙大學校圖書館 漢籍目錄	儒家類, 小說部	1996年	46-2
	韓國古典的綜合目錄시스템 htttp://www.nl.go.kr/koris			46-3
慶南大	慶南大學校 中央圖書館			47

所藏處名	古書目錄	細部 分類	刊行年度	番號
慶州市立圖書館	慶州地方 古書調查目錄(慶州文化院刊行)		1992年	48
大邱市中央圖書館	韓國古典的綜合目錄시스템 htttp：//www.nl.go.kr/koris			49
慶北大	慶北大學校 中央圖書館 資料			50
啓明大	啓明大學校 古書目錄	中國文學(小說)	1987年	51-1
	啓明大學校 開校50周年 紀念 古書綜合目錄	文學	2004年	51-2
	韓國古典的綜合目錄시스템 htttp：//www.nl.go.kr/koris			51-3
嶺南大 圖書館/ 博物館	嶺南大學校 中央圖書館 藏書目錄 漢古籍篇	文學 全體	1973年	52-1
		東濱文庫		
	嶺南大學校 圖書館 所藏 古書古文書目錄(味山文庫)	文學 全體	2000年	52-2
	嶺南大學校 圖書館 所藏 古書古文書目錄(南齊文庫)	文學 全體	2001年	52-3
	嶺南大學校 圖書館 所藏 古書古文書目錄(陶山文庫) 陶南誕生100周年紀念	文學	2004年	52-4
	韓國典籍綜合調查目錄 第1輯 大邱直轄市・慶尙北道		1986年	52-5
	韓國古典的綜合目錄시스템 htttp：//www.nl.go.kr/koris			52-6
	汶波文庫			52-7
大邱大	大邱大學校 中央圖書館 資料			53
大邱가톨릭大	韓國古典的綜合目錄시스템 htttp：//www.nl.go.kr/koris			54
安東大	安東大學校 圖書館 所藏 古書目錄1	明谷文庫	1994年	55-1
	安東大學校 圖書館 所藏 古書目錄2	一般古書 西坡/東山文庫 小極文庫	2003年	55-2
	韓國典籍綜合調查目錄 第5輯 安東市郡		1991年	55-3
	韓國古典的綜合目錄시스템 htttp：//www.nl.go.kr/koris			55-4
濟州大 民俗博物館	韓國典籍綜合調查目錄第9輯 忠清北道 / 濟州道		1996年	56

所藏處名	古書目錄	細部 分類	刊行年度	番號
陸軍士官學校	中央圖書館 資料			57
海軍士官學校	漢籍目錄	子部	1977年	58-1
	韓國典籍綜合調査目錄 第8輯 慶尚南道		1994年	58-2
鐘路圖書館	藏書目錄 古書解題編		1983年	59

2. [書院/鄕校/寺刹/硏究院(所)/博物館/企業體圖書館]

所藏處名	古書目錄	細部 分類	刊行年度	番號
書 院	李朝書院文庫目錄	玉山書院, 屛山書院, 紹修書院, 臨臯書院	1969年	101
高敞郡 玄谷書院	韓國典籍綜合調査目錄 第4輯 全羅北道		1990年	102
長城郡 筆巖書院	韓國典籍綜合調査目錄 第6輯 光州直轄市.全羅南道		1992年	103
山淸郡 道川書院	韓國典籍綜合調査目錄 第8輯 慶尙南道		1994年	104
洪川郡 洪川鄕校	韓國典籍綜合調査目錄 第3輯 江原道		1989年	105
기림사(慶州) 直指寺(金泉)	韓國의 寺刹文化財 (大邱/慶尙北道) *文化財廳 (大韓佛敎曹溪宗 文化遺産發掘調査團)	*京畿道/서울은 未出版 *忠南[2004], 忠北[2006] 江原道[2002]版에서는 未確認	2007年	106
범어사(釜山) 石南寺(蔚山) 은하사(金海市)	韓國의 寺刹文化財 (釜山/蔚山/慶尙南道)		2010年	107
대흥사(海南)	韓國의 寺刹文化財 (光州/全羅南道)		2006年	108
향산사(부안)	韓國의 寺刹文化財 (全羅北道)		2003年	109
개암사(부안)	韓國의 寺刹文化財 (全羅北道)		2003年	110
光明寺 (濟州道)	韓國의 寺刹文化財 (全羅北道/濟州道)		2003年	111
松廣寺	韓國古典的綜合目錄시스템 htttp：//www.nl.go.kr/koris			112
三陟郡 영은사	韓國典籍綜合調査目錄 第3輯 江原道		1989年	113
韓國民族美術硏究所 (澗松文庫)	澗松文庫漢籍目錄	集部(易學, 小說家類)	1968年	114
普門精舍	慶州地方 古書調査目錄(慶州文化院 刊行)		1992年	115
慶州市 독악당	慶州地方 古書調査目錄(慶州文化院 刊行)		1992年	116
慶州市 운음정	慶州地方 古書調査目錄(慶州文化院 刊行)		1992年	117

所藏處名	古書目錄	細部 分類	刊行年度	番號
誠庵古書博物館	誠庵文庫典籍目錄	小說類(國文, 漢文)	1975年	118-1
	韓國古典的綜合目錄시스템 htttp：//www.nl.go.kr/koris			118-2
國立淸州博物館	송인택■이광자 寄贈 古書 옛책 古書	集部 小說類	2008年	119
國立民俗博物館	韓國古典的綜合目錄시스템 htttp：//www.nl.go.kr/koris			120
溫陽市溫陽民俗博物館	韓國典籍綜合調查目錄 第2輯 忠淸南道		1988年	121
釜山市立博物館	韓國典籍綜合調查目錄 第7輯 釜山直轄市		1993年	122
韓國銀行	韓國銀行古書解題	韓國銀行	2001年	123
雅丹文庫 (韓火[株式會社])	雅丹文庫 藏書目錄(2)	韓國小說 中國小說	1996年	124
慕德祠	韓國古典的綜合目錄시스템 htttp：//www.nl.go.kr/koris			125
大田市文忠祠	韓國典籍綜合調查目錄 第2輯 忠淸南道		1988年	126
忠烈祠	韓國典籍綜合調查目錄 第7輯 釜山直轄市		1993年	127
靈巖郡大同稧祠文見善	韓國典籍綜合調查目錄 第6輯 光州直轄市.全羅南道		1992年	128
春川市崇德祠	韓國典籍綜合調查目錄 第3輯 江原道		1989年	129
江陵市船橋莊	韓國典籍綜合調查目錄 第3輯 江原道		1989年	130
大田燕亭國樂院	韓國典籍綜合調查目錄 第2輯 忠淸南道		1988年	131
東萊女子高等學校	韓國典籍綜合調查目錄 第7輯 釜山直轄市		1993年	132
南海郡南海郡廳	韓國典籍綜合調查目錄 第8輯 慶尙南道		1994年	133

3. [個人所藏家]

所藏處名	古書目錄	細部 分類	刊行年度/其他	番號
鮮文大 朴在淵	古書展示目錄(第49回 韓國中國小說學會 定期學術發表會 紀念)		2001年 12月 1日, 鮮文大	201
慶山郡 崔在石	韓國典籍綜合調查目錄 第1輯-大邱直轄市・慶尙北道		1986年	202
達城郡 成垓濟				
奉化郡 權寧甲				
奉化郡 權廷羽				
奉化郡 金斗淳				
尙州郡 趙誠德				
英陽郡 趙觀鎬				
榮豊郡 金用基				
醴泉郡 李虎柱				
蔚珍郡 南斗烈 南汶烈				
蔚珍郡 張甫均				
蔚珍郡 崔震箕				
靑松郡 逸野亭				
漆谷郡 李敦柱				
公州市 李鍾宣	韓國典籍綜合調查目錄 第2輯 忠淸南道		1988年	203
大田市 尹炳泰				
大田市 趙鍾業				
論山郡 尹寶重				
唐津郡 宋基華				
扶餘郡 劉世鍾				
扶餘郡 黃寅直				
燕岐郡 洪鐘檍				
江陵市 權純顯	韓國典籍綜合調查目錄 第3輯 江原道		1989年	204
江陵市 崔鍾瑚				
旌善郡 趙廷鳳				
春城郡 朴宜東				
春城郡 柳然五				
春城郡 洪在昭				
洪川郡 李英九				
裡里市 柳在泳	韓國典籍綜合調查目錄 第4輯 全羅北道		1990年	205

所藏處名	古書目錄	細部 分類	刊行年度/其他	番號
全州市 金大經				
全州市 宋俊浩				
高敞郡 金璟植				
高敞郡 裴聖洙				
高敞郡 林鍾秀				
高敞郡 黃炳寬				
豐山郡 金直鉉				
吉安面 卓世光	韓國典籍綜合調查目錄 第5輯 安東市.郡（上）		1991年	206-1
祿轉面 金台正				
臥龍面 金俊植				
臨東面 金源宅	韓國典籍綜合調查目錄 第5輯 安東市.郡（下）			206-2
臨東面 柳海鍾				
豐川面 柳寧夏				
靈巖郡 文昶集	韓國典籍綜合調查目錄 第6輯 光州直轄市.全羅南道		1992年	207
長城郡 邊時淵				
長城郡 奉祥九				
金茂祚	韓國典籍綜合調查目錄 第7輯 釜山直轄市		1993年	208
蔚山市 李秉稷	韓國典籍綜合調查目錄 第8輯 慶尚南道		1994年	209
晉州市 金相朝				
晉州市 崔載浩				
居昌郡 林基福 林永文				
固城郡 裵學烈				
固城郡 諸鳳模				
南海郡 金宇烘				
密陽郡 申柄澈				
密陽郡 李佑成				
山清郡 吳珪煥				
陜川郡 李鍾奭				
尹秉俊	韓國典籍綜合調查目錄第9輯 忠清北道濟州道		1996年	210
韓益洙				
梁龍哲				
金敏榮	金敏榮 所藏 古書目錄	集部(詞曲類, 小說類, 隨筆類, 雜著類)	2007年	211
閔寬東 (慶熙大)		三國志演義/西遊記		212

所藏處名	古書目錄	細部 分類	刊行年度/其他	番號
慶州市 김상택	慶州地方 古書調査目錄(慶州文化院 刊行)		1992年	213
慶州市 이종환				
慶州市 장대현				
慶州市 장돈				
慶州市 정병모				
慶州市 최병희				
慶州市 황재현				
山氣文庫	韓國典籍綜合目錄 (社團法人國學資料保存會)	第1輯	1974年	214
尙熊文庫		第2輯	1974年	
玩樹文庫 誠巖文庫		第3輯	1974年	
仁壽文庫		第5輯	1975年	
陶南文庫 元堂文庫 悳愚文庫		第6輯	1976年	
眞城李氏 響山古宅 古典籍	韓國國學振興院所藏 國學資料 目錄集 1		2003年	215
永川李氏 龍嚴宗宅 古典籍	韓國國學振興院所藏 國學資料目錄集 3		2004年	216
豊山柳氏 河回마을 화경당(北村)	韓國國學振興院所藏 國學資料目錄集 4		2005年	217
義城金氏 천전파 門中	韓國國學振興院所藏 國學資料目錄集 5		2006年	218
五美洞 豊山金氏 虛白堂門中	韓國國學振興院所藏 國學資料目錄集 7		2007年	219
豊山柳氏 忠孝堂	韓國國學振興院所藏 國學資料目錄集 8		2009年	220
安東權氏 가은 後孫	2002 韓國國學振興院 受託 國學資料 目錄集		2002年	221
安東權氏 花山 宗家				
禮安李氏 上里宗宅				
固城李氏 팔회당 宗宅				
安東張氏 南山派 회당宗宅	2003 韓國國學振興院 受託 國學資料 目錄集		2004年	222
全州柳氏 정재 宗宅	2004 韓國國學振興院 受託 國學資料 目錄集(上)		2005年	223-1
全州柳氏 好古窩 宗宅				
全州姜氏 起軒古宅				

所藏處名	古書目錄	細部 分類	刊行年度/其他	番號
達成徐氏 낙동정사	2004 韓國國學振興院 受託 國學資料 目錄集(下)		2006年	223-2
영양南氏 영해 난고宗宅				
漢陽趙氏 하담古宅				
재령李氏 존재파 면운재門中				
永川李氏 오천宗中 읍춘公派				
아주신씨 인재파 전암後孫家	2005 韓國國學振興院 受託 國學資料 目錄集(上)		2006年	224-1
진성이씨 하계파 근재文庫				
의성김씨 암공파 남호古宅	2005 韓國國學振興院 受託 國學資料 目錄集(下)		2006年	224-2
용궁 울진장씨 연파文庫				
開城高氏 月峰宗宅	2006 韓國國學振興院 受託 國學資料 目錄集		2007年	225
青松/중평 산신씨 사남古宅				
영양남씨 연해 시암古宅				
潭陽전씨 후당 덕현파				
安東金氏 해헌古宅				
永州 야성송씨 송고古宅	2007 韓國國學振興院 受託 國學資料 目錄集 (上)		2008年	226-1
平山申氏 判事公派 宗宅				
영해 대흥백씨 성안공파 인량종택				
青松沈氏 칠회당고택				
진주강씨 해은공파 博士宅	2007 韓國國學振興院 受託 國學資料 目錄集 (下)		2008年	226-2
密陽朴氏 경헌고택				
의성김씨 충공파 一派 門中				
반남박씨 낙한정 宗家				
반남박씨 판관공파 청하재				

所藏處名	古書目錄	細部 分類	刊行年度/其他	番號
의성김씨 귀미파 門中	2008 韓國國學振興院 受託 國學資料 目錄集		2009年	227
原州변씨 거촌 門中				
장헌구 家	2009 韓國國學振興院 受託 國學資料 目錄集		2010年	228
풍천임씨 청암가				
安東權氏 정암문고				
安東金氏 부사공파				
光山金氏 낙음재				
永川李氏 간산문고				
固城李氏 간산문중				
聞慶 高原東	2005年 一般動産文化財 多量所藏處 實態調査 報告書(1)	嶺南大 民族文化研究所 (文化財廳 慶尙北道)	2006年	229-1
聞慶 永慕齋				
尙州 修嚴宗宅	2005年 一般動産文化財 多量所藏處 實態調査 報告書(2)	嶺南大 民族文化研究所 (文化財廳 慶尙北道)	2006年	229-2
尙州 李采河				
榮州 嘯皐祠堂	一般動産文化財 多量所藏處 實態調査 報告書	嶺南大 嶺南文化研究院 (榮州市廳)	2005年	230
榮州 黃春一				
榮州 李守恒				
李亮載				231

目　次

第一部
韓國 所藏　中國古典戲曲(彈詞·鼓詞)의 版本目錄과 解題
(作品 別) … **27**

第1章　中國戲曲의 版本目錄과 解題 …………………………… 29

1) 荊釵記 … 29
2) 拜月亭記 … 34
3) 琵琶記 … 37
4) 西廂記 … 44
5) 薩眞人夜斷碧桃花雜劇 … 101
6) 伍倫全備記 … 103
7) 四聲猿 … 106
8) 牡丹亭 … 112
9) 長生殿 … 117
10) 笠翁傳奇十種 … 121
11) 桃花扇 … 132
12) 藏園九種曲 … 138
13) 紅樓夢曲譜 … 150
14) 傳奇六種 … 152

第2章　中國彈詞의 版本目錄과 解題 ……………………………… 157

1) 義妖傳 … 157
2) 玉鴛鴦 … 160
3) 玉堂春 … 162
4) 玉釧緣 … 163
5) 再生緣 … 166
6) 錦上花 … 171
7) 珍珠塔 … 173
8) 一箭緣 … 178
9) 雙珠鳳 … 179
10) 玉連環 … 182
11) 三笑新編 … 184
12) 八美圖 … 187
13) 碧玉獅 … 189
14) 水晶球 … 189
15) 芙蓉洞 … 191
16) 麒麟豹 … 193
17) 八仙緣 … 195
18) 天寶圖 … 197

19) 筆生花 … 200
21) 十粒金丹 … 205
20) 雙珠球 … 202
22) 金如意 … 208

第3章　中國鼓詞의 版本目錄과 解題 …………………… 210

1) 巧合奇寃 … 210
3) 四海棠 … 213
5) 西羌國鼓詞 … 217
7) 英雄大八義 … 218
9) 英雄小八義 … 224
11) 五雷陣 … 227
13) 于公案 … 230
15) 紫金鐲鼓詞 … 233
17) 征東傳 … 236
19) 快活林 … 239
21) 包公案鼓詞 … 242
23) 混元盒 … 246
25) 唐書秦英征西 … 249
27) 三國志鼓詞 … 251
29) 西遊記鼓詞 … 254
31) 雙釵記 … 256
33) 五鋒會 … 259
35) 李方巧得妻 … 262
37) 打黃狼 … 263
39) 香蓮帕 … 265
41) 紅旗溝 … 268
43) 花本蘭征北 … 270
45) 金陵府 … 272
47) 金鐲玉環記 … 274
49) 滿漢鬪 … 275
51) 北平府響馬傳 … 277
53) 西廂記鼓詞 … 279
55) 十二寡婦征西 … 280
57) 鸚哥記 … 282

2) 九巧傳 … 212
4) 三公案鼓詞 … 215
6) 燕王掃北 … 217
8) 英雄淚、國事悲 … 220
10) 五龍傳 … 226
12) 吳越春秋 … 228
14) 李翠蓮施釵記 … 231
16) 戰北原擊祁山 … 235
18) 千里駒 … 237
20) 平西涼 … 240
22) 汗衫記鼓詞 … 244
24) 綠牡丹鼓詞 … 248
26) 賣油郞獨占花魁 … 250
28) 三全鎭 … 253
30) 薛剛反唐鼓詞 … 255
32) 楊金花爭帥 … 257
34) 瓦崗寨 … 260
36) 淸官斷 … 262
38) 韓湘子上壽 … 264
40) 蝴蝶盃 … 267
42) 紅梅記 … 269
44) 回盃記 … 271
46) 金陵府歸西寧 … 273
48) 金鞭記 … 275
50) 蜜蜂記 … 276
52) 三省莊 … 278
54) 繡鞋記 … 279
56) 雙鏢記 … 281
58) 楊文廣征西 … 283

59) 揚州府 … 283
60) 玉盃記 … 284
61) 王奇賣豆腐 … 285
62) 六月雪 … 285
63) 銀合走國 … 286
64) 二度梅鼓詞 … 287
65) 定唐全傳 … 288
66) 綵雲球 … 289
67) 打登州 … 290
68) 太原府 … 290
69) 通州霸(道光私訪、嘉慶私訪) … 291
70) 呼延慶征南 … 292
71) 呼延慶打擂雙鐧記 … 293
72) 紅燈記 … 293
73) 回龍傳 … 294

第二部
中國戲曲의 所藏處別 版本目錄 … 297

第1章　中國戲曲의 版本目錄 … 299

1) 國立中央圖書館 … 299
2) 韓國學中央研究院(舊韓國精神文化研究院) … 300
3) 國會圖書館 … 301
4)-1 서울大學校 奎章閣 … 301
4)-2 서울大學校 中央圖書館 … 303
5) 高麗大 … 310
6) 延世大 … 313
7) 成均館大 … 314
8) 慶熙大 … 317
9) 漢陽大 … 318
10) 西江大 … 319
11) 梨花女大 … 319
12) 建國大 … 319
13)-1 東國大 … 320
13)-2 東國大 慶州캠퍼스 … 321
14)-1 檀國大 退溪紀念圖書館 … 321
14)-2 檀國大 栗谷紀念圖書館 … 322
15) 中央大 … 322
16) 國民大 … 323
17) 京畿大 … 324
18) 仁荷大 … 325
19) 忠南大 … 326
20) 淸州大 … 327
21) 全南大 … 327
22) 全北大 … 328
23) 圓光大 … 328
24) 全州大 … 329
25) 釜山大 … 329
26) 東亞大 … 330
27) 釜山敎育大 … 331
28) 釜山女大伽倻文化硏究所 … 332
29) 蔚山大 … 332
30) 慶尙大 … 332
31) 대구광역시립중앙도서관 … 332

32) 慶北大 … 333
33) 啓明大 … 334
34) 嶺南大 … 334
35) 大邱가톨릭大 … 335
36) 安東大 … 336
37) 海軍士官學校 … 336
38) 韓國銀行 … 336
39) 雅丹文庫 … 337
40) 江陵市 船橋莊 … 338
41) 山氣文庫 … 338
42) 玩樹文庫 … 339
43) 仁壽文庫 … 339
44) 慮愚文庫 … 339
45) 釜山直轄市 … 339
46) 경주지방고서 … 340
47) 일반동산문화재 … 340
48) 아주신씨인재파 전암후손가(국학진흥원) … 340
49) 기헌고택(국학진흥원) … 340
50) 江陵市 崔鍾瑚 … 341
51) 大田市 趙鐘業 … 341
52) 金奎璇 … 341
53) 朴在淵 … 342
54) 金瑛 … 342

第2章　中國彈詞의 版本目錄 ……………………… 343

1) 韓國學中央研究院(舊韓國精神文化研究院) … 343
2)-1 서울大學校 奎章閣 … 344
2)-2 서울大學校 中央圖書館 … 344
3) 高麗大學校 … 345
4) 成均館大 … 345
5) 慶熙大 … 346
6) 梨花女大 … 346
7) 漢陽大學校 … 347
8) 全南大 … 347
9) 圓光大 … 348
10) 釜山大 … 348
11) 東亞大 … 349
12) 慶北大 … 350
13) 朴在淵 … 350

第3章　中國鼓詞의 版本目錄 ……………………… 351

1) 國立中央圖書館 … 351
2) 韓國學中央研究院(舊韓國精神文化研究院) … 351
3) 서울大學校 奎章閣 … 352
4) 高麗大 … 352
5) 延世大 … 353
6) 成均館大 … 353
7) 梨花女大 … 353
8) 建國大 … 355
9) 國民大 … 355
10) 京畿大 … 355
11) 忠南大 … 356
12) 東亞大 … 356
13) 慶北大 … 357
14) 江陵市 船橋莊 … 358

15) 金奎璇所藏本 … 358　　　　16) 朴在淵所藏本 … 358

第三部 [附錄]
中國古典戲曲・彈詞・鼓詞 綜合目錄

第1章　韓國에 流入된 中國戲曲(彈詞・鼓詞)의 目錄表 …… 365

第2章　中國古典戲曲(彈詞・鼓詞)의 綜合目錄 ………………… 367

　1. 中國古典戲曲의 綜合目錄 … 367
　2. 中國古典彈詞의 綜合目錄 … 385
　3. 中國古典鼓詞의 綜合目錄 … 392

第一部

韓國 所藏
中國古典戲曲 (彈詞・鼓詞) 의
版本目錄과 解題 (作品 別)

第1章
中國戲曲의 版本目錄과 解題

1) 荊釵記

《荊釵記》의 작가에 대해서는 여러 가지 異說이 있는데, 柯丹邱라는 설이 대체로 우세하다.[1] 그러나 柯丹邱가 어떤 인물인지는 밝혀진바 없다. 그 외 明代 초기의 朱權이라는 설도 있으나, 《荊釵記》는 사실 宋·元 시기의 작품이기에 그 가능성이 희박하다. 또 최근에는 작가가 한사람이 아니라 민간의 희곡작가들이 공동창작했다는 공동창작설도 있다. 《荊釵記》는 많은 사람들의 손을 거쳐 만들어진 판본이 확실하기 때문에 柯丹邱가 이전의 것들을 총괄하여 집대성한 것으로 보는 것이 타당해 보인다.

《荊釵記》의 주인공 王十朋(1112~1171)은 《宋史》卷387에 傳이 있으며, 극중의 부정인물인 孫汝權도 宋代 진사 출신의 실존인물이다. 그러나 극의 내용과 인물들의 행적은 역사적 사실과는 다르며, 실존인물을 빌려 허구적으로 구성되어 있다.

당시에 문인들은 출세하기 전에 여자와 약혼, 혹은 결혼을 했다가, 출세하여 부귀해지면 그녀들을 버리고 좀 더 조건이 좋은 배우자를 택하기도 했다. 이런 문인들의 배신을 다룬 南戲로는 《王魁》·《張協狀元》·《趙貞女蔡二郎》 등이 있다. 그런데 《荊釵記》는 주인공 王十朋이 과거에 급제하고 출세한 뒤에도 조강지처에 대한 의리를 끝까지 지키는 내용을 다루고 있다.

《荊釵記》의 내용을 살펴보면 다음과 같다. 편모슬하에서 가난하게 자라난 王

---

[1] 金正奎,《中國戲曲總論》(명지대학교 출판부, 2000), 104쪽.

十朋은 학문을 좋아하여 같은 마을 貢元 錢流行의 눈에 들게 된다. 錢流行은 그의 딸 錢玉蓮과 결혼을 시키려 준비하는 중, 같은 마을의 부호 孫汝權도 옥련에게 청혼을 하게 된다. 그러나 옥련은 나무비녀(荊釵)를 예물로 받고 王十朋에게 시집간다. 반년 후 王十朋은 장원급제하여 饒州 僉判을 제수 받는다. 王十朋의 인물됨을 좋아한 승상은 그를 사위로 삼고자 했지만 王十朋이 이를 거절하자 임지를 오지인 潮陽으로 바꿔버린다. 王十朋은 집안 식구를 불러 임지에 같이 가자고 편지를 쓴다. 이때 王十朋과 함께 과거를 보고 낙방한 孫汝權은 '승상의 딸과 결혼하여 錢玉蓮을 버린다'고 편지를 조작한다. 편지를 본 錢玉蓮은 의심하지만, 계모는 재물을 탐하여 그녀에게 孫汝權에게 개가할 것을 강요한다. 錢玉蓮은 이를 거부하고 강물에 몸을 던졌으나 福建 按撫로 부임지에 가던 全載和에게 구출되어 그의 수양딸이 된다. 그러나 王十朋과 주위사람들은 모두 그녀가 죽은 줄 안다. 錢玉蓮은 남편의 원래 부임지인 饒州에 사람을 보냈다가 王僉判(성은 같지만 王十朋이 아님)이 병사했다는 소식을 전해 듣고는 王十朋이 죽은 줄 안다. 후에 王十朋은 潮陽에서 선정을 펼쳐 승진하여 吉安으로 부임해 가고, 全載和는 수양딸을 王十朋에게 재혼시키려 한다. 王十朋과 錢玉蓮 모두 상대방에 대한 정절을 지키기 위해 이 제안을 거절한다. 어느 해 정월 보름날 둘은 모두 죽은 배우자들에게 재를 올리기 위해 道觀에 갔다가 우연히 마주치고는 서로 의아해 한다. 錢玉蓮이 거기서 만난 王十朋을 생각하다가 全載和에게 마음을 들키고 만다. 그는 진상을 밝히기 위해 王十朋을 초대한다. 결국 이 자리에서 全載和가 옥련의 나무비녀를 내보이자 王十朋은 이를 알아봄으로써 부부가 상봉한다.

　현존하는 《荊釵記》의 판본은 여러 가지로, 노래인 '曲'을 모아놓은 책도 있는가 하면, 총 48齣 중에서 몇 齣을 뽑아놓은 선집 등도 있다. 이중 전체 내용이 모두 전해지는 판본들은 다음과 같다.

1) 《影鈔新刻元本王狀元荊釵記》 2권, 明 嘉靖 姑蘇 葉氏 刻本,
2) 《新刻出像音注節義荊釵記》 4권, 明 萬曆 金陵 唐氏 富春堂 刻本,
3) 《重校古荊釵記》 2권, 明 萬曆 金陵 陳氏 繼志齋 刻本,
4) 《李卓吾先生批評古本荊釵記》 2권, 明 萬曆 刻本,
5) 《屠赤水先生批評古本荊釵記》 明 萬曆 刻本,

6) 《荊釵記定本》 2권, 明 毛晉 汲古閣 刻本.2)
7) 《荊釵記》 2권, 暖紅室 飜刻 汲古閣本.
8) 《節義荊釵記》 4권, 明 萬曆13年, 金陵 世德堂 刻本(일본 阿波國文庫 소장).
9) 《摘彙奇妙戲式全家錦囊荊釵》 2권, 明 嘉靖 徐文昭 編輯, 進賢堂 梓行(스페인 聖勞倫佐圖書館 소장).3)

《荊釵記》의 판본은 결말의 처리에 따라 두 가지 계통으로 나뉘는데, 남녀주인공이 배 안에서 만나는 '舟中相會' 계통(1~2의 판본)과 道觀에서 만나는 '道觀相逢' 계통(3~8의 판본)이다. 前者를 '影鈔本'·'原本荊釵記' 혹은 '王狀元荊釵記'라고 부르고, 後者는 '古本荊釵記'라고 부른다. 影鈔本 계통은 元代 판본의 질박하고 생동적인 면모를 지녔고 공연 연출의 특색이 있는 반면에, 古本 계통은 조리 있고 글귀가 우아하여 읽기 위한 독서용을 지향하기 때문에 그 차이가 두드러진다. 둘의 선후 관계에 대해서는 여러 가지 이설이 있으나, '嘉靖本 《王狀元荊釵記》는 중국에 현존하는 판본가운데 시대가 비교적 이르고, 줄거리도 原本에 가까운 개편본이다.'4) 原本 《荊釵記》는 각 齣에 제목이 없으며, 古本 《荊釵記》에는 제목이 있다. 두 계통은 '주요 플롯 면에서는 동질성을 유지하면서, 일부 단락에서 배열 순서와 내용 면에서 약간의 출입이 있음을 보여준다.'5)

동아대 소장본 《荊釵記》는 刊寫地·刊寫者·刊寫年이 모두 未詳으로 되어 있다. 또 이 판본은 上·下의 2권 1책으로 되어 있는데, 판본 사항이 명확하지 않아서 어떤 판본인지 알 수 없다. 朝鮮에는 《荊釵記》의 한문 개작본 〈王十朋奇遇記〉와 한글 개작본 〈왕시봉뎐〉이 있는데, 필사 연대는 대략 17세기 정도로 추정된다.

《荊釵記》는 朝鮮時代에 한문소설 형식의 〈王十朋奇遇記〉로 개작되기도 했으며, 또한 한글소설 형식의 〈왕시봉뎐〉으로 개작·번역되기도 했다. 이 두 작품은

---

2) 兪爲民, 《宋元南戲考論續編》(北京: 中華書局, 2004), 197쪽.
3) 金瑛, 〈《荊釵記》 硏究〉(梨花女子大學校 석사논문, 2001), 12쪽.
4) 金瑛, 〈《荊釵記》 硏究〉(梨花女子大學校 석사논문, 2001), 13~14쪽.
5) 이복규는 〈형차기 대표 이본의 비교〉에서 원본 계통과 古本 계통의 48齣 모든 단락에 대한 비교표를 만들고, 차이가 나는 단락에 대해서는 구체적 논술을 통해 둘의 개별 특징을 도출했다. 이복규, 《형차기·왕시봉전·왕시붕기우기의 비교 연구》(박이정, 2003), 43~72쪽.

대 단락 차원에서 분명히 '古本荊釵記'의 영향권 안에 있지만, 극히 일부에서는 '原本荊釵記'의 요소도 나타나기 때문에 두 계통의 판본이 함께 영향을 미쳤을 수도 있다. 또한 둘은 '古本荊釵記'의 일방적인 영향 아래서 이루어졌으며, '原本荊釵記'의 요소는 개작자들에 의해 이루어졌을 수도 있다.6)

먼저 〈王十朋奇遇記〉를 살펴보면, 愼獨齋가 교열한 '傳奇集'에 실려 있는 작품들 중의 하나이다. 이 傳奇集은 정병욱이 발굴하여 《愼獨齋手澤本傳奇集》이라고 이름 붙였고, 愼獨齋는 金集(1574~1656)이라고 추정했다.7) 만약 愼獨齋가 金集이라면 이 책은 17세기 중반 이전에 교열되었고, 이 작품들은 그 이전에 필사되었을 것이다. 그러므로 개작의 대상텍스트가 된 중국 희곡 《荊釵記》의 국내 유입도 17세기 이전으로 추정할 수 있다.

〈王十朋奇遇記〉는 극본 형태의 원작을 傳奇小說로 축약·개작하면서, 비교적 적극적인 개작 의식을 가지고 원작을 개성적으로 바꿨다. 그 개작 양상은 다음과 같다.

(1) 사건의 전개 또는 사건 및 인물 구성이 단순화되어 있다.
(2) 작가는 주인공 옥련과 왕시봉 중심의 서술 시각을 통해 이야기를 전개시켰다.
(3) 작가의식 또는 서술시각에 있어서 봉건 지배층 중심의 가치관과 윤리 관념이 좀 더 짙게 투영되고 있다.
(4) 작품 세계 일부가 당시 朝鮮人의 정서, 또는 朝鮮의 실정에 맞게 변모·번안되어 있다.8)

다음으로 〈왕시봉뎐〉을 살펴보면, 《默齋日記》 제3책의 일기 뒷면에 모두 한글로 적혀 있는 5종의 소설 중의 한 편이다.9) 《默齋日記》는 默齋 李文楗(1494~1567)이 한문으로 쓴 생활일기인데, 뒷면의 소설들의 필체는 李文楗의 필

---

6) 이복규, 〈형차기·왕시봉전·왕시봉기우기의 비교〉, 《형차기·왕시봉전·왕시봉기우기의 비교 연구》(박이정, 2003), 79~80쪽.
7) 정학성, 〈신독재 수택본 전기집에 대하여〉, 《역주 17세기 한문소설집》(삼경문화사, 2000), 261쪽.
8) 이 개작 양상에 대한 특징은 다음 글을 따랐으며, 그것에 대한 구체적인 내용도 이 글을 참고할 수 있다. 정학성, 〈왕시봉기우기(王十朋奇遇記)에 대하여〉, 《역주 17세기 한문소설집》(삼경문화사, 2000), 287~292쪽.
9) 나머지 4종은 〈설공찬전〉·〈왕시전〉·〈비군전〉·〈주생전〉이다.

체와 다르고 〈주생전〉은 그의 사후에 창작된 소설이기 때문에, 필사자가 李文楗이 아님이 확실하며 한 명의 필사자가 나중에 필사한 것으로 보인다.10)

이 5종의 소설은 이복규가 발굴하여 학계에 소개하였다. 발굴 당시에 그는 〈왕시봉뎐〉을 창작국문소설로 추정했으며, 필사 연대는 필사기의 '乙丑'을 통해 1625년으로 추정했다. 그러나 朴在淵은 〈왕시봉뎐〉이 중국희곡 《荊釵記》를 번안하였음을 밝히고, 필사기의 '乙丑'을 1685년으로 추정했다.11) 이후 이복규는 〈왕시봉뎐〉이 창작국문소설이란 추정을 수정하고 이와 관련된 논문들을 발표하였다. 그는 〈왕시봉뎐〉의 한글 표기의 양상을 분석해서 필사 연대를 대략 1685년을 전후한 17세기말로 수정하였다.12)

〈왕시봉뎐〉은 모두 24쪽 7천여 자의 분량으로 되어 있는 중국희곡 《荊釵記》의 한글번안 소설이다. 〈왕시봉뎐〉은 원작의 내용에서 변개된 부분이 드물지만 다음의 차이점들이 있다.

(1) 《荊釵記》와 〈왕시봉뎐〉의 장르가 분명히 다른데, 〈왕시봉뎐〉은 원작의 희곡적 양식을 변형하여 3인칭 시점으로 서술함으로써 공연물이 아닌 '읽기 위한' 독서물로서의 성격을 갖는다.
(2) 문체의 차이로, 《荊釵記》는 구어체가 주를 이루고 〈왕시봉뎐〉은 문어체로 되어 있으며, 대화도 문어적으로 구성되어 있다.
(3) 작품 분량의 차이로, 〈왕시봉뎐〉은 《荊釵記》에 비해 많이 축약되어 있다.
(4) 《荊釵記》는 사건전개와 등장인물이 복잡한 양상을 띠지만 〈왕시봉뎐〉은 이를 생략하고 단순화하여 남녀주인공을 중심으로 이야기를 풀어간다.
(5) 왕시붕과 손여권의 관계에 있어서, 《荊釵記》는 친구로 묘사했고 〈왕시봉뎐〉에서는 전옥련의 이웃 사람으로 소개했다.
(6) 왕시붕이 옥련과 상봉하기 직전 부임지의 차이로, 《荊釵記》에서는 吉安으로 되어 있으나 〈왕시봉뎐〉에서는 福州로 되어 있다.13)

---

10) 이복규 편저, 《초기 국문·국문본소설》 (서울 : 박이정, 1998), 1~7쪽. 이 책에서 《默齋日記》는 충북 괴산에 있는 성주 이씨 문중에서 소장하고 있다고 했다.
11) 朴在淵, 〈〈왕시봉뎐〉, 중국희곡 《荊釵記》의 번역〉(《中國學論叢》 제7집, 1998), 323~342쪽.
12) 이복규, 〈왕시봉전의 필사 연대〉, 《형차기·왕시봉전·왕시붕기우기의 비교 연구》 (박이정, 2003), 141~153쪽.

〈王十朋奇遇記〉과 〈왕시봉뎐〉의 필사 연대는 17세기 정도로 추정하는데, 이렇다면 朝鮮에서는 17세기나 이미 그 이전에 중국소설뿐만 아니라 희곡들도 유입되어 읽혀졌으며, 그후에 한글로 번역·번안되었음을 확인할 수 있다.

書名	出版事項	版式狀況	一般事項	所藏處/所藏番號
荊釵記	著者未詳, 刊寫地未詳, 刊寫者未詳, 刊寫年未詳	2卷1冊(上·下卷), 23×14.9cm, 上下單邊, 左右雙邊, 半郭：19.8×12.8cm, 無界, 9行19字, 無魚尾		東亞大學校 (3)：12：2-21

2) 拜月亭記

《拜月亭記》는 一名 《幽閨記》라고도 하는 南戱이다. 《拜月亭記》의 작가에 대해서, 明代 王世貞의 《藝苑卮言》, 何良俊의 《曲論》, 王驥德의 《曲律》, 沈德符의 《顧曲雜言》에서는 施惠라고 보았다. 그러나 明代 초기 朱權의 《太和正音譜》에 기록된 施惠의 이름 아래에는 그가 《拜月亭記》를 지었다는 언급이 없고, 明代 呂天成도 《曲品》에서 《拜月亭記》가 그의 작품이 아닌 것 같다고 했다. 王國維도 《宋元戱曲史》에서 '《錄鬼簿》에 …… 施君美(施惠)가 《拜月亭記》을 지었다는 기록은 보이지 않는다. …… 《拜月亭記》이 시군미의 창작인지는 마땅히 의문의 여지가 있다. 曲文으로 보면, 元人이 지은 작품이 분명하다.'14) 라고 하며 施惠의 창작설을 부정했다. 현재 대부분의 학자들은 元나라 말기 무명씨의 작품으로 보며, 나중에 明나라 사람이 개작을 했을 것으로 추정한다. 또한 원작자는 元代에 杭州의 書會15) 구성원으로 보고 있다.16)

---

13) 이 차이점에 대해서는 다음 책을 따랐고, 거기에서는 〈왕시봉뎐〉을 〈王十朋奇遇記〉와 함께 묶어 《荊釵記》와 이루는 공통적 차이점으로 논술했다. 이복규, 〈형차기·왕시봉전·왕시봉기우기의 비교〉, 《형차기·왕시봉전·왕시봉기우기의 비교 연구》(박이정, 2003), 75~101쪽.

14) 왕국유, 권용호 역, 《宋元戱曲史》(학고방, 2003), 291쪽.

15) '서회의 구성원은 차츰 문인과 글에 어느 정도 능통한 예인들로, 그들은 오로지 극단을 위해 극본을 썼다. 남희는 臨安(현재의 杭州)에서 수많은 새로운 극목을 상연하였는데, 이들 대부분은 서회에서 온 것이다.' 양회석, 《중국희곡》(민음사, 1994), 37쪽.

《拜月亭記》에서는 주인공 蔣世隆과 王瑞蘭이 부모의 허락 없이 부부의 연을 맺어 봉건예교를 위배하는 장면부터 시작된다. 극중 이 두 인물의 형상을 성공적으로 창조하여 자유연애와 결혼을 대담하게 긍정하고 있다. 극의 구조는 희극이 기조를 이루며, 비극적 장면과 희극적 장면을 교차·결합하는 수법을 구사하였다. 《拜月亭記》는 복잡한 이야기를 극중 인물들의 매력적인 대사로 표현함으로써 관객과 독자의 관심을 불러일으켰다.[17]

《拜月亭記》는 北蕃이 金나라의 中都(현재 北京)에 쳐들어올 때의 이야기를 소재로 삼았다. 金나라 왕은 적과의 화의를 주장하는 大臣 聶賈列의 말을 듣고서 싸우기를 주장하는 大臣 陀滿海牙와 그의 가족을 몰살한다. 요행히 살아남은 陀滿海牙의 아들 興福은 도망치던 중에 서생 蔣世隆을 만나 의형제를 맺는다. 한편 北蕃이 金나라를 침략하여 中都까지 육박하자 조정은 남으로 피난 간다. 그때 王尙書는 외국으로 나가 있어서 王부인이 딸 瑞蘭을 데리고 피난을 가다 도중에 서로 헤어지게 되고, 王瑞蘭은 蔣世隆을 만나 함께 동행한다. 蔣世隆도 여동생 瑞蓮과 함께 피난을 가다가 도중에 헤어지게 되는데, 蔣瑞蓮은 王부인을 만나 양녀가 되어 함께 동행한다. 蔣世隆과 王瑞蘭은 여행하면서 많은 어려움을 함께하다가 애정이 싹터 부부의 연을 맺는다. 그러던 어느 날 蔣世隆은 병으로 여관에 눕게 되고, 이 때 王尙書는 화친회담을 마치고 돌아가던 길에 이 여관에서 딸과 蔣世隆이 동행하게 된 경유를 알게 된다. 王瑞蘭은 蔣世隆에게 시집가는 것을 허락해 달라고 하지만, 王尙書는 문벌이 맞지 않는다고 반대하며 딸만 데리고 돌아간다. 그 길에 王尙書는 역참에서 부인과 蔣瑞蓮을 만나 서울로 함께 돌아간다. 후에 蔣世隆과 陀滿興福은 서울로 올라와 과거를 보고 각각 문과와 무과에 장원급제한다. 나중에 王尙書는 장원급제한 사람이 마음에 들어 딸을 시집보내려고 한다. 그러나 王瑞蘭은 시집가기를 거절하는데, 蔣瑞蓮은 그가 자신의 오빠임을 알게 되고, 蔣世隆과 王瑞蘭 그리고 陀滿興福과 蔣瑞蓮은 결혼하여 대단원을 이룬다.

---

16) 본 해제의 작가와 관련된 내용은 다음 논문을 참고했으며, 이 논문에서 보다 자세한 내용도 참고할 수 있다. 兪爲民, 《宋元南戱考論續編》(北京 : 中華書局, 2004), 262~264쪽. 金有花, 〈南戱 《拜月亭記》의 地方戱로의 傳承 사례 연구〉(漢陽大學校 석사학위논문, 2009), 1~3쪽.
17) 이 극의 줄거리와 예술적 성과는 다음 책을 참고로 했으며, 필자가 수정을 가했다. 金正奎, 《中國戱曲總論》(명지대학교 출판부, 2000), 108쪽.

현존하는 《拜月亭記》의 판본은 문인의 傳奇에 가까운 全本 유형, 그중 몇 齣을 뽑아놓은 明·淸代 선본들 속의 折子戲, 각 지역의 地方戲 유형으로 나누어진다. 全本 유형의 판본들만을 살펴보면, 모두 11종으로 다음과 같다.

1) 《新刊重訂出相附釋標注拜月亭記記》, 明 萬曆 己丑年(1589) 金陵 唐氏 世德堂 刻本.
2) 《重校拜月亭記記》, 明 萬曆 金陵 唐氏 文林閣 刻本.
3) 《李卓吾先生批評幽閨記》, 明 虎林 容與堂 刻本.
4) 《陳繼儒評鼎鐫幽閨記》, 明 書林 蕭騰鴻 刻本.
5) 《幽閨怨佳人拜月亭記記》, 明 吳興 凌氏 刻朱墨本.
6) 《幽閨記定本》, 明 虞山 毛晋 汲古閣 刻本.
7) 《重校拜月亭記記》, 明 德壽堂 刻本.[18]
8) 《幽閨記》, 明 師儉堂 刻本.
9) 《六十種曲》本 《拜月亭記》.
10) 《注釋拜月亭記記》, 明 羅懋登 注釋, 暖紅室 校勘本.
11) 淸 喜詠軒叢書 本 《幽閨記》.[19]

兪爲民은 위의 판본은 두 계통으로 분류했는데, 世德堂本을 하나의 계통으로 나머지 판본 모두를 또 하나의 계통으로 보았다. 둘의 차이점을 살펴보면 다음과 같다. 첫째, 世德堂本은 元代의 곡조를 계승했고, 나머지 明代 刊本들은 개편이 가해졌다. 둘째 元代 판본의 결말부분을 보면 蔣世隆이 王瑞蘭과의 맹세를 어기고 변심하는 내용이 있음을 추정할 수 있다. 世德堂本은 완전한 변심이라고는 할 수 없지만 그런 잔재가 남아있고, 나머지 明代 刊本은 이런 내용이 없이 대단원으로 마무리 짓는다. 셋째, 世德堂本은 총 43齣, 나머지 明代 刊本은 총 40齣으로 되어있다. 世德堂本은 장면 구성이 산만한데 이는 민간 南戲의 특징이며, 이후 문인들에 의해 합리적이고 효율적인 장면 구성이 이루어졌다. 넷째, 脚色의 운용에 있어

---

18) 兪爲民, 《宋元南戲考論續編》(北京:中華書局, 2004), 269~270쪽.
19) 金有花, 〈南戲 《拜月亭記》의 地方戲로의 傳承 사례 연구〉(漢陽大學校 석사학위논문, 2009), 5쪽.

서, 世德堂本이 나머지 明代 刊本들에 비해 정교하지 않다. 다섯째, 언어의 사용에 있어서, 世德堂本은 질박하고 통속적인 언어를 사용하며 비슷한 曲文을 반복적으로 사용하는데, 이에 비해 나머지 明代 刊本들은 더욱 조탁이 가해진 언어를 사용하며 노골적인 표현을 자제하기도 하였다.

동아대 소장본 《拜月亭記》의 서명은 《幽閨怨佳人拜月亭記記》로 되어 있으며, 刊寫地・刊寫者・刊寫年이 모두 未詳으로 되어 있다. 이 판본은 4권 2책으로 되어 있는데, 위에 소개한 5)의 판본과 서명이 같다. 그러나 판본 사항이 명확하지 않아서 동일한 판본으로 단정할 수는 없다. 이 판본은 위의 5)의 판본과 동일 판본일 수도 있고, 후에 그것을 重刊한 판본일 수도 있다.

《拜月亭記》 혹은 《幽閨記》에 대한 朝鮮時代의 유입 기록은 없어서, 이 작품이 언제 유입되었는지는 단정지을 수 없다.

書名	出版事項	版式狀況	一般事項	所藏處/所藏番號
幽閨怨佳人拜月亭記記	著者未詳, 刊寫地未詳, 刊寫者未詳, 刊寫年未詳	4卷2冊, 31.1×18.1cm, 有圖, 四周單邊, 半郭: 20.2×14.3cm, 無界, 8行18字 小字18字, 上欄外에 小字頭註, 無魚尾	包匣題: 幽閨記, 標題: 幽閨記, 刊記: 歲在丁卯(?)孟春武進涉園, 拜月亭記傳寄跋: …西吳椒雨齋主人三珠生題	東亞大學校 (4): 5-4

3) 琵琶記

대부분의 연구자들은 《琵琶記》의 작가를 高明(1305~1359)으로 보고 있다.[20] 高明은 溫州 瑞安(현재 浙江省 瑞安) 사람이고, 字는 則誠이고 號는 菜根道人이며, 후대 사람들은 東嘉先生이라고 불렀다. 문학소양이 있는 가문출신으로 조부와 백부가 모두 시인이었고, 高明 역시 詩와 詞曲에도 능했다. 그는 元 至正5年(1345)에 진사에 급제한 후에 浙江의 處州와 杭州 등지에서 낮은 벼슬을 하다가

---

20) 金正奎, 《中國戲曲總論》(명지대학교 출판부, 2000), 113~114쪽. 작가에 대해서는 이설이 있는데, 이에 대한 구체적인 내용은 다음 논문을 참고하였다. 權純姬, 〈琵琶記의 硏究〉(檀國大學校 석사학위논문, 1985), 6~8쪽. 또한 兪爲民은 구체적인 고증을 통해 작가가 高明임을 주장했다. 兪爲民, 《宋元南戲考論續編》(北京: 中華書局, 2004), 284~291쪽.

후에 福建行省都事와 道經慶元의 벼슬을 했다. 1356년 이후에는 그는 寧波에 은거하며 저작활동을 했는데, 《琵琶記》도 이 시기에 창작한 것이다.21)

《琵琶記》는 민간에 전해지던 이야기를 소재로 삼았는데, 南宋의 시인 陸游가 쓴 〈小舟游近村舍舟步歸〉라는 시에 '온 마을이 蔡中郎의 이야기를 듣네(滿村聽說蔡中郎)'이란 구절이 있다. 이을 보면 蔡中郎의 이야기는 강창으로 민간에 유행했음을 알 수 있다. 《琵琶記》는 민간의 이야기를 토대로 삼고, 최초의 南戲인 《趙貞女蔡二郎》을 토대로 개작한 것이다. 《趙貞女蔡二郎》은 지금은 실전되어 전모는 알 수 없지만, 그 결말은 '蔡伯喈가 부모를 버리고 아내를 배신하여 벼락을 맞아 죽었다'고 전해진다. 院本 目錄에 《蔡伯喈》란 목록이 있는 것을 보면 金代 院本이 있었음을 알 수 있다. 또한 元代의 여러 문헌에 '정절을 지킨 趙貞女(守三貞趙貞女)'라는 구절이 있는데, 이를 보면 金代와 元代에도 趙貞女 이야기가 유행했음을 알 수 있다. 이후 《琵琶記》가 나오고 나서도 京劇과 지방희로 민간에서 오랜 기간 유행하였다.

유학교육을 받고 자란 高明은 《琵琶記》의 맨 처음 '副末 開場'에서 교화를 목적으로 작품을 썼음을 밝히고 있다. '우스개몸짓과 말은 따지지 말고, 궁조도 따지지 말고, 다만 효성스런 아들과 어진 아내만 보세요.(休論揷科打諢, 也不尋宮數調, 只看子孝共妻賢。)' 高明은 이렇게 교화를 목적으로 하여 봉건예교를 선양하기도 했고, 또한 봉건제도의 폐해를 폭로하고 풍자하기도 했다. 주인공 趙五娘은 시부모를 봉양하는 데 있어 자기의 철저한 희생을 통해 효를 실천했으며, 작품 전체에서 그녀의 형상화는 성공적이라 할 수 있다. 이에 비해 蔡伯喈는 현실에 타협적이고 심리적 동요가 심한 유약한 인물이며, 봉건제도에 굴복하는 지식인의 형상이다. 부정적인 인물이지만 그의 성격적 결함은 당시 지식인들의 모순을 반영하고 있어서 형상화는 성공적이라고 할 수도 있다. 작가는 이런 그를 변호하고 긍정적인 인물로 미화시켰는데, 이것은 부자연스러워 작가가 봉건예교에 얽매인 한계를 드러낸다고 볼 수 있다. 또한 牛丞상은 예교를 앞세우지만 자신의 이익에 따라 이것을 무시하고 권력을 전횡하며 위선적인 선행을 행하는 인물로 그려졌다. 또한 기타 탐관오리를 등장시켜 흉년 자연재해보다 혹리가 무섭다는 것을 부각시킴으

---

21) 高明의 생평, 교우관계, 창작활동에 대한 자세한 내용은 다음 논문을 참고하였다. 權純姬, 〈琵琶記의 硏究〉(檀國大學校 석사학위논문, 1985), 9~24쪽.

로써 당시의 사회모습을 비판하기도 했다.22)

《琵琶記》는 趙五娘과 그의 남편 蔡伯喈 부부 사이에 벌이진 사건들을 중심 내용으로 한다. 東漢 때 陳留縣의 秀才 蔡伯喈는 아버지의 뜻에 따라 과거에 응시하여 장원급제한다. 牛승상은 그가 마음에 들어 데릴사위가 될 것을 강요하자, 蔡伯喈는 하는 수 없이 굴복한다. 이때 陳留縣에서는 그의 처 趙五娘이 집에서 시부모를 봉양하고 있었는데 흉년이 든다. 나중에는 시집올 때 가져온 옷까지 팔아 시부모를 봉양하지만, 자신은 쌀겨로 만든 경단을 먹으며 허기를 채운다. 그녀의 이런 극진한 봉양에도 시부모는 차례로 굶어 죽게 되고, 죽기 전에 며느리에게 개가하라고 권유한다. 趙五娘은 이를 거부하고 장례비를 마련하기 위해 머리카락을 잘라 시부모의 장사를 지내고 나서 혼자 서울로 남편을 찾으러 떠난다. 그녀는 여비가 없어 하는 수 없이 여승으로 차리고 등에는 비파를 짊어지고 行孝曲을 불러서 밥을 빌어먹으며 간다. 그녀는 갖은 고생과 우여곡절을 겪은 끝에 드디어 牛승상의 집에서 남편 蔡伯喈를 만난다. 蔡伯喈의 부인인 牛승상의 딸은 趙五娘을 만나 자초지정을 들은 후 그녀를 언니로 대한다. 그녀는 남편을 설득하여 셋이 함께 蔡伯喈의 부모가 묻힌 陳留縣으로 가서 복상한다. 牛승상이 이 셋의 효성을 기특하게 여겨 그 사실을 황상에게 상주하니, 황상이 성지를 내려 셋에게 관작을 하사하는 것으로 끝난다.

《琵琶記》는 전체내용이 모두 전해지는 판본이 몇 십종에 이르는데, 주요 판본도 30여종에 이른다.

1) 《新刻元本蔡伯喈琵琶記》, 淸 康熙13年 陸貽典 筆寫本.
2) 《新刊巾箱蔡伯喈琵琶記》, 明 嘉靖 蘇州 坊刻本.
3) 《蔡伯皆》, 明 嘉靖 筆寫本.
4) 《全家金囊伯皆》, 明 嘉靖 進賢堂 《風月錦囊》에 수록되어 있음.
5) 《重訂元本評林點板琵琶記》, 明 萬曆元年 閩建書林 種德堂 熊成治 刻本.
6) 《校梓注釋圈證蔡伯喈》, 明 萬曆5年 金陵 唐對溪 富春堂 刻本.
7) 《李卓吾先生批評琵琶記》, 明 容與堂 刻本.

---

22) 金正奎, 《中國戲曲總論》(명지대학교 출판부, 2000), 113~122쪽. 權純姬, 〈琵琶記의 硏究〉(檀國大學校 석사학위논문, 1985), 40~81쪽.

8) 《琵琶記》, 明 萬曆25年 汪光華 玩虎軒 刻本.
9) 《重校琵琶記》, 明 萬曆26年 陳大來 繼志齋 刻本.
10) 《蔡中郞忠孝傳》, 明 刻本.
11) 《新刻重訂出像附釋標注琵琶記》, 金陵 唐氏 世德堂 刻本.
12) 《琵琶記》, 明 集義堂 刻本.
13) 《袁了凡釋義琵琶記》, 明 王廷訥 刻本.
14) 《鼎鐫陳眉公先生批評琵琶記》, 明 書林 蕭騰鴻 師儉堂 刻本.
15) 《朱訂琵琶記》, 明 刻本.
16) 《元本南琵琶記》, 明 刻本.
17) 《伯喈定本》, 明刻 槃薖碩人 改定 筆寫本.
18) 《琵琶記》, 明 黃氏 尊生館 刻本.
19) 《元本大板釋義全像音釋琵琶記》, 明 雲林別墅 刻本.
20) 《琵琶記》, 明 凌濛初 朱墨套印本.
21) 《琵琶記》, 明 毛晋 汲古閣 刻本.
22) 《新刻魏仲雪先生批評琵琶記》, 明 書林 余少江 刻本.
23) 《三先生合評元本琵琶記》, 明 刻本.
24) 《聲山先生原評第七才子書》, 清 經倫堂 刻本.
25) 《芥子園繪像第七才子書琵琶記》, 清 映秀堂 刻本.
26) 《繪風亭第七才子書琵琶記》, 清 書林 龍文堂 刻本.
27) 《琵琶記》, 清 金陵 張元振 刻 三益堂 印本.
28) 《琵琶記》, 清 刻本.
29) 《琴香堂繪像第七才子書琵琶記》, 清 刻本.[23]

《琵琶記》는 元代에 창작된 후에 공연되고 출판되는 과정에서 明代 사람들에 의해 개편되었다. 이런 개작 과정은 장기간에 걸쳐 서서히 이루어져서 개편이 심하지 않아 원작에 가까운 판본들을 '古本'계통으로 분류하고, 또한 개작이 가해지면서 古本과는 다른 특징을 갖는 판본들을 '통행본'계통으로 분류한다. 古本계통에 속하는 판본은 위에 소개한 1)·2)·3)·4)·19) 판본이고(이하에서는 1)은 陸

---

[23] 兪爲民, 《宋元南戲考論續編》 (北京: 中華書局, 2004), 291~292쪽.

抄本, 2)는 巾箱本, 3)은 嘉靖抄本, 4)는 錦囊本, 19)는 凌刻本으로 약칭한다), 나머지 판본들은 '통행본' 계통으로 본다. 陸抄本은 원본에 가장 가까운 것으로 보이고, 巾箱本은 내용면에서 陸抄本보다 조금 전아해졌지만, 둘은 같은 계통의 판본에서 나온 것으로 보인다. 嘉靖抄本과 錦囊本은 모두 연출본인데, 무대연출과 무대공연 관람을 위한 참고용 극본이라고 할 수 있다. 嘉靖抄本에서는 공연상황을 구체적으로 볼 수 있고, 錦囊本은 당시에 인기 있던 부분들을 골라 묶어놓았다. 凌刻本은 明初의 판본을 바탕으로 하여 明 萬曆年間까지 明代 사람들의 미적 취향을 받아들여 수정된 것으로 보인다. 통행본 계통은 판본 사이에 차이가 별로 없으며, 20)의 판본(이하 汲古閣本으로 약칭)이 대표적이다. 汲古閣本을 기준으로 陸抄本을 비교해보면, 형식과 내용에서 많은 차이가 난다.

첫째, 극본의 체제가 다른데 古本계통은 공연 위주의 특색이 있고, 통행본계통은 읽는 극본으로의 변화를 보인다. 둘째, 음악 방면에서는 변화가 크지 않은데, 汲古閣本은 대체로 古本계통의 곡률을 따랐다. 셋째, 사상 방면에서는 陸抄本은 비교적 순박하고 민중의 정서 표현에 가까운 반면, 汲古閣本은 문인들의 심리와 취향을 표현하고 있다. 넷째, 언어 방면에서는 陸抄本이 통속적이면서도 표현이 직접적인데 비해, 汲古閣本은 전아하면서 표현이 완곡하다.[24]

국내에 소장된 《琵琶記》는 여러 판본들이 있다. 國立中央圖書館 소장본 《琵琶記》는 版心書名이 《陳眉公批評琵琶記》로 되어 있으며, 宣統2년(1910)에 2권 2책으로 간행된 木版本이다. 서울대 중앙도서관 소장본의 서명은 《芥子園繪像第七才子書》로 되어 있는데, '第七才子書'는 《琵琶記》를 뜻한다. 이 판본은 蘇州의 光華堂에서 雍正13년(1735)에 6권 6책의 木版本으로 간행되었으며, 비교적 이른 시기의 판본으로 보인다. 성균관대 소장본의 서명은 《成裕堂繪像第七才子書琵琶記》로 되어 있으며, 雍正13년(1735)에 6권 6책의 木版本으로 간행되었다. 이 판본은 위의 서울대 판본과 같은 해에 간행된 것으로 비교적 이른 시기의 판본으로 보인다. 또 다른 성균관대 소장본은 《繪像第七才子琵琶記》로 淸末에서 民國初期에 간행된 1책의 石印本이다. 이 판본은 '序'가 康熙丙午年(1666)에 써졌는데, 이때의 판본을 重刊한 것으로 보인다. 전남대 소장본 《琵琶記》는 版心書名

---

24) 판본에 대한 내용은 다음 논문을 근거로 한 것이다. 金英淑, 〈《琵琶記》의 판본 流變과 중국희곡사 연구에 있어서의 의의〉(《中國語文學》 제39집, 2002), 314~328쪽.

이 《第七才子書》로 되어 있는데, 刊寫者와 刊寫年은 모두 未詳이다. 이 판본은 6권 6책으로 되어 있는 木活字本이다. 또 다른 전남대 소장본은 《陳眉公批評琵琶記》는 宣統2年(1910)에 '跋'을 쓴 2책의 木活字本이다. 이 판본은 刊寫者가 未詳이라 되어 있는데, 刊記를 보면 夢鳳樓 暖紅室에서 간행한 것으로 보인다. 영남대 소장본은 서명이 《繪像第七才子琵琶記》로 되어 있는데, 1906년에 간행되었으나 刊寫地와 刊寫者가 모두 未詳이라서 어디에서 간행되었는지는 알 수 없다. 이외의 국내 소장본으로는 고려대의 《陳眉公批評琵琶記》(民國10年(1921), 掃葉山房)·단국대의 《陳眉公批評琵琶記》(民國15年(1926), 掃葉山房)·《繪像第七才子琵琶記》(民國 3年(1914), 廣益書局)의 판본도 있으나, 모두 民國元年 이후에 출판된 판본이어서 목록에는 넣지 않았다.

　李圭景(1788~1856)의 《五洲衍文長箋散稿》의 〈小說辨證說〉에는 《琵琶記》에 대한 언급이 있다. '《續文獻通考》以《琵琶記》·《水滸傳》列之經籍誌中。雖稗官小說。古人不廢。' 이 기록을 보면 李圭景은 《琵琶記》를 '稗官小說'의 범주에 넣었으며, 《琵琶記》의 장르를 희곡으로 보고 있지 않다. 그렇기 때문에 그가 《琵琶記》의 실물을 보았는지 혹은 서명만 알고 있었는지는 판단하기 어렵다. 그러나 대략적으로 이 시기에는 《琵琶記》가 유입된 것으로 보여 진다.

　그 외 朝鮮時代 시인들의 詩句에는 《琵琶記》에 나온 내용을 인용한 것들이 있다.

* 金宗直(1431~1492) 《佔畢齋集》 제13권 〈和元參奉槩李生員承彦諸子韻〉 :
　선아가 응당 녹운의를 만들어 놓았으리(仙娥應剪綠雲衣)

* 張維(1587~1638) 《谿谷集》 제25권 〈次韻答朴大觀學士夢見鄭員外勸我讀書覺來仍成古詩却寄之作〉 :
　책 벌레도 본시 싫어할 일 아닌 것이, 기막힌 향기 나는 잎사귀가 있는 것을 (蠹魚自不惡, 芸葉有奇芬)

* 丁若鏞(1762~1836) 《茶山詩文集》 제4권 〈得新瓜書懷〉 :
　취부 타갱 그야말로 색다른 별미로되(翠釜駝羹本殊美)[25]

---

25) 이상 내용은 한국고전종합DB(http∶//db.itkc.or.kr) 검색을 통해 이루어졌으며, 번역문

이상의 시구는 모두 《琵琶記》에서 나온 것이기에, 이들은 모두 《琵琶記》를 보았을 것이라고 추정할 수 있다. 金宗直은 朝鮮 前期의 사람이므로, 《琵琶記》의 어떤 판본이 유입되었는지는 알 수 없으나, 그 유입 시기의 하한선은 朝鮮 前期로 볼 수 있다. 그러나 아래의 국내 소장본들이 언제 어떤 경로로 유입되었는지는 확정할 수 없다.

書名	出版事項	版式狀況	一般事項	所藏處/所藏番號
琵琶記	高明(元)著, 陳繼儒(明) 評, 刊寫地未詳, 刊寫者未詳, 宣統2年(1910)	2卷2冊, 中國木版本, 有圖, 29.5×17.7cm	版心書名:陳眉公批評琵琶記, 跋:宣統庚戌(1910)… 劉世珩	國立中央圖書館 [古]5-80-37
芥子園繪像 第七才子書	高明(中國) 撰, 蘇州, 光華堂, 雍正13年(1735)	6卷6冊, 中國木版本, 有圖, 15.5×9.2cm, 四周雙邊, 半郭:9.1×6.3cm, 無界, 8行10字 註雙行, 花口, 上下向黑魚尾	表題:繡像第七才子書, 目錄題:芥子園繪像第七才子書琵琶記, 匣題:七才子書琵琶記, 原評:聲山先生, 序:康熙乙卯年(1665)… 吳?悔菴, 序:康熙丙午年(1666)… 筠溪浮雲客子, 序:雍正乙卯年(1735)…程自華	서울大學校 中央圖書館 3464-34-1-6
成裕堂繪像 第七才子書 琵琶記	高明(元)原評, 程士任(淸) 校刊, 淸 雍正13年(1735)刊	6卷6冊, 中國木版本, 12.3×7.9cm, 有圖, 四周雙邊, 半郭:9.4×6.3cm, 無界, 8行16字, 上黑魚尾, 紙質:綿紙	序:雍正乙卯(1735)元旦日耕野程士任自華甫題於成裕堂, 一卷末:雍正乙卯(1735)春日七旬灌叟程自華氏校刊于吳門之課花書屋, 備考:袖珍本	成均館大學校 D7C-45
繪像第七才子琵琶記	高東嘉(元) 評, 中華圖書館, 淸朝末~中華初 刊	不分卷1冊, 中國石印本, 18×12.4cm, 四周單邊, 半郭:15.4×10.8cm, 18行37字, 上黑魚尾, 紙質:竹紙	序:康熙丙午(1666)孟秋望日筠溪浮雲客子題於衣言堂之南軒	成均館大學校 [曺元錫] D7C-190
琵琶記	高明(元) 撰, 中國, 刊寫者未詳, 刊寫年未詳	6卷6冊, 中國木活字本, 有圖, 23.6×16cm, 上下單邊 左右雙邊, 半郭:17.8×11.9cm, 8行14字, 上黑魚尾,	版心題:第七才子書 別書名:繪風亭評第七才子書	全南大學校 895.11

도 이를 따랐다.

		紙質：竹紙		
陳眉公批評 琵琶記	高明(元) 撰, 中國, 刊寫者未詳, 宣統2年(1910)跋	2冊, 中國木活字本, 有圖, 29.6×16.4㎝, 四周單邊, 半郭：20× 12.3㎝, 有界, 9行20字, 花口, 上下向黑魚尾, 上欄에 小字註, 紙質：畫線紙	跋：宣統庚戌(1910)夏五貴池 劉世珩記於三唐琴, 刊記：夢鳳樓暖紅室刊校	全南大學校 4E － 비841ㄱㅊ
繪像第七才 子琵琶記	刊寫地未詳, 刊寫者未詳, 1906	6冊, 石印本, 有圖, 14.6×8.9㎝	標題：七才子琵琶記	嶺南大學校 [古凡]823.6- 칠재자

4) 西廂記

　　《西廂記》는 唐나라 元稹(779~831)의 傳奇小說 《鶯鶯傳》(一名 《會眞記》)의 이야기를 제재로 삼았다. 《鶯鶯傳》은 張生과 鶯鶯의 비극적인 사랑이야기이다. 唐代 貞元年間(785~805)에 張生은 병란에서 崔氏 일가를 구하고 그 집의 딸 鶯鶯을 사랑하게 된다. 그는 시녀 紅娘을 통하여 사랑을 고백하고, 鶯鶯이 〈待月西廂下〉라는 시를 보내자, 그는 西廂에서 그녀를 기다린다. 그날 鶯鶯은 張生의 무례함을 꾸짖고 돌아가는데, 며칠 후 그녀가 갑자기 張生을 찾아와 하룻밤을 함께 지내고 나서 사랑이 시작된다. 후에 張生은 長安으로 과거를 보러 가서 鶯鶯에게 여러 차례 사랑의 편지를 받지만 연을 끊고 다른 여자와 결혼한다. 나중에 張生은 鶯鶯을 다시 만나려고 하지만, 결국 그녀에게 거절당한다. 《西廂記》는 전체적으로 《鶯鶯傳》의 이런 이야기 구조를 취하고 있지만, 최후에는 행복한 결말로 마무리된다.

　　宋代에는 대중예술이 크게 흥성하게 되었는데, 《鶯鶯傳》의 이야기도 강창으로 등장하였다. 또한 이 작품은 문인들에게도 널리 수용되었는데, 趙令畤는 〈蝶戀花〉라는 詞와 산문으로 이루어진 〈商調蝶戀花鼓子詞〉를 지어 張生과 鶯鶯의 사랑이야기를 강창 형식으로 구성해냈다.

　　金나라에 들어와서는 《西廂記》가 탄생하는데 결정적인 역할을 하게 되는 《西廂記諸宮調》가 창작된다. 董解元은 諸宮調26)라는 강창 형식으로 張生과 鶯

鶯의 사랑이야기를 재구성하여 《西廂記諸宮調》를 창작했다. 줄거리는 《西廂記》와 대동소이하고 작품상의 사건·인물·주제 등도 《西廂記》의 골격을 모두 갖추고 있다. 諸宮調는 한 사람이 연창하는 양식이어서 여러 인물들이 등장하여 연출하는 희곡과는 다르다. 그러나 강창 《西廂記諸宮調》가 없었다면 희곡 《西廂記》의 탄생도 기대하기 어려웠을 것이다.27)

元代에 들어와서 王實甫는 《西廂記諸宮調》를 토대로 5本 21折의 장편 雜劇 《西廂記》를 지었다. 王實甫는 대략 1300년 전후에 활동했으며, 鐘嗣成의 《錄鬼簿》에 이름은 德信이고 大都(지금의 北京) 사람이라는 기록만 있을 뿐이고 생평에 관한 자세한 기록은 없다. 현존하는 그의 작품으로는 《西廂記》 이외에 《麗春堂》과 《破窯記》가 있으며, 《販茶船》·《芙蓉亭》·《雙渠怨》·《嬌紅記》·《于公高門》·《多月亭》·《明達賣子》 등의 雜劇을 지었던 것으로 전해지나 작품은 전하지 않고 줄거리만 전해지고 있다. 그는 또한 散曲 작가로도 알려져 있는데 적은 수량의 작품만 남아 있을 따름이다.

《西廂記》는 현재 대체로 王實甫가 지은이라는 설이 유력하게 받아들여지고 있지만, 그 지은이에 대해서도 여러 가지 설이 있다. 첫째, 關漢卿이 5本 전부를 지었다. 둘째, 關漢卿이 第4本까지 쓰고 第5本은 王實甫가 이어서 지었다. 셋째, 王實甫가 5本 전부를 지었다. 넷째, 王實甫가 第4本까지 쓰고 第5本은 關漢卿이 이어서 지었다. 이상의 네 가지 설은 明代에서 淸代를 거쳐 현재까지 논쟁이 계속되었지만, 명확한 증거가 발견되지 않아 아직까지 의론이 분분하다. 그러나 이와는 별도로 원작자는 王實甫이지만 明代 이후에 간행된 현존하는 《西廂記》는 元末에서 明初의 무명씨의 작품이라는 설도 있다.28)

元代 雜劇은 대부분 1本 4折인데 반하여, 《西廂記》는 보통 작품의 다섯 배에 달하는 5本 20折로 파격적인 장편으로 되어 있다. 그러나 줄거리는 의외로 간단

---

26) 諸宮調는 여러 가지 宮調의 樂曲을 사용한 강창 형식이다. 金學主, 《중국의 희곡과 민간연예》(명문당, 2002), 133쪽.
27) 이상의 내용은 대체로 다음 책에 근거했다. 金學主, 《중국의 희곡과 민간연예》(명문당, 2002), 108~140쪽. 王實甫 지음, 양회석 옮김, 《西廂記》(진원·三聯書店, 1996), 286~288쪽.
28) 이에 대한 구체적인 내용은 다음 책을 참고하였다. 黃季鴻《明淸 《西廂記》 硏究》(長春 : 東北師範大學出版社, 2006), 25~52쪽. 하재철, 〈王實甫雜劇硏究〉(성균관대 박사 논문, 1994), 61~79쪽.

하다.

제1본 : 普救寺에서 마주친 張生과 鶯鶯은 피차 호감을 갖는다.

제2본 : 노부인이 반란군을 물리친 자에게 딸을 주겠다고 약속한다. 그러나 張生이 위기를 해결하자 鄭恒과의 약혼 사실을 들어 번복한다.

제3본 : 상사병으로 식음을 전폐하는 張生 때문에 鶯鶯은 갈등하고, 紅娘은 두 사람을 결합시키기 위해 노력한다.

제4본 : 마침내 두 사람은 부부관계를 맺는다. 이를 안 노부인은 張生에게 과거 급제를 결혼 조건으로 내건다.

제5본 : 과거 급제 후 張生이 금의환향하는데, 鄭恒이 모함하여 鶯鶯을 빼앗으려 한다. 결국 鄭恒은 자결하고 두 사람은 백년가약을 맺는다.

《西廂記》는 元代에 창작되어서 실제 공연을 통해 관객들에게 사랑받았고, 읽는 극본으로도 독자들에게 환영받았다. 지금까지 元代의 판본은 전해지는 것이 없고, 현존하는 가장 오래된 판본은 明代 弘治11年(1498)에 간행된 것이며, 이후 明代와 淸代를 걸쳐 약 100여 종의 판본들이 나왔다. 우선 明代의 주요 판본들은 다음과 같다.

1) 《永樂大典》 筆寫本(逸失), 永樂元年(1403)에 필사하여 永樂5年(1407)에 完成함.

2) 周憲王本 《西廂記》 (逸失), 간행본으로 최초의 것임. 周憲王은 朱元璋의 다섯째 아들 定王 朱橚의 맏아들인 朱有燉(1379~1439)임. 이 판본에 대해서 鄭振鐸・張人和・黃季鴻 등의 학자들은 부정하거나 의심했으나, 蔣星煜은 실제로 존재했다고 주장.

3) 《新編校正西廂記》 (殘本), 明初 刻本.

4) 《新刊大字魁本全相參增奇妙注釋西廂記》 5卷, 明 弘治 戊午年(1498), 金台嶽 家刻本. 현존하는 가장 오래 된 완정본임.

5) 郭勳 輯 《雍熙樂府》本 《西廂記》, 嘉靖10年(1531) 初刻. 嘉靖19年(1540) 번각(長春山人 序). 嘉靖45年(1566) 安肅春山居士 重刻. 曲文만을 뽑아 놓은 選集임.

6) 《口傳古本西廂記》 (逸失), 劉麗華 序 明嘉靖2年(1541) 刻本.

7) 《碧筠齋古本北西廂》 5卷, 淸 同治10年(1871) 筆寫本.
8) 《古本董解元西廂記》 (逸失), 嘉靖36年(1557) 張雄飛 刻本.
9) 金在衡本 《西廂記》 (逸失) 明 萬曆7年 己卯(1579) 前에 간행.
10) 《新刻考正古本大字出像釋義北西廂》 2卷, 謝世吉 訂, 明 萬曆7年(1579) 金陵 少山堂 胡少山 刻本.
11) 《重刻元本題評音釋西廂記》 2卷, 明 萬曆8年(1580) 徐逢吉 校, 徐士範 刊本.
12) 《重校北西廂記》 (逸失), 明 萬曆10年(1582) 龍洞山農 刻.
13) 《古本西廂記》 (逸失), 明 萬曆6年(1588) 朱石津 刻.
14) 《重刻元本題評音釋西廂記》 2卷, 附錄：餘瀘東 校正, 明 萬曆2年(1592) 熊龍峰 忠正堂 刻.
15) 《全相注釋西廂記(重校北西廂記)》 4卷, 羅懋登 注, 明 萬曆25年(1597) 盧玉龍 刊.
16) 《重校北西廂記》 5卷, 陳大來 校, 明 萬曆26年(1598) 秣陵 繼志齋 重刊本. 龍洞山農의 序가 있으며 12) 《重校北西廂記》 의 重刊本임.
17) 《新刊合幷王實甫西廂記》 2卷, 屠隆 校와 序, 明 萬曆28年(1600) 周居易 刻.
18) 《北西廂記》 2卷(殘本, 存1卷上), 李楩 校正, 明 萬曆30年(1602) 吳門 殳氏 曄曄齋刻.
19) 《重刻元本題評音釋西廂記》 2卷, 上饒 余瀘東 校正, 明 萬曆年間 喬山堂 劉龍田 刻.
20) 《元本出相北西廂記》 2卷, 王世貞・李卓吾 評, 明 萬曆38年(1610) 起鳳館 曹以杜 刻.
21) 《元本出相北西廂記》 2卷, 王世貞・李卓吾 評, 明末 重印, 起鳳館 刊本.
22) 《李卓吾先生批評北西廂記》 2卷, 李卓吾 評, 明 萬曆38年(1610) 虎林 容與堂 刻.
23) 《重刻訂正元本批點畫意北西廂》 5卷, 明 徐渭 評, 明 萬曆39年(1611) 新安 黃應光刻.
24) 《新校注古本西廂記》 6卷, 王驥德 校注, 明 萬曆42年(1614) 香雪居 刻本.
25) 《北西廂記》 2卷, 明 萬曆44年(1616) 序, 渤海 逋客何璧 刻.
26) 《鼎鐫陳眉公先生批評西廂記》 2卷, 陳繼儒 評, 明 萬曆46年(1618) 蕭騰鴻

師儉堂 刻.

27) 《鼎鐫西廂記》 2卷, 陳繼儒 評, 餘文熙 閱, 明代 後期 重刻本, 書林 蕭騰鴻 師儉堂 刻.

28) 《田水月山房北西廂藏本》 5卷, 徐文長 批訂, 明 萬曆年間 王起侯 刻.

29) 《重校北西廂記》 2卷, 明 萬曆年間 三槐堂 王敬喬 刊本.

30) 《重校北西廂記》 2卷, 明 萬曆年間 刻. 텍스트 내용은 繼志齋 刊本과 같으나 揷圖는 약간 다름.

31) 《重校元本大版釋義全像音釋北西廂記》 (逸失)2卷, 明 萬曆年間 陳曉隆 刊本.

32) 《元本出相北西廂記》 2卷, 明 萬曆年間 汪氏 玩虎軒. 崇禎7年(1634) 宋國標 補刻本.

33) 《李卓吾批評合像北西廂記》 2卷, 李贄 評, 明 萬曆年間 書林 遊敬泉 刻.

34) 《李卓吾先生批評西廂記》 2卷, 明 萬曆年間 潭陽 劉應襲 刻.

35) 《袁了凡先生釋義西廂記》 2卷, 袁了凡 釋義, 汪廷訥 校. 明 萬曆年間 環翠堂 刻.

36) 《新刊考正全像評釋北西廂記》 4卷, 白阜 肩雲逸叟 校, 明 萬曆年間 金陵 文秀堂 刻.

37) 《新刻徐筆峒先生批點西廂記》 2卷, 徐奮鵬 評閱, 明 萬曆·天啓年間 筆峒山房 刻本.

38) 《西廂記》 (逸失), 明 萬曆年間(1573-1619) 無名氏 編刊 《傳奇4種》 本.

39) 《詞壇淸玩槃薖碩人增改定本(西廂定本)》 2卷, 槃薖碩人(徐奮鵬) 增改, 明 天啓元年(1621) 刻.

40) 《西廂記》 (逸失), 明 萬曆年間 金陵 唐對溪 富春堂 刊本.

41) 《西廂記》 (逸失), 明 萬曆年間 日新堂 刊本.

42) 《西廂記(書名 未詳)》 (逸失), 明 萬曆年間 黃正位 尊生館 刊本.

43) 《群音類選》 本 《西廂記》, 明 萬曆年間 金陵 胡文煥 輯刊.

44) 《西廂記》 5本, 淩濛初 校注, 明 天啓年間 淩濛初 刻 朱墨套印本.

45) 《西廂會眞傳》 5卷, 湯顯祖 評, 沈璟 訂, 明 天啓·崇禎年間 烏程 閔氏 刻.

46) 《硃訂西廂記》 2卷, 孫鑛(1543-1613) 評, 諸臣 校, 明 天啓·崇禎年間 朱墨套印本.

47) 《詞壇淸玩槃適碩人增改定本(西廂淸玩定本)》 2卷, 槃適碩人 增改, 明 後期 刻本.
48) 《西廂記》 (逸失), 閔振聲校, 明 天啓·崇禎年間 刻本.
49) 《新鐫繡像批評音釋王實甫北西廂眞本》 (逸失) 5卷, 鄭國軒 校, 明 崇禎3年 (1630) 文立堂 刻.
50) 《北西廂記(北西廂)》 2卷, 延閣主人 訂正, 明 崇禎4年(1631) 延閣主人 李告辰 刻.
51) 《古今奏雅》 本 《西廂記》, 長洲 吳長公·顧臣廬 輯校, 崇禎9年(1636) 刻.
52) 《張深之先生正北西廂秘本》 5卷, 張深之(?-1642) 正, 明 崇禎12年(1639) 刻.
53) 《弦索辯訛(西廂)》 3卷, 沈寵綏 校, 明 崇禎12年(1639) 刻本.
54) 《校正北西廂譜》 2卷, 婁梁散人 輯, 明 崇禎12年(1639) 胡世定·唐雲客 刻.
55) 《王實甫西廂記》 4本(《關漢卿續西廂記》 1本), 閔遇五 校注, 明 崇禎13年 (1640) 烏程 閔遇五 刻.
56) 《李卓吾先生批點西廂記眞本》 2卷, 李贄 評, 明 崇禎13年(1640) 西陵 天章閣 醉香主人 刻本.
57) 《西廂記》 (逸失), 明 崇禎17年(1644) 汪然明 刻本.
58) 《新訂徐文長先生批點音釋北西廂》 2卷, 徐文長 批點, 明 崇禎年間 刻本.
59) 《新刻徐文長公參訂西廂記》 2卷, 明 羊城 平陽郡 佑卿甫 評釋, 明 崇禎年間 潭邑 書林 歲寒友 刻.
60) 《三先生合評元本北西廂》 5卷, 湯若士·李卓吾·徐文長 合評, 明 崇禎年間 孔如氏 刻.
61) 《湯海若先生批評西廂記》 2卷, 湯顯祖 評, 明 崇禎年間 蕭騰鴻 師儉堂 刻.
62) 《新刻魏仲雪先生批點西廂記》 2卷, 魏浣初 評, 李裔蕃 注, 明 崇禎年間 古吳 陳長卿 存誠堂 刻本.
63) 《重刻訂正元本批點畫意北西廂》 5卷, 徐渭 評, 明 崇禎年間 刻本.
64) 《六種曲》 本 《西廂記》 2卷, 明 崇禎年間 常熟 毛晉 汲古閣 原刻 輯印本.
65) 《元本出相北西廂記》 2卷, 明末 重刻本.
66) 《徐文長批評北西廂》, 徐文長 批訂, 明 後期 刻.
67) 《西廂記傳奇》 2卷, 明 後期 刻本.

68) 《新鐫增定古本北西廂記弦索譜》 2卷, 查繼佐 鑒定, 袁於令 參著, 天花藏主人 補, 明末淸初 刻.29)

이상은 明代의 판본들이고, 淸代의 주요 판본들은 다음과 같다.
1) 《詳校元本西廂記》 2卷, 封岳含章館, 順治年間 刻本.
2) 《貫華堂第六才子書西廂記》 8卷, 金聖嘆 評點, 貫華堂 原刻, 順治年間 刻本.
3) 《校定北西廂弦索普》 2卷, 沉遠・程淸 訂, 順治年間 刻本.
4) 《貫華堂第六才子書》 8卷, 金聖嘆 評點, 文苑堂, 康熙8年(1669).
5) 《箋注繪像第六才子書西廂記》 8卷, 金聖嘆 評, 鄧汝寧 音義, 致和堂, 康熙8年(1669) 刻本.
6) 《合訂西廂記文機活趣全解》(《增補箋注繪像第六才子書釋解》) 8卷, 吳山三婦 合評, 鄧汝寧 音義, 金聖嘆 批點, 康熙8年(1669) 刻本.
7) 《貫華堂繪像第六才子書西廂記》 8卷, 金聖嘆 評點, 康熙8年(1669) 刻本.
8) 《毛西河論定西廂記》 5卷, 毛奇齡 校注, 浙江學者堂, 康熙15年(1676) 刻本.
9) 《西來意》(《元本北西廂記・夢覺關》) 4卷, 潘廷章 評, 康熙19年(1680) 刻本. 乾隆43年(1778) 任以治 重刊本.
10) 《貫華堂繪像第六才子書西廂記》 8卷, 古吳 俞氏 博雅堂, 康熙47年(1708) 刻本.
11) 《滿漢西廂記》 4卷, 京都 永魁齋, 康熙49年(1710) 刻本.
12) 《懷永堂繪像第六才子書》 8卷, 豐溪 呂世鏞 懷永堂, 康熙59年(1720) 刻本. 光緒10年(1884) 廣州 重刊本.
13) 《第六才子書西廂記》 8卷, 金聖嘆 評點, 學餘堂, 康熙59年(1720) 刻本.
14) 《貫華堂第六才子書西廂記》 8卷, 金聖嘆 評點, 蘇州 文起堂, 康熙年間 刻本.
15) 《貫華堂第六才子書》 8卷, 金聖嘆 評點, 四美堂, 康熙年間 刻本.
16) 《貫華堂第六才子書西廂記》 8卷, 金聖嘆 評點, 世德堂, 康熙年間 刻本.
17) 《箋注繪像第六才子書釋解》 8卷, 金聖嘆 評點, 吳山三婦 合箋, 鬱鬱堂, 康熙年間 刻本.
18) 《箋注繪像第六才子書西廂釋解》 8卷, 金聖嘆 評點, 吳山三婦 合箋, 康熙年間 刻本.

---

29) http://yuzi0037.blog.163.com/blog/static/86273163201222415242/

19) 《西廂記演劇》 2卷, 李書樓 參酌, 朱素臣 校訂, 李書雲・汪蛟門 評, 康熙年間 刻本.
20) 《成裕堂繪像第六才子書》 8卷, 金聖嘆 評點, 成裕堂, 雍正11年(1733) 刻本.
21) 《槐蔭堂繪像第六才子書》 8卷, 金聖嘆 評點, 槐蔭堂, 雍正11年(1733) 刻本.
22) 《丹山堂繪像第六才子書》 8卷, 金聖嘆 評點, 丹山堂, 雍正11年(1733) 刻本.
23) 《此宜閣增訂金批西廂記》 4卷, 金聖嘆 評點, 常熟 此宜閣, 乾隆13年(1748) 刻本. 乾隆60年(1795) 重刊本.
24) 《太古傳宗琵琶調西廂記曲譜》 2卷, 湯斯質 等 撰, 朱廷鏐・朱廷璋 訂, 內府 允祿 刻, 乾隆14年(1749).
25) 《繡像第六才子書》 8卷, 金聖嘆 評點, 乾隆15年(1750) 刻本.
26) 《靜軒合訂評釋第六才子書西廂記文機活趣》 8卷, 金聖嘆 評點, 鄧溫書 編, 乾隆17年(1752) 刻本.
27) 《琴香堂繪像第六才子書》 8卷, 金聖嘆 評點, 松陵 周氏 琴香堂, 乾隆13年(1748) 刻本.
28) 《貫華堂注釋第六才子書》 6卷, 金聖嘆 評點, 藝經堂, 乾隆34年(1769) 刻本.
29) 《西廂記》 8卷, 金聖嘆 評點, 文德堂, 乾隆45年(1780) 刻本.
30) 《繡像安注第六才子書》(《樓外樓訂正安注第六才子書西廂記》) 6卷, 金聖嘆 評點, 鄒聖脈 安注, 鄒延猷 訂正, 樓外樓, 乾隆47年(1782) 刻本.
31) 《西廂記全譜》 5卷, 葉堂 訂譜, 許寶善 參訂, 長洲 葉氏 納書楹, 乾隆49年(1784). 乾隆60年(1795) 重刊本.
32) 《雲林別墅繪像安注第六才子書》 6卷, 金聖嘆 評點, 鄒聖脈 安注, 乾隆50年(1785) 刻本.
33) 《第六才子書》 6卷, 金聖嘆 評點, 金閶書業堂, 乾隆56年(1791) 刻本.
34) 《繡像安注第六才子書》 6卷, 金聖嘆 評點, 鄒聖脈 安注, 乾隆60年(1795) 刻本.
35) 《樓外樓訂正安注第六才子書西廂記》 6卷, 金聖嘆 評點, 鄒聖脈 安注, 鄒延猷 訂正, 九如堂, 乾隆年間 刻本.
36) 《第六才子書》 8卷, 金聖嘆 評點, 金陵 五車樓, 乾隆年間 刻本.
37) 《第六才子書》 8卷, 金聖嘆 評點, 寶淳堂, 乾隆年間 刻本.
38) 《增補箋注繪像第六才子書西廂記》 8卷, 金聖嘆 評, 鄧汝寧 音義, 致和堂,

乾隆年間 刻本.

39) 《貫華堂第六才子書》 8卷, 金聖嘆 評點, 文盛堂, 嘉慶5年(1800) 刻本.

40) 《槐蔭堂第六才子書》 8卷, 金聖嘆 評點, 三槐堂, 嘉慶21年(1816) 刻本.

41) 《繡像第六才子書》 8卷, 金聖嘆 評點, 裕文堂, 嘉慶22年(1817) 刻本.

42) 《安注第六才子書西廂記》 6卷, 金聖嘆 評點, 鄒聖脈 安注, 啓元堂, 嘉慶24年(1819) 刻本.

43) 《增補箋注繪像第六才子書西廂釋解》 8卷, 金聖嘆 評點, 鄧汝寧 注, 嘉慶年間 刻本.

44) 《吳山三婦評箋注釋第六才子書》 8卷, 金聖嘆 評點, 吳山三婦 合箋, 致和堂, 嘉慶年間 刻本.

45) 《益智堂增補注釋第六才子書西廂記》 10卷, 金聖嘆 評點, 薛蔚 箋注, 益智堂, 嘉慶年間 刻本.

46) 《吳山三婦評箋注釋聖嘆第六才子書》 8卷, 金聖嘆 評點, 吳山三婦 合箋, 文苑堂, 道光年間 刻本.

47) 《西廂記》 8卷, 金城 西湖街 簡書堂, 道光2年(1822) 刻本.

48) 《西廂記》 不分卷, 長白 馮氏 刊, 桐華閣 校, 道光2年(1822) 刻本.

49) 《繡像全圖西廂記》, 上海 自强書局, 道光16年(1836) 刻本.

50) 《第六才子書西廂記》 8卷, 金聖嘆 評點, 道光29年(1849) 刻本.

51) 《第六才子書西廂記》 8卷, 金聖嘆 評點, 味蘭軒主人 詮釋, 味蘭軒, 道光29年(1849) 刻本. 同治8年(1869) 味蘭軒 重刊本.

52) 《繡像安注第六才子書》 6卷, 金聖嘆 評點, 鄒聖脈 安注, 同治12年(1873) 刻本.

53) 《如是山房增訂金批西廂記》 4卷, 金聖嘆 評點, 如是山房, 光緒2年(1876) 刻本.

54) 《繪像增注第六才子書釋解》 8卷, 金聖嘆 評點, 吳山三婦 合箋, 鄧汝寧 音義, 光緒13年(1887) 刻本.

55) 《增像第六才子書》 4卷, 金聖嘆 評點, 光緒13年(1887) 刻本.

56) 《增像繪圖西廂記第六才子書》 5卷, 金聖嘆 評點, 古越全城, 光緒13年(1887), 鉛印本.

57) 《增像第六才子書》 5卷, 金聖嘆 評點, 潤寶齋, 光緒15年(1889), 石印本.

58) 《增像第六才子書》 5卷, 金聖嘆 評點, 上海 檢古齋, 光緒16年(1890), 石印本.

59) 《增像第六才子書》 6卷, 金聖嘆 評點, 上海書局, 光緒27年(1901), 石印本.
60) 《繪圖第六才子書》 5卷, 金聖嘆 評點, 善成堂, 光緒32年(1906).
61) 《增批繪像第六才子書》 5卷, 金聖嘆 評點, 上海 掃葉山房, 光緒34年(1908), 石印本.
62) 《增像第六才子書》 4卷, 金聖嘆 評點, 宏文閣, 光緒34年(1908), 鉛印本.
63) 《增像第六才子書》 4卷, 金聖嘆 評點, 善成堂, 光緒32年(1906).
64) 《繪像第六才子書》 8卷, 金聖嘆 評點, 廣州, 光緒年間.30)

《西廂記》는 明代에 유행의 중심이 北曲에서 南曲으로 바뀐 후에도 南戲 작품과 함께 계속 상연되었다. 明末의 민간 출판 번영기에는 출판업자들이 앞 다투어 간행했기 때문에 판본은 수십 종이 넘는다. 淸代에는 마지막의 4절을 없애고, 張生이 시험을 치르기 위해 서울로 올라가는 이별의 비극을 강조하는 金聖嘆의 評點本인 《第六才子書西廂記》가 나왔으며, 그 후부터는 주로 이 評點本이 애독되었다. 淸나라 정부는 여러 차례 소설이나 희곡 작품에 대해 판매금지 조치를 취했는데, 《水滸傳》과 함께 《西廂記》의 이름이 종종 눈에 띈다. 이는 金聖嘆이 《水滸傳》을 '第五才子書'라고 하며 평점을 가했기 때문이다.

우리나라도 朝鮮 후기에는 《西廂記》가 들어와 널리 읽혔으며, 그 판본은 대부분 金聖嘆의 評點本 《第六才子書西廂記》였다. 金聖嘆은 독특한 견해를 가지고 《西廂記》를 비평했는데, 본문의 내용을 많이 고쳤다는 비평을 받기도 하지만, 노랫말과 대화에 대한 평론은 《西廂記》의 문학적 성과를 잘 비평하고 있다.

국내 각 도서관에 所藏된 《西廂記》에 대한 판본은 매우 많은데, 朝鮮에서 이 작품이 상당히 유행했음을 알 수 있다. 아래의 《西廂記》 판본목록은 1912년까지 출판되거나 필사되거나 한 것들과 간행연도가 미상인 것들만을 포함했으며, 이후의 것들은 제외했다. 아래에서는 국내에 유입되거나 조선에서 필사된 《西廂記》 판본의 양상에 대해 소개했는데, 중국 출판본(木版本과 石印本)·국내 筆寫本(전사본과 번역본)·어록 등의 순서로 되어 있다. 《西廂記》는 판본이 매우 많아 대체적인 내용만을 소개했고 모든 판본을 다루지는 못했다.

---

30) 趙春寧, 《《西廂記》 傳播硏究》 (廈門 : 廈門大學出版社, 2005), 293~301쪽.

* 《貫華堂第六才子書西廂記》는 清代 世德堂에서 8卷 8冊의 木版本으로 간행 되었는데, 서울대와 경북대 등에 소장되어 있다.
* 《合訂西廂記文機活趣全解第六才子書釋解》는 刊行年 未詳이고 維經堂에서 6冊의 木版本으로 간행되었는데, 서울대와 고려대 등에 소장되어 있다.
* 《增註第六才子書釋解》는 康熙己酉年(1669)에 쓴 序가 있으며, 善美堂에서 9 卷 6冊의 木版本으로 간행되었다. 이 판본은 吳山三婦가 評을 하고 箋註를 달았으며, 서울대·경희대·전남대·한국학중앙연구원 등에 소장되어 있다.
* 《增補箋註繪像第六才子西廂釋解》는 刊行年 未詳이지만 清代에 致和堂에서 8卷 6冊의 木版本으로 간행되었다. 이 판본도 吳山三婦가 評을 하고 箋註를 달았으며, 건국대·계명대·부산대 등에 소장되어 있다.
* 《雲林別墅繡像安註第六才子書》는 乾隆50年(1785)에 一也軒에서 6卷 6冊의 木版本으로 간행되었다. 이 판본은 鄒聖脈 安註를 달았으며, 고려대와 한양 대 등에 소장되어 있다.
* 한국학중앙연구원 소장본 《安註第六才子書釋解》는 8卷 6冊의 木版本으로 간행되었는데, 第2冊이 낙질이어서 5冊만을 소장하고 있다.
* 《增批繪像第六才子書》는 刊行年과 刊行者가 모두 未詳이며, 石印本으로 간 행되었는데, 전남대와 경북대에 소장되어 있다.
* 경희대 소장본 《繡像第六才子書》는 刊行年이 未詳인데, 文盛堂에서 8卷6冊 의 木版本으로 간행되었는데, 石印本이 아니라 木版本인 것으로 보아 清代에 간행된 것으로 보인다.
* 고려대 소장본 《繡像第六才子書》은 앞의 판본과 서명이 같은데, 출판사는 敦化堂에서 8권 8책의 木版本으로 간행되었다. 《第六才子書西廂記》는 光 緒己丑年(1889)에 味蘭軒에서 8卷 6冊으로 간행되었다.
* 연세대 소장본 《新刊合併陸天池西廂記》는 屠隆(明)이 校正하고 萬曆庚子年 (1600)에 쓴 序가 있는데, 2卷 1冊의 木版本으로 간행되었다.
* 고려대 소장본 《如是山房增訂金批西廂》은 刊行年과 刊行者가 모두 未詳이 고 4卷4冊의 木版本으로 간행되었는데, 石印本이 아니라 木版本인 것으로 보 아 清代에 간행된 것으로 보인다.
* 서울대 중앙도서관 소장본 《西廂記》는 卽空觀主人이 鑒定하고 宣統2年

(1910)에 跋이 써져 있는데, 暖紅室・夢鳳樓에서 5卷 4冊의 木版本으로 共刊했다.

* 동국대 소장본 《增像箋註第六才子西廂釋解》는 8卷6冊의 木版本으로 간행되었는데, 淸末에서 民國初에 간행된 것으로 보인다.
* 국회도서관 소장본 《艷情小說西廂記》刊行年이 未詳이고, 上海書局에서 石印本으로 간행되었는데, 淸末에서 民國初에 간행된 것으로 보인다.

《增像第六才子書》는 같은 서명으로 중국에서 여러 차례 또한 여러 출판사에서 대부분 石印本으로 간행되었다. 《增像第六才子書》의 출판상황과 소장처는 다음과 같다.

1) 《增像第六才子書》는 上海書局에서 光緒16年(1890)에 5卷 2冊의 石印本으로 간행되었는데, 동국대에 낙질의 2卷 1冊이 소장되어 있다. 또한 이 판본은 光緒27年(1901)에 4卷 4冊으로 重刊되었는데, 고려대와 한양대 등에 소장되어 있다.

2) 경희대 소장본 《增像第六才子書》는 上海의 仿泰鹵에서 光緒20年(1894)에 6卷6冊의 新鉛活字本으로 간행되었다.

3) 연세대 소장본 《增像第六才子書》는 光緒22年(1896)에 上海의 賞奇軒에서 6冊(卷首, 5卷)의 新鉛活字本으로 간행되었다.

4) 서울대 중앙도서관 소장본 《增像第六才子書》는 光緒25年(1899)에 序가 써진 6卷 6冊(卷首, 5卷)의 石印本으로 간행되었다.

5) 光緒31年(1905)에 序가 써진 《增像第六才子書》가 上海 錦章圖書局에서 6卷 1冊으로 간행되었는데, 이 판본은 연세대와 고려대 등에 소장되어 있다.

6) 고려대 소장본 《增像第六才子書》는 毛奇齡(淸)이 編하고, 1900년대 초에 上海 振餘書莊에서 6책의 石印本으로 간행되었다.

7) 연세대 소장본 《增像第六才子書》는 上海의 寶華書局에서 6冊의 石印本으로 간행되었는데, 淸末에서 民國初에 간행된 것으로 보인다.

8) 刊行年 未詳의 《增像第六才子書》가 上海 普新書局에서 6卷 6冊의 석인본으로 간행되었는데, 경희대와 한양대 등에 소장되어 있다.

국내에서 출판된 《西廂記》는 몇 종이 있는데, 1912년 이전에 간행된 것만을 목록에 넣었다. 《註解西廂記》는 1906년에 간행되었는데 이것만을 목록에 넣고, 1912년 이후에 출판된 것은 제외했으나 여기에서 간단히 소개하고자 한다.

* 《註解西廂記》는 吳台煥 編했으며 光武10年(1906)에 京城의 博文社에서 1冊의 新鉛活字本으로 출판되었다. 이 판본은 국립중앙도서관·서울대 중앙도서관·건국대·동아대 등에 소장되어 있다. 또한 국회도서관에는 같은 서명의 판본이 있는데, 吳台煥 編했으며 光武10年(1906)에 京城의 大東書市 출판되었다.
* 건국대 소장본 《西廂記》는 吳台煥 編이 편했고 金谷園에서 간행했는데, 刊行年은 미상이고 木版本으로 출판되었다.
* 《待月西廂記》는 朴健會가 漢城書館과 惟一書館에서 1913년에 發行했는데, 연세대 등 여러 곳에 소장되어 있다.
* 《(鮮漢雙文)西廂記》는 高裕相 譯述했으며 1914년에 京城의 匯東書館에서 1冊의 鉛印本으로 간행되었다. 이 판본은 국회도서관·고려대·이화여대 등에 소장되어 있다.
* 《(懸吐註解)西廂記》는 李敬菴 註解했으며 京城 朝鮮圖書에서 1916년에 간행되었는데, 이화여대에 소장되어 있다.

이와 같은 《(懸吐註解)西廂記》라는 서명으로 출판된 판본은 여러 가지가 있는데, 李敬菴 註譯한 것은 모두 같지만 출판사가 다르거나 간행연도가 다른 것들도 있다. 1916년에 京城 唯一書館에서 간행된 판본이 이화여대에 소장되어 있고, 같은 출판사인 唯一書館에서 1919년에 간행된 판본은 경희대에 소장되어 있으며, 1922년에 京城 朝鮮圖書株式會社에서 간행된 판본은 국립중앙도서관과 영남대 등에 소장되어 있다.

朝鮮에서 필사된 《西廂記》는 크게 두 가지로 나눌 수 있는데, 중국에서 출판된 판본을 그대로 베껴 쓴 것이 있고, 우리말로 번역한 筆寫本이 있다. 먼저 중국 판본을 轉寫한 판본들에 대하여 소개하면 대략 다음과 같다.

국회도서관 소장본 《會眞演義》는 筆寫者와 筆寫年이 모두 未詳이며, 《合訂西廂記文機活趣全解》를 옮겨 적었다. 연세대 소장본 《第六才子西廂記評論》筆寫者와 筆寫年이 모두 未詳이며, 表題는 '錦繡評'으로 되어 있다. 《懷永堂繪像第

六才子書》는 고려대 등에 소장되어 있는데, 모든 판본이 筆寫者와 筆寫年이 모두 未詳으로 되어 있다. 국립중앙도서관에 소장된 《西廂記》는 筆寫者와 筆寫年이 모두 未詳으로 되어 있으며, 表題가 《懷永堂繪像第六才子書》이므로 이 판본은 옮겨 적은 것이다. 이외에도 《西廂記》라는 서명으로 된 筆寫本은 많은데, 서울대와 경북대 등에 소장되어 있다. 이 판본들은 대체로 金聖歎 評點本을 옮겨 적은 것들이다.

《西廂記》의 한글 번역본들은 다음과 같다.

* 李家源이 발굴한 《西廂記》가 있는데, 阮堂 金正喜(1786-1856)가 희곡이 아닌 소설 형식으로 번역했다고 한다.
* 서울대 규장각 소장본 《서상긔》는 서명이 한글로 되어 있으며 隆熙3年(1909)에 번역된 2卷 2冊의 筆寫本이다.
* 연세대 소장본 《第六才子書西廂記》는 筆寫者와 筆寫年가 未詳이며, 表題는 待月記이고 口訣略號懸吐가 달린 1冊의 筆寫本이다. 그 외 연세대 소장본 《聖嘆先生批評第六才子書科白詞煞解》는 筆寫者와 筆寫年가 未詳이며, 表題는 待月記이고 口訣略號懸吐가 달린 5卷 3冊의 筆寫本이다.
* 서울대 중앙도서관 소장본 《西廂記大全解》筆寫者와 筆寫年은 未詳이며, 表題는 西廂記全解이고 漢韓對譯本인 筆寫本이다.
* 《西廂記解》筆寫者와 筆寫年이 未詳이고, 表題가 西廂記인 판본들은 여럿이 있는데, 고려대와 단국대 등에 소장되어 있다. 口訣略號懸吐가 달린 1冊의 筆寫本이다.

《西廂記》란 서명의 筆寫本들은 다수가 여러 곳에 소장되어 있는데, 그것들은 다음과 같다.

* 연세대에는 83張으로 된 口訣略號懸吐本이 있고, 또한 全4冊 중에 1冊만 남아 있는 漢韓對譯本도 있다.
* 단국대에는 한글對譯本 《西廂記》가 있고, 國漢文이 混用되고 匣題가 箋註第六才子書인 筆寫本도 있다.
* 건국대에는 1冊(缺帙)의 《西廂記》가 있는데, 漢韓對譯本이며 表題는 第六才子書로 되어 있다. 그 외 건국대 소장본 《待月詞》는 《西廂記》의 筆寫本으로 朱墨口訣略號가 달려 있다.

* 안동대에는 曲文만 번역된 筆寫本이 소장되어 있는데, 4권 2책 중에 후반부 1책만 남아 있다. 속표지 제목은 '花月琴夢記'로 되어 있으며, 본문 위에는 작은 글자로 주석이 달려 있다.
* 서울대 규장각 소장본 一名 《後歎先生訂正註解西廂記》라고 하는 판본이 있는데, 文漢命이 高宗22年(1885)에 序를 썼으며 중국어로 상세한 주석을 달았다.

또한 《西廂記》의 어휘를 해설한 일종의 사전인 어록이 있다. 이는 조선의 문인들이 明末淸初에 들어와 크게 변화된 중국 문장을 읽는 데에 있어 보조 역할을 했다. 국내에서 출판되거나 필사된 어록들은 《朱子語錄》·《水滸誌語錄》·《西遊記語錄》·《西廂記語錄》·《三國志語錄》·《吏文語錄》 등 여러 종이 보인다. 그중 《西廂記語錄》도 국내 도서관에 여러 종이 확인된다. 《西廂記語錄》은 단행본으로 된 것도 있고, 또한 다른 어록과 함께 묶여 합본으로 된 것도 있다.

서울대 규장각 소장본 《水滸誌語錄》은 1冊 35張으로 된 筆寫本인데, 부록으로 《西廂記語錄》 첨부되어 있다. 이 책의 刊記는 卷末에 '辛巳(1881年)仲夏小晦潭雲謄書'라고 되어 있으며 卷頭書名은 翻施耐菴錄이다. 연세대 소장본 《樂山心談》은 西廂記語錄과 朱子語錄이 합본된 39張의 筆寫本이다. 연세대 소장본 《語錄》은 西廂記語錄·同春堂語錄鮮·梁山泊語·吏語語錄이 합본된 筆寫本이다. 연세대 소장본 《語錄解》는 李滉著·柳希春이 訓을 달고 鄭瀁이 編했으며 南二星·宋浚吉이 增補한 1冊의 筆寫本인데, 道家語錄·西廂記語錄解·水滸誌語錄解·西遊記語錄이 합본되어 있다. 성균관대 소장본 《四奇語錄》은 筆寫年이 朝鮮後期로 추정되는 1冊(48張)의 筆寫本인데, 西廂記語錄·水滸誌語錄·西遊記語錄·道家語錄이 합본되어 있다. 이화여대 소장본 《西廂記語錄》은 합본이 아닌 50張의 筆寫本인데, 表題는 艷夢漫釋·西廂句讀·語錄註解로 되어 있다. 또한 《艷夢漫釋》이란 서명의 《西廂記語錄》이 성균관대·단국대·충남대·영남대에 모두 筆寫本으로 된 판본이 소장되어 있다. 그리고 《骨董》이란 서명의 《西廂記語錄》이 고려대·충남대·부산대에 모두 筆寫本으로 된 판본이 소장되어 있다. 또한 《註解語錄總覽》은 1919년에 白斗鏞이 편찬하고 尹昌鉉이 增訂하여 翰南書林에서 간행되었다. 이 책에는 南二星의 《語錄解》(1669년)를 重刊한 《朱子語錄》이 있고, 소설어록인 《水滸誌語錄》·《西遊記語錄》·《三國志語錄》이 있고, 희곡어록인 《西廂記語錄》이 있으며, 이두를 수록한 《吏文語錄》이 순서대로 함께 실려 있다. 이 판본은 현재 규장각·국립중앙도서관·한국학중앙연구원·고려대·연세대·경희대·서강대·건국대·단국대·영남대·부산대·동아대에 두루 소장되어 있다. 그러나 이 어록은 1912년 이후에 출판되었기 때문에 아래 목록에 넣지는 않았다.

《西廂記》의 국내 유입 상황은 다음과 같다. 《西廂記》의 원전이라 할 수 있는 小說 《鶯鶯傳》은 이미 고려시대에 유입된 것으로 보여 진다. 즉 《太平廣記》 가운데 《鶯鶯傳》이 수록되어 있기 때문에 《太平廣記》가 유입된 고려중기 쯤 《鶯鶯傳》도 국내에 유입된 것으로 추정할 수 있다. 《西廂記》의 유입에 대한 최초의 기록은 《朝鮮王朝實錄》(燕山君, 제62조)에 처음 보이는데 그 기록을 살펴본다.

> 傳曰: 《剪燈新話》·《剪燈餘話》·《效顰集》·《嬌紅記》·《西廂記》등의 책들을 謝恩使를 시켜 사들여 오게 하고.........(燕山君12年[1506年4月壬辰]).......傳曰: 《剪燈新話》와 《剪燈餘話》는 印刷하여 進上하라.」(傳曰, 剪燈新話 剪燈餘話 效顰集 嬌紅記 西廂記等, 令謝恩使貿來.......[中略] .... (燕山君12年[1506年4月壬辰]) .... 傳曰, 剪燈新話 餘話等書, 印進.)〈朝鮮王朝實錄, 燕山君, 卷62條〉

이상의 자료에서 확인 되듯이 적어도 1506년경에는 이미 《西廂記》가 유입되었음이 확인된다. 국왕이 서명을 직접 거론하며 중국에서 사오라고 할 정도이면 市中에는 어느 정도 유포되었거나 일부 문인들은 이미 이 책을 보았다는 것을 의미하기 때문이다.

그 외에도 《西廂記》의 서명이나 저자명을 언급한 기록이나 논평한 기록을 살펴보면 다음과 같다.

* 許筠(1569~1618)의 《閑情錄》 제18권, 〈十掌之故〉:
樂府則董解元 王實甫 馬東籬 高則誠, 傳奇則《水滸傳》·《金甁梅》爲逸典。31)

---

31) 樂府則董解元 王實甫 馬東籬 高則誠, 傳奇則水滸傳 金甁梅 爲逸傳, 不熟此傳者, 保而甕腸, 非飮徒也。이 문장은 袁宏道(1568~1610)의 《袁中郞全集》권3에서 허균이 재인용한 것이다.

* 李健(1614~1662)《葵窓遺稿》卷之三 七言絶句〈題西廂記〉:
  誰遣紅娘傳密約。迎風對月結深情。何人爲著 西廂事。千載如今發不平。

* 尹德熙의 《子學歲月》(46종), 1744년:
  戲曲:《西廂記》·《四夢記》·《續情燈》

* 尹德熙의 《小說經覽者》(128종), 1762년:
  戲曲:《西廂記》·《西樓記》·《四夢記》·《續情燈》

* 朝鮮 英祖38年(1762) 完山李氏作 《中國小說繪模本》 序文:
  曰《聘聘傳》·曰《西廂記》也。

* 正祖(1752~1800/ 재위:1777년~1800)《弘齋全書》卷百六十三 日得錄三〈文學三〉:
  상이 이르기를, "근래에 雜書를 좋아하는 자들이 '《水滸傳》은 《史記》와 비슷하고 《西廂記》는 《毛詩》와 비슷하다'고들 하는데, 이것은 매우 우스운 말이다. 만약 비슷하다는 것 때문에 좋아한다면 무엇 때문에 곧바로 《사기》와 《모시》를 읽지 않는단 말인가"했다.(近日嗜雜書者。以水滸傳似史記。西廂記似毛詩。此甚可笑。如取其似而愛之。何不直讀史記毛詩。)

* 李德懋(1741~1793)《靑莊館全書》卷二十, 雅亭遺稿 第7卷〈(朴在先에게 보내는 편지 朴在先齊家書一)〉:
  그대는 병의 빌미를 아시오. 金人瑞는 나쁜 사람이며 《西廂記》는 나쁜 책이오(足下知病之祟乎? 金人瑞災人也 《西廂記》災書也)。그대는 병석에 누워 심기를 안정시켜 담박하고 조용함으로 걱정과 병을 막아내는 방패로 삼지 않고, 붓으로 쓰고 눈으로 살피고 마음을 씀에 그 어느 것이나 金人瑞가 아닌 것이 없으면서 도리어 의원을 맞아 약을 의논하려 한다니 그대는 어찌하여 깊이 깨닫지 못하시오? 바라건대 그대는 人瑞를 붓끝으로 討誅하고 손수 그 책을 불살라버린 다음에, 다시 나와 같은 사람을 맞아다가 날로 《논어(論

語)》를 강독하여야 병이 나을 것이오.

* 朴趾源(1737~1805) 《燕巖集》 卷之十一 別集 《熱河日記》〈渡江錄〉〈關帝廟記〉:
  또는 앉아서 《水滸傳》을 읽는 자가 있는데, 뭇사람이 삥 둘러앉아서 듣고 있다. 그는 머리를 흔들며 코를 벌름거리는 꼴이, 旁若無人의 태도이다. 그 읽는 곳을 보니, 곧 '火燒瓦官寺'(이는 《水滸傳》 중의 한 대목이다)의 대문인데, 외는 것은 뜻밖에 《西廂記》였다. 글자를 모르는 까막눈이건만 외기에 익어서 입이 매끄럽게 내려간다. 이것은 꼭 우리나라 네거리에서 《林將軍傳》을 외는 것 같다. (有坐讀水滸傳者。衆人環坐聽之。擺頭掀鼻。旁若無人。看其讀處。則火燒瓦官寺。而所誦者乃西廂記也。目不知字而口角溜滑。亦如我東巷肆中口誦林將軍傳。)

* 朴趾源(1737~1805) 《燕巖集》 卷之十二 別集 《熱河日記》〈關內程史〉:
  길옆에 삿자리를 걸쳐서 햇빛을 가리고 군데군데 놀이 하는 곳을 만들었는데, 《三國志》를 演出하는 자, 《水滸傳》을 연출하는 자, 《西廂記》를 연출하는 자가 있어서, 높은 소리로 그 詞를 부르고 음악이 이에 따른다.(道傍連簟蔽陽。處處設戲。有演三國誌者。有演水滸傳者。有演西廂記者。高聲唱詞彈吹。)

* 朴趾源(1737~1805) 《燕巖集》 卷之十三 別集 《熱河日記》〈忘羊錄〉:
  근세 雜劇에, 《西廂記》를 연출할 때에는 지루해서 졸음이 오다가도, 《牡丹亭》을 연출하면 정신이 나서 고쳐 듣게 됩니다. 이것이 비록 시정의 하찮은 일이라 하더라도 족히 민속의 趣向이 때를 따라 달라지는 것을 알 수 있는 것입니다.(如近世雜劇演西廂記。則倦焉思睡。演牡丹亭。則洒然改聽。此雖閭衖鄙事。足驗民俗趣尙隨時遷改。)

* 南公轍(1760~1840) 《金陵集》 卷之十 尺牘集〈與李元履〉:
  衙齋終日。抱牘治簿領。如足下手裏把西廂記一卷。婆娑石竹花下。想來若神

仙中人矣。

* 南公轍(1760~1840)《金陵集》卷之十三 雜著〈崔七七傳〉:
  李佃言七七好讀西廂記, 水滸傳諸書。

* 成海應(1760~1839)《研經齋全集》續集冊十六 書畵雜識〈題仇十洲畵後〉:
  仇實父。宋遺民也。賣畵自給。余嘗玩其所臨龔聖予畵水滸羣雄。皆欲活動。誠佳品也。此幅畵張生與崔女長亭送別。把手勸杯。脉脉若不勝情者。又文衡山書其後。卽西廂記一冊也。余嘗怪實父當華夷翻覆之餘。感忿痛恨。自放於聲, 色之際。尙論者。亦或悲其志也。衡山好以名節自持。身値盛際。何故留心於淫冶嬌嬈而爲此乎。誠君子之過也。畵美人。不畵許穆夫人莊姜。而畵崔鶯鶯。書古人詞。不書劉向諫昌陵疏及武侯出師表。而書西廂記者。何也。

* 丁若鏞(1762~1836)《與猶堂全書》第一集 詩文集 第十四卷 文集 跋〈跋曼殊傳〉:
  毛奇齡이 經과 禮를 담론하여 스스로 儒者라고 자부하면서 《曼殊傳》을 지었는데, 風情의 妙를 극도로 서술하고 孅濃한 자태를 다 갖추어서, 사람으로 하여금 넋을 잃고 간장이 녹게 하여 도저히 똑바로 볼 수가 없다. 또 《連廂詞》를 지었는데, 그 體는 《西廂記》를 닮았고, 글은 《金瓶梅》의 類이다. 어떻게 유자로서 이러한 것을 지을 수 있단 말인가? 망령되이 그가 朱子를 공박하였으나, 이는 왕개미가 큰 나무를 흔들려고 하는 꼴이 되고 말았다.(毛奇齡談經說禮。自命以儒者。而作曼殊傳。窮極風情之妙。備盡孅濃之態。消魂斷腸。不堪正視。又作連廂詞。其體則西廂記也。其文則金瓶梅者流耳。安有儒者而爲此作者。妄攻朱子。不免爲蚍蜉之撼樹。)

* 丁若鏞(1762~1836)《與猶堂全書》第一集 詩文集 第二十二卷 文集〈陶山私淑錄〉:
  근세의 才士와 빼어난 儒者가 대부분 《水滸傳》・《西廂記》 등의 책에서 발을 빼지 못하였으므로 그 문장이 다 가냘프고 구슬프며 뼈를 찌르고 살을

녹게 하니, 道義와 理趣에 하나도 볼 만한 것이 없을 뿐만 아니라, 심지어 번화한 富貴家의 口氣에도 또한 말할 수 없는 것이니 福祿에 매우 해롭다.(近世才士秀儒。率未免拔跡於水滸傳西廂記等書。故其文皆靡曼凄酸。刺骨銷肌。不惟道義理趣一無可觀。甚至繁華富貴家口氣。亦說不得出來。甚妨福祿。)

* 阮堂金正喜(1786~1856)諺解本序:
 《西廂記》世所謂 才子奇書也……辛未(1811)孟春

* 金景善(1788~未詳)《燕轅直指》卷之一 十一月 二十九日〈出疆錄〉:
 아침에 주인집 탁자 위에 서책이 있는 것을 보고 한 번 펴 보기를 청하자, 주인이 웃으면서 고개를 끄떡이고 궤 위에 올라가 하나하나 들춰 보였다. 《四書》의 奎璧이 각 1질로 같이 1匣에 들어 있고, 《三經》의 규벽이 각 1질로 모두 3갑, 《左傳》 1질이 모두 2갑, 《水滸傳》·《三國志》·《西廂記》가 각 1질이고, 《五言唐音》 1책, 《百家姓》 1책, 《儈氏戲本》 3책, 《字帖》 2책과 기타 落帙된 醫書 및 여러 가지 소설이 모두 5, 6종이었다.(見主人家卓子上有書冊。請一披見。則主人笑而點頭。跳上樻上。一一展示。四書奎璧各一秩。共一匣。三經奎璧各一秩。共三匣。左傳一秩。共二匣。水滸傳，三國誌，西廂記各一秩。五言唐音一冊。百家姓一冊。儈氏戲本三冊。字帖二冊。其他落帙之醫書及諸小說。共五六種也。)

* 李圭景(1788~1856)《五洲衍文長箋散稿》 第7卷,〈小說辨證說〉:
 《西廂記》·《桃花扇》·《紅樓夢》·《續紅樓夢》·《續水滸傳》·《列國志》·《封神演義》·《東遊記》

* 李圭景(1788~1856)《五洲衍文長箋散稿》經史篇 / 論史類 人物〈西施、崔鶯鶯雪冤辨證說〉:
 崔鶯鶯。載於《西廂記》。演以爲詞曲。世人誤爲信史。按淸南滙吳省欽《白華前稿》。其普救寺詩。彩筆聯翩記《會眞》。

* 李圭景(1788~1856) 《五洲衍文長箋散稿》 詩文篇 / 論詩類 論詩〈歷代詩體辨證說〉:
  元人最重詞曲。世多效之。關漢卿輩有《西廂記》。專以詞曲。演以爲記。尖新。又有《草堂詩餘》。爲詞之準的云。

* 李圭景(1788~1856) 《五洲衍文長箋散稿》 詩文篇 / 論詩類 論詩〈詞體源流辨證說〉:
  且中國亦有南北曲。況我東之歌調乎。《西廂記》。乃北調也。

* 李圭景(1788~1856) 《五洲衍文長箋散稿》 詩文篇 / 論文類 小說〈小說辨證說〉:
  《西廂記》吳郡都穆《南濠詩話》。近時北詞。以《西廂記》爲首。俗傳作於關漢卿。胡侍承《眞珠船》。關漢卿。官太醫院尹。有用之才。一寓之聲歌之末。或以爲漢卿不竟其詞。王實甫足之。予閱點鬼簿。乃王實甫作。非漢卿也。實甫。元大都人。所編傳奇。有《芙蓉亭》、《雙蕖怨》等。與《西廂記》凡十種。然惟《西廂》盛行於時。【《西廂記》。人稱爲《春秋曲》。上有春秋。而無冬夏名云。】東人俗傳以此書爲聖嘆所著者。誤也。聖嘆續之耳。

* 洪翰周(1798~1868) 《智水拈筆》 卷一:
  《西廂記》則因元微之《會眞記》,演而爲之,是王實甫 關漢卿, 兩共作。

* 洪翰周(1798~1868) 《海翁詩藁卷五》:
  膩滑澄心紙。描揚會眞圖。(近日唐牋。皆印西廂記畫。) 寫作題襟帖。總無體裁殊。譬如各探驪。誰能得其珠。我雖獲鱗爪。亦足以自娛。借問具眼者。何似感遇無。

* 李遇駿(1801~1867) 《夢遊野談》 下:
  又著《西廂記》一部。卽張君瑞會崔鶯鶯之事。

* 趙在三(1808~1866)의 《松南雜識》 권7 〈稽古類 《西廂記》〉:

* 李裕元(1814~1888) 《林下筆記》 제27권 春明逸史 〈喜看稗說(패설을 즐겨 본 일)〉:
  屐翁 李晩秀는 평생 동안 패설이 무슨 글인지조차 알지 못하였는데, 어느 날 어떤 사람이 그에게 金聖歎이 批點을 한 《西廂記》와 《水滸傳》 두 책을 선물했다.(李屐翁晩秀, 平生不知稗說爲何書, 一日有人贈金聖嘆所批《西廂記》·《水滸傳》兩種。) 공이 한번 훑어본 뒤 크게 놀라며 말하기를, "이 글이 文字의 變幻을 능히 갖추고 있을 줄은 생각지 못했다."하였으며, 이로 말미암아 그가 짓는 글의 체제가 크게 변했다. 桐漁 李公은 평일에 손에서 놓지 않고 항상 보는 책이 곧 패설이었는데, 어느 종류인지를 따지지 않고 신본(新本)을 즐겨 보았다. 그 당시 譯院의 도제조를 兼帶하고 있었는데, 燕京에 가는 象譯들이 앞 다투어 서로 사다가 그에게 바쳐 수천 권이나 쌓였다.

* 韓栗山, 丙子(1876)冬下瀚上黨後學韓栗山序 《壬辰錄序文》(韓國學中央研究院所藏本):
  竹史主人, 頗好集史《水滸》·《漢演》·《三國志》·《西廂記》, 無不味翫……光緒二年丙子(1876)冬下瀚 上黨後學, 韓栗山序。

* 池圭植《荷齋日記》1 신묘년(1891) 4월 7일:
  《西廂記》를 한 번 읽고, 이인네 집에 갔는데, 있지 않았다.(讀西廂記一遍, 往伊人家, 不在。)

* 池圭植《荷齋日記》1 신묘년(1891) 5월 16일:
  비에 막혀서 나가지 못하고 온종일 《西廂記》를 보았다.(滯雨未出, 終日看西廂記。)

* 池圭植《荷齋日記》5 정유년(1897) 1월 10일:
  저녁밥을 먹은 뒤 尹 소년이 《西廂記》를 가져와 語錄讀法을 물어서 등잔을

밀 어 놓고 읽는 것을 가르쳤다.(夕飯後, 尹少年持西廂記來, 問語錄讀法, 因排燈教讀 。)

* 廣寒樓記後叙(朝鮮末期) [釜山大學校 圖書館 所藏本]:
  余讀《西廂記》以爲天下後世, 更無如此才子矣。32)

이처럼 《西廂記》에 대해 언급된 기록은 매우 많으며, 이는 이미 《西廂記》가 국내에 유입되어 널리 유통되어 지고 있었다는 것을 확인 시켜준다. 위의 기록에서 뚜렷하게 나타나듯이 1500년대 초 光海君 시기에 나타난 최초 유입기록과 1500년 후기에서 1600년 초기로 추정되는 許筠(1569~1618)의 《閑情錄》에 나타난 기록으로 살펴보면 어떤 판본이 유입되었는지 명확해 진다. 즉 이때까지의 판본은 王實甫의 雜劇계통이 국내에 주로 유통되어졌음을 알 수 있다. 또 許筠의 기록에 "樂府則董解元 王實甫"이라고 《西廂記》의 저자를 언급한 기록은 이러한 사실을 더 명확하게 해준다.

그 후 국내의 기록은 뜸해지다가 1700년대 중기부터 다시 《西廂記》에 대한 기록이 주로 나타나는데 이것은 金聖嘆 批注本《第六才子書(西廂記)》임이 확실시 된다. 이것을 고증하는 기록으로는 李圭景의 《五洲衍文長箋散稿》第7卷, 〈小說辨證說〉을 보면 알 수 있다.

이상의 자료에서 확인되듯 1700년대 중기 이후에는 이미 金聖嘆 批注本이 크게 성행하였음을 알 수 있다. 이러한 사실은 阮堂 金正喜(1786~1856)의 《西廂記諺解》序文에서 秋史가 金聖嘆本을 가지고 諺解했다는 기록이 있는데 이 또한 이러한 근거를 뒷받침 해준다.

국내에 유입된 《西廂記》는 많은 독자층을 형성하면서 유통되어진 듯하다. 앞부분에서 연산군이 《西廂記》를 사들여 오라고 한 것이나, 許筠이 董解元과 王實甫를 언급한 기록 외에도 朝貢으로 중국에 자주 다닌 朴趾源(1737~1805) 역시 《西廂記》의 독자층이었으며, 중국에서 실제로 공연을 보았음이 확인된다. 朴趾

---

32) 이상의 유입기록은 다음 문헌과 사이트검색을 통해서 인용했다. 유탁일, 《韓國古小說批評資料集成》(아세아문화사, 1994). 민관동, 《中國古典小說批評資料叢考》, 학고방, 2003.(수집 재정리). 한국고전종합DB(http://db.itkc.or.kr)

源은 《水滸傳》 뿐만 아니라 《西廂記》 까지 상당한 조예가 있었음이 들어난다. 또 《壬辰錄序文》 에 언급된 韓栗山序에 이르길:

> 竹史主人은 자못 《水滸傳》・《漢演》・《三國演義》・《西廂記》 등과 같은 역사류(소설)의 수집을 좋아하여 그것을 吟味하지 않은 것이 없었다. 諺文(飜譯小說)의 冊 中에서 가히 볼만한 것이 있어, 비록 규방에서 은밀히 돌아다녀 빌릴 수가 없으면, 다른 사람을 통해 빌려다 순식간에 읽고 홀연 깨우친 바가 있어 이 책을 짓기로 결심을 하게 되었다. 처음에 竹下之史라는 호칭을 하사 받았기에 그의 號도 이렇게 연유된 것이다.........光緒二年 丙子(1876年)冬下瀚 上黨後學 韓栗山序.(竹史主人頗好集史水滸 漢演 三國志 西廂記, 無不味飜, 而以至諺冊中, 有可觀文, 則雖閨門之秘, 而不借者, 因緣貫來, 然會一通, 然後以爲決心. 肇錫竹下之史, 號因其宜矣..........光緒二年 丙子(1876)冬下瀚 上黨後學 韓栗山序)〈壬辰錄序文, 韓國學中央硏究院所藏本〉33)

이처럼 《西廂記》 에 대한 애호는 중국통속소설과 더불어 상당한 인기와 함께 두터운 독자층이 형성되었음을 추측할 수 있다. 그 외에도 앞에서 유입기록에 언급한 尹德熙, 完山李氏, 金正喜, 李圭景, 李遇駿, 趙在三, 李裕元, 韓栗山 등과 같은 인사들도 또한 《西廂記》 를 애독하고 즐겼던 독자층으로 사료된다. 특히 秋史 金正喜와 後歎 文漢命같은 인사는 직접 《西廂記諺解》 와 《西廂記註解》 를 지었으니, 이들은 단순한 독자의 수준을 뛰어 넘어 거의 전문가의 경지에 이른 인사라고 해도 과언이 아닐 것이다.

朝鮮時代 《西廂記》 의 독자층 가운데는 《西廂記》 를 긍정적으로 바라보는 독자가 있는가 하면 부정적인 자세를 취하는 독자들도 있다. 먼저 긍정론을 펼치는 독자로의 태도는 《林下筆記》・《夢遊野談(小說)》・《廣寒樓記後敍》 의 기록에서 드러난다.

> 屐翁 李晩秀는 平生동안 稗說이 무엇인가 몰랐는데, 하루는 어떤 사람이 金聖嘆이 批評한 《西廂記》・《水滸傳》 두 종류를 贈送했는데, 문득 그 것을 보고 깜짝 놀라서 말하기를 "이 책을 보지 않고서 어찌 文字의 變幻을 갖출 수 있을까?"라고 했다. 이로부터 文體가 크게 변했다. (李屐翁晩秀, 平生不知稗說爲何書, 一日有人贈金聖嘆所批西廂記 水滸傳兩種. 公一覽大驚曰: 不圖此書, 能具文字之變幻也? 由是大變文

---

33) 민관동, 《中國古典小說批評資料叢考》, (학고방, 2003년), 156~157쪽 再引用.

體).34)

또 《西廂記》 한 권을 지었는데 張君瑞가 崔鶯鶯을 만난 이야기이다. 그 정경을 묘사한 곳이 곡절하고 핍진하여 더 이상 비길 데가 없다. 普天下萬萬世 錦繡才子醉心記 이라 題하고 있는데, 古今의 문장으로 세상에 이름난 것 가운데 많은 것이 이 《西廂記》에 힘입고 있다. 이것을 雜書라고 여기고 비방하는 자는 冬烘先生35)의 부류가 될 따름이다.(又著西廂記一部. 卽張君瑞會崔鶯鶯之事. 而寫情景處, 曲盡逼切, 更無可比. 有題曰：普天下萬萬世, 錦繡才子醉心記, 近古以文章名世者亦多, 得力於此. 以爲雜書而詆之者, 不過爲冬烘先生之流歟.).36) 《夢遊野談(小說)》

余讀西廂記, 以爲天下後世, 更無如此才子矣, 更無如此佳人矣, 更無如此奇文矣.(나는 《西廂記》를 읽고, 천하 후세에 이와 같은 才子가 다시없고, 이와 같은 佳人이 다시없고, 이와 같은 기이한 문장이 다시없다고 생각했다.)37) 《廣寒樓記後敍》

특히 正祖 때 李晩秀라는 사람은 우연히 《西廂記》와 《水滸傳》을 읽고 그 문체의 수려함과 웅장함에 크게 놀라 그의 문체까지도 크게 바뀌었다는 기록을 보면 더욱 흥미롭다. 또 《西廂記》가 천하제일의 문장이라 극찬을 하고 있다. 대부분이 《西廂記》에 대한 긍정론자들이다. 그러나 《西廂記》에 대하여 부정론을 펼치는 인사들도 적지 않다. 朝鮮時代 문인 李德懋(1741~1793)는 《靑莊館全書》에서 金聖嘆과 《西廂記》를 사악한 것으로 폄하하고 持病의 근원이 여기에서 연유되었으니 《논어》 같은 경서를 읽으라는 말이 자못 荒唐無稽까지하다. 그런가 하면 그 후대의 학자 洪翰周(1798~1868)는 《智水拈筆》에서 소설과 희곡에 대하여 부정론을 펼치며 焚書論까지 주장하고 있다.

이처럼 《西廂記》에 대한 평가는 긍정론과 부정론으로 나누어진다. 이러한 평론은 이상의 기록에서와 같이 《西廂記》를 따로 희곡으로 분류하지 않고 일반통속소설과 함께 취급했다는 점이다. 즉 당시에는 소설과 희곡을 따로 구별하지 않

---

34) 李裕元, 《林下筆記》, 卷27.
35) 시골 훈장선생을 놀리는 말로 사상이 진부하고 고루한 사람을 일컫는다.
36) 李遇駿 (1801~1867) 朝鮮 순조~고종 초기때 문인으로 작품으로는 《夢遊野談》이 있다. 《夢遊野談》 下 (韓國學中央硏究院所藏本)
37) 성현경, 조용희, 허용호, 《광한루기 역주・연구》, 박이정, 14~15쪽. 《廣寒樓記後敍》, (釜山大學校 圖書館 所藏本)

고 수용을 하였던 것이다. 또 일부 인사들은 비록 《西廂記》와 일반소설이 다소 차이가 있음을 인식하고 있었지만 크게 의미를 두지는 않았다. 즉 明·淸代에 출판문화의 흥성과 함께 독서용 희곡이 나타난 것처럼 《西廂記》도 공연용이 아니라 독서용으로 수용되어 사용되어졌기 때문이다. 朝鮮時代에 나타난 《西廂記》의 번역본조차도 공연용 시나리오가 아니라 독서용으로 번역되어진 사실이 이를 뒷받침해준다.[38]

書名	出版事項	版式狀況	一般事項	所藏處/所藏番號
增像第六才子書	金聖歎(淸) 光緖27年(1901)	6冊, 中國石印本, 有圖, 20×13.5cm	表紙書名: 繪圖第六才子書, 序: 康熙庚子(1720)…呂世鏞	國立中央圖書館 [東谷古]3749-59
西廂記	董里(元) 著, 刊寫地未詳, 刊寫者未詳, 刊寫年未詳	5卷1冊, 筆寫本, 31.4×20.5cm	附: 識文	國立中央圖書館 BC古朝48-162
西廂記	王實甫(元) 著, 刊寫地未詳, 刊寫者未詳, 刊寫年未詳	3冊, 筆寫本, 24×15.5cm		國立中央圖書館 d1092-25
西廂記	金聖歎 編著, 刊寫地未詳, 刊寫者未詳, 刊寫年未詳	3卷3冊, 筆寫本, 31.5×20.7cm, 11行字數不同	懷永堂繪像第六才子書	國立中央圖書館 [古]3730-21-1-3
第六才子書	董里(元) 原著, 金聖嘆 撰, 年紀未詳	6卷6冊, 26.4×17.4cm		國立中央圖書館 [한]48-242
花月琴夢記	刊寫地未詳, 刊寫者未詳, 刊寫年未詳	2冊, 筆寫本, 23.5×13.4cm, 四周單邊, 半郭: 16.2×11.2cm, 8行20字, 註雙行, 無魚尾		國立中央圖書館 [古]3737-4
(註解)西廂記	王實甫, 關漢卿 共著, 刊寫地未詳, 刊寫者未詳, 1906	1冊, 活版本, 24cm	諺吐	國立中央圖書館 a13736-4
語錄類	刊寫地未詳,	49張, 筆寫本,	道家語錄, 西廂記語錄解,	國立中央圖書館

---

38) 민관동, 〈西廂記의 국내 유입과 판본 연구〉(《中國小說論叢》 제31집, 2010), 137~162쪽.

書名	出版事項	版式狀況	一般事項	所藏處/所藏番號
	刊寫者未詳, 刊寫年未詳	24.8×18cm	水滸誌錄解, 西遊記語錄解	古朝41-19
妥註第六才子書釋解	王實甫(元)著, 金聖歎(淸)批點, 刊年未詳	8卷6冊(第2冊缺), 中國木版本, 17.5×11cm, 四周單邊, 半郭:14.2×9cm, 無界, 10行26字, 上黑魚尾	表紙書名:西廂記, 版心書名:第六才子書釋解, 序:時康熙己酉年(1669)天都汪溥勳廣困氏題於燕臺之族次, 藏板記:書業堂藏板	韓國學中央研究院 D7C-2
繡像六才子書	王實甫(元)撰, 金聖歎(淸)評程, 士任(淸)編, 刊年未詳	8卷6冊, 中國木版本, 有圖, 12.6×8.3cm, 四周雙邊, 半郭:9.8×6.7cm, 8行16字, 上黑魚尾	表紙書名:西廂記, 版心書名:第六才子書, 重刊序:時擁正癸丑(1733)歲…耕埜程士任自萃甫題于成裕堂, 印:書所子, 宋鼎錫印	韓國學中央研究院 D7C-10
增註第六才子書釋解	王實甫(元)著, 金聖歎(淸)批點, 刊年未詳	8卷6冊(第3-5冊缺), 中國木版本, 有圖, 16.4×11.3cm, 四周單邊, 半郭:14×9cm, 9行26字, 上黑魚尾	表紙書名:西廂記, 版心書名:第六才子書釋解, 原序:時康熙己酉年(1669)天都王溥勳廣困氏題於燕臺之族次, 藏板記:善美堂藏板	韓國學中央研究院 D7C-1
第六才子書	王實甫(元)著	1冊(46張, 缺本), 筆寫本, 22.2×11cm		韓國學中央研究院 D7C-46
聖嘆外書第六才子書	王實甫(元)原著, 金聖嘆(淸)編, 年紀未詳	2卷2冊(第2冊缺), 筆寫本, 29×18.5cm	表紙書名:第六才子書	韓國學中央研究院 D7C-8
第六才子書	王實甫(元)原著, 丁九燮 國譯, 光武8年(1904)	不分卷1冊, 新鉛印本, 22.4×15.2cm	表紙書名:西廂記, 印:李進翊印	韓國學中央研究院 D7A-1
西廂記	王實甫(元) 著, 金聖嘆(淸)批點, 上海, 廣益書局, 刊年未詳	5卷2冊, 中國石印本, 20.2×13.7cm	版心題:繪圖第六才子書	國會圖書館 OL812.3 ㅇ353ㅅ
艷情小說西廂記	王實甫(元) 撰, 金聖嘆(淸)批點, 上海, 上海書局, 刊寫年未詳	1冊(卷3-5), 中國石印本, 有圖, 20×13.5cm		國會圖書館 OL812.3-ㅇ353ㅅ
會眞演義	金聖歎(淸)批評, 年紀未詳	8卷3冊, 筆寫本, 30.5×19.3cm	書名:表題에 依함, 序:康熙己酉(1669)…汪溥勳廣淵氏題於燕臺之旅次	國會圖書館 [古]812.3 ㄱ698ㅎ

第1章 中國戱曲의 版本目錄과 解題 **71**

書名	出版事項	版式狀況	一般事項	所藏處/所藏番號
註解西廂記	吳台煥 編, 京城大東書市, 光武10年(1906)	1冊, 216쪽, 23cm		國會圖書館 812.4 ○338ㅈ
西廂記	王實甫(元) 撰, 金聖嘆(淸) 註, 刊寫地未詳, 刊寫者未詳, 序:高宗22年(1885)	4卷 續編1卷(合5冊), 筆寫本, 29×18cm	序:先緖十一年乙酉(1885)… 文漢命, 卷頭書名:後歎先生訂正註解 西廂記	奎章閣 [古]3461-2
第六才子書 西廂記	王實甫(元) 著, 金聖嘆(淸) 外書, 光武 9年(1905)	2冊, 筆寫本, 27.2×16.2cm	表紙書名:西廂記, 卷首:大韓光武九年(1905)書, 印:金?熙印	奎章閣[古] 895.12-G425j-v.1-2
서상긔	王實甫(元) 著, 隆熙 3年(1909)	2卷2冊, 筆寫本, 29.3×20.5cm	한글本	奎章閣 [古]3350-90
西廂雙文傳	王實甫(元) 撰, 年紀未詳	2卷 續集(合2冊), 筆寫本, 35.5×23cm	序:白羊[辛未?]孟春書于巽雲 齋中, 金聖歎, 한글註	奎章閣 [古]3461-1
西廂記	王實甫(元) 著, 年紀未詳	1冊(96張), 筆寫本, 32.8×21.2cm	印:方鐘鉉印, 國漢文混用	奎章閣[古] 895.12-W1847s
水西漫錄	編者未詳, 刊地未詳, 刊者未詳, 刊年未詳	1冊(80張), 筆寫本, 24×15cm	卷末:商章協洽庚申(?)…怡雲 居士, 內容:水滸類腋 / 西廂記類腋	奎章閣 古 3478 1
水滸志語錄 (西廂記語錄)		1冊(35張), 筆寫本, 23.6×23.6cm	卷頭書名:飜施耐菴錄, 附:西廂記語錄, 卷末:辛己仲夏小晦潭雲謄書	奎章閣 [古] 895.13-Sh92sk
水滸志語錄	朴健會(朝鮮) 編, 刊寫地未詳, 刊寫者未詳, 1912	1冊(36張), 筆寫本, 31.5×20.5cm	表紙書名:註解水滸志語錄, 內容:水滸志語錄, 西遊記語錄, 西廂記語錄	奎章閣 3820-10
艶夢謾釋	守實先生 註, 儻山主人 校, 年紀未詳	1冊(52張), 筆寫本, 25.5×17cm, 筆寫面:20×14cm, 無界, 10行22字	表題:艶謾, 卷首:艶夢謾釋說:是歲至月 之晦守實過客, 讀法(抄略), 印:[儻山珍?],[韓弘?印],[?毅], 內容:西廂記句讀語錄註解 詞名, 續編詞名, 第1折驚艶 第2折借廂, 第3折酬韻, 第4折鬧齋, 第5折寺警, 第6折請宴, 第7折賴婚, 第8折琴心, 第9折前候, 第10折鬧簡, 第11折賴簡,	奎章閣 [奎古] 93

書名	出版事項	版式狀況	一般事項	所藏處/所藏番號
			第12折後候, 第13折酬簡, 第14折拷艷, 第15折哭宴, 第16折驚夢, 西廂記의 懸吐 및 註釋	
增註第六才子書釋解	王實甫(元) 著, 刊寫地未詳, 善美堂, 刊寫年未詳	9卷6冊, 中國木版本, 有圖, 17.6×11.3cm, 上下單邊, 左右雙邊, 半郭: 13×8.9cm, 無界, 10行26字, 花口, 上下向黑魚尾	表題: 西廂記釋解, 目錄題: 吳山三婦坪箋增註第六才子書釋解, 合評: 吳山三婦, 序: 康熙己酉年(1669)…汪溥勷廣○氏, 內容: 卷1, 慟哭告人, 留贈後人, 凡例, 目錄, 西廂記, 卷2, 西廂記考實, 讀西廂記法, 卷3, 會眞記, 卷4~8, 西廂記, 卷末, 六才子西廂記摘句套譜	서울大學校 中央圖書館 3464-35-1-6
貫華堂第六才子書西廂記	金聖歎(淸) 評點, 世德堂, 刊寫年未詳	8卷8冊, 中國木版本(淸), 有圖, 24.7×14.6cm, 四周單邊, 半郭: 18.1×12.6cm, 有界, 9行19字 註雙行, 花口, 上下向黑魚尾	花口題: 第六才子書, 表題: 繡像第六才子書, 裝幀: 黃色表紙白絲四綴	서울大學校 中央圖書館 3461-12-1-6
第六才子書	王實甫(元) 著, 金聖歎(淸) 批點, 刊寫地未詳, 敦化堂, 刊寫年未詳	8卷6冊, 中國木版本, 有圖, 24.8×15.8cm, 四周單邊, 18.4×11cm, 有界, 11行22字, 上黑魚尾	敦化堂藏板, 當從史記左國諸書讀之可也, 標題: 繡像第六才子書, 表題: 西廂記, 刊記: 戊申年(?)鐫	서울大學校 中央圖書館 895.1244 W1847t v.1~8
合訂西廂記文機活趣全解(第六才子書釋解)	金人瑞(聖嘆)(淸) 批, 中國, 維經堂, 刊寫年未詳	6冊, 中國木版本, 有圖, 17.3×11.4cm, 上下單邊, 左右雙邊, 半郭: 13.9×9.2cm, 有界, 10行字數不定 註雙行, 頭註, 花口, 上下向黑魚尾	表題: 西廂記, 標題: 增註第六才子書釋解, 目錄題: 吳山三婦評箋註聖歎第六才子書, 花口題: 第六才子西廂書釋解, 序題: 題聖歎批第六才子西廂, 第二卷首題: 增補註繪像第六才子西廂釋解, 第六卷首題: 箋註繪像第六才子西廂釋解, 卷末題: 續增聖歎第六才子西廂, 刊記: 維經堂藏版,	서울大學校 中央圖書館 3464-35A-1-6

書名	出版事項	版式狀況	一般事項	所藏處/所藏番號
			原序：康熙己酉(1669)…汪단勳廣○氏	
西廂記	卽空觀主人鑒定本,暖紅室,夢鳳樓刊校,宣統2年(1910)跋	5卷4冊(1-4),中國木版本, 有圖,30.2×17.8cm,四周單邊,半郭：19.5×12cm,有界, 9行20字,上欄外에 小字頭註,上下向黑魚尾	版心題： 李日華南西廂記,題簽題(函)： 西廂十則曲,南西廂記의原本：閔遇五原刻本,跋：宣統2年(1910)庚戌端五夢鳳樓主識於京師雙鐵如意館,附錄(1-4) / 附錄(5) /附錄(6) / 附錄(7-8) /附錄(9-10)	서울大學校中央圖書館3461
增像第六才子書	王實甫(元),金聖歎(淸) 批評,上海(淸), 檢古齋,光緖 16年(1890)	6卷6冊, 中國石印本,有圖, 14.4×8.5cm,四周單邊,半郭：10.9×6.6cm,無界, 13行28字,無魚尾	刊記：光緖庚寅(1890)仲春月上澣 上海檢古齋石印,序：康熙庚子(1720)…呂世鏞	서울大學校中央圖書館895.125-W1847t-v.1-6
增像第六才子書	王實甫(元) 原著,金聖歎(淸) 外書,刊寫者未詳,光緖25年(1899)序	6卷6冊(卷首1卷1冊,本書5卷5冊),中國石印本, 有圖,15.1×9.7cm,半郭：13.3×8.5cm,無界, 16行36字,註雙行, 花口,上下向黑魚尾	標題：繪圖第六才子書,表題：六才子書,序：…康熙庚子(1720)仲冬上澣豊溪昌世鏞題光緖25年(1899)歲次己亥仲春下澣吳縣朱父進書,內容：卷首：目錄；繡像；序一曰慟哭古人；序二曰留贈後人；讀西廂記法；會眞記 / 元稹(唐), 1(卷1),驚艶；借廂；酬韻；鬧齋,2(卷2), 寺警；請宴；賴婚；琴心, 3(卷3), 前候；鬧簡；賴簡；後候, 4(卷4), 酬簡；拷艷；哭宴；驚夢, 5(卷5),捷報；猜寄；爭艷；榮歸	서울大學校中央圖書館3464 38 0~5
西廂記	王實甫(元) 原著,刊寫地未詳,刊寫者未詳,刊寫年未詳	1冊(86張),筆寫本(轉寫本),26.4×19.6cm,四周單邊, 半郭：21×16.8cm, 有界,12行字數不定, 頭註,	序：慟哭古人,表紙裏面墨書：丙戌,裝幀：赤色表紙黃絲5針眼	서울大學校中央圖書館3464-41

書名	出版事項	版式狀況	一般事項	所藏處/所藏番號
		無魚尾		
西廂記	王實甫(元) 原著, 刊寫地未詳, 刊寫者未詳, 刊寫年未詳	1冊(缺帙), 筆寫本, 22.7×15.5cm, 四周單邊, 半郭: 18.1×12.7cm, 有界, 10行20字 註雙行, 頭註, 上下向黑魚尾	漢韓對譯本, 表題: 第六才子書	서울大學校 中央圖書館 일사 895.12 Se66
西廂記大全解	王實甫(元) 原著, 刊寫地未詳, 刊寫者未詳, 刊寫年未詳	1卷1冊(缺帙), 筆寫本, 25.5×19.5cm, 無界, 11行22字 註雙行, 無魚尾	表題: 西廂記全解, 漢韓對譯本, 用紙裏面에 官文書있음	서울大學校 中央圖書館 895.12-W1847se
西廂記	王實甫(中國) 著, 岡島獻太郎(日本) 譯, 東京: 岡島長英藏板, 明治27(1894)	2卷2冊, 日本木版本, 22.6×14.2cm, 四周雙邊, 半郭: 17.6×12.5cm, 無界, 10行20字, 註雙行, 上欄에 小字註, 花口, 上下向黑魚尾	岡島長英發行, 團團社書店出版	서울大學校 中央圖書館 3464-40-1-2
(注解)西廂記	王實甫·關漢卿 공저, 京城(서울), 博文社, 光武10년(1906)	216쪽, 22cm	西廂記5本中 前4本은 黃實甫作이며 後1本은 關漢卿作임	서울大學校 中央圖書館 가람 895.12 W1847s
水滸傳語錄諺解	施耐菴(元) 原撰, 刊寫地未詳, 刊寫者未詳, 刊寫年未詳	1冊, 筆寫本, 24.6×16cm, 無界, 12行24字, 註雙行, 無魚尾	表題: 水滸傳語解, 異題: 施耐庵繡像第五才子書, 附錄: 西廂語解	서울大學校 中央圖書館 895.13-Su36e
第六才子書	王實甫(元) 著, 金聖歎(清) 批點, 敦化堂, 刊寫年未詳	8卷6冊, 中國木版本, 有圖, 24.8×16cm, 無界, 行字數不定, 無魚尾	標題: 繡像第六才子書, 異書名: 西廂記, 刊記: 戊申年(?)鐫	高麗大學校 [대학원]C14-B5A
雲林別墅繡像妥註第六才子書	王實甫(元) 著, 金聖歎(清) 著, 批評, 鄒聖脈 妥註	6卷6冊, 中國木版本, 17.7×11.5cm	標題·版心制: 妥註第六才子書, 叙: 乾隆乙?年題於雲林別墅, 內容: 西廂記	高麗大學校 C14-B5
雲林別墅繡像妥註第六才子書	王實甫·關漢卿(元) 共撰, 金聖歎(清) 編,	5冊 零本(卷之一 第2冊의 1冊缺), 中國木版本, 有圖,	書名은 第二卷 卷首題, 一名: 西廂記, 標題紙: 聖歎外書	高麗大學校 화산C14-B5G-1, 3-6

第1章　中國戲曲의 版本目錄과 解題　75

書名	出版事項	版式狀況	一般事項	所藏處/所藏番號
	鄒聖脉 妥註, 一也軒, 乾隆 50年(1785)序	17×10.8cm	繡像妥註六才子書 一也軒梓行, 妥註第六才子書序：乾隆乙巳年(1785)題於雲林別墅, 印：李自修印, 內容：1.卷首：序, 目錄, 讀西廂記法, 會眞記/3~6. 卷之二~六	
合訂西廂記文機活趣全解	王實甫(元) 著, 金聖歎(清) 批評, 中國, 刊寫者未詳, 刊寫年未詳	9卷6冊, 中國木版本, 有圖, 17.5×11.5cm	標題：增註第六才子書釋解, 表題：西廂記, 序：旹康熙己酉年(1669)天都汪溥勳廣囷氏題…	高麗大學校 대학원C14-B5B-1-6
如是山房增訂金批西廂	王實甫·關漢卿(元) 共撰, 出版事項未詳	4卷4冊, 中國木版本, 19.8×12.7cm	版心·表紙書名：西廂記, 卷二~四卷首題：此宜閣增訂金批西廂, 欄上註 朱印	高麗大學校 (華山文庫) C14-B5H
增像第六才子書	王實甫·關漢卿(元) 共撰, 金聖歎[人瑞](清) 編, 上海, 鴻寶齋, 光緒 15年(1889)	5卷 卷首(共6冊), 中國石印本, 有圖, 14.4×8.8cm	序：康熙庚子(1720)…呂世鏞題, 刊記：光緒己丑(1889)仲春月上澣上海鴻寶齋石印	高麗大學校 [晚松文庫] 小 91-0-5
增像第六才子書	王實甫·關漢卿(元) 共撰, 金聖歎(清) 編, 光緒 27年(1901), 上海書局	4卷4冊, 中國石印本, 有圖, 20×13.4cm	標題紙書名：繪圖第六才子書, 一名：西廂記	高麗大學校 [華山文庫] C14-B5B
增像第六才子書	王實甫·關漢卿(元) 共撰, 金聖歎(清) 編(19??)	零本5冊 (卷之一~五의 5冊以外缺), 中國石印本, 20×13cm		高麗大學校 [華山文庫] C14-B5C
增像第六才子書	王實甫(元) 著, 金聖嘆(清) 編, 上海書局, 光緒 27年(1901)	6卷4冊, 中國石印本, 有圖, 20×13.4cm, 無界, 行字數不定, 無魚尾	表題：繪圖第六才子書, 序：康熙庚子(1720)…呂世鏞題於西郊之懷永堂	高麗大學校 현민C14-B5-1-4
增像第六才子書	王實甫·關漢卿(元) 共撰, 金聖歎(清) 編(19??), 上海, 錦章圖書局	5卷 卷首(合 6冊), 中國石印本, 20.3×13.5cm	標題：聖歎外書繡像繪圖批點西廂記, 版心題：繪圖第六才子書, 一名：西廂記, 標題紙：西廂記 繡像繪圖第六才子書, 刊記：上海錦章圖書局印行	高麗大學校 [華山文庫] C14-B5E

書名	出版事項	版式狀況	一般事項	所藏處/所藏番號
西廂記解	金聖嘆 著, 刊寫地未詳, 刊寫者未詳, 刊寫年未詳	1冊, 한글筆寫本, 28×21.8cm, 無界, 行字數不定, 無魚尾	表紙書名：西廂記, 印：閔章商鎬	高麗大學校 신암 C15-A62
鮮漢雙文西廂記	金聖嘆(淸) 著	1冊, 筆寫本, 30.3×25cm	序：金聖嘆, 漢文은 側面에 朱書함, 한글본	高麗大學校 대학원C14-A17
西廂記諺抄	金聖嘆 著, 宋致興 譯, 1911年	1冊, 한글筆寫本, 24.6×22.4cm, 無界, 10行字數不定, 無魚尾	書名：表紙書名임, 筆寫記：융희사연신히(1911) 칠월순간의인천구음면딕승 괴사슉교ᄉ동농셔 은진후인송치흥, 印：宋致興信, 한글본	高麗大學校 신암C15-A62A
西廂記句讀	守實先生 註釋, 儻山主人 參校, 刊寫地未詳, 刊寫者未詳, 刊寫年未詳	1冊, 筆寫本, 24×18cm	表題：艶夢漫釋說	高麗大學校 대학원C11-A23
骨董	狂筆漫士 編, 刊寫地未詳, 刊寫者未詳, 哲宗10年(1859)	1冊, 31.5×21.7cm	書名：表題	高麗大學校 대학원E3-A4
有懷堂繪像第六才子書	金聖歎(淸) 評, 刊寫地未詳, 刊寫者未詳, 刊寫年未詳	8卷6冊, 筆寫本, 19.1×15.3cm, 四周雙邊, 半郭：13.7×11.4cm, 有界, 8行18字, 無魚尾	表題：西廂記, 筆寫記：戊申?繭月日始己酉?五月日終謄蘇營家中偸閒	高麗大學校 대학원C14-A12-1-6
新刊合併陸天池西廂記	屠隆(明)校正, 周居易(明)校梓	2卷1冊, 中國木版本, 25.2×16.8cm, 四周雙邊, 半郭：22×13.8cm, 有界, 10行24字, 註雙行, 上下向白魚尾, 紙質：竹紙	表題와 版心題：陸天池西廂記, 序：萬曆庚子(1600)十有六日…張鳳翼伯起撰嚴村伯梁書, 印：元臭如	延世大學校
增像第六才子書(西廂記)	王實甫·關漢卿 共撰, 金聖歎 輯註, 上海寶華書局石印	共6冊(首卷 1冊, 5卷5冊), 中國石印本, 有圖, 18cm, 四周雙邊, 13.6×8.6cm,	內題：增像繪圖西廂記第六才子書, 序：康熙庚子(1720)仲冬上澣呂世鏞題	延世大學校 812.2/9

書名	出版事項	版式狀況	一般事項	所藏處/所藏番號
		15行36字, 註小字雙行, 上下內向黑魚尾		
增像第六才子書(西廂記)	王實甫·關漢卿 共撰, 金聖歎 輯註, 光緒丙甲年(1896) 春月, 上海賞奇軒影印	卷首, 5卷 共 6冊, 中國鉛活字本, 有圖, 16cm	序：康熙庚子(1720)仲冬上澣 豊溪呂世鏞題	延世大學校 812.2/8
西廂記	王實甫·關漢卿(元) 共撰, 夢鳳樓·暖紅室 共刊校, 東京, 文求堂書店	5本3冊, 附錄 3卷 1冊共4冊, 日本鉛活字本, 有圖, 20cm, 四周單邊, 半郭：15.1×9.2cm, 9行20字, 上欄外 小字註, 上黑魚尾	內題：北西廂, 外題：北西廂記, 跋：時宣統二年庚戌(1910)端 五 夢鳳樓主識	延世大學校 812.2/5
西廂記		7卷3冊, 筆寫本, 22×17cm		延世大學校 [고서] 812.36
西廂記		1冊 120張, 筆寫本, 25.5×19.5cm		延世大學校 [고서] 812.36
西廂記		83張, 筆寫本, 34cm, 四周單邊, 21.2×17.2cm, 有界, 12行25字	口訣字略號懸吐本	延世大學校 812.2/4
西廂記	王實甫(元), 關漢卿(元) 共撰, 刊寫地 未詳, 刊寫者 未詳, 刊寫年 未詳	1冊(全4冊), 筆寫本, 34.7×22.3cm, 無界, 10行27字內外, 註雙行, 無魚尾	漢韓對譯本, 書名은 表題	延世大學校 [고서](서여) 86 0
第六才子書 西廂記	筆寫地 未詳, 筆寫者 未詳, 筆寫年 未詳	1冊, 筆寫本, 19.2×14.5cm, 四周雙邊, 10行24字, 註雙行, 無魚尾	表題：待月記, 口訣略號懸吐	延世大學校 [고서]812.36 서상기가
第六才子西廂記評論		21張, 筆寫本, 28cm, 10行31字 內外	外題：錦繡評	延世大學校 812.2/6
聖嘆先生批評第六才子書科白詞煞解	筆寫地 未詳, 筆寫者 未詳, 筆寫年 未詳	5卷3冊, 筆寫本, 22.2×17cm, 8行19字, 頭註, 無魚尾	表題：西廂記, 目錄題：聖嘆先生西相記, 藏書記：庚辰(?)四月日冊主盧 [手決], 口訣略號懸吐	延世大學校 [고서](I)812.36 서상기

書名	出版事項	版式狀況	一般事項	所藏處/所藏番號
樂山心談	筆寫地 未詳, 筆寫者 未詳, 筆寫年 未詳	39張, 筆寫本, 8行字數不定, 無魚尾	西廂記語錄, 朱子語錄抄	延世大學校 [고서](II) 410.3116
語錄	筆寫地 未詳, 筆寫者 未詳, 筆寫年 未詳	1冊, 筆寫本, 24.3×17.4cm, 四周單邊, 10行字數不定, 註雙行, 上下向2葉花紋魚尾	跋: 歲在壬戌(?)春梅隱[朴鳳瑞]書, 西廂記語錄-同春堂語錄鮮-梁山泊語-吏語, 國漢文混用本	延世大學校
語錄解	李滉著, 柳希春訓, 鄭瀁編, 南二星, 宋浚吉增補	1冊(100張), 筆寫本, 8行字數不定, 註雙行	附: 道家語錄, 附: 西廂記語錄解, 附: 水滸誌語錄解, 附: 西遊記, 國漢文混用本	延世大學校
懷永堂繪像第六才子書西廂記	王實甫(元) 著, 金聖歎(淸) 評, 味蘭軒刊, 淸朝末期 刊	8卷6冊, 中國木版本, 有圖, 13.2×8.1cm, 四周雙邊, 半郭: 9.4×6.6cm, 無界, 8行16字, 註雙行, 上黑魚尾, 紙質: 竹紙	序: 康熙庚子歲(1720)仲冬上澣豊溪吳世鏞題於西郊之懷永堂, 刊記: 味蘭軒刊, 註: 一名西廂記, 備考: 袖珍本	成均館大學校 D7C-92d
琴香堂繪像第六才子書	王實甫(元) 著, 金聖歎(淸) 評, 芸香閣藏板琴香堂, 淸朝末期 刊	8卷6冊, 中國木版本, 有圖, 12.3×7.8cm, 四周雙邊, 半郭: 9.4×6.6cm, 無界, 8行16字, 註雙行, 上黑魚尾, 紙質: 綿紙	裏題: 重刊繪像六才子書, 版心題: 第六才子書, 序: 乾陵丁亥歲(1767)孟夏上澣松陵周約題於雁完村之琴香堂, 刊記: 芸香閣藏板琴香堂, 註: 一名西廂記, 備考: 袖珍本	成均館大學校 D7C-92e
增像第六才子書	王實甫・關漢卿(元) 共撰, 金聖歎(淸) 編, 淸光緖25年(1899)	5卷6冊, 中國石印本, 有圖, 15.1×9.8cm, 四周單邊, 半郭: 13.5×8.5cm, 無界, 16行36字, 註雙行, 上黑魚尾, 紙質: 竹紙	版心題: 繪圖第六才子書, 序: 康熙庚子(1720)仲冬上澣豊溪吳世鏞題, 序: 光緖二十五年歲次己亥(1899)仲春下澣吳縣朱文態書, 註: 一名西廂記, 備考: 袖珍本	成均館大學校 D07C-0092
增像第六才子書	王實甫・關漢卿(元) 共撰, 金聖歎(淸) 編, 上海, 上海書局, 淸光緖27年(1901)	6卷6冊, 中國石印本, 有圖, 20.1×13.5cm, 四周雙邊, 半郭: 17.2×11.7cm, 無界, 20行40字, 註雙行, 上黑魚尾	序: 康熙庚子歲(1720)仲冬上澣豊溪吳世鏞題於西郊之懷永堂, 刊記: 光緖辛丑(1901)仲冬上海書局石印, 註: 一名西廂記	成均館大學校 D07C-0092a

第1章　中國戲曲의 版本目錄과 解題　79

書名	出版事項	版式狀況	一般事項	所藏處/所藏番號
	刊	紙質：洋紙		
增像第六才子書	王實甫·關漢卿(元) 共撰, 金聖歎(淸) 編, 淸朝末期~中華初刊	5卷2冊, 中國石印本, 有圖, 20.4×13.5cm, 四周單邊, 半郭：18.2×12.4cm, 無界, 19行43字, 註雙行, 上黑魚尾, 紙質：竹紙	版心題：繪圖第六才子書	成均館大學校 D07C-0092b
滿漢西廂記	王實甫(元) 著, 淸康熙49年(1710)	4卷4冊, 中國木版本, 25×15cm, 四周雙邊, 半郭：16.4×11.3cm, 無界, 行字數不定, 上黑魚尾, 紙質：綿紙	題簽：滿漢合璧西廂記, 序：康熙四十九年(1710)五月吉旦	成均館大學校 D7C-28
西廂記	王實甫·關漢卿(元) 共撰, 國譯者未詳, 朝鮮朝末期	3卷3冊, 筆寫本, 32×20cm, 10行字數不定, 紙質：楮紙		成均館大學校 D7B-19
丹山堂繪像第六才子書	王實甫·關漢卿(元) 共撰, 金聖歎(淸) 評, 哲宗~隆熙年間(1850-1910)	8卷2冊, 筆寫本, 32.1×20.8cm, 13行12字, 註雙行, 頭註, 紙質：楮紙	序：道光己酉年(1849)仲冬月望日味, 欄軒主人自述	成均館大學校 D7C-132
西廂記	王實甫·關漢卿(元)原著, 譯者未詳, 京城, 光武10年(1906)刊	不分卷 1冊, 新鉛活字本, 22.7×15.2cm, 四周雙邊, 半郭：16.5×11.5cm, 14行字數不定, 紙質：洋紙	小序：大韓光武八年(1904)歲甲辰冬至日小圃丁九燮書于楊洲直溪柏栗園小閣中荳燈下, 刊記：光武十年(1906)一月日 發行 京城, 友松文庫	成均館大學校 D07A-0006
艷夢漫釋	守實先生 註釋, 儻山主人 參校, 年紀未詳, 朝鮮朝後期~末期	1冊(57張), 筆寫本, 23.9×19cm, 四周單邊, 半郭：18.7×15.6cm, 烏絲欄, 10行字數不定, 註雙行, 紙質：楮紙	內容：元王實甫撰西廂記小說讀本及註釋	成均館大學校 D7C-164
四奇語錄	朝鮮, 筆寫者未詳, 筆寫年	1冊(48張), 朝鮮筆寫本,	西廂記語錄·水滸誌語錄·西遊記語錄, 附錄：道家語錄	成均館大學校

80　第一部　韓國 所藏 中國古典戲曲(彈詞・鼓詞)의 版本目錄과 解題(作品 別)

書名	出版事項	版式狀況	一般事項	所藏處/所藏番號
	未詳(朝鮮後期로 추정)	26×20.8cm, 10行20字, 註雙行		
第六才子書 西廂記	金聖歎(淸) 評點, 刊寫地未詳, 味蘭軒, 光緒 己丑(1889)	8卷6冊, 有圖, 15cm, 四周雙邊, 半郭：11.5×7.5cm, 無界, 9行23字, 上下向黑魚尾		慶熙大學校 812.2-김54ㅅ
增像第六才子書	著者未詳, 上海, 章福記書局, 刊寫年未詳	6卷6冊, 有圖, 19.8×12cm, 四周雙邊, 半郭：17×11.5cm, 無界, 20行40字, 上下向黑魚尾		慶熙大學校 812.33-제66ㅈ
增像第六才子書	著者未詳, 上海, 普新書局, 刊寫年未詳	6卷6冊, 有圖, 20.3×13.1cm 四周雙邊, 半郭：17.3×11.7cm, 無界, 17行35字, 上下向黑魚尾	西廂記	慶熙大學校 812.3-제66ㅂ
增像第六才子書	金聖歎 外書, 上海, 方泰鹵, 光緒甲午(1894)	6卷6冊, 有圖, 15.6×10.2cm, 四周單邊, 半郭：12.5×8cm, 無界, 14行32字, 上下向黑魚尾		慶熙大學校 812.33-김54ㅂ
繡像第六才子書	金聖嘆 評點, 刊寫地未詳, 文盛堂, 刊寫年未詳	8卷6冊, 有圖, 23.7×16cm, 四周單邊, 半郭：18×12.3cm, 無界, 11行24字, 上下向黑魚尾	西廂記	慶熙大學校 812.3-김54ㅈ
增註第六才子書釋解	金聖歎 評點, 刊寫地未詳, 刊寫者未詳, 刊寫年未詳	8卷6冊, 有圖, 16cm, 上下單邊, 左右雙邊, 半郭：14×9cm, 無界, 2段, 10行26字, 上下向黑魚尾		慶熙大學校 812.2-김54ㅅㄷ
西廂記	著者未詳, 刊寫地未詳, 刊寫者未詳,	不分卷1冊, 筆寫本, 有圖, 27.6×17.6cm, 四周雙邊,	內題：第六才子聖歎外書, 尾題：第六才子書西廂記, 書名은 表題	慶熙大學校 812.33-서52

第1章　中國戲曲의 版本目錄과 解題　81

書名	出版事項	版式狀況	一般事項	所藏處/所藏番號
	刊寫年未詳	半郭：18.8×13.8cm, 有界, 10行22字, 上欄外小字註, 上下內向二葉花紋黑魚尾		
增註第六才子書釋解	金聖歎 評點, 刊寫地未詳, 刊寫者未詳, 刊寫年未詳	8卷6冊：挿圖, 上下單邊, 左右雙邊, 半郭 14×9cm, 無界, 2段, 10行26字, 上下向黑魚尾;16cm		慶熙大學校 812.2-김54ㅅㄷ
妥註第六才子書	金聖歎(淸) 注; 鄒聖脈(淸) 妥注, 刊寫地未詳, 刊寫者未詳, 刊寫年未詳	6卷6冊, 中國木板本 有圖, 17.6×11.5cm, 四周單邊, 半郭：13.6×9.2cm, 無界, 11行18字, 註雙行 頭註, 上內向黑魚尾	版心書名：雲林別墅繪像妥註第六才子書, 表紙書名：西廂記, 元曲의 한 편인 西廂記를 金聖歎(淸)이 評點한 것, 才子 張君瑞와 美人 崔鶯鶯과의 情事를 그렸음, 刊記：芥子園藏板, 敍：乾隆乙巳年(1785), 內容：卷5：捷報 崔鶯鶯寄汗衫 鄭伯常乾捨命 張君瑞慶團圓, 卷6：雲林別墅繪像妥註第六才子制藝醉心篇	漢陽大學校 812.35-김536ㅌ -v.6
增像第六才子書	金聖歎(淸) 注, 刊寫地未詳, 刊寫者未詳, 刊寫年未詳	5卷6冊, 中國石印本, 有圖, 20.2×13.3cm, 四周雙邊, 半郭：17.1×11.7cm, 無界, 17行35字, 註雙行, 上內向黑魚尾	裏表紙書名：改良五彩繪圖第六才子書, 版心書名：改良第六才子書, 表紙書名：繡像全圖六才子奇書, 聖歎外書. 元曲의 한 편인 西廂記를 金聖歎이 評點한 것, 才子張君瑞와 美人 崔鶯鶯과의 情事를 그린 희곡으로 首卷, 卷1~卷4 5冊이 있다	漢陽大學校 812.35-김536ㅈ -v.1~5
增像第六才子書	王實甫·關漢卿 撰, 金聖歎 編, 上海, 上海書局, 淸光緒 27年(1901)刊	6卷6冊, 中國石印本, 20.1×13.5cm, 四周雙邊, 半郭：17.2×11.7cm, 無界, 20行40字, 上黑魚尾 紙質：洋紙		漢陽大學校 812.35-왕583ㅈ -v.1~4

書名	出版事項	版式狀況	一般事項	所藏處/所藏番號
增像第六才子書	金聖歎(淸) 注, 刊寫地未詳, 刊寫者未詳, 刊寫年未詳	6卷6冊, 新鉛活字本, 有圖, 15.9×9.9cm, 四周雙邊, 半郭:13.6×8.5cm, 無界, 15行35字, 上下內向黑魚尾	序:康熙 庚子(1720)仲冬上澣豊溪呂世鏞題	漢陽大學校 812.35-김536ㅈ ㄱ-v.1~5 -v.1~6
聖歎外書第六才子書	王實甫・關漢卿(元)共撰, 金聖歎(淸)輯註	2卷2冊, 筆寫本, 30×19.8cm, 四周單邊, 半郭:22×14.5cm, 有界, 10行25字 註雙行, 無魚尾	國漢文混用本, 表題:才子書解	西江大學校 [중앙 고서]성831 v.1,2
西廂記語錄	著者未詳, 刊寫地未詳, 刊寫者未詳, 刊寫年未詳	1冊(50張), 筆寫本, 23.6×15.7cm, 上下單邊, 左右雙邊, 半郭:19.8×12.9cm, 有界, 8行字數不定, 註雙行, 無魚尾	表題:艶夢漫釋, 西廂句讀, 語錄註解	梨花女大學校 412-서61
箋註繪像第六才子西廂記釋解	聖歎 批點, 致和堂, 康熙56年(1705)	8卷6冊, 中國木版本, 25×15cm, 四周單邊, 半郭:19.3×12.3cm, 10行, 上黑魚尾	印:趙洵元 景之章, 畊黎	建國大學校 [고]922.5
西廂記	著者未詳, 寫年未詳	1冊, 筆寫本, 23×13.5cm, 四周無邊, 無郭, 無界, 行字數不定, 無魚尾	表紙書名:奇書	建國大學校 [고]923
待月詞	刊寫地未詳, 刊寫者未詳, 刊寫年未詳	1冊, 筆寫本, 22.2×15.1cm, 四周雙邊, 半郭:16.8×11.3cm, 無界, 8行21字 註雙行, 無魚尾	表題: 妙樹奇花鈔, 書根題: 西廂記, 朱墨口訣略號	建國大學校 811.082 묘57
西廂記	王實甫, 吳台煥編, 刊地未詳, 金谷園, 刊年未詳	零本5冊, 木版本, 四周單邊, 半郭:21.3×14cm, 11行22字, 上黑魚尾		建國大學校
寶鑑	刊寫地未詳, 刊寫者未詳,	1冊, 筆寫本, 33.6×21.5cm,	書名은 表題, 西廂記, 水滸誌語錄抄, 朱子語錄抄,	建國大學校 411.15 보11

第1章 中國戲曲의 版本目錄과 解題　83

書名	出版事項	版式狀況	一般事項	所藏處/所藏番號
	刊寫年未詳	四周單邊, 半郭:24.4×16.7cm, 有界, 11行24字, 註雙行, 無魚尾	談徵抄	
增像箋註第六才子西廂記釋解	金聖歎(淸) 批點; 鄧汝寧(?) 音義, 刊寫者未詳, 淸末-中華初 刊	8卷6冊, 中國木版本, 有圖, 16.3×11cm, 左右雙邊, 半郭:13.8×8.8cm, 無界, 10行26字, 頭註, 註雙行, 上內向黑魚尾, 紙質:竹紙	表題:西廂記, 標題:增註第六才子書釋解	東國大學校 D 819.3 서51ㅈㅈ
增像第六才子書	王實甫(元) 著, 上海, 上海書局, 光緖16年(1890) 刊	2卷1冊(零本 所藏本:卷1~2), 中國石印本, 13.4×8.4cm, 四周單邊, 半郭:10.5×6.2cm, 無界, 13行28字, 註雙行, 紙質:綿紙	表題:西廂記(上), 序:康熙庚子(1720)仲冬上澣 豊溪呂世鏞(淸)題, 刊記:光緖庚寅(1890)仲春上澣上海書局石印	東國大學校 D 819.3 서51ㅈ3
增像第六才子書	王實甫(元) 著, 王德信(元) 撰, 刊寫者未詳, 民國元年(1911)刊	5卷4冊, 中國石印本, 有圖, 20.2×13.3cm, 四周單邊, 半郭:18.2×12.3cm, 19行43字, 註雙行, 紙質:竹紙	表題:繪圖西廂記, 序:康熙庚子(1720)冬月上澣…呂世鏞…, 刊記:民國元年(1911)冬月出版	東國大學校 D 819.3 서51ㅈ3
懷人堂繪像第六才子書	著者未詳, 刊寫者未詳, 刊寫年未詳	4卷4冊(零本 所藏本:卷5~8), 中國石印本, 15.4×9.1cm, 四周雙邊, 半郭:9.1×6.7cm, 無界, 8行16字, 註雙行, 頭註雙行, 上內向黑魚尾, 紙質:竹紙	版心題:第六才子書	東國大學校 D 819.3 회69
西廂記	王實甫(元) 著, 聖嘆(淸) 箋註, 刊寫者未詳, 光武3年(1899)寫	4卷2冊, 韓國筆寫本, 29.6×20cm, 無界, 10行字數不定, 紙質:楮紙	1卷末:光武三年(1899)十二月日製錦堂畢書 完山後人李明夏…等筆, 原序:康熙己酉年(1729)天都	東國大學校 [유동]D 819.24 왕59ㅅ성

書名	出版事項	版式狀況	一般事項	所藏處/所藏番號
			汪溥勳廣淵氏題…, 卷1末: 光武三年(1899)十二月日製錦堂畢書 完山後人李明夏等筆, 內容: 合訂西廂記文機活趣全解-增補箋註繪像第六才子西廂釋解	
註解西廂記	王實甫(元) 著, 金聖歎(淸) 批注, 京城(서울), 博文社, 光武 10년(1906)	不分卷 1冊(216面), 新鉛活字本, 22.4×15.1cm, 四周雙邊, 半郭: 16.4×11.1cm, 無界, 14行27字, 頭註, 無魚尾, 紙質: 洋紙	書名: 表題에 依함, 版心題: 西廂記, 國漢文混用, 刊記: 光武十年(1906)一月日 發行	東國大學校 819.24 - 왕59ㅅ성
註解西廂記	王實甫, 京城府, 博文社, 1906	1冊(216쪽), 新鉛活字本, 22.5×15cm, 四周雙邊, 半郭: 16.5×11.3cm, 無界, 14行36字, 無魚尾	書名: 序題, 序題: 西廂記序, 表題: 註解西廂記, 版心題: 西廂記, 本文에 한글 懸吐된 資料	東國大學校 慶州캠퍼스 D813.508-서51
西廂記	王實甫(元) 著, 刊寫地未詳, 刊寫者未詳, 刊寫年未詳	1卷1冊(缺帙), 筆寫本, 22.6×19.7cm, 無界, 14行字數不定, 無魚尾	한글對譯本	檀國大學校 退溪紀念圖書館 873.4- 왕982ㅅ
西廂記	著者未詳, 刊寫地未詳, 刊寫者未詳, 刊寫年未詳	2卷2冊(缺帙, 存: 卷2-3), 22.8×19.7cm, 無界, 行字數不定, 註雙行, 無魚尾	한글對譯本	檀國大學校 退溪紀念圖書館 873.4 - 서524
西廂記	著者未詳, 刊寫地未詳, 刊寫者未詳, 刊寫年未詳	線裝4卷4冊, 筆寫本, 23.7×15.3cm, 四周單邊, 半郭: 17.4×12.2cm, 10行22字, 註雙行, 無魚尾	匣題: 箋註第六才子書, 國漢文混用	檀國大學校 退溪紀念圖書館 873.4-서524ㄱ
西廂記	王實甫 著, 刊寫地未詳,	2卷2冊(缺帙, 存: 卷4-5),	表題: 艷詞具解, 國漢文混用	檀國大學校 退溪紀念圖書館

書名	出版事項	版式狀況	一般事項	所藏處/所藏番號
	刊寫者未詳, 刊寫年未詳	筆寫本, 22.6×19.9cm, 無界, 行字數不定, 無魚尾		873.4-왕982사
丹山堂繪像第六才子書	王實甫(元) 著, 刊寫地未詳, 刊寫者未詳, 刊寫年未詳	6卷4冊(零本), 筆寫本, 23.2×14.6cm 無界, 11行23字	表題:西廂記, 目錄終:成裕堂繪像第六才子書西廂記	檀國大學校 栗谷紀念圖書館 고872.4-왕982ㅅ
西廂記解	王實甫(元) 著, 刊寫地未詳, 刊寫者未詳, 刊寫年未詳	1冊(零本), 筆寫本, 20.9×17.2cm, 無界, 行字數不定		檀國大學校 栗谷紀念圖書館 고872.4-왕982샤
西廂記大全	元稹(唐) 著, 刊寫地未詳, 刊寫者未詳, 19??	1冊(101張), 筆寫本, 21×15cm	卷頭書名:聖嘆第六才子書	檀國大學校 退溪紀念圖書館 IOS, 고823.3-원206ㅅ
雲林別墅繡像妥註第六才子書	鄒聖脈(淸) 註, 刊寫地未詳, 刊寫者未詳, 刊寫年未詳	6卷6冊, 有圖, 17.6×11.4cm, 四周單邊, 半郭:13.2×9.5cm 無界, 11行18字, 註 18行6字, 上下向黑魚尾, 上段(註記)3.2cm, 下段(本文)9.9cm표	題:西廂記, 標題:繡像妥註六才全書, 序:乾隆乙巳年(1785)題於雲林別墅	檀國大學校 (4):5:5-17
聖嘆外書第六才子書(註解)	王實甫(元) 著, 刊寫地未詳, 刊寫者未詳, 刊寫年未詳	線裝2卷2冊, 筆寫本, 23×21.7cm, 無界, 12行字數不定	表題:西廂記	檀國大學校 栗谷紀念圖書館 고872.4-왕982사
艶夢漫釋	著者未詳, 刊寫地未詳, 刊寫者未詳, 刊寫年未詳	1卷1冊, 筆寫本, 26.3×17.2cm, 無界, 行字數不定, 註雙行, 無魚尾	表題:艶夢抄海	檀國大學校 退溪紀念圖書館 872.4-염693
增像第六才子書	王實甫·關漢卿 撰, 金聖歎 編, 上海, 江東書局, 刊寫年未詳	5卷2冊, 中國石印本, 有圖, 20.2×13.4cm, 四周雙邊, 半郭:17.8×11.7cm, 無界, 19行38字, 註雙行, 上下向黑魚尾	版心題:繡像第六才子書, 標題:繪圖第六才子書, 書名:卷首題, 刊記:上海江東書局石印, 內容:冊1(卷首~2), 冊2(卷3~5)	中央大學校 812.2-王實甫증

書名	出版事項	版式狀況	一般事項	所藏處/所藏番號
增像第六才子書	王實甫・關漢卿 撰, 金聖歎 編, 上海, 廣益書局, 刊寫年未詳	5卷6冊, 中國石印本, 有圖, 17.4×10.1㎝, 四周單邊, 半郭：14.3×9㎝, 無界, 18行41字, 註雙行	版心題：繪圖第六才子書, 表題：繪圖第六才子書, 書名：卷首題, 序刊：鎭江王浩題, 記：上海廣益書局發行, 內容：冊1(卷首), 冊2(卷1), 冊3(卷2), 冊4(卷3), 冊5(卷4), 冊6(卷5)	中央大學校 812.2-王實甫증상
西廂記	著者未詳, 刊寫地未詳, 刊寫者未詳, 刊寫年未詳	不分卷1冊, 筆寫本, 有圖, 27.6×17.6㎝, 四周雙邊, 半郭：18.8×13.8㎝, 有界, 10行22字, 小欄外小字註, 上下內向二葉花紋黑魚尾	內容：第六才子聖歎外書, 尾題：第六才子書西廂記, 書名은 表題	中央大學校 812.3-서상기
註解西廂記	著者未詳, 刊寫地未詳, 刊寫者未詳, 刊寫年未詳	1冊, 筆寫本, 23×16.6㎝, 四周單邊, 半郭：18.1×13.3㎝, 有界, 11行字數不定, 無魚尾	한글 훈	中央大學校 812.3-서상기주
槐蔭堂第六才子書聖嘆外書	王實甫, 刊寫者未詳, 刊寫年未詳	8卷6冊, 中國木版本, 24.8×15.6㎝, 四周單邊, 半郭：21.1×14㎝, 無界, 10行22字, 上下向黑魚尾	內容：西廂記	國民大學校 [고]822.4 왕01-7
樓外樓訂正妥註第六才子書	王實甫 著, 鄒聖脈 妥註, 刊寫者未詳, 刊寫年未詳	5冊(缺帙, 所藏本 1~4), 中國木版本, 24.5×16.1㎝, 四周單邊, 半郭：20.6×14.1㎝, 無界, 2段行字數不定, 上下向黑魚尾	內題：金聖嘆先生批評, 妥註第六才子書, 九如堂藏板, 卷帙落張,	國民大學校 [고]822.4 왕01-6
增像第六才子書聖嘆外書	王實甫, 刊寫者未詳, 刊寫年未詳	5卷5冊 1匣, 中國石印本, 17×10.2㎝	版心題：繪圖第六才子	國民大學校 [고]822.4 왕01-5
增像第六才	王實甫,	1冊(缺帙, 所藏本	版心題：繪圖六才子	國民大學校

書名	出版事項	版式狀況	一般事項	所藏處/所藏番號
子書 聖嘆外書	刊寫者未詳, 刊寫年未詳	1~2), 中國石印本, 有圖, 20.5×3.6cm		[고]822.4 왕01-5ㄱ
西廂記	王實甫 著, 金聖嘆 批點, 刊寫地未詳, 待月軒, 1910年	5卷3冊, 筆寫本, 23.7×14.8cm, 四周雙邊, 半郭：17.7×11.1cm, 有界, 9行16字	標題：聖嘆先生批評貫華主人 解…待月軒藏, 目錄題：：聖嘆先生批評第六 才子書科白詞懇解西廂記	國民大學校 [고]822.4 왕01
西廂記	王實甫, 刊寫地未詳, 刊寫者未詳, 刊寫年未詳	6冊, 筆寫本, 21×15cm	書名：序와 表題, 卷頭：第六才子書, 序：時白羊(?)孟春書于…, 國漢文對譯本, 附：諺註集解, 小註別傳	國民大學校 [고]822.4 왕01-1
西廂記	王實甫, 刊寫地未詳, 刊寫者未詳, 刊寫年未詳	1冊, 筆寫本, 27.6×17.5cm	書名：表題	國民大學校 [고]822.4 왕01-2
西廂記	王實甫, 刊寫地未詳, 刊寫者未詳, 刊寫年未詳	2冊, 筆寫本, 32×21.2cm	書名：表題	國民大學校 [고]822.4 왕01-8
西廂記解	王實甫(元) 著, 刊寫地未詳, 刊寫者未詳, 刊寫年未詳	1冊(零本), 筆寫本, 20.9×17.2cm, 無界, 行字數不定		國民大學校 822.4-왕01
第六才子書 聖嘆外書	王實甫, 京城(서울), 博文社, 光武10年(1906)	1冊, 新鉛活字本, 22.5×15.3cm	表題：註解西廂記, 西廂記小序：…甲辰(1904)… 丁九燮書于…	國民大學校 [고]822.4 왕01-3
西廂記	刊寫地未詳, 刊寫者未詳, 刊寫年未詳	1卷1冊(缺帙), 筆寫本, 30×19.7cm, 無界, 11行字數不定, 註雙行, 無魚尾		京畿大學校 경기-K110733- 2(坤)
西廂記	刊寫地未詳, 刊寫者未詳, 刊寫年未詳	1冊, 筆寫本, 19×17.4cm, 無界, 10行8字, 小字註雙行, 無魚尾	表題：西廂記抄	京畿大學校 경기-K111956
西廂記	刊寫地未詳, 刊寫者未詳, 刊寫年未詳	1冊, 筆寫本, 31.5×22.1cm, 四周單邊,	口訣字略號懸吐本	京畿大學校 경기-K108937- 全

書名	出版事項	版式狀況	一般事項	所藏處/所藏番號
		半郭：24.7×18.1cm, 有界, 12行25字, 小字雙行, 無魚尾		
西廂記	刊寫地未詳, 刊寫者未詳, 刊寫年未詳	1冊, 筆寫本, 20×17.2cm, 無界, 行字數不定, 註雙行, 無魚尾	書名은 表題	京畿大學校 경기K-122400
妥註第六才子書	王實甫(元) 撰, 金聖歎(淸) 外書, 鄒聖脈(淸) 妥註, 刊寫地未詳, 芥子園, 刊寫年未詳	卷6冊, 中國木版本, 有圖(21圖), 17.9×11.7cm, 四周單邊, 半郭：13.8×9cm, 無界, 行字數不定, 註雙行, 上下向黑魚尾	版心題：妥註六才子書, 目錄, 西廂記, 例言：雲林別墅主人識, 標題紙：妥註第六才子書, 聖歎外書 芥子園藏板, 卷頭：妥註第六才子書, 敍：乾隆乙[巳]年…雲林別墅, 卷首序, 讀西廂記法, 會眞記	仁荷大學校 H812.35-추54타 -v.1-6
增像第六才子書	王實甫(元)著, 金聖嘆(淸) 輯註, 上海, 鴻寶齋, 光緒 15年(1889)	5卷5冊(首卷1冊 共6冊), 中國石印本, 有圖, 12.8×7.7cm, 四周單邊, 半郭：10.1×6.1cm, 無界, 13行28字, 無魚尾	表題：西廂記, 刊記：光緒己丑(1889)仲春月 上澣上海鴻寶齋石印, 序：康熙庚子(1720)仲冬上澣 豊溪呂世鏞題	仁荷大學校 H812.35-왕58증 -v.1-6
第六才子書	著者未詳, 京城[서울], 大東書市, 光武10年(1906)	1冊, 新鉛活字本, 22.5×15.1cm, 四周雙邊, 半郭：16.5×11.2cm, 無界, 14行26字, 上欄外 小字註, 無魚尾	版心題：西廂記, 表題：註解西廂記, 漢韓對譯本, 한글懸吐	仁荷大學校 H812.35-제66
增像第六才子書	王實甫(元)著	4卷5冊(卷1~2, 4~5), 中國石印本, 有圖, 20×18.5cm, 四周單邊, 半郭：18.2×12.4cm, 有界, 19行43字, 紙質：洋紙	表題：西廂記, 裏題：繪圖西廂記, 序：光緒戊申(1908)歲杏月也, 刊記：民國元年(1911)月日	忠南大學校 集.小說類-中國-1021
增像第六才子書	王實甫(元)著, 1912刊	4卷5冊(卷1~2, 4~5), 中國石印本, 有圖, 20×18.5cm,	表題：西廂記, 裏題：繪圖西廂記, 序：光緒戊申(1908)歲杏月也,	忠南大學校 藏菴 集 21

書名	出版事項	版式狀況	一般事項	所藏處/所藏番號
		四周單邊, 半郭：18.2×12.4㎝, 有界, 19行43字, 紙質：洋紙	刊記：民國元年(1912)月日	
聖歎第六才子書 (西廂記)	發行地不明, 發行處不明, 朝鮮朝後期寫	2卷2冊, 筆寫本, 30×19㎝, 四周單邊, 半郭：21×15㎝, 有界, 10行20字, 紙質：楮紙	表題：月花詞	忠南大學校 集.小說類 2035
西廂記小註別傳		1冊, 筆寫本, 30.7×20.3㎝, 無界, 12行字數不定, 註雙行, 頭註, 紙質：楮紙	表題：西廂指南, 所藏印：梧隱, 備考：國漢文混用	忠南大學校 集.小說類-中國-879
增像第六才子書	王實甫(元) 著, 刊寫地未詳, 刊寫者未詳, 刊寫年未詳	1冊, 筆寫本, 22.3×18.2㎝, 無界, 18行29字, 紙質：楮紙	表題：西廂記, 語錄解	忠南大學校 84集.小說類
艶夢慢釋	守實先生 註釋, 黛山主人 參校, 刊寫地未詳, 刊寫者未詳, 刊寫年未詳	1冊, 筆寫本, 32.2×20.6㎝, 上下雙邊, 左右單邊, 半郭：23.7×16.4㎝, 有界, 10行20字, 註雙行, 烏絲欄, 紙質：楮紙	國漢文混用	忠南大學校 集.隨錄類-中國-1219
水滸傳語錄	著者未詳, 刊寫地未詳, 刊寫者未詳, 刊寫年未詳	1冊, 筆寫本, 26×19.2㎝, 無界, 字數不定, 註雙行, 無魚尾, 紙質：楮紙	表題：骨董, 國漢文混用, 西廂記語錄	忠南大學校 子.譯學類-941
風雨賦	姜子牙 撰, 諸葛亮 編輯, 饒宗道 註解, 刊寫地未詳, 刊寫者未詳, 刊寫年未詳	1冊, 筆寫本, 有圖(彩色), 32.6×20㎝, 2行字數不定, 紙質：楮紙	表題：步天歌, 合綴：西廂記語錄(國漢文混用), 合綴：水滸志語錄, 合綴：黃金策	忠南大學校 子.術數類-201
西廂記	王實甫(元)著	5卷5冊, 筆寫本, 22.8×17.5㎝, 四周單邊, 半郭：15.6×14.6㎝,	表題：西廂記註解, 刊記：辛卯臘月病中强晦昏眸以試病腕草率可愧爲我後屬倘知受重, 內容：宮冊	淸州大學校 822.4 왕 488ㅅ

書名	出版事項	版式狀況	一般事項	所藏處/所藏番號
		赤絲欄, 12行26字, 頭註, 紙質: 楮紙	驚艶~闌齋, 商冊 寺驚~琴心, 角冊 前候~後候, 徵冊 酬簡~驚夢 羽冊續編(泥金捷報~衣錦榮歸)	
西廂記	王實甫(元)著, 朝鮮朝後期 寫	1冊(122張), 筆寫本, 32.3×22.5cm, 四周單邊, 半郭: 21.2×17.5cm, 烏絲欄, 12行24字, 註雙行, 頭註, 紙質: 楮紙	內容: 聖歎外書(會眞記(唐元稹)~泥金報捷)	淸州大學校 822.4 왕 488ㅅ-1
繪圖 西廂記	王實甫・關漢卿(元)共撰, 金聖歎(淸)編, 上海, 刊寫者未詳, 乾隆50年(1785)	6卷6冊, 中國木版本, 有圖, 16.4×11cm, 半郭: 13.9×9cm, 有界, 行字數不定, 註雙行, 頭註, 上下向黑魚尾, 紙質: 藁精紙	裡題: 第六才子書, 序: 乾陵乙巳(1785)年題於雲林別	全南大學校 3Q-서510
妥註第六才子書	鄒聖脈(淸) 妥註, 淸 乾隆50年(1785)序	6卷6冊, 中國木版本, 有圖, 16.4×11cm, 四周單邊, 半郭: 13.9×9cm, 無界, 行字數不定, 註雙行頭註, 上下向黑魚尾, 紙質: 竹紙	表題: 西廂記, 序: 乾陵乙巳(1785)題於雲林別墅	全南大學校
合訂西廂記 文機活趣 全解	王實甫(元) 著, 金聖歎(淸) 批評	4冊(缺帙), 有圖, 16.5×10.6cm, 上下單邊, 左右單邊, 半郭: 13.5×9cm, 無界, 10行26字, 註雙行, 花口, 上下向黑魚尾, 紙質: 竹紙	標題: 增註第六才子書釋解, 表題와 版心題: 第六才子書釋解, 序: 時康熙己酉年(1669)天都汪溥勳廣氏題於燕基之旅次	全南大學校 3Q-합730
第六才子書	王實甫(元)著, 淸朝末期 刊	3卷3冊(卷5~7), 中國木版本, 23.9×15.1cm, 四周雙邊, 半郭: 18.7×11cm, 無界, 11行24字,	表題: 西廂記, 版心題: 第六才子書, 傍點있음	全北大學校 812.4-王實甫 서

第1章　中國戲曲의 版本目錄과 解題　91

書名	出版事項	版式狀況	一般事項	所藏處/所藏番號
		註雙行, 上下向黑魚尾, 紙質：竹紙		
第六才子書	王實甫(元) 著; 金聖嘆(淸) 輯註, 刊寫者未詳, 刊寫年未詳	3卷3冊(缺帙), 中國木版本, 24×15.2㎝, 四周單邊, 半郭：18.8×11㎝, 有界, 11行24字 註雙行, 上下向黑魚尾	表題：西廂記, 傍點있음	全北大學校 812.4- 王實甫 서　卷5-7
西廂釋解	王實甫(元) 著, 金聖歎 編, 刊寫地未詳, 刊寫者未詳, 刊寫年未詳	1冊(零本), 中國木版本, 16.2×11㎝, 左右單邊, 半郭：14×9.1㎝, 無界, 10行19字, 註雙行, 上黑魚尾, 紙質：竹紙	版心題：第六才子書釋解, 表題：西廂記 楮紙	圓光大學校 AN823.5-ㅇ488 ㄴ
第六才子書	王實甫(元)著, 金聖歎 編, 京城, 博文社, 1906年	1卷1冊, 新活字本, 22.5×15.3㎝, 四周雙邊, 無界, 半郭：16.7×11.3㎝, 14行27字, 紙質：洋紙	版心題：西廂記, 表題：註解西廂記, 序：光武八年(1904)丁九燮, 刊記：光武十年(1906)京城 博文社 發行	圓光大學校 AN823.5-ㅇ488
西廂記	王實甫 撰, 刊寫者未詳, 刊寫年未詳	1冊, 中國石印本, 四周雙邊, 半郭：16.7×11.3㎝, 無界		全州大學校 OM822.4-왕162 ㅅ
增像第六才子書	王德信(元) 撰, 上海, 普新書局, 刊寫年未詳	5卷3冊, 中國石印本, 有圖, 四周雙邊, 半郭：17.8×11.7㎝, 無界, 上黑魚尾	裏題：改良五彩繪圖第六才子書, 表題：繡像第六才子書	全州大學校 OM822.4-왕223 1ㅈ
箋註繪像第六才子西廂記釋解	金聖歎 批點, 吳吳山三婦 合評, 鄧汝寧 音義, 唐伯虎 編次	8卷6冊, 中國木版本, 有圖, 17.5×11.6㎝, 左右雙邊, 上下單邊, 半郭：14×9.6㎝, 無界, 10行26字, 註雙行, 花口,	表題：西廂記, 標題：增註第六才子書釋解, 序：康熙己酉年(1669)…汪溥 勳廣困氏題於燕臺之旅次	釜山大學校 [芝田文庫]OEC 3-12 18B

書名	出版事項	版式狀況	一般事項	所藏處/所藏番號
		上下向黑魚尾, 紙質：노로지		
合訂西廂記文機活趣全解	王實甫(元)著, 金聖歎(淸)批評, 淸朝年間 刊	8卷6冊, 中國木版本, 有圖, 17.4×11.2cm, 四周單邊, 半郭：13.9×8.8cm, 無界, 10行26字, 註雙行, 上下向黑魚尾, 紙質：竹紙	裏題：增註第六才子書譯解, 刊記：維維堂藏板	釜山大學校
妥註第六才子書	王實甫(元) 著, 芥子園, 刊寫年未詳	6冊, 中國木版本, 有圖, 18×11.5cm, 四周單邊, 半郭：13.7×9cm, 無界, 11行24字 註雙行, 花口, 上下向黑魚尾	表題：西廂記, 袖珍本	釜山大學校 3-12-18
雲林別墅繪像妥註第六才子書	鄒聖脉(淸)妥註, 淸朝年間 刊	1冊(71張), 中國木版本, 29.4×17.3cm, 無界, 紙質：竹紙	表題：西廂記	釜山大學校
西相記	王實甫 著, 刊寫地未詳, 刊寫者未詳, 刊寫年未詳	1冊(64張), 筆寫本, 21.7×18.1cm, 無界, 行字數不定, 紙質：楮紙		釜山大學校 OMO 3-12 62
第六才子書	王實甫(元)著 刊寫地未詳, 刊寫者未詳, 刊寫年未詳	2卷1冊(72張), 筆寫本, 29.5×17cm, 8行24字, 註雙行, 紙質：楮紙	表題：西廂記	釜山大學校 OEC 3-12 18A
骨董	著者未詳, 刊寫地未詳, 刊寫者未詳, 刊寫年未詳	1冊, 筆寫本, 24.3×15cm, 無界, 行字數不定, 無魚尾		釜山大學校 OBC 4-3-21
繡像妥註第六才子書	著者未詳, 刊寫地未詳, 刊寫者未詳, 刊寫年未詳	2卷2冊(缺帙), 25.5×16.7cm, 四周單邊, 半郭：18.2×12.6cm, 有界, 10行19字, 註雙行, 上欄外에	表題：第六才子書, 口訣略號懸吐本	東亞大學校 (4)：5：5-12

書名	出版事項	版式狀況	一般事項	所藏處/所藏番號
		小字頭註, 上下向黑魚尾		
增像第六才子書	編者未詳, 刊寫地未詳, 刊寫者未詳, 刊寫年未詳	1卷1冊(缺帙), 有圖, 11.5×7.8cm, 四周單邊, 無界, 13行28字, 註雙行, 無魚尾		東亞大學校 (4):5:5-15
雲林別墅繡像妥註第六才子書	鄒聖脈(淸) 註, 刊寫地未詳, 刊寫者未詳, 刊寫年未詳	6卷6冊, 有圖, 17.6×11.4cm, 四周單邊, 半郭:13.2×9.5cm, 無界, 11行18字, 註(18行6字), 上下向黑魚尾	表題:西廂記, 標題:繡像妥註六才全書, 序:乾隆乙巳年(1785)題於雲林別墅, 上段(註記)3.2cm, 下段(本文)9.9cm	東亞大學校 漢林圖書館 (4):5:5-17
增訂金批西廂	著者未詳, 刊寫地未詳, 如是山房, 光緒2年(1876)	卷首1冊, 4卷4冊, 卷末1冊, 共6冊, 19.4×12.2cm, 四周單邊, 半郭:13×10.5cm, 無界, 8行17字, 註雙行, 上欄外에 小字頭註, 上下向黑魚尾	書名:標題, 表題:西廂記, 刊記:光緒歲次丙子(1876)如是山房重刊	東亞大學校 漢林圖書館 (4):5:5-3
西廂記	王實甫・關漢卿(元), 共著, 京城(서울), 博文社, 光武10年(1906)	1冊(216張), 22.6×15.2cm, 四周雙邊, 半郭:16.5×11.2cm, 無界, 14行26字, 註雙行, 頭註, 無魚尾	刊記:光武十年(1906)…印刷兼發行所…博文社, 小序:大韓光武八年(1904)歲甲辰冬至日小圃丁九燮書于楊州直溪柏栗園小閣中莣燈下	東亞大學校 漢林圖書館 (3):12:2-89
水滸語錄	編者未詳, 刊寫地未詳, 刊寫者未詳, 刊寫年未詳	1冊(19張), 筆寫本, 22×16.4cm, 四周單邊, 半郭:17.9×14cm, 有界, 8行字數不定, 註雙行, 無魚尾	附錄:西廂語錄	東亞大學校 (1):10:1-8
增像第六才子書	王實甫・關漢卿(元) 共撰, 上海, 上海書局, 淸光緒27年(1901)刊	4卷4冊(卷1~4), 中國石印本, 有圖, 20.3×13.3cm, 四周雙邊, 半郭:17.2×11.6cm,	題簽:繪圖第六才子書, 刊記:光緒辛丑(1901)仲冬上海書局石印	釜山敎育大學校

書名	出版事項	版式狀況	一般事項	所藏處/所藏番號
		無界, 18行40字, 上下向黑魚尾, 紙質：洋紙		
增像第六才子書	王實甫(元)著, 金聖歎(淸)批點, 中華初 刊	5卷6冊, 中國石印本, 有圖, 20.2×13.3cm, 四周單邊 半郭：17.3×11.5cm, 無界, 17行36字, 註雙行, 上下向黑魚尾, 紙質：洋紙	題簽：繡像第六才子書, 版心題：改良第六才子書, 裏題：改良五彩繪圖第六才子書	釜山女大學校伽倻文化硏究所
第六才子書	王實甫 著, 金聖歎 批點, 刊寫地未詳, 博文社, 光武10年(1906)	1冊, 15.3×22.5cm	註解西廂記, 서상기, 중국 元代의 극작가 王實甫(王實甫)가 지은 것으로 추정되는 雜劇(雜劇)	蔚山大學校 812.2 -김성탄
西廂記	著者未詳, 서울, 大東書市, 光武10年(1906)	174面, 22.4×15.3cm	書名：表題, 國漢文 混用	慶尙大學校 古(춘추)D7 서51
妥註第六才子書	王實甫(元)撰, 金聖歎(淸)外書, 鄒聖脈(淸)妥註, 刊地未詳, 芥子園, 刊年未詳	6卷6冊1匣, 中國木版本, 有圖, 17.9×11.7cm, 四周單邊 半郭：13.8×9cm, 行字數不定, 註雙行, 上下向黑魚尾	卷頭：妥註第六才子書敍, 乾陵乙(巳)年…雲林別墅 卷首序, 讀西廂記法, 會眞記 例言：雲林別墅主人識, 標題紙：妥註第六才子書, 聖歎外書, 芥子園藏板, 印出記(標題紙)：芥子園藏板, 表紙書名：西廂記	嶺南大學校 (南齋文庫) 823王實甫
繪像增註第六才子書釋解	上海, 1887	4冊, 石印本, 20cm		嶺南大學校 (중앙도서관)古822.4
增像第六才子書	刊寫地未詳, 刊寫者未詳, 刊寫年未詳	5冊(卷2~6, 零本), 中國石印本, 有圖, 20.1×13.4cm	表紙書名：繪圖第六才子書	嶺南大學校 [南齋文庫] 823.5증상제
增像第六才子書	刊寫地未詳, 刊寫者未詳, 刊寫年未詳	6冊, 石印本, 14.8×8.8cm		嶺南大學校 古凡822.4-王實甫
繪圖西廂記	王實甫, 民國1年(1912)	5卷2冊, 石印本, 23cm		嶺南大學校 (중앙도서관) 822.4
繪圖西廂記	王實甫,	1匣2冊, 17cm		嶺南大學校

第1章 中國戲曲의 版本目錄과 解題 95

書 名	出 版 事 項	版 式 狀 況	一 般 事 項	所藏處/所藏番號
	民國1年(1912)			(중앙도서관) 汶822.4
西廂記	刊寫地未詳, 刊寫者未詳, 刊寫年未詳	5卷1冊, 筆寫本, 20.5×16.7cm	刊記: 乙丑三月中澣終	嶺南大學校 古 822.4 서상기
增註第六才子書釋解	金聖歎	1匣6冊, 活印本, 17cm		嶺南大學校 (중앙도서관) 韶822.4
艶夢謾釋	年紀未詳	1冊, 筆寫本, 25cm		嶺南大學校 [東濱文庫] 古823.5
西廂記語錄		1冊, 筆寫本, 20×17cm	國漢文混用, 西廂語錄	嶺南大學校 韶822.4
第六才子書西廂記	吳伯虎 編次, 刊寫地未詳, 善美堂, 刊寫年未詳	8卷6冊, 中國木版本, 有圖, 16.2×11.1cm, 四周單邊, 半郭:13.8×8.7cm, 無界, 10行26字, 上下向黑魚尾	序：康熙己酉(1669)年天都汪溥勳廣困氏題於燕臺於次, 刊記：善美堂藏板, 表題：西廂記, 版心題：第六才子書釋解	慶北大學校 古812.3 오42ㅈ
貫華堂第六才子書	刊寫事項未詳	零本 1冊, 無界, 22.8×13.4cm, 10行18字, 無魚尾	表題：西廂記, 所藏：卷1	慶北大學校 [古]812.1 관961
貫華堂第六才子書西廂記	刊寫事項未詳	8卷6冊, 筆寫本, 23.1×16cm, 四周單邊, 半郭：18.2×12.5cm, 有界, 9行20字, 無魚尾	表題：第六才子書, 內容：卷之一(序), 卷之二・三(記), 卷之四(第一之四章), 卷之五(第二之四章), 卷之六(第三之四章), 卷之七(第四之四章), 卷之八(泥金報捷, 錦字緘愁, 鄭恒求配, 衣錦榮歸)	慶北大學校 古812.1 관96
西廂記	王實甫, 關漢卿 共撰, 刊寫事項未詳	5卷5冊, 筆寫本, 26.4×17.9cm, 四周雙邊, 半郭：21.0×14.7cm, 有界, 12行32字, 上下向黑魚尾	卷之一：會眞記, 卷之二-三：題目總名, 卷之四：小紅娘傳好事, 卷之五, 題目	慶北大學校 [古]바 812.2 왕59ㅅ
西廂記	王實甫, 關漢卿 共撰, 刊寫事項未詳	上下卷2冊, 筆寫本, 28.9×20.4cm, 無界, 10行20字,		慶北大學校 [古]中812.2 왕59ㅅ

書名	出版事項	版式狀況	一般事項	所藏處/所藏番號
		無魚尾		
貫華堂第六才子書	刊寫事項不明	零本1冊(卷一 소장), 筆寫本, 22.8×13.4cm, 無界, 10行18字, 無魚尾		慶北大學校 [古]812.1 관961
聖歎先生批評第六才子書科白詞煞解	王實甫, 關漢卿 共撰, 金聖歎(明末淸初) 批評, 刊寫事項未詳	1冊, 筆寫本, 19.9×11.6cm, 無界, 8行18字, 無魚尾		慶北大學校 [古]北812.2 왕59ㅅ
增像第六才子書	金聖歎(淸)註, 上海, 錦章圖書局, 刊年未詳	4冊(零本), 中國石印本, 20.3×13.1cm, 四周單邊, 半郭: 18.1×12.3cm, 無界, 20行45字, 上黑魚尾		啓明大學校 812.35-증상제ㅇ
增像第六才子書	編著者未詳, 刊年未詳	5卷2冊, 中國石印本, 20×14cm, 四周單邊, 半郭: 18.2×12.2cm, 無界, 19行43字, 無魚尾		啓明大學校 812.3-증상제
繪圖西廂記	編者未詳, 1912年	5卷4冊, 中國石印本, 有圖, 20×13.5cm, 四周單邊, 半郭: 18.4×12.3cm, 無界, 19行43字, 無魚尾	卷首書名: 增像第六才子書	啓明大學校 812.35-서상기
繡像繪圖第六才子書	金聖歎(淸)註, 上海, 進步書局, 刊年未詳	6冊(零本), 中國石印本, 20.3×13.4cm, 四周雙邊, 半郭: 17.6×13.6cm, 無界, 20行40字, 上黑魚尾		啓明大學校 812.35-김성탄수
箋註繪像第十六才子西廂釋解: 西廂記	金聖歎(淸)著, 刊寫地未詳, 刊寫者未詳, 刊寫年未詳	3冊(零本), 筆寫本, 32.2×21.2cm, 四周雙邊, 半郭: 24.2×14.7cm, 無界, 9行19字,	序: 己酉(1669)…汪溥勳	啓明大學校 812.35-김성탄ㅈ

書名	出版事項	版式狀況	一般事項	所藏處/所藏番號
		無魚尾		
西廂記	元稹 編, 서울, 刊寫者未詳, 19??	1冊, 29×18.8cm		大邱가톨릭大學校 동822.4-원79ㅅ
繪圖第六才子書	金聖歎 著, 上海, 章福記書局, 19??	19.7×13cm		大邱가톨릭大學校 동823.4-김53ㅎ
西廂記	王實甫(元)著, 發行事項 不明	全4卷2冊(零本1冊), 筆寫本, 24.2×17cm	卷首題 : 花月琴夢記, 所藏本中卷之3,4의 1冊 以外 缺	安東大學校 (明谷文庫) 古明 822.4
增補箋註繪像第六才子西廂釋解	王實甫·關漢卿(元) 共撰, 金聖歎(淸)編, 康熙8年(1669)序	8卷6冊(零本5冊, 所藏本中卷之一~五, 七,八의 5冊以外缺), 中國木版本, 有圖, 25.1×15.8cm, 四周單邊, 半郭 : 19.3×12.7cm, 無界, 10行22字, 白口, 上黑魚尾	版心書名 : 箋六才子書釋解, 序 : 康熙己酉年(1669)天都汪溥勳廣困氏題於臺之旅次	海軍士官學校 중 185
西廂記	王實甫·關漢卿(元) 共撰, 金聖歎(淸)編, 高宗~大正間 (1864~1925)	1冊(64張,) 筆寫本, 24.6×17.7cm, 無界, 10行20字內外, 註雙行, 紙質 : 楮紙	一部國漢文混用	海軍士官學校 필 64
西廂記	王實甫(元)撰, 金聖歎(淸)批評	8卷6冊, 中國木版本, 有圖, 18.6×11cm, 11行24字, 上黑魚尾	附錄 : 關漢卿 撰 續西廂記 四編, 印記 : 二城后人, 埜樵, 孫赫柱字人輝號埜樵, 二城世家, 二城后人, 孫赫柱之印	雅丹文庫 823.4-왕58ㅅ
懷永堂繪像第六才子書	王實甫(元)著, 金聖歎(淸) 批點	3卷1冊, 中國木版本, 有圖, 半郭 : 9.4×6.5cm, 8行16字, 上黑魚尾	經義齋藏板, 表題 : 錦心繡肚	雅丹文庫 823.4-왕58ㅎ
增像第六才子書	上海, 章福記石印	5卷5冊(6卷中 卷1缺), 中國石印本, 半郭 : 16.9×11.6cm, 19行40字, 上黑魚尾	刊記 : 上海章福記石印	雅丹文庫 823.5-증52
繪像第六才子書	金聖歎(淸)編	4卷2冊(卷1~4), 23.4×14.5cm, 9行21字	表題 : 成裕堂書, 內容 : 西廂記	雅丹文庫 823.4-김54ㅎ
增補箋註繪	金聖歎(淸)批評	4卷2冊(卷1~3,4),	上段 : 釋義·參釋·參評	雅丹文庫

書名	出版事項	版式狀況	一般事項	所藏處/所藏番號
像第六才子西廂釋解		中國木版本, 半郭:19.4×12.6cm, 半葉2段, 9行16字, 上黑魚尾		823.4-김54ㅈ
西廂記		1冊, 筆寫本, 22.9×21.7cm, 12行字數不定		雅丹文庫 823.4-서52
西廂記		5卷5冊, 筆寫本, 26.6×21.2cm, 12行25字	表題:艶詞具解, 附國譯	雅丹文庫 823.4-서52
聖歎外書第六才子書	金聖歎(淸)編	卷1冊(全4冊)筆寫本, 半郭:24.3×17.2cm, 10行25字, 上二葉魚尾	表題:奇遇眞詮, 內容:西廂記	雅丹文庫 823.4-김54ㅅ
懷永堂第六才子書		1冊, 筆寫本, 24.3×16.6cm, 18行36字	表題:西廂記	雅丹文庫 823.4-회56
成裕堂繪像第六才子書		2冊, 筆寫本, 23.5×14.6cm, 9行19字	表題:續左史, 印記:月滿蘿軒書滿牀, 淡如	雅丹文庫 823.6-성66
奇遇眞詮		1冊, 筆寫本, 21.1×20.6cm, 16行字數不定	內容:西廂記, 印記:又肬	雅丹文庫 823.5-기66
懷永堂繪像第六才子書西廂記	王實甫(元)著, 金聖歎(淸)評, 朝鮮朝末期 寫	8卷4冊, 筆寫本, 34.7×22cm, 無界, 12行24字, 註雙行, 頭註, 紙質:楮紙	表題:西廂記	江陵市 船橋莊
貫兼堂註釋第六才子書	19世紀刊	6卷9冊, 中國木版本, 17.1×10.4cm, 四周單邊, 半郭:14×7cm, 有界, 9行22字, 上下白口, 上下向黑魚尾, 紙質:楮紙	表題:西廂記, 版心題:註釋第六才子書, 所藏記:斗南藏	江陵市 崔鍾瑚 21-0388~0389, 0486~0492
聖歎先生批評第六才子書科白詞骸解	王實甫·關漢卿(元)共撰, 金聖歎(淸)編, 朝鮮朝後期 寫	3卷3冊, 筆寫本, 25×14cm, 無界, 行字數不定, 紙質:楮紙	裏題:西廂記, 跋:貫華主人解, 刊:待用軒藏, 內容:張君瑞解賦圍	일반동산문화재

書名	出版事項	版式狀況	一般事項	所藏處/所藏番號
			三之一小紅娘書請客, 張君瑞寄情詩老夫人賴婚事 崔鶯喬坐衙	
貫華堂註釋讀第六才子書	19世紀刊	零本9冊, 中國木版本, 17.2×10.5㎝, 四周單邊, 半郭：12.9×8.9㎝, 無界, 9行22字, 上下白口, 上下向黑魚尾, 紙質：和紙	所藏：卷1	일반동산문화재 21-0402, 0493~0500
繪圖第六才子西廂記	1912	5卷6冊, 中國版, 有圖, 20.2×13.2㎝, 19行43字	漢文, 英語, 楷書	國學振興院(아주 신씨인재파 전암후손가) KS0236-1-02-00080
六才子書		1冊, 筆寫本, 29×18.5㎝		國學振興院 (기헌고택) KS04-3045-10 644-00644
改良五彩繪圖第六才子書	著者未詳, 上海同文新譯書局, 上海醉經堂書莊 (總發行所)	6卷1匣6冊, 中國石印本, 13×19.5㎝, 四周無邊, 半郭：11.5×6.9㎝, 17行35字, 白口, 黑魚尾上	版心書名：改良第六才子書	간송문고
繪圖第六才子西廂記	民國元年冬月出版	1匣5卷2冊, 中國石印本, 20×9㎝		惪愚文庫
如是山房增訂金批西廂	金聖歎(淸)批評, 上海, 如是山房, 淸 光緖2年(1876)刊	5卷6冊(卷首1冊), 木版本, 19.6×12.3㎝, 左右雙邊, 半郭：12.3×10㎝, 8行17字, 註雙行, 頭註, 上黑魚尾	表題：西廂記, 裏題：增訂金批西廂, 刊記：光緖歲次丙子(1876)如是山房重刊	仁壽文庫 4-439
西廂記	王實甫 著, 刊寫地未詳, 刊寫者未詳,	4冊, 筆寫本, 23×16.5㎝, 無界, 行字數不定, 無魚尾		대구광역시립중앙도서관 OL822.4-왕59-

書名	出版事項	版式狀況	一般事項	所藏處/所藏番號
	刊寫年未詳			春, 夏, 秋, 冬
西廂記	著者未詳, 朴啓震(孝宗~正祖 年間/1650~1800) 寫	1冊(87張), 筆寫本, 35.5×22.6㎝, 四周雙邊, 半郭: 26.8×17.5㎝, 12行25字, 註雙行, 烏絲欄, 紙質: 楮紙	刊記: 歲在乙丑(?)臘月日謄抄于東陽蓮室, 椽承朴啓震, 張儀翰, 卷末墨書識記: 沈君徵先生寵綏明崇禎人	山氣文庫 4-692
西廂記	著者未詳, 憲哲年間 (1835~1863)	18卷6冊, 筆寫本, 23.6×15㎝, 四周雙邊, 半郭: 17.2×11.7㎝, 10行24字, 註雙行, 上白魚尾, 烏絲欄, 紙質: 楮紙	序: 白羊孟春書于巽震齋中梅花一樹亭 如玉人與墨香相鬪發, 印記: 정음문고, 附錄: 語錄別傳, 諺註集解, 儦山著	山氣文庫 4-693
後嘆先生訂正 註解西廂記	後嘆 著, 高宗22年(1885) 寫	4卷5冊, 筆寫本, 25.7×17㎝, 上下雙邊, 半郭: 22×14.5㎝, 行字數不定, 朱絲欄, 紙質: 楮紙	表題: 註解西廂記, 序: 大淸光緖十一(1885)年乙酉之暮春者南漢命謹序, 印記: 錦山, 洪千燮主, 洪藏書印, 內容: 卷1(驚艶, 借廂, 酬韻, 鬧齋), 卷2(寺警, 請宴, 賴婚, 琴心), 卷3(前候, 鬧簡, 賴簡, 後候), 卷4(酬艶, 拷艶, 哭宴, 驚夢, 泥金捷報, 錦字緘愁, 鄭恒求配, 衣錦榮歸)	山氣文庫 산기문고4-742
西廂記	王實甫 編, 朝鮮朝後~ 末期 寫	下卷1冊(42張), 筆寫本, 25.2×24.4㎝, 8行字數不定, 紙質: 楮紙	備考: 本文에 舊式懸吐가 되어 있음	玩樹文庫 4-192
聖嘆第六才 子書	金聖嘆(淸)作, 朝鮮朝後期 寫	2冊, 筆寫本, 30.3×19.2㎝, 四周單邊, 半郭: 21.4×14.6㎝, 有界, 烏絲欄, 10行20字, 紙質: 楮紙	表題: 月花詞	大田市 趙鐘業
踐約傳	王實甫(元)著, 刊寫地未詳,	不分卷1冊(56張), 筆寫本,	一名: 西廂記	韓國銀行

書名	出版事項	版式狀況	一般事項	所藏處/所藏番號
	刊寫者未詳, 刊寫年未詳	29.4×19.1cm, 紙質：和紙		
西廂記雲林別墅		2冊(卷之二·四, 落帙), 中國木版本		金奎璇
第六才子書 此宜閣增訂 金批西廂		4卷5冊(卷首), 中國木版本		金奎璇
西廂記		4卷1冊(落帙), 中國木版本	袖珍本	朴在淵
第六才子書	光緒二五年(1899)	5卷5冊, 中國石印本	又名：西廂記	朴在淵
蕭寺香緣		2冊(卷之四·五·六·八, 落帙, 中國木版本	又名：西廂記	朴在淵
佛墻花影	光緒九年(1886) 映紅仙館	8卷6冊, 中國木版本	又名：西廂記, 袖珍本	朴在淵
西廂記		5卷5冊, 筆寫本		朴在淵
西廂記	光武十年(1906), 博文社	1冊, 韓國舊活字本		김영

5) 薩眞人夜斷碧桃花雜劇

《薩眞人夜斷碧桃花》(이하 《碧桃花》로 줄여 부름)는 元代 무명씨가 지은 4折 1楔子로 구성된 雜劇이다. 《碧桃花》는 사람과 귀신의 사랑이야기인데, 이런 제재는 魏晉南北朝의 志怪小說에서 시작되어 唐代 傳奇小說에서 성행하다가 宋·元代에 들어서는 희곡으로 창작되었다. 唐代 裴鉶의 《傳奇》에 실린 〈薛昭〉를 바탕으로 金 院本 《蘭昌宮》과 庾天錫의 雜劇 《薛昭誤入蘭昌宮》이 창작되었고, 宋代 話本인 《志誠張主管》의 줄거리가 같은 宋·元代 無名氏의 戲文인 《志誠主管鬼情案》도 창작되었다. 그리고 宋代 傳奇인 《越娘記》·話本인 《楊舜兪》와 줄거리가 같은 宋·元代 無名氏의 戲文 《相思病鳳凰坡越娘背燈》이 있다. 또한 宋代 傳奇 《司馬才仲傳》과 줄거리가 같은 元代 白樸의 雜劇 《蘇小小月夜錢塘夢》도 있다. 이 희곡 작품들은 모두 사람과 귀신의 사랑이야기를 다루고 있는데, 모두 실전되어 그 구체적인 내용을 알 수 없다. 유일하게 남아있는 것이 《碧

桃花》이기 때문에 宋·元代의 사람과 귀신의 사랑이야기를 연구하는 자료로서 중요하다.39)

　《碧桃花》는 東京(지금의 北京) 사람인 張珪가 廣東 潮陽縣에 縣丞으로 부임하는 것을 발단으로 한다. 知縣인 徐端도 東京 사람으로 碧桃와 玉蘭이란 딸이 있었는데, 碧桃를 張珪의 아들 張道南에게 시집보내기로 약속한다. 3월 15일에 張珪 부부는 徐端 부부를 초대하여 정원에서 모란을 감상하고, 徐碧桃는 자기 집 정원을 한가로이 거닌다. 張珪의 아들 張道南은 새장 속에 있던 흰 앵무새가 날아가자 담을 넘어 徐碧桃의 정원으로 쫓아간다. 徐碧桃의 정원에서 우연히 만난 둘은 서로 이름을 말하고 함께 꽃을 감상하다가, 집으로 돌아온 徐端부부와 마주친다. 張道南은 도망치고, 徐碧桃는 부모에게 욕을 먹고 나서 가슴이 답답하여 결국 죽게 되고 정원에 묻힌다. 나중에 張珪는 가족들을 데리고 東京으로 돌아가고, 張道南은 장원급제하여 潮陽縣에 부임해온다. 여기서 그는 徐碧桃가 묻힌 정원을 거닐다가 그녀의 무덤에 핀 벽도화를 꺾어 서재의 꽃병에 꽂아 놓는다. 어느 날 밤에 張道南은 徐碧桃의 혼령과 만나서 같이 지내다가 병이 나서 몸조리를 위해 고향으로 돌아간다. 한편 徐端은 碧桃가 죽었기 때문에 玉蘭을 張道南에게 시집보내려 한다. 徐端은 그가 병이 나서 돌아왔다는 이야기를 듣고, 유모를 보내 병문안하게 하고 자신의 뜻을 그에게 전하게 한다. 道南張에게 徐碧桃를 그리워해서 徐玉蘭과 결혼할 것을 거부하지만, 유모가 하도 조르는 바람에 결국 허락한다. 道南張의 병이 치료가 되지 않자, 張珪는 도사 薩守堅를 불러 악귀를 몰아내라고 한다. 徐碧桃의 혼령은 전생에 張道南과 500년의 악연이 있음을 이야기하고 자신에게 20년의 수명이 아직도 남아있다고 말한다. 그날 밤 徐玉蘭이 죽자 張道南을 불러왔는데, 徐碧桃가 그녀의 몸을 빌려 환혼하자 徐玉蘭은 다시 살아난다. 집안사람들이 徐玉蘭이 환생하자 기이하게 생각하고, 그녀는 徐碧桃의 신분으로 張道南을 만나 과거의 정을 이야기한다. 張道南은 그녀에게 어떻게 된 일인지 묻고, 결국 薩守堅이 모든 인과를 이야기하자 진상이 밝혀진다.

　《碧桃花》는 明 萬曆26年 息機子가 편찬한 《元人雜劇選》과 明 萬曆43年에 臧晉叔이 편찬한 《元曲選》에 실려 있다. 《碧桃花》의 正名은 《元人雜劇選》에서는 '張斗南斷弦應再續, 薩眞人夜斷碧桃花'라고 했고, 《元曲選》에서는 '張明

---

39) http://www.djzhj.com/Item.asp×?id=4315

府醉題靑玉案, 薩眞人夜斷碧桃花'라고 했다. 이 두 가지 《碧桃花》 판본은 내용의 차이가 거의 없으나 曲牌에서는 차이가 난다.40)

金奎璇 개인의 소장본 《薩眞人夜斷碧桃花雜劇》은 출판사항을 알 수 없어 어떤 판본인지 확정할 수가 없지만, 위에 언급한 희곡집이 아닌 淸代에 단행본으로 출판된 것으로 보인다. 《碧桃花》는 국내에 유입기록이 없어 언제 어떻게 유입되었는지는 확정할 수 없다.

書 名	出版事項	版式狀況	一般事項	所藏處/所藏番號
薩眞人夜斷 碧桃花雜劇		1冊, 中國木版本		金奎璇先生所藏本

6) 伍倫全備記

지은이 丘濬(1421~1495)은 字가 仲深이고, 瓊山(지금의 廣東) 사람이다. 景泰5年(1454)에 進士에 급제하여 벼슬을 시작했고, 후에는 太子太保 겸 文淵閣 大學士를 지냈다. 그는 朱熹의 학설에 정통한 理學의 大儒였으며, 이 때문에 그의 작품에는 유교적인 윤리도덕을 선양하는 내용을 담고 있다.41) 그는 유학에 심취했으나 희곡을 통속적이라고 배척하지 않았으며, 《投筆記》·《擧鼎記》·《羅囊記》·《伍倫全備記》 4종의 희곡을 창작했다. 이중 《羅囊記》를 제외한 3종의 희곡이 지금까지 전해진다. 그런데 《伍倫全備記》의 노래가사가 《風月錦囊》이라는 희곡선본에 실려 있다. 현전하는 《風月錦囊》은 1553년 이전에 이미 유행했는데, 이를 보면 《伍倫全備》는 민간에서 연출된 南戲이며 丘濬은 그 개편자일 가능성이 높다42)는 견해도 있다.

《伍倫全備記》는 丘濬의 대표작으로 一名 《伍倫全備忠孝記》라고도 한다. 明·淸代의 논자들은 이 작품에 대해 대체로 봉건윤리도덕을 선전하고 있으며, 내용

---

40) 李修生 主編, 《古本戲曲劇目提要》(北京:文化藝術出版社, 1997), 105쪽.
41) 金正奎, 《中國戲曲總論》(명지대학교 출판부, 2000), 349쪽.
42) 이런 견해는 다음 논문을 따랐으며, 이 글에서 작가 문제에 대한 구체적인 내용을 참고할 수 있다. 吳秀卿, 〈《伍倫全備記》 연구(1)〉(《中國文學》 제29집, 1998), 103~110쪽.

은 설교적이고, 문장 표현은 진부하다는 부정적인 평가들이 있어왔다. 그러나 《新編勤化風俗南北雅曲伍倫全備記》의 '序'에서 이 작품은 말이 비록 비속하지만 많은 관중들이 감동을 받았다고 했다. 이를 보면, 이 작품이 비록 봉건윤리를 선양하고 있지만, 무조건 진부하고 무미건조하지는 않았기 때문에 실제로 공연되어 일반 관중들에게 수용되었음을 알 수 있다.[43]

《伍倫全備記》는 伍典禮의 전처의 아들 伍倫全과 후처 范氏와 아들 伍倫備 그리고 양아들 克和가 주요 인물로 등장한다. 范氏는 이 세 아들을 모두 사심 없이 양육하여 결혼을 시키는데, 며느리들도 모두 현모양처이다. 한편 伍倫全과 伍倫備 형제는 편모슬하라는 어려운 여건 속에서도 三綱五倫을 실천하면서 우여곡절 끝에 벼슬과 영화를 누리다가 귀향한다. 이들은 死後에 신선이 된 스승과 어머니를 만나 함께 仙界로 간다. 《伍倫全備記》는 이렇게 봉건윤리를 실천하는 인물들을 등장시켜 도덕적 교화를 주제로 삼았다.

《伍倫全備記》의 판본은 희곡선집이나 曲譜에 뽑혀 실린 것을 제외하면, 전체 내용이 실린 판본은 현재까지 중국에서 단 1종만이 남아 있다. 이 판본은 金陵의 世德堂에서 간행한 刻本이며, 4권 29齣으로 되어 있다.

서울대 규장각에서는 《新編勤化風俗南北雅曲伍倫全備記》가 소장되어 있는데, 이는 《伍倫全備記》 전체 내용이 실린 판본이다. 이 판본은 목활자본으로, 총 4권 4책 중에 권1·2의 2책만 전하는 零本이다. 표지와 첫 장 및 본문 곳곳에 '敎誨廳'이라는 藏書印이 찍혀 있기에, 司譯院에 속하는 관청인 敎誨廳의 舊藏本임을 알 수 있다. 그리고 각 책의 마지막 장에 써진 '壬戌印置'라는 墨書로 보아 중국이 아닌 朝鮮에서 간행한 후에 敎誨廳으로 보내진 것으로 보인다.

또한 이와 같은 판본으로 보이는 《新編勤化風俗南北雅曲伍倫全備記》가 계명대에 소장되어 있는데, 권3이 결질이며 권1·2·4의 3책이 남아 있다. 이 판본은 필자가 직접 열람해 보았는데, 규장각 소장본과는 달리 藏書印이 찍혀 있지 않고, 각 책의 마지막 장에도 '壬戌印置'라는 墨書도 보이지 않는다. 또한 마지막 4책에서도 '刊記'에 대한 내용이 전혀 없으므로, 규장각본과 비교 연구를 통해 출판지를 확정할 필요가 있어 보인다.

---

43) 이 내용은 전적으로 다음 논문을 따랐다. 吳秀卿,〈《伍倫全備記》 연구(1)〉(《中國文學》 제29집, 1998), 96~98쪽.

《伍倫全備記》는 《老乞大》・《朴通事》와 더불어 朝鮮 후기 司譯院 漢學三書의 하나 꼽힌다. 1696년(숙종22년)에 敎誨廳에서 언해가 시작되어 1720년(숙종 46년)에 《伍倫全備諺解》 8권으로 간행되었으며, 또 영조 때 반포된 《續大典》에는 譯科 漢學 初試의 背誦 書冊으로 《直解小學》 대신 《伍倫全備記》가 지정되었다. 그리고 이 책은 한글로 번역되어 《伍倫全備諺解》라는 서명의 木版本으로 간행되었다. 이 한글 번역본은 본문의 노래(曲)부분은 생략하고 대화부분만을 번역하여 중국어회화 학습교재로 사용했다. 漢學三書 중에 《老乞大》와 《朴通事》는 이미 번역되어 유용하게 쓰이는 데 반해서 이 책만은 원문만으로 전해짐에 따라 가르치는 이마다 차질을 빚고 잘못된 것이 그대로 전수되는 폐단이 지적되었다. 산만하고 그릇된 교설들을 통일하기 위해 1696년(숙종 22)에 司譯院에서 번역에 착수했다가 중단했고, 1709년(숙종 35)에 敎誨廳에서 다시 손을 대었으나 역시 기약 없이 지체시키다가 영의정 金昌集(1648~1722)의 적극적인 독려에 힘입어 1720년(숙종 46)에야 비로소 완성했으며, 劉克愼 등의 자발적인 경비 부담으로 간행한 것이다. 영의정의 도움이 없었더라면 100년이 걸려도 마치지 못했으리라는 말과 같이 착수한 지 24년 만에야 완성하게 된 것은, 원작자의 해박한 인용이 포함된 원문을 정밀히 고증해서 번역하고 주석하기가 워낙 어려운 일인 데다가 중국어에 익숙한 人材가 충분치 못했기 때문이다. 세상에서는 중국어가 중요하다고 해서 권장할 줄만 알았지, 스스로 숙달한 이가 손꼽을 정도라는 것이다. 凡例에서는 12조목에 걸쳐서 번역의 목적, 주서의 필요성과 방법, 중국말의 음운 체계, 이 책의 한자음 표기법, 원문의 부분적인 수정, 난해한 부분의 해석, 등장인물의 명명법 등이 간략하게 설명되어 있다.[44] 여기서 보듯이 《伍倫全備諺解》는 일차적으로 朝鮮의 역과제도와 관련하여 유통된 책임을 알 수 있다.

한편 희곡인 《伍倫全備記》를 소설독본으로 축약, 윤색한 책이 전하는데, 안동 의성 김씨 川上宗家本 《伍倫全傳》이 그것이다. 이는 1531년(중종 26)에 洛西居士가 윤색하여 한글로 번역한 것을 1665년(현종 6)에 載寧의 孫廷俊이 다시 한문으로 번역한 작품이다. 이 《오륜전전》에는 처음 한글로 번역한 洛西居士의 서문이 함께 실려 있는데, 그 서문에 의하면 《伍倫全備記》가 당시에 "다투어 전해

---

44) http://kyujanggak.snu.ac.kr/MOK/CONVIEW.jsp?type=HEJ&ptype=list&subtype=jg&lclass=10&mclass

집집마다 두고 너나없이 읽고 있었다(是書時方爭相傳習, 家藏而人誦)"고 한다. 이는 곧 中宗年間에 이 책이 널리 읽히고 있었음을 의미하는 것으로, 역과제도와의 관련 뿐 아니라 소설・희곡의 관심으로 《伍倫全備記》가 유행했다는 사실을 보여주는 것이다. 이를 통해 보면 《伍倫全備記》는 1531년(중종 26)에 洛西居士가 윤색하여 한글로 번역했다고 하니, 1531년 이전에 朝鮮에 유입되었음은 분명하다.

書名	出版事項	版式狀況	一般事項	所藏處/所藏番號
新編勤化風俗南北雅曲伍倫全備記	赤玉峯道人 著, 刊寫地未詳, 刊寫者未詳, 刊寫年未詳	2卷2冊, 朝鮮木版本, 32.5×22.5cm, 四周單邊, 半郭: 21.3×14.9cm, 有界, 9行17字, 上下內向黑魚尾	序: 歲在上章敦牂在上章敦牂[庚午(?)]…高竝, 印: 敎誨廳	서울大學校 奎章閣 3461-3
新編勤化風俗南北雅曲伍倫全備記	刊寫地未詳, 刊寫者未詳, 刊寫年未詳	束裝3冊(零本: 卷1-2, 卷4), 朝鮮木版本, 29×18.7cm, 四周單邊, 半郭: 21.6×14.9cm, 有界, 9行17字 註雙行, 大黑口, 內向黑魚尾	序: 迂愚叟	啓明大學校 170-신편권 812.1-권화풍
伍倫全備諺解	著者未詳, 刊寫地未詳, 刊寫者未詳, 景宗元年(1721)	8卷5冊, 朝鮮木版本, 34.4×22.5cm, 四周單邊, 半郭: 25.4×18.4cm, 有界, 11行21字, 上下花紋魚尾	表紙書名: 伍倫全備, 卷首: 序…歲舍辛丑(1721)…高時彦, 引用書目	서울大學校 奎章閣 1456
伍倫全備諺解	編者未詳, 刊寫地未詳, 刊寫者未詳, 英祖 17年(1741)	8卷4冊, 朝鮮木版本, 32.8×22.3cm, 四周單邊, 半郭: 24.9×18.7cm, 有界, 11行, 字數不同, 上下內向花紋魚尾	1721년판은 埋木 수정하여 인출한 것. 印出記: 壬戌(1741?) 印置	서울大學校 奎章閣 3917-9

7) 四聲猿

《四聲猿》의 작가 徐渭(1521~1593, 字 文長)는 부귀한 집안에서 태어났으나 부모를 일찍 잃고 궁핍한 생활을 하였다. 어려서부터 총명하였으며 약관의 나이에 秀才가 되었으나, 이후에 擧人 시험에 통과하지 못하여 여전히 궁핍함에 시달렸다. 嘉靖36年(1577) 37세의 나이로 浙江省 총독 胡宗憲(1512~1565)의 수하에 들어가 서기 직을 담당하다가 왜구와 전쟁에서 공을 세우기도 했다. 그러나 그는 45세가 되던 해에 胡宗憲이 탄핵당하고 옥중에서 사망하자 자신에게 화가 미칠 것을 염려하게 된다. 그러다 지병인 정신병이 심해져서 송곳을 자신의 귀에 찔러 넣고 몽둥이로 콩팥을 가격하여 자살을 시도했다. 이듬해 후처로 들였던 張氏가 외도를 저질렀다고 오해하여 살해함으로써 감옥에 갇히게 되었는데, 이는 정신병 때문에 과실살인을 한 것으로 보인다. 이로부터 7년이 지나 친구 張元忭이 힘을 써서 출옥한다. 이후 73세로 세상을 뜨기 전까지 전국을 유람하며 저술활동을 펼치고 제자를 양성하며 보냈다.

희곡과 관련된 활동으로는 36~39세에 南戲에 대한 이론서 《南詞敍錄》을 저술했는데, 음악에 대한 유래와 전파, 극작가들에 대한 비평, 문장 수사에 대한 비평, 배역의 원류에 대한 고증, 극본 목록 등의 다양한 분야에서 높은 식견을 발휘했다. 또한 《西廂記》와 《琵琶記》에 평점을 가하기도 했다.

《四聲猿》은 〈狂鼓史漁陽三弄〉・〈玉禪師翠鄉一夢〉・〈雌木蘭替父從軍〉・〈女狀元辭凰得鳳〉의 4종으로 구성된 희곡집이다. 이들 작품들은 元代의 雜劇과 달리 편폭이 짧아진 형태, 즉 〈狂鼓史漁陽三弄〉은 1齣, 〈玉禪師翠鄉一夢〉은 2齣, 〈雌木蘭替父從軍〉은 2齣, 〈女狀元辭凰得鳳〉은 5齣으로 이루어졌다. 《四聲猿》은 元代와는 다른 독특한 明代 雜劇의 체제를 형성했는데, 극의 길이를 다양화했고, '段'이나 '折'이라고 부르던 막의 명칭도 '齣'으로 바꿨으며, 楔子 대신 開場白・上場詩 등과 결미의 下場詩도 새롭게 사용했다.

〈狂鼓史漁陽三弄〉은 배경의 이동, 극 속의 극, 세밀한 곡의 전환과 음악적 배치 등을 도입하여 극의 구성에 있어서 효과를 극대화하고 있다. 극중극의 형식은 저승에서 禰衡과 曹操에게 이승의 사건을 재현할 때 사용되었는데, 인과응보와 권세에 반발하는 주제를 부각시키기 위한 적절한 표현기교라 할 수 있다.

〈玉禪師翠鄉一夢〉은 제1齣이 전생으로 원인이 되고 제2齣은 후생으로 결과가 되는 인과응보의 구성을 이루고 있는데, 둘은 독립적이면서도 통일성을 유지한다. 제2齣에서는 '大頭和尚'이라는 중국 전통의 민간 탈놀이를 응용했는데, 이를 통해 불교적 구원이라는 무거운 장면에서도 관객들에게 흥미를 유지하도록 했고, 무언극의 형식으로 주제도 효과적으로 표현하고 있다.

〈雌木蘭替父從軍〉은 사건보다는 木蘭이란 인물을 중심으로 극을 전개했으며, 인물들 간의 갈등이 두드러지지 않는다. 그리고 지나치게 많은 장면이 교체되고 있어서 공연하기에는 부적합하고 전체적인 구성이 느슨하다. 이 극은 상황 전개로 극의 줄거리를 발전시키기보다는 다양한 장면 교체로 시각적 흥밋거리를 제공한다.

〈女狀元辭凰得鳳〉은 위의 3종에 비해 5齣으로 편폭이 늘어났지만, 많은 장면들이 〈雌木蘭替父從軍〉과 유사하다. 이 극의 구성도 다양한 시각적 장면을 설정하여 春桃라는 인물을 부각시켜 주제에 접근했는데, 사건 중심의 극에서 이루어지는 인물들 간의 갈등이 결핍되어 있어 전반적으로 느슨한 구성이라 할 수 있다.

네 작품은 대사(白)의 비중이 다르기는 하지만 다양하고 자유로운 대사의 운용을 보여주고 있는데, 《四聲猿》의 전반적인 특징이라고 할 수 있다. 《四聲猿》의 음악적 특징은 노래(曲)를 극적 줄거리와 자연스럽게 연결하였으며 음악적 격식을 내용보다 우위에 두지 않고 있다.[45] 이러한 《四聲猿》의 예술적 성취는 이후 희곡 창작에 많은 영향을 주었다.

〈狂鼓史漁陽三弄〉은 《四聲猿》 중에 단막극으로 구성된 작품인데, 《後漢書》 卷80의 〈禰衡傳〉에 근거한 작품이다. 曹操는 禰衡의 재주를 알고 수하로 포섭하려 했지만 거절당하고 나서, 그를 鼓手로 삼아 모욕을 주려고 했다. 그러나 禰衡은 오히려 曹操에게 온갖 욕설을 퍼부었고, 이 때문에 그는 曹操에게 살해되었다고 한다. 徐渭는 이 역사적 사실을 제재로 삼아 禰衡이 저승에 가서 曹操에게 복수하는 내용으로 극을 구성했다. 저승의 판관이 귀신들을 이끌고 재판을 하는 가운데 禰衡과 曹操에게 이승의 사건을 재현하게 한다. 결국 曹操는 다시 수감되고 禰衡은 옥황상제의 수문장이 되는 것으로 극이 끝난다.

〈玉禪師翠鄕一夢〉은 불교 수행의 오계 중 '색계'를 범한 파계승의 전생과 후생에 관한 이야기이다. 田汝成의 《西湖遊覽志》 권13에 실린 민간 전설을 제재로 삼았으며, 杭州 지역에 유행하던 이 전설은 다른 문헌들에서도 볼 수 있다.[46]
제1齣에서는 玉通禪師가 오랜 세월 臨安(지금의 杭州)의 水月寺에서 수행하고

---

45) 권응상, 〈徐渭의 《四聲猿》 硏究〉(《중국문학》 제15집, 1987).
46) 〈玉禪師翠鄕一夢〉과 관련된 기록에 대해서는 다음 책을 참고할 수 있다. 오수경・홍영림・김순희・이지은・이현정・박양화, 《중국 고전극 읽기의 즐거움》(민속원, 2011), 68~70쪽.

있었는데, 새로 부임한 태수 柳宣教의 부름에 응하지 않아 미움을 산다. 부슬비가 내리던 청명절의 깊은 밤에, 玉通禪師는 동자가 자리를 비운 사이에 柳宣教가 보낸 관청의 요염한 기녀 홍련의 유혹에 넘어가 파계하게 되자 스스로 목숨을 끊는다.

제2齣에서는 玉通禪師가 柳宣教의 유복녀 柳翠로 환생하여 기녀로 전락한다. 이후에 玉通禪師의 옛 친구였던 月明和尙이 묘책을 써서 전생의 업을 깨닫게 하여 제도한다.

〈雌木蘭替父從軍〉은 木蘭이 아버지를 대신해서 남장을 하고 종군하여 공을 세웠다는 南北朝(439~589) 시대의 樂府民謠 〈木蘭辭〉의 영웅담을 바탕으로 하였다.

제1齣에서 木蘭은 黑山의 도적 豹子皮의 난으로 징집된 연로한 아버지를 대신해 종군하기로 결심하고, 군용장비와 무기를 구입하여 무예를 연마한다. 그리고 부모와 동생을 설득한 뒤에 두 군인을 따라 종군한다.

제2齣에서는 장군 辛平이 木蘭에게 豹子皮를 사로잡으라는 명령을 내리는데, 결국 木蘭은 그를 잡아 그 공으로 상서랑 벼슬을 제수 받는다. 후에 그녀가 귀향할 때, 함께 떠났던 두 군인에게 자신이 여자였음을 밝히고, 고향집에서 가족들을 만난 후 여성의 신분으로 돌아가 이웃의 王郎과 결혼한다.

〈女狀元辭凰得鳳〉은 남장 여자가 장원에 급제한 뒤에 벌어지는 이야기인데, 五代(907~960) 시기 楊用修의 〈黃崇嘏春桃記〉를 바탕으로 하였다.

제1齣에서 春桃는 어린 나이에 부모를 여의고 유모 黃姑와 함께 산속에서 바느질로 생계를 유지하며 가난하게 살았다. 春桃는 이런 상황을 벗어나기 위해 과거에 응시하고자 결심하고서, 자신은 黃崇嘏로 유모 黃姑는 黃科로 이름을 바꾸고 남장을 한다.

제2齣은 四川省의 丞相府에서 벌어지는 과거시험장을 배경으로 했다. 승상인 周庠은 과거시험을 樂府로 치를 것을 알리는데, 周庠이 선창하면 운에 맞추어 다음 구절을 연결시키는 방식이었다. 이 과정에서 운이 맞지 않는다는 周庠의 트집에 黃崇嘏와 賈臚·胡顔 등의 응시자들이 운의 주관성과 무용론을 골계적으로 역설하여, 결국 黃崇嘏가 장원급제한다.

제3齣에서는 黃崇嘏가 四川 成都의 司戶參軍을 제수 받고 3년 동안 周庠을 보좌한다. 黃崇嘏는 고소 사건 3건을 해결하기 위해 죄인들을 불러내어 심문하고, 지략을 발휘하여 차례로 그들의 누명을 벗겨준다. 남장 여자의 몸으로 관리가 된 黃崇嘏는 탁월한 능력을 발휘하여 여러 사건들을 해결한다.

제4齣에서 周庠은 딸 鳳雛와 아들 鳳羽의 배필을 찾기 위해 黃崇嘏를 연회에 초대하여 글재주를 시험한다. 周庠은 黃崇嘏에게 자신의 딸 鳳雛와 거문고・그림・바둑에서 재주를 겨루게 하는데 黃崇嘏가 모두 이긴다. 周庠은 黃崇嘏에게 사위가 되어달라고 청혼하는데, 그녀는 어쩔 수 없이 자신이 남장 여자라는 사실을 밝힌다. 이에 周庠은 아들 鳳羽가 장원급제하면 黃崇嘏를 며느리로 삼을 결심을 한다.

제5齣에서 신분을 밝힌 春桃는 周庠을 속인 잘못에 대해 사과하러 승상부로 간다. 이때 周庠은 그녀에게 자신의 아들 鳳羽에게 시집오라고 하고, 황제에게 상소하여 결혼을 허락받는다. 황제는 축하하는 친서를 전달하고 春桃가 맡았던 관직에 鳳羽를 임명한다. 결국 떠들썩한 분위기에서 결혼식이 치러진다.47)

《四聲猿》의 주요 판본으로는 다음의 몇 종이 있다.

1) 《四聲猿》, 明 萬曆16年(1588) 脈望館 刻本.
2) 《徐文長三集》, 明 萬曆28年(1600) 會稽 刻本.
3) 《徐文長文集》, 袁宏道 評點, 明 萬曆42年(1614) 錢塘 種人傑 刻本.
4) 《四聲猿》, '天池生作'으로 되어 있음, 明 萬曆 刻本.
5) 《四聲猿》, 澂道人 評, 明 崇禎 年間 刻本.
6) 《四聲猿》, 《盛明雜劇》初集58卷本, 明 崇禎2年(1629) 沈泰 刻本.

서울大學校 奎章閣 소장본 《徐文長全集》은 袁宏道가 評點을 한 판본으로 讀書坊에서 淸代에 간행된 것이다. 이 판본은 附錄 포함하여 30권 10책으로 된 木版本이다. 서울대학교 중앙도서관 소장본 《徐文長全集》은 袁宏道 編한 것으로 刊寫者와 刊寫年이 모두 未詳이다. 이 판본은 목록 1책을 포함하여 30권 8책으로 되

---

47) 극의 줄거리는 다음의 논문과 저서를 참고했다. 권응상, 〈徐渭의 《四聲猿》 研究〉(《중국문학》 제15집, 1987), 194~203쪽. 김순희, 《강남지역 공연문화의 꽃 곤극》(한국학술정보, 2009), 44~50쪽.

어 있는데, '序'는 萬曆甲寅年(1614)에 써졌으나 이때 간행된 것인지 후에 重刊된 것인지는 판단하기 힘들다.

고려대 소장본 《徐文長全集》은 閔德美 校訂을 하고 黃汝亨 序를 썼는데, 刊寫年은 未詳이며 29권 6책으로 된 木版本이다. 徐渭의 문집인 이 3종의 판본들에는 《四聲猿》이 들어 있는데, 위에 소개한 3)의 판본이거나 이것을 바탕으로 重刊한 것으로 보인다.

雅丹文庫 소장본 《四聲猿》은 徐渭의 문집에 실린 것이 아니라 1책의 단행본으로 되어 있다. 이 판본은 출판 사항이 명확하지 않으나 木版本인 것으로 보아 위의 1)·4)·5) 판본들 중의 하나로 보인다.

《四聲猿》과 관련된 한국 문인의 기록은 朴趾源의 《熱河日記》〈渡江錄〉7월 2일의 기록에 보인다. '주인은 막돼먹어 보이고 일자무식이면서도 책상 위에는 그래도 《陽昇庵集》과 《四聲猿》이 있고……(主人麤鹵, 目不識丁, 而丌上猶有《陽昇庵集》·《四聲猿》……)'[48] 朴趾源은 아마도 《四聲猿》에 대해 알고 있었던 것 같지만, 이 기록만으로 《四聲猿》이 朝鮮에 유입됐음을 판단할 수는 없다.

《四聲猿》은 《徐文長集》에 실려 있으므로 이 책의 유입기록은 《四聲猿》의 유입기록으로 볼 수 있다. 李宜顯(1669~1745)의 《陶谷集》卷之三十〈庚子燕行雜識〉에는 역관을 시켜 구입한 책의 목록에 8권이 들어있다. 李宜顯은 1720년 중국에 사신으로 갔으므로, 늦어도 그가 귀국한 후에는 《徐文長集》을 통해 《四聲猿》이 유입되었음이 확실하다. 또한 正祖(1752~1800)의 시문·윤음·교지 및 기타 편저를 모은 전집인 《弘齋全書》 제50권의 〈策問3〉에는 '徐渭의 《文長集》'이라는 기록이 보인다. 그리고 李德懋(1741~1793)는 《靑莊館全書》에서 '내가 일찍이 徐文長 문집의 〈土豆詩〉를 보니'라고 했으니 국내에 유입된 徐渭의 문집을 읽었음을 알 수 있다.[49] 이상의 기록을 보면, 늦어도 18세기 초부터 《四聲猿》은 《徐文長集》을 통해 국내에 유입되었다고 할 수 있다.

---

48) 박지원, 리상호 옮김, 《열하일기(상)》 (보리, 2004), 85쪽.
49) 유입에 관한 내용은 한국고전종합DB(http∶//db.itkc.or.kr) 참고.

書名	出版事項	版式狀況	一般事項	所藏處/所藏番號
徐文長全集	徐渭(明) 著, 袁宏道(明) 評點, 刊寫地未詳, 讀書坊, 淸(1616-1911)	30卷(附錄 포함) 合10冊, 中國木版本, 24.6×16cm	讀書坊藏板, 附錄：四聲猿, 序：黃汝亨	서울대학교 奎章閣 4729
徐文長文集	徐渭(明) 著, 袁宏道(明) 編, 刊寫者未詳, 刊寫年未詳	30卷7冊, 目錄1冊, 共8冊, 中國木版本, 27.0×16.9cm, 四周單邊, 半郭：21.1×14.7cm, 有界, 9行21字, 註雙行, 花口, 上下向黑魚尾, 紙質：竹紙	序：萬曆甲寅(1614), 序：黃汝亨	서울대학교 중앙도서관 3424-104-1-8
徐文長文集	徐渭(明) 撰, 閔德美(明) 校訂, 黃汝亨(明) 序, 刊寫年未詳	29卷6冊, 中國木版本, 25.2×16.5cm	本衙藏板	高麗大學校 육당D1-B25-1-6
四聲猿	徐渭(明) 著	1冊, 中國木版本, 半郭：20.8×13.9cm, 9行20字, 上白魚尾	刊記：本衙藏板	雅丹文庫 823.5-서66ㅅ

8) 牡丹亭

지은이 湯顯祖(1550~1616)의 字는 義仍이고, 號는 若士・玉茗・海若 등이다. 江西省 臨川에서 태어나 14세에 秀才가 되었고 20세에는 鄕試에 급제하여 擧人이 되었다. 그러나 會試에서 4차례나 낙방을 거듭하다가 정권의 실세였던 張居正(1525~1582)이 죽은 다음 해가 되어서야 33세의 나이로 進士시험에 급제한다. 이렇게 낙방을 거듭한 이유는 당시 실권자였던 張居正의 청탁을 거절하여 보복을 당했다는 설도 있다. 어렵게 벼슬을 하게 된 뒤에도 張居正의 뒤를 이은 실권자 申時行(1535~1614)의 문하에 들기를 거절하는데, 권세에 굴하지 않는 강직한 성격은 변하지 않는다. 이렇게 실권자들의 눈 밖에 난 그는 南京에서 太常博士・禮部主事 등의 한직을 7년 동안 전전한다. 그러던 중에 萬曆15~17年(1587~1589) 전국에 가뭄이 들고 南京 일대에는 역병이 돈다. 萬曆19年(1591)에 申時行은 재난을 수습하라고 楊文擧를 파견했는데, 그는 거기서 부정을 저지르고 北京으로 돌아가서는 오히려 승진하게 된다. 이 때문에 湯顯祖는 분노하여 張居正・申時行의 비리와 황제의 관리 소홀을 비판하는 상소를 올렸고, 이 때문에 황제의 분노를 산다.

그래서 그는 당시 오지였던 廣東 徐聞의 田史로 좌천되었다가, 후에는 浙江 遂昌의 知縣으로 옮기게 된다. 그는 이곳에서 선정을 펼치지만 결국 지역 세도가들의 반대에 직면하게 되고, 정권의 암투에 환멸을 느껴 1598년 관직을 버리고 고향 臨川으로 돌아가 극작에 힘썼다.

湯顯祖가 평생 동안 창작한 희곡은 모두 5편으로 《紫簫記》・《紫釵記》・《牡丹亭》(一名 《還魂記》)・《南柯記》・《邯鄲記》이다. 그중 처녀작이자 미완성작인 《紫簫記》는 후에 《紫釵記》로 개작되었는데, 이 《紫簫記》를 제외한 나머지 4편을 '玉茗堂(湯顯祖가 말년에 기거하던 서재 이름) 四夢' 혹은 '臨川(湯顯祖의 고향) 四夢'이라고 부른다. 이중 대표작인 《牡丹亭》(一名 《還魂記》)은 그가 臨川으로 귀향한 후인 49세 때(1598)에 완성하여 간행했는데, 이미 벼슬을 하고 있던 시절에 작품 구상을 이미 시작했을 것이다.50) 후에 위의 네 작품들은 한데 묶여 《玉茗堂四夢》과 《玉茗堂四種傳奇》로 출판되었다.

湯顯祖는 《牡丹亭》의 〈題詞〉에서 《牡丹亭》의 원류가 되는 이야기가 〈李仲文〉・〈馮孝將〉・〈談生〉이라고 밝히고 있다. 이 세 이야기는 모두 《太平廣記》의 권319, 권276, 권316에 수록되어 있다. 그러나 '이 내용들이 《牡丹亭》을 쓰는 데 있어 부분적으로 얼마간 소재를 제공해 준 것만은 틀림없지만 그 내용에 있어서는 차이가 현저하다.'51) 그런데 湯顯祖가 언급하지는 않았지만, 《牡丹亭》은 明代 話本 〈杜麗娘慕色還魂〉과 내용도 비슷하고 또한 등장하는 주요 인물들의 이름마저도 그대로이다. 그러나 35齣부터 대단원에 이르기 까지는 話本과는 현저하게 다른 구성을 취하고 있다. 《牡丹亭》의 몇 군데는 話本의 문장을 그대로 답습한 곳도 있지만, 湯顯祖는 그것들을 환골탈태 시켜서 예술성 높은 55齣의 장편 희곡으로 승화시키고 있다.52)

극적 언어에 있어서 《牡丹亭》은 노래(曲文)・시(詩文)・대사로 구성되어 있다. 노래는 세련되고 아름다우며 경물・상황・인물심리를 묘사하는 수단으로 사용되었다. 시문은 남용하지 않고 적재적소에 사용했으며, 매 齣마다 '下場詩'를 사용하여 그 齣의 주요 내용을 요약하고 있다. 또한 대사는 해학적이며 언어유희도

---

50) 姜始妹, 〈湯顯祖 《牡丹亭》 研究〉(연세대 박사논문, 2001), 12쪽.
51) 姜始妹, 〈湯顯祖 《牡丹亭》 研究〉(연세대 박사논문, 2001), 12쪽.
52) 《牡丹亭》과 〈杜麗娘慕色還魂〉의 차이점은 다음 논문에서 구체적으로 비교하여 논술했다.
   姜始妹, 〈湯顯祖 《牡丹亭》 研究〉(연세대 박사논문, 2001), 75~76쪽.

찾아볼 수 있는데, 세련된 노래와는 전혀 다른 느낌을 주기 때문에 《牡丹亭》은 '雅'와 '俗'의 다양성이 공존한다고 할 수 있다.53)

《牡丹亭》은 명문가의 규수가 영혼이 육체에서 분리되어 생면부지의 남자와 사랑을 나누고 그 사랑을 위해 죽었다가 다시 환생한다는 내용으로 되어있는데, 이 때문에 一名 《還魂記》라고 한다.

杜麗娘은 南安 태수 杜寶의 외동딸로 자기 집 정원조차 산책이 금지된 채 방안에만 갇혀 요조숙녀의 교육만을 받고 지낸다. 모란이 흐드러지게 핀 어느 봄날, 그녀는 부모 몰래 정원에 나와 노닐다가 잠이 들어버린다. 그러고는 꿈속에서 柳夢梅를 만나 모란정 가로 가서 사랑을 나눈다. 꿈에서 깬 후에도 그를 잊지 못해 그리워하다 다시 꿈에서 만나기도 한다. 이후 그가 누구인지 알 방법이 없자 슬픔으로 시름시름 앓다가 자신의 초상화를 그려 태호석 아래 묻어 줄 것과 자신은 정원의 매화나무 아래 묻어 줄 것을 유언하고 세상을 등진다. 저승의 판관은 그녀가 아직 죽을 때가 아니라고 돌려보내지만, 이승에선 이미 그녀의 장례를 치른 뒤였고 식구들도 아버지를 따라 부임지로 이사 간 뒤였다. 떠나기 전 부친은 杜麗娘의 넋을 위로하기 위해 집터에 梅花庵을 세우라고 명한다. 3년 후 꿈속의 柳夢梅가 서울로 과거를 보러 가던 중에 杜麗娘의 스승이었던 陳最良의 도움으로 梅花庵에 묵게 된다. 그런데 그는 태호석 아래에서 꿈속에서 만났던 여인의 초상화를 발견하게 된다. 杜麗娘의 혼령은 정원을 떠돌다가 柳夢梅와 재회하고, 둘은 다시 행복한 시간을 보낸다. 杜麗娘은 자신이 혼령임을 밝히고, 柳夢梅는 石道姑의 도움을 받아 무덤에서 그녀의 관을 꺼내 회생시킨다. 둘은 부부가 되어 과거를 보러 서울로 향한다. 杜麗娘의 관이 열려 있는 것을 본 陳最良은 그녀의 부친에게 무덤이 도굴 당했음을 알린다.

한편 金나라가 쳐들어오고 난이 일어나자 부친은 난을 평정하러 가고 모친은 피난가다 서로 헤어진다. 홀로 지내던 모친은 杜麗娘과 상봉하여 자초지종을 듣고 柳夢梅를 사위로 받아들인다. 서울에서 과거를 본 柳夢梅는 杜麗娘의 부친에게 찾아가 그녀의 회생 소식을 전하지만, 부친은 그를 무덤 도굴범으로 잡아 가둔다. 柳夢梅에게 곤장을 치려는 순간, 그의 과거급제를 알리는 전령들이 들이닥치고 杜麗娘과 모친 일행도 찾아와 오해를 푼다. 그래도 부친은 柳夢梅를 믿지 못하고 실

---

53) 姜始妹, 〈湯顯祖 《牡丹亭》 硏究〉(연세대 박사논문, 2001).

랑이를 벌이다가, 柳夢梅를 사위로 받아들이라는 황제의 칙서를 받고 나서야 모든 것을 받아들이고 대단원의 막을 내린다.

《牡丹亭》의 판본은 30여 종이나 되며 그 주요 刊本들은 다음과 같다.

1) 明 萬曆 金陵 文林閣 刻本.
2) 明 萬曆 石林居士 刻本.
3) 金陵 唐振吾 刻本.
4) 明 泰昌元年(1620) 朱墨套印本.
5) 明 天啓4年(1624) 淸暉閣 批點本.
6) 明 崇禎 獨深居 刻本.
7) 明末 朱元鎭 刻本.
8) 明末 柳浪館 刻本.
9) 《玉茗堂四夢》本, 明末 張弘毅 刻本.
10) 汲古閣 原刻 初印本.
11) 《六十種曲》本.
12) 《玉茗堂四夢》本, 淸初 竹林堂 編輯 刻本.
13) 《玉茗堂四種傳奇》本, 淸 乾隆6年(1741) 金閶映 雪草堂 刻本.
14) 淸 鈕少雅格 正本.
15) 淸 吳吳山三婦 合評本.
16) 淸 冰絲館 刻本.

* 서울대 중앙도서관 소장본 《玉茗堂還魂記》는 淸暉閣의 刊本을 原本으로 하여 氷絲館에서 乾隆乙巳年(1785)에 重刊한 것이다. 이 판본은 55齣 2책의 木版本으로 되어 있다.
* 성균관대 소장본 《牡丹亭還魂記》는 刊寫者가 未詳이며 淸代 後期에 간행된 8권 6책의 木版本으로 되어 있다. 또 다른 성균관대 소장본 《牡丹亭還魂記》는 同人堂에서 淸代 後期에 간행한 8권 6책의 木版本이다.
* 雅丹文庫 소장본 《牡丹亭還魂記》는 同文書局에서 1886년 간행한 2권 2책의 木版本이다. 이들 판본들은 모두 淸代에 출판된 것으로 보이는데, 그 유입

시기는 朝鮮 후기로 추정된다.

《牡丹亭》이 朝鮮에 유입되었음을 확인할 수 있는 기록은 申緯(1769~1847)의 유고시집인 《警修堂全藁》 冊二十六〈覆瓿集一〉에서 찾을 수 있다. 이 시집에 실린 〈新收明無名氏古畵二幀〉의 두 편의 7언 절구에 하나인 〈仕女讀書圖〉의 마지막 구절에 '抛書一卷牡丹亭'이라는 시구가 있다. 그리고 이 구절에는 '牡丹亭, 還魂記。湯若士爲杜麗娘作也。'54)라는 注가 있는데, 이는 시집을 편찬한 申緯의 둘째 아들 申命衍의 단 注로 보인다. 시인은 그림을 보고 《牡丹亭》이란 책을 언급했으므로 이 책의 읽었던 것으로 보인다. 또한 《牡丹亭》은 一名 《還魂記》라고도 하며, '若士'는 湯顯祖의 號이고 '杜麗娘'은 《牡丹亭》의 주인공이므로, 注를 단 사람도 역시 《牡丹亭》에 대해 정확히 알고 있었음을 확인할 수 있다. 위의 시구와 그 주석으로 볼 때, 《牡丹亭》은 늦어도 申緯의 생존 당시인 19세기 중반 이전에는 朝鮮에 유입되었다고 볼 수 있다.

書名	出版事項	版式狀況	一般事項	所藏處/所藏番號
玉茗堂還魂記	湯顯祖(明), 淸暉閣 原本, 氷絲館 重刊, 乾隆乙巳年(1785)	55齣2冊1函, 中國木版本(重梓), 有圖, 30.8×18.4cm, 四周單邊, 半郭: 20.7×12.6cm, 9行20字, 花口, 上欄外에 小字頭註	氷絲館重刻還魂記敍:…快雨堂敍, 批點玉茗堂牡丹亭敍:…天啓癸亥(1623)陽生前六日謔菴居士題於淸暉閣中	서울大學校 中央圖書館 3464 18
牡丹亭還魂記	湯顯祖(明) 編, 玉茗堂, 淸朝後期刊	8卷6冊, 中國木版本, 有圖, 13.2×9cm, 左右雙邊, 半郭: 9.7×7cm, 有界, 9行16字, 註雙行, 上黑魚尾, 紙質: 綿紙	裏題: 牡丹亭, 版心題: 還魂記, 刊記: 玉茗堂藏板	成均館大學校 D7C-30
牡丹亭還魂記	湯顯祖(明) 編, 同人堂, 淸朝後期刊	8卷6冊, 中國木版本, 12.7×8.4cm, 左右雙邊, 半郭: 9×6.8cm, 無界, 8行16字, 註雙行, 上黑魚尾, 紙質: 綿紙	裏題: 繡像牡丹亭, 版心題: 還魂記, 序: 萬曆戊子(1588)秋臨以淸達道人湯顯祖題, 刊記: 同人堂藏板	成均館大學校 D7C-30a
牡丹亭還魂記	湯顯祖(明)編, 同文書局, 1886年刊	2卷2冊, 中國木版本, 半郭: 16.1×9.6cm, 10行24字, 上白魚尾		雅丹文庫 823.5-탕94ㅁ

---

54) 申緯, 《警修堂全藁》 冊二十六〈覆瓿集一〉. 한국고전종합DB(http://db.itkc.or.kr) 참고.

9) 長生殿

지은이 洪昇(1645~1704)은 浙江省 錢塘(지금의 杭州) 출신이고, 字는 昉思, 號는 稗村・稗畦・南屛樵者이다. 그는 明나라가 멸망한 이듬해인 順治2年(1645)에 태어나서, 淸나라가 안정적인 체제에 들어선 康熙43年(1704)에 죽었다. 혼란한 明淸 교체기에 살았지만, 淸나라 건국 후에 아버지와 외조부, 장인이 벼슬하여 부유한 집안에서 유년기와 청년기를 보냈다. 이때 이미 文名을 떨쳤고 康熙7年(1668)에는 北京으로 올라가 國子監에서 수학했으나 관직을 얻지 못하고 고향으로 돌아와 생계를 꾸리기 위해 고생한다. 27세 무렵에는 부친이 정치적으로 어려운 상황에 처하여 풍요롭던 집안 배경을 잃게 된다.

그는 다시 北京으로 가서 극작에 전념하는데, 이때는 글을 팔아 생계를 유지하는 빈곤한 생활을 한다. 그는 3번의 수정을 거쳐 1688년에 《長生殿》을 완성하는데, 첫 번째 《沈香亭》은 1673년에 완성했고, 두 번째 《舞霓裳》은 1679년에 완성했다. 그러나 《沈香亭》과 《舞霓裳》은 현재 전하지 않는다. 《長生殿》이 완성되자마자, 北京의 직업극단 '內聚班'에 의해 공연되었고 고관대작들에게도 인기를 끌었다. 그러나 이듬해인 1689년 康熙가 《長生殿》을 불경스럽다고 공연과 관련된 인물들을 하옥하는 '忌日公演致禍'라는 文字獄이 발생한다. 황후 董氏가 죽자 康熙는 100일 동안 향락을 금지시켰는데, 이 '忌日' 기간에 趙執信 등 洪昇의 친구들이 극단 '聚和班'을 불러 《長生殿》을 공연했다. 이 때문에 공연 관련자들은 탄핵을 당하고 洪昇도 과거를 볼 자격을 박탈당해 더 이상 공명을 이룰 수 없는 처지가 되고, 결국 고향 杭州로 돌아가 시와 술로 마음을 달래며 지낸다. 그의 불우해진 처지와는 달리 《長生殿》의 인기는 높아져서 蘇州, 杭州, 松江, 南京 등 각지에서 초청을 받아 성황리에 공연되었다. 1704년 음력 6월 1일에 嘉興을 지나던 중에 술에 취해 물에 빠져 세상을 떠났는데, 이날은 楊貴妃의 생일이어서 사람들은 楊貴妃가 그를 아껴 천상으로 데려갔다는 전설이 만들어지기도 했다.[55]

---

55) 작가에 대한 내용은 다음 책들을 참고했다. 金正奎, 《中國戲曲總論》(명지대학교 출판부, 2000), 471~474쪽. 김순희, 《강남지역 공연문화의 꽃 곤극》(한국학술정보, 2009), 121~125쪽. 오수경・홍영림・김순희・이지은・이현정・박양화, 《중국 고전극 읽기의 즐거움》(민속원, 2011), 268~269쪽.

《長生殿》은 唐 玄宗 李隆基와 그의 貴妃 楊玉環의 이야기를 제재로 삼았는데, 이 둘의 이야기는 唐代부터 시·사·소설·희곡 등 다양한 장르에 걸쳐 많은 작품들의 제재가 되었다. 白居易(772~846)의 서사시 〈長恨歌〉와 陳鴻의 傳奇 〈長恨歌傳〉이 서사장르에서는 최초로 李·楊의 사랑이야기를 제재로 삼았다. 두 작품에는 李隆基와 楊玉環이 칠석날 長生殿에서 사랑을 언약하는 장면이 보이며, 이는 《長生殿》 22齣의 내용을 이룬다. 여러 장르 중 희곡에 한정해서 보면, 李·楊의 이야기는 약 20여종 중국 전통극의 주요 제재로 쓰였다.

현전하는 작품 중 대표적인 것들은 元代 白樸의 《唐明皇秋夜梧桐雨》, 王伯成의 《天寶遺事諸宮調》가 있고, 明代 萬曆年間(1573~1620) 吳世美의 《驚鴻記》가 있으며, 淸代 康熙年間(1662~1722) 孫郁의 《天寶曲史》가 있다. 《唐明皇秋夜梧桐雨》 4折은 각각 《長生殿》의 22齣, 24齣, 25齣, 45齣에서 연출되는 내용에 해당한다. 이 작품에서 여주인공 楊玉環은 安祿山과 사통하고 나라를 망치는 모습으로 형상화되었다. 《天寶遺事諸宮調》는 殘本만 전하는데, 정치적 상황보다는 李隆基·楊玉環·安祿山 간의 문란한 성관계를 주로 묘사했다. 《驚鴻記》는 楊玉環과 梅妃가 李隆基의 총애를 얻기 위해 벌이는 시기와 질투를 중심 내용으로 하며, 梅妃가 여주인공(正旦)의 역할을 한다. 《天寶曲史》는 중심 내용이 《驚鴻記》와 유사하지만, 楊玉環이 여주인공(正旦)의 역할을 하는 것이 다르다. 洪昇은 《長生殿》에서 楊玉環이 나라를 망하게 한 것이라는 관점을 탈피하여, 그 책임을 楊國忠과 安祿山에게서 찾으려 했다. 또한 이전의 희곡에서 등장하던 楊玉環과 安祿山의 사통사건을 빼고, 李·楊의 비극적인 사랑을 중심으로 작품을 구성했다.

《長生殿》은 李隆基와 楊玉環의 사랑이야기를 주선으로 하고, 安祿山의 난을 부선으로 하여 극을 구성했다. 이중 전체 50齣 중에 33齣이라는 긴 편폭이 둘의 애정을 그리고 있다.[56] 洪昇은 이렇게 극을 두 사람의 애정을 중심으로 이끌어가고 있지만, 安祿山의 난 전후의 사회 현실을 반영하여 역사적 교훈도 전하고 있다. 또한 淸나라의 통치하에 살고 있는 작자 자신의 민족의식과 애국정신을 에둘러 표현하고 있다.

---

56) 조희주, 〈唐 玄宗과 楊貴妃 愛情故事 演變研究(《長恨歌傳》에서 《長生殿》까지)〉(경희대 석사논문, 2011), 66쪽.

《長生殿》은 崑曲에 속하며, 전반적으로 서정미가 넘치며 우아하고 생동감 있는 노래가사(曲詞)와 정확한 音律을 지니고 있다. 洪昇은 당시에 음률에 정통하여 《長生殿》을 창작하면서 남북 각지의 곡조를 잘 이용했다. 이로 인해 《長生殿》은 읽는 극본으로도 환영 받았고, 뿐만 아니라 무대 공연에서 적합하여 공연자들에게도 환영 받았다. 明나라 말기에 흥성했던 崑曲은 淸나라가 들어선 뒤에 쇠락의 길을 걸었는데, 《長生殿》은 崑曲의 대표작으로 자리매김했다.

《長生殿》의 판본들은 대체로 상·하 2책 50齣으로 되어있다. 전반부의 1~25齣에서는 주로 화려한 궁정을 배경으로 李隆基와 楊玉環의 결혼, 애정의 갈등과 극복을 주요 내용으로 삼았다. 본격적으로 작품이 시작되는 제2齣에서 李隆基는 楊玉環을 귀비로 책봉하여 혼인을 올리지만, 제5齣에서 李隆基는 楊玉環의 언니인 虢國夫人을 봄나들이 연회에 불러 염문을 일으킨다. 楊玉環이 이 사건 때문에 질투를 하자 李隆基는 그녀를 사택으로 쫓아내지만, 제8齣에서 그녀는 자신의 머리카락을 잘라 바쳐서 황제의 마음을 감동시키고, 제9齣에서 李隆基는 楊玉環을 다시 궁으로 불러와 사랑을 다짐한다. 제12齣에서 楊玉環은 자신의 재능을 발휘하여 〈霓裳羽衣曲〉을 작사 작곡하고, 제16齣에서는 생일을 맞이한 그녀가 〈霓裳羽衣曲〉에 맞춰 아름다운 춤을 추어 황제의 마음을 사로잡는다. 하지만 제18·19齣에서 李隆基가 다시 梅妃의 침소를 찾으며 정무를 게을리 하자, 楊玉環이 충심으로 간언하고, 李隆基는 잘못을 뉘우치고 그녀의 간언을 받아들인다. 제22齣에서 두 사람은 칠석을 맞이하여 견우성과 직녀성에게 영원한 사랑을 맹세한다. 그러나 제24齣에서 安祿山이 난을 일으켜 황제 일행이 피난 가던 중에, 제25齣에서는 황제의 호위부대가 馬嵬坡에서 반란을 일으키자 楊玉環은 황제의 안위를 위해 자결한다. 후반부는 楊玉環이 죽은 후부터 선계에서 李隆基와 재회하기까지의 이야기를 다루고 있다. 제29齣에서는 피난길에 오른 李隆基가 풍경소리를 듣고 楊玉環에 대한 추억에 잠기고, 제32齣에서 그는 죽은 귀비에 대한 그리움으로 그녀의 목각상을 앞에 두고 애도한다. 제43齣에서 李隆基는 楊玉環의 무덤을 이장하려다가 그것이 텅 빈 것을 발견하고, 제46齣에서는 李隆基의 명을 받은 도사 楊通幽가 楊玉環의 혼을 찾아다니다가, 제49齣에서 그는 李隆基에게 楊玉環의 소식을 전한다. 제50齣에서는 李隆基가 인간세상을 떠나 신선이 되고 결국 月宮에서 楊玉環과 상봉한다.[57]

《長生殿》의 주요 판본들은 다음과 같다.

1) 《長生殿》, 稗村草堂 原刊本.
2) 《長生殿傳奇》, 小嫏嬛山館 刻本.
3) 《長生殿傳奇》, 友益堂 刻本.
4) 《長生殿傳奇》, 道光15年(1835) 書有堂 刻本.
5) 《增圖長生殿傳》, 光緒13年(1887) 上海 蜚英館 石印本.
6) 《繪像全圖長生殿》, 光緒16年(1900) 上海 文瑞樓 刊本.
7) 《繪像全圖長生殿》, 淸末 上海 進步書局 石印本.
8) 《長生殿》, 淸末~民國初 夢鳳樓·暖紅室 刊校.

國立中央圖書館 소장본 《長生殿》은 夢鳳樓·暖紅室에서 출판된 것으로 刊年 未詳으로 되어 있으며, 2책의 木版本이다. 이 판본은 위에 소개한 8)의 판본으로 보이며 淸末에서 民國初에 간행된 것으로 보인다.

서울대 奎章閣 소장본 《增圖長生殿傳》은 光緒13年(1887)에 上海 蜚英館에서 간행되었다. 이 판본은 2책의 石印本으로 되어 있는데, '集玉齋'와 '帝室圖書'라는 도장이 찍혀 있다. 集玉齋는 朝鮮 高宗의 서재인데, 그가 1907년에 일본에게 강제로 퇴위된 후에 일본은 奎章閣의 조직을 개편하여, 1908년에 奎章閣에서 弘文館·侍講院·集玉齋·史庫의 문헌들을 모두 관리하게 한다. 이 때문에 여러 기관에 나뉘어 소장되어 있던 문헌들이 奎章閣으로 옮겨오게 되고, 이를 '帝室圖書'라고 칭하게 된다.58) 그러므로 集玉齋에 소장된 이 판본은 1907년 이전에는 朝鮮에 유입되었음이 확실하며 高宗의 재위 시절에 유입된 것으로 보인다.

서울대 중앙도서관 소장본 《長生殿》은 夢鳳樓·暖紅室에서 출판된 것으로 刊年 未詳으로 되어 있으며, 2권 2책의 木版本이다. 이 판본은 위의 8)의 판본으로 보이며 淸末에서 民國初에 간행된 것으로 보인다.

國立中央圖書館과 서울대학교 중앙도서관 판본은 동일한 것으로 보이는데, 책

---

57) 오수경·홍영림·김순희·이지은·이현정·박양화, 《중국 고전극 읽기의 즐거움》 (민속원, 2011), 274~276쪽.
58) 김태웅·연갑수·김문식·신병주·강문식, 《규장각(그 역사와 문화의 재발견)》 (서울대 출판문화원, 2009), 73~74쪽.

의 크기는 조금 다르다. 서울대학교 奎章閣 소장본은 비록 石印本이지만, 木版本인 國立中央圖書館과 서울대학교 중앙도서관보다 앞서 간행된 것으로 보인다.

朝鮮時代에 구체적인 《長生殿》의 국내 유입 기록은 없으며, 〈長恨歌〉와 李·楊의 사랑이야기에 대한 언급이 보인다. 그러나 이런 기록들이 희곡인 《長生殿》과 구체적으로 관련 있는지는 확인할 수 없다.

書 名	出版事項	版式狀況	一般事項	所藏處/所藏番號
長生殿	洪昇 著, 夢鳳樓·暖紅室 共校, 刊年未詳	2冊, 中國木版本, 有圖, 29.5×17.2cm	原序：康熙己未(1679)…洪昇	國立中央圖書館 [古]5-80-38
增圖長生殿傳	洪昇(淸) 塡詞, 吳人舒(淸) 論文, 上海, 蠶英館, 光緒13年(1887)	2冊, 中國石印本, 19.1×12.4cm	版心題：長生殿, 序：康熙己未(1679)…洪昇, 印：集玉齋, 帝室圖書之章	서울大學校 奎章閣 [奎中] 6104
長生殿	洪昇(淸) 塡詞, 夢鳳樓·暖紅室 刊校, 刊寫年未詳	50齣2卷2冊(上·下)1函, 中國木版本, 有圖, 30.2×17.9cm, 四周單邊, 半郭：19.5×12.1cm, 有界, 9行20字, 上欄外에 小字頭註, 花口, 上下向黑魚尾	原序：…康熙己未(1679) 仲秋稗畦洪昇題於孤嶼草堂, 靜深書屋原本	서울大學校 中央圖書館 3464 19

10) 笠翁傳奇十種

지은이 李漁(1610~1680)는 浙江省 蘭溪 태생으로 본명은 仙侶였으나 뒤에 漁로 개명했다. 號는 天徒, 字는 笠翁·笠鴻·謫凡이고, 別號로 笠道人·湖上笠翁·覺世裨富·隨庵主人·新亭客樵 등을 쓰기도 한다. 李漁는 약방을 경영하던 아버지 밑에 태어나 비교적 부유한 유년시절을 보냈으나, 明淸 정권 교체기의 혼란을 거치면서 가세가 기운 청년기를 보냈다. 20세 무렵 秀才가 되었으나 鄕試에 거듭 낙방하여 벼슬길에 나가지는 못하였다. 順治8年(1651)에 40세를 넘기면서 과거시험을 포기하고 직업작가로 전향하여 글을 팔아 생계를 유지한다. 이후 대중적인 소설과 희곡 창작을 하며 자신의 저작들을 직접 출판했다. 李漁의 작품들이 인기를 얻자 지역 출판업자들에 의해 해적판이 나돌게 되었는데, 順治18年(1661)에 金陵

(南京)으로 이주하여 1663년에는 翼聖堂書鋪를 열어 자신의 작품을 직접 출판한다. 1669년에는 芥子園이라는 서점을 열어 운영하였는데, 자신의 작품은 물론 실용서와 소설·희곡·화첩들도 출판해서 판매했다. 芥子園은 고급 출판사로 金陵에서 상당히 인지도가 높았고, 여기에서 출판된 《閑情偶奇》는 독자들이 전국에서 찾아와 사갔다고 한다.

李漁는 이렇게 작가와 출판업자를 겸하면서, 손수 극본을 쓰는 극작가로 또한 家庭劇團(家庭戱班·家班)을 조직해 공연을 주관하는 연출자로 활동 영역을 확대한다. 李漁의 극단은 지방 부호나 관료들의 축하공연 등을 펼치며 받은 사례금으로 극단과 자신의 생계를 유지했다. 李漁의 극단은 순회공연을 통해 각지의 관객들에 호평을 받았으나, 일부 문인들은 그를 광대라고 멸시하며, 그의 언행을 비판하기도 했다. 李漁는 평생 이렇게 글을 쓰고 공연을 하며 생계를 유지해야만 했다.

李漁의 대작 《笠翁傳奇十種》은 韓國學中央硏究院에 소장되어 있고, 또 서울대 소장본은 10종을 각각 하나의 작품으로 분리해 놓았다. 여기서는 먼저 《笠翁傳奇十種》 전체를 대상으로 해제를 하고나서, 각각의 작품들은 따로 해제를 할 것이다.

李漁는 생계를 위해 문학 활동을 전개했기 때문에, 도덕적이고 공용적인 목적만을 위해 글을 쓸 수는 없었다. 그래서 그는 교훈과 감동을 주면서도 재미와 오락을 겸비한 문학의 기능을 강조했다. 그가 남긴 희곡은 傳奇 10종으로 《憐香伴》·《風箏誤》·《意中緣》·《蜃中樓》·《玉搔頭》·《比目魚》·《奈何天》·《凰求鳳》·《愼鸞交》·《巧團圓》이고, 이 작품들을 묶어 《笠翁傳奇十種》이라고 한다. 이중 앞의 4종은 1645~1656년 사이에 창작되었고, 뒤의 6종은 1656~1677년 사이에 창작되었다.[59] 이 작품들은 모두 실제 공연에 제공된 극본이며, 영리를 목적으로 관중과 독자의 흥미를 유발하기 위해 모두 남녀의 사랑이야기를 중심으로 구성되었다.

그러나 《笠翁傳奇十種》에서 李漁는 才子佳人의 진부한 사랑이야기를 거부하고 독특한 사랑이야기를 추구했는데, 추남과 미녀, 3각 혹은 4각 관계, 황제와 기녀, 수재와 연극배우 등의 사랑이야기를 다루고 있다. 才子佳人이란 제재의 틀을 벗어나지는 못했지만, 새로운 형태의 才子佳人劇을 창조했다고 할 수 있다.

---

59) 朴成勳, 〈李漁 《十種曲》의 傳奇性〉(《中國語文論叢》 제27집, 2004), 555쪽.

李漁의 작품들은 기본적으로 複式構造로 짜여 있고, 우연의 일치를 즐겨 사용했다. 複式構造는 작품 내에서 두 가닥의 이야기 선이 운용되어 단조로움을 피하는 구조로, 李漁는 주선과 부선의 차별을 두고 이야기의 단조로움은 피하면서도 일관성을 유지하는 효과를 노렸다. 또한 인과관계에 의한 사건의 진행보다 돌발적인 우연한 사건을 통해 관중들을 자극하여 작품의 재미를 더했다.

李漁는 희곡창작에 있어 제재와 작품 구조를 중시함으로써 그 밖의 다른 요소들은 상대적으로 소홀히 다뤘다. 《笠翁傳奇十種》의 인물형상은 신기한 이야기와 복잡한 구조에 밀려 종종 유형화에 빠지는 경우가 많았다. 그래서 등장인물들에게 뚜렷한 개성은 찾아보기 힘든 단점도 있다.

희곡 언어에 있어서, 李漁 이전의 작가들은 노래가사(曲文)에 많은 정력을 쏟았고, 대사는 상대적으로 소홀히 했다. 李漁는 반대로 대사를 중요시하여 다른 작가에 비해 대사의 분량이 크게 증가했다. 노래가사는 주로 서정을 담당하는 역할을 했는데, 李漁의 희곡에 대사의 분량이 증가했다는 것은 작품의 서사성이 강해졌다는 것을 뜻한다. 또한 李漁는 극작에 있어 항상 실제 공연을 염두에 두었기 때문에, 대사는 누구나 알아듣기 쉬운 구어를 많이 사용했다. 또한 이전 작가들이 자신의 文才를 과시하는 수단으로 노래가사를 지었는데, 李漁는 이것도 약간의 조탁을 거친 쉬운 일상 언어의 수준에서 창작했다.[60]

《笠翁傳奇十種》의 주요 판본은 다음과 같다.

1) 《笠翁傳奇十種》二十冊, 淸 翼聖堂 刻本.
2) 《笠翁傳奇十種》, 淸 大文堂 刊本.
3) 《十種曲》十冊, 康熙年間 世德堂 刻本.
4) 《笠翁傳奇十種》, 聚秀堂 藏板, 道光7年 新鐫.
5) 《笠翁十二種曲》十二冊, 淸 道光19年 廣聖堂 藏板 刻本.
6) 《笠翁傳奇十種》, 淸 經本堂 袖珍本.
7) 《笠翁傳奇十種》, 金陵 積德堂 重刊本.
8) 《笠翁傳奇十二種曲》, 光緒年間 大知堂 袖珍本.

---

60) 《笠翁傳奇十種》에 대한 예술적 특징에 대한 해제는 다음 논문을 참고했다. 박홍준, 〈李漁 희곡의 통속성 - 그 상업성과 관중지향을 중심으로〉(《中國小說論叢》제9집, 1999), 210~213쪽.

韓國學中央研究院 소장본 《笠翁傳奇十種》은 康熙18年(1679)에 간행된 것으로 어디에서 출판되었는지는 알 수 없다. 이 판본은 20권 20책으로 된 木版本인데, '李王家圖書之章'라는 印記가 있다. 그러므로 1907년 이전에는 朝鮮에 유입되었음이 확실하며 高宗의 재위 시절에는 유입된 것으로 보인다.

서울대 중앙도서관 소장본 《笠翁傳奇十種》은 步月樓에서 淸代에 간행되었는데, 그 구체적인 刊寫年은 未詳으로 되어 있다. 이 판본은 개별 작품마다 서로 다른 인물들의 '序'와 '批評'이 실려 있는데, 후에 개별 작품들을 한데 모아 간행한 것으로 보인다.

지은이 '李漁'에 대한 기록은 朴趾源의 《熱河日記》와 李德懋의 《靑莊館全書》에 보이지만, 《笠翁傳奇十種》에 대한 구체적인 유입 기록은 찾을 수 없다. 그래서 《笠翁傳奇十種》은 1907년 이전에는 朝鮮에 유입되었음이 확실하지만, 그 구체적인 유입 시기는 확정할 수 없다.

書 名	出 版 事 項	版 式 狀 況	一 般 事 項	所藏處/所藏番號
笠翁傳奇十種	笠翁(明) 編, 康熙18年(1679)	20卷20冊, 中國木版本, 24.2×15.6cm, 四周單邊, 半郭: 19.5×13cm, 有界, 9行20字, 註雙行, 上黑魚尾, 紙質: 綿紙	裏題: 笠翁傳奇十種, 序末: 帝堯巳未(1679) 仁神父題, 印: 李王家圖書之章	韓國學中央研究院 4-241

서울대학교 소장본 《笠翁傳奇十種》은 10종을 각각 따로 작품을 분리해 놓았다. 따로 분리한 작품의 해제와 판본목록은 다음과 같다.

10)-1 《憐香伴》

《憐香伴》은 수재 范介夫의 처인 崔箋雲이 曹語花라는 소녀에게 호감을 가지게 되자 曹語花를 남편의 첩으로 받아들이게 하는 내용이다. 그러나 曹語花는 부친의 반대와 여러 가지 우여곡절을 겪은 후에 결국 范介夫의 첩이 되고, 처첩 간의 갈등이 없이 화목하게 살아간다. 曹語花의 부친은 자신의 딸과 벗할 여자를 찾기 위해 공고를 낸다. 崔箋雲은 이 공고를 보고 찾아와 신분은 속이고 曹語花와 함께 지내게 되는데, 그러자 그녀의 부친은 崔箋雲을 아예 양딸로 삼아버린다. 崔

箋雲은 曹語花에게 반해 사랑에 빠지고 상사병까지 앓게 되는데, 결국 둘은 의자매를 맺었다가 나중에는 결혼식까지 올려 '동성부부'의 관계를 맺는다. 이런 동성 간의 애정은 관중과 독자들에게 재미와 신기한 느낌을 줄 수 있었다.

李漁는 《憐香伴》에서 이런 애정은 퇴폐적인 것이 아니라, 두 여인이 진정으로 서로의 자질을 아껴주는 사랑으로 다루었다.[61]

書 名	出版事項	版式狀況	一般事項	所藏處/所藏番號
憐香伴傳奇	笠翁 編次, 逸수 批評, 步月樓, 清刊寫年未詳	2卷2冊, 中國木版本, 有圖, 25.3×15.4㎝, 左右雙邊, 半郭: 18.7×12.4㎝, 有界, 10行24字, 上欄外에 小字頭註, 花口, 上下向黑魚尾	憐香伴序: …勾吳社弟 虞巍玄洲氏題, 총서사항: 笠翁傳奇十種1-2	서울大學校 中央圖書館 3464 12 1

10)-2 《風箏誤》

《風箏誤》는 연애시가 쓰인 연을 잘못 주워 상대가 뒤바뀌었다가, 결국에는 미남 韓世勳과 미녀 詹淑娟, 추남 戚友先과 추녀 詹愛娟이 맺어지게 되는 이야기이다. 여기에서 추녀는 얼굴만 못생긴 것이 아니라 재주와 인덕도 전혀 찾아볼 수 없는 데 반해, 미녀는 재색을 겸비한 단아한 모습으로 그려져 있다.

이 작품에서는 연(風箏) 때문에 남녀들 사이에 애정의 오해가 발생하는데, 간간히 폭소를 자아내게 한다. 《風箏誤》는 李漁의 대표작으로 손꼽힌다.

書 名	出版事項	版式狀況	一般事項	所藏處/所藏番號
風箏誤傳奇	笠翁 編次, 樸齋主人 批評, 步月樓, 清刊寫年未詳	2卷2冊, 中國木版本, 有圖, 25.3×15.4㎝, 左右雙邊, 半郭: 18.7×12.4㎝, 有界, 10行24字, 上欄外에 小字頭註, 花口, 上下向黑魚尾	風箏誤敍: …勾吳社 小弟虞鏤以嗣氏題, 총서사항: 笠翁傳奇十種3-4	서울大學校 中央圖書館 3464 12 2

---

61) 각 편의 작품들에 대한 내용에 대한 해제는 다음 책과 논문을 참고했다. 김순희, 《강남지역 공연문화의 꽃 곤극》 (파주: 한국학술정보, 2009), 107~112쪽. 朴成勳, 〈李漁 《十種曲》의 傳奇性〉(《中國語文論叢》 제27집, 2004), 555~567쪽.

10)-3 《意中緣》

　《意中緣》은 그림을 잘 그리던 명기 楊雲友와 가난한 수재의 딸 林天素라는 두 여인이 각기 실존인물인 董其昌과 陳繼儒라는 두 저명인사와 맺어지는 내용이다. 두 여인은 서화의 대가 董其昌과 陳繼儒를 흠모해서 그들의 작품을 모방한 그림을 그려서 판다. 이 과정에서 서로 맺어지는데, 陳繼儒와 林天素는 비교적 쉽게 사랑을 이루고, 董其昌과 楊雲友는 골동품상을 하는 是空의 방해로 우여곡절을 겪고 나서야 맺어진다.

　이 작품은 明代의 실존 인물들과 허구적 인물들을 주인공으로 삼아 이야기를 허구적으로 구성한 극이다.

書名	出版事項	版式狀況	一般事項	所藏處/所藏番號
意中緣傳奇	笠翁 編次, 禾中女史 批評, 步月樓, 清 刊寫年未詳	2卷2冊, 中國木版本, 有圖, 25.3×15.4㎝, 左右雙邊, 半郭: 18.7×12.4㎝, 有界, 10行24字, 上欄外에 小字頭註, 花口, 上下向黑魚尾	跋:…東海弟徐林鴻謹跋, 총서사항: 笠翁傳奇十種 5-6	서울大學校 中央圖書館 3464 12 3

10)-4 《蜃中樓》

　《蜃中樓》는 東海 용왕의 딸 瓊蓮과 洞庭湖 용왕의 딸 舜華가 각기 서생 張友·劉毅와 혼인한다는 내용이다. 이 두 서생은 친구사이로 각각 혼인할 여인을 찾는데 서로 도울 것을 약속한다. 동해 용왕은 瓊蓮과 舜華에게 바다 구경을 시켜주기 위해 '蜃樓'를 짓는데, 둘이 이곳에 올라 풍경을 구경하다가 劉毅를 만나게 된다. 劉毅는 舜華와 혼약을 하고, 瓊蓮을 자신의 친구인 張友와 맺어줄 것을 약속한다. 그러나 이들은 용궁의 법도와 용왕들 때문에 수난을 당하다가 결국 하늘의 도움을 받아 각기 결혼한다.

　《蜃中樓》의 劉毅 이야기는 맨 처음 唐代의 전기소설〈劉毅傳〉에 보이는데, 李漁는 尙仲賢의 雜劇 《劉毅傳書》와 李好古의 雜劇 《張生煮海》를 혼합해서 《蜃中樓》를 지었다.

書 名	出 版 事 項	版 式 狀 況	一 般 事 項	所藏處/所藏番號
蜃中樓傳奇	笠翁 編次, 疊菴居士 批評, 步月樓, 清 刊寫年未詳	2卷2冊, 中國木版本, 有圖, 25.3×15.4cm, 左右雙邊, 半郭 : 18.7×12.4cm, 有界, 10行24字, 上欄外에 小字頭註, 花口, 上下向黑魚尾	序 : …西次社弟孫治[?] 台氏拜題, 총서사항 : 笠翁傳奇十 種7-8	서울大學校 中央圖書館 3464 12 4

10)-5 《凰求鳳》

《凰求鳳》은 세 미녀가 한 남자를 두고 서로 다투는 내용이다. 재주가 뛰어난 미남 呂躍에게 기녀 許仙道는 사랑을 고백하고 결혼해달라고 한다. 하지만 呂躍은 법도를 내세워 그녀의 부탁을 꺼리자, 許仙道는 그를 대신해 정실을 찾아 나선다는 조건으로 그의 약속을 받아낸다. 그 과정에서 매파 何二媽의 계략으로 許仙道는 呂躍에게 오해를 사게 되고, 그는 喬夢蘭과 결혼하기로 한다. 許仙道는 그의 변심에 상심하여 그를 납치하고 나서 喬夢蘭과의 관계를 갈라놓을 계책을 세운다. 許仙道는 呂躍을 자신과 더불어 曹婉淑과 함께 별장에서 지내게 한다. 이 과정에서 殷四娘이 등장하여 許仙道와 喬夢蘭 사이를 이간질한 후 자신이 중재인으로 나서서 사례금을 챙기려 한다. 그러나 매파에 의해 이 계략은 발각되고, 결국 許仙道와 曹婉淑 그리고 喬夢蘭은 呂躍과 함께 화목하게 지낸다.

봉건시대 여성들은 피동적인 성격을 갖는다는 것이 일반적인 관념인데, 李漁는 이런 관념을 깨고 《凰求鳳》에서 여성들이 주동적으로 애정을 추구하는 것으로 이야기를 구성했다. 이 때문에 관중과 독자들에게 흥미롭고 신기한 느낌을 줄 수 있었다. 《凰求鳳》은 李漁 자신의 擬話本小說集인 《連城壁》 중의 〈寡婦設計贅新郎, 衆美齊心奪才子〉와 이야기가 동일하다.

書 名	出 版 事 項	版 式 狀 況	一 般 事 項	所藏處/所藏番號
凰求鳳傳奇	笠翁 編次, 冷西梅客 批評, 步月樓, 清 刊寫年未詳	2卷2冊, 中國木版本, 有圖, 25.3×15.4cm, 左右雙邊, 半郭 : 18.7×12.4cm, 有界, 10行24字, 上欄外에 小字頭註, 花口, 上下向黑魚尾	別題 : 鴛鴦篜, 序 : …楚弟社濬于皇氏 題笠, 총서사항 : 翁傳奇十種 9-10	서울大學校 中央圖書館 3464 12 5

10)-6 《奈何天》

《奈何天》은 부자이지만 온몸이 결함투성이인 추남 闕素封이 세 명의 부인을 얻는다는 내용이다. 그의 첫째와 둘째 부인은 모두 미인이지만 첫날밤에 그의 모습을 보고 놀라서, 이후 그를 멀리하고 이런저런 핑계를 대며 서재로 피신하여 문을 닫아걸고 산다. 이에 闕素封은 미인 때문에 골머리를 앓게 되자 셋째 부인은 평범한 여인을 원하게 된다. 그런데 도리어 이전보다 훨씬 더 예쁜 부인을 얻게 되지만, 그녀도 闕素封의 외모에 실망하여 서재로 들어가서 다른 부인들과 함께 생활한다. 부인들은 서재의 이름을 '奈何天'이라고 짓고 자신들의 신세를 한탄한다. 이 과정에서 闕素封의 하인인 闕忠은 주인을 대신하여 나라에 큰 공을 세우고 그 공적을 모두 주인에게 돌린다. 闕素封과 闕忠의 선행이 세상에 알려지고, 이후 變形使者의 도움으로 闕素封의 추한 외모가 변하여 세 부인과 행복하게 산다.

이 작품은 李漁의 단편소설집인 《無聲戲》 중의 〈醜郞君怕嬌得艶〉과 동일한 이야기를 희곡화한 것이다.

書名	出版事項	版式狀況	一般事項	所藏處/所藏番號
奈何天傳奇	笠翁 編次, 紫珍道人 批評, 步月樓, 清 刊寫年未詳	2卷2冊, 中國木版本, 有圖, 25.3×15.4cm, 左右雙邊, 半郭: 18.7×12.4cm, 有界, 10行24字, 上欄外에 小字頭註, 花口, 上下向黑魚尾	別題: 奇福記, 序:…錢塘弟胡介題于旅堂之秋水閣, 총서사항: 笠翁傳奇十種11-12	서울大學校 中央圖書館 3464 12 6

10)-7 《比目魚》

《比目魚》는 몰락한 가문의 서생인 譚楚玉과 연극배우인 劉藐姑와의 사랑이야기이다. 譚楚玉은 우연히 劉藐姑의 연기를 본 후 그녀에게 끌리게 되어 선비의 신분으로 극단에 들어가 그녀와 은밀한 사랑을 나눈다. 무대 위에서는 맡은 역할이 부부일 때는 서로 부부의 호칭을 쓰며 사랑을 표현하고, 무대 아래에서는 譚楚玉이 싸울 때 劉藐姑가 그를 말리면서 손을 잡는 것으로 애정을 표현한다. 그러나 극단 내부의 금기사항과 그나마 서로 원하던 남녀주인공 배역이 어긋나 곡절을 겪게 된다. 이 과정에서 劉藐姑의 모친은 둘의 관계를 알면서도, 돈 때문에 딸을 錢萬貫에게 팔아넘긴다. 그래서 劉藐姑는 《荊釵記》의 한 대목을 공연하다가 실제로 강물에 투신하고, 譚楚玉도 그 뒤를 따른다. 둘은 비목어로 변했다가 神들의 도움으로 다시 인간이 되어 어머니를 용서하고 나라에 공을 세운다.

대부분의 사랑이야기들이 시나 편지를 교환하거나 선물을 주는 것으로 사랑을 표현하는데, 《比目魚》에서는 무대 위와 아래를 오가면서 몰래 사랑을 나누는 새로운 방식으로 구성되었다. 《比目魚》는 《無聲戱》 중의 〈輕富貴女旦全貞〉과 동일한 내용이다.

書名	出版事項	版式狀況	一般事項	所藏處/所藏番號
比目魚傳奇	笠翁 編次, 醉矣 批評, 步月樓, 淸 刊寫年未詳	2卷2冊, 中國木版本, 有圖, 25.3×15.4cm, 左右雙邊, 半郭: 18.7×12.4cm, 有界, 10行24字, 上欄外에 小字頭註, 花口, 上下向黑魚尾	敍: …辛丑閏秋山陰映然女子王端淑題, 총서사항: 笠翁傳奇十種 13-14	서울大學校 中央圖書館 3464 12 7

10)-8 《玉搔頭》

《玉搔頭》는 明나라 武宗이 궐 밖으로 암행해서 미녀를 찾아 나섰다가 기녀인 劉倩倩과 사랑에 빠진다는 내용이다. 武宗은 劉倩倩에게 萬遂라는 가명을 쓰고 자신의 직책이 威武將軍이라고 소개하며 일생을 약속한다. 그러나 그는 궁으로 돌아가는 길에 그녀에게 징표로 받은 옥비녀를 잃어버린다. 그런데 緯武將軍 范欽의 딸인 范淑芳이 이 옥비녀를 줍게 되고, 그녀의 용모가 劉倩倩과 매우 비슷하여 각종 오해와 사건이 벌어진다. 武宗은 화가들에게 劉倩倩의 초상화를 그리게 하고 전국으로 보내 그녀를 찾게 한다. 이에 지방관은 초상화를 보고 그녀와 비슷한 范淑芳을 궁으로 보낸다. 여러 곡절을 거쳐 결국 武宗은 이 두 여인을 모두 맞아들인다.

이 작품에서 황제는 음탕한 풍류객의 모습으로, 기녀는 진솔하고 품위 있으며 재물이나 권력에 구애받지 않는 모습으로 형상화되었다. 李漁는 비슷한 용모 때문에 벌어진 기묘한 상황을 곡절 있는 줄거리로 구성하고 있다.

書名	出版事項	版式狀況	一般事項	所藏處/所藏番號
玉搔頭傳奇	笠翁 編次, 睡鄉祭酒 批評, 步月樓, 清 刊寫年未詳	2卷2冊, 中國木版本, 有圖, 25.3×15.4cm, 左右雙邊, 半郭: 18.7×12.4cm, 有界, 10行24字, 上欄外에 小字頭註, 花口, 上下向黑魚尾	序: …戊戌仲春黃鶴山 農題於綠梅深處, 총서사항: 笠翁傳奇十 種15-16	서울大學校 中央圖書館 3464 12 8

10)-9 《巧團圓》

《巧團圓》은 秀才 姚克承이 曹小姐와 정혼한 뒤에 난리 통에 헤어졌다가 여러 곡절 끝에 부부가 되고, 헤어졌던 부모와도 다시 만나게 된다는 이야기이다. 姚克承은 어릴 적에 부모와 헤어져 부모의 얼굴도 생각나지 않는 처지이다. 그런데 그는 이웃사람 曹玉宇의 양녀 曹小姐와 미래를 약속한다. 한편 노인 尹小樓는 자신을 부양할 양자에게 자신을 판다는 기묘한 광고문을 주막 앞에 붙인다. 姚克承은 외지에 나갔다가 尹小樓를 위험에서 구하고 부친으로 섬긴다. 반란으로 尹小樓의 부인과 曹小姐가 반군들에게 잡혀가 포로가 되는데, 이를 계기로 서로 의지하게 된다. 반군의 장교들은 잡아온 여자들을 포대자루에 담아서 돈을 받고 판다. 그래서 姚克承은 자신과 미래를 약속한 曹小姐를 찾으려는 희망을 갖고 여자를 사는데, 尹부인을 사게 되고 그녀를 양모로 받아들인다. 尹부인은 姚克承의 효성에 감동하여 자신과 포로생활을 같이한 曹小姐의 소재를 알려준다. 이에 姚克承은 다른 구매자들과 마지막 남은 자루를 구입하게 되는데, 뜻밖에 그녀를 사게 된다. 후에 曹小姐의 추리와 검증을 통해 尹小樓 부부가 姚克承의 친부모임이 밝혀지고 대단원을 이룬다.

姚克承은 아무런 친분도 없는 노인들을 양부모로 삼았는데, 이는 현실에서는 찾아보기 힘든 이야기로 세속적인 관념에 부합하지 않는다. 그러나 李漁는 인식의 전환을 통해 자신의 친부모를 사게 되는 우연한 만남으로 이야기를 구성하여 관중과 독자들에게 신기함을 주고 있다. 이 작품은 李漁의 또 다른 단편소설집인 《十二樓》 중의 〈生我樓〉와 동일한 이야기를 희곡화했다.

書名	出版事項	版式狀況	一般事項	所藏處/所藏番號
巧團圓傳奇	笠翁 編次, 莫愁釣客·睡鄉祭酒 合評, 步月樓, 淸 刊寫年未詳	2卷2冊, 中國木版本, 有圖, 25.3×15.4㎝, 左右雙邊, 半郭 : 18.7×12.4㎝, 有界, 10行24字, 上欄外에 小字頭註, 花口, 上下向黑魚尾	別題 : 夢中樓, 序 : …康熙戊申(1668) 之上巳日樗道人書於珺湖僧舍, 총서사항 : 笠翁傳奇十種17-18	서울大學校 中央圖書館 3464 12 9

10)-10 《愼鸞交》

《愼鸞交》는 才子佳人의 이야기이지만, 남녀 간의 행위방식을 뒤바꾸는 구성을 취했다. 秀才 華中郎은 명승지를 유람하다가 侯永士를 만나게 되자 그에게 안내를 부탁한다. 그는 명승지 유람하면서 華中郎에게 미인들과 교제하라고 권유한다. 華中郎은 이를 거절하다가 그의 설득으로 기녀품평회에 함께 가기로 한다. 이 과정에서 그는 侯永士의 소개로 기녀 王又嬌를 만나 사랑에 빠진다. 이때 華中郎은 귀향하면 돌아올 기약이 없다고 말하자 王又嬌은 자결하려고 한다. 그래서 華中郎은 떠나면서 자신의 부모와의 관계를 고려하여 그녀와 10년의 기한을 둔다. 둘이 이렇게 헤어진 후에 王又嬌은 갖은 고난을 당하지만 華中郎을 향한 마음은 변하지 않는다. 華中郎은 마침내 과거에 급제하고 나라에 큰 공을 세운 뒤에 王又嬌을 맞아들인다.

기존의 희곡들에서는 才子가 주도적으로 구애를 하지만, 이 작품에서는 佳人이 주도적으로 구애하여 才子와 맺어지는 것으로 되어 있다.

書名	出版事項	版式狀況	一般事項	所藏處/所藏番號
愼鸞交傳奇	笠翁 編次, 匡廬居士·雲間木叟 合評, 步月樓, 淸 刊寫年未詳	2卷2冊, 中國木版本, 有圖, 25.3×15.4㎝, 左右雙邊, 半郭 : 18.7×12.4㎝, 有界, 10行24字, 上欄外에 小字頭註, 花口, 上下向黑魚尾	序 : …匡廬居士雲中郭傳芳抄手撰, 총서사항 : 笠翁傳奇十種19-20	서울大學校 中央圖書館 3464 12 10

11) 桃花扇

지은이 孔尙任(1648~1718)의 字는 季重, 號는 東塘, 岸堂, 雲亭山人이라 한다. 山東省 曲阜 출신이고, 孔子 64대 손이다. 그는 성년이 될 때까지 曲阜에 머물며 글공부를 하다가 31세에 鄕試에 응시했지만 낙제했다. 이후 고향 근처의 石門山에 초막을 짓고 은거하면서 《桃花扇》 초고를 완성했다. 1684년 康熙帝가 曲阜에 들렀는데, 이때 孔尙任은 황제에게 유가 경전을 강의하고 문묘를 안내했다. 孔尙任은 이것이 인연이 되어 國子監博士에 전격적으로 발탁되었고, 얼마 뒤에는 淮安과 揚州 일대의 치수 사업을 담당했다. 이 두 곳에 머무는 동안 孔尙任은 백성들의 고통을 몸소 체험했고, 또 明의 遺民들과 사귀면서 明 왕조의 흥망에 관한 이야기를 다양하게 모았다. 이것이 《桃花扇》 수정작업의 밑바탕이 되어, 40세인 1687년에 《桃花扇》을 초고를 개고했다. 3년 후 그는 北京으로 돌아와 國子監博士로 활동하다 戶部主事로 자리를 옮겼고, 52세인 1699년에 《桃花扇》을 다시 고쳐 최종판을 완성했다. 53세에는 戶部員外郞으로 승진했으나 곧바로 면직되었는데, 이것은 《桃花扇》 창작이 계기가 된 것으로 보인다. 퇴직 후에는 北京에서 두 해 정도 머무르다 귀향하여 지방사지 등의 편찬에 관여하다가 71세를 일기로 고향에서 일생을 마쳤다.

孔尙任은 일생의 대부분을 淸나라가 본격적으로 번영하기 시작한 康熙年間에 살았지만, 자신이 明나라의 신하임을 자임한 부친의 영향으로 明 왕조에 대해 회한과 애도의 감정을 가지고 있었다. 그의 대표작인 《桃花扇》은 明의 마지막 황제인 崇禎帝의 죽음과 南明 왕조 초기 福王 정권의 흥망을 다룬 역사극으로, 明에 대한 애도의 뜻이 담겨 있다. 약 10년 단위로 수정작업을 거듭한 끝에 탄생한 이 작품은 당시 北京 일대를 뒤흔들어 하루도 빠짐없이 공연되었다고 한다. 孔尙任이 남긴 그 밖의 작품으로는 顧彩와 함께 쓴 傳奇인 《小忽雷》와 詩詞集인 《湖海集》·《岸堂稿》 등이 있고, 文集으로 《石門山集》이 있다. 한편 孔尙任은 고증에도 밝아 이후 형성되는 유명한 고증학 집단인 乾嘉學派의 선구자 역할을 한 것으로도 평가받는다.[62]

---

62) 지은이에 대한 내용은 주로 다음 이정재가 옮긴 책을 따랐으며, 그 외의 논저들도 참고했다. 孔尙任 지음, 이정재 옮김, 《도화선》(을유문화사, 2008), 645~649쪽. 孔尙任 지음,

《桃花扇》은 明 왕조의 흥망사와 실존인물들의 이야기를 교묘하게 엮어서 한 시대의 역사를 희곡으로 재현해냈다. 이 작품은 작가가 당시 처해 있던 시대 상황에 따른 인식의 한계와 신중한 묘사가 눈에 띄는데, 이러한 부분은 역사적 사실과 거리가 있는 경우도 많다. 지은이는 〈試1齣〉에서 '만나고 헤어지는 이야기를 빌려다가 흥망의 감회를 썼고'63)라고 했는데, 전자는 侯方域과 李香君의 만남과 이별을 가리키고, 후자는 南明 福王 정권의 흥망 과정을 말한다. 실제 역사를 배경으로 했기 때문에, '다양한 성격과 행적을 가진 실존인물들과 그 관계망을 극 중에 조리 있게 배치하는 것은 상당한 노력이 필요한 일인 동시에 각 인물에 대해 어느 정도의 수정과 분식이 불가피한 측면이 있고, 작가의 의도에 따른 포폄이 있을 수 있다. 어떻든 전체적으로 실제 역사를 크게 벗어나지 않으면서도 작가의 의도에 따른 인물 배치가 상당히 성공적이었다고 할 수 있다.'64) 또한 《桃花扇》이 '문단과 무대에서 문학성과 예술성을 동시에 높이 평가받고 있는 것은 작가가 李香君이라는 보잘 것 없는 기생을 정의롭고 고결한 성녀의 모습으로 성공적으로 재창조해낼 수 있었기 때문인데, 이는 어떤 의미에서는 당시 도덕군자를 자처하던 復社 문인들에 대한 통렬한 풍자이자 아쉬움의 표현으로, 동시대 사람들의 시각과 평가를 대변한다고 할 수 있다.'65)

《桃花扇》은 모두 44齣으로 구성되어 있는데, 다른 희곡들과는 달리 일반적인 齣말고도 특수한 齣이 더 있는 점이 특징이다. 《桃花扇》은 제1齣부터 제40齣까지가 몸통 부분이고, 여기에 제1齣의 서막인 試1齣이 있으며, 제20齣 뒤에는 閏20齣이, 제21齣 앞에는 加1齣이 각각 막간극의 형식으로 들어있고, 제40齣 위에는 終幕인 續40齣이 있다. '몸통 부분은 작품의 주요 사건이 진행되는 부분이고, 몸통을 제외한 첨가된 부분은 모두 본격 서사는 진행되지 않고 관객을 향해 극의 내용을 소개하거나 극 중 역사를 회고 또는 논평하는 역할을 하는 부분이라고 할 수 있다. 이러한 구성은 극이 이미 시작된 후에도 무대 위의 배우들이 무대 밖의 관

송용준·문성재 역주, 《도화선1》(소명출판사, 2009), 35~38쪽. 金恩珠, 〈《桃花扇》 硏究〉(전남대 석사논문, 1995), 10~14쪽. 鄭銀淑, 〈《桃花扇》에 나타난 悲劇意識 分析〉(경희대 석사논문, 2004), 10~14쪽.
63) 孔尙任 지음, 이정재 옮김, 《도화선》(을유문화사, 2008), 37쪽.
64) 孔尙任 지음, 이정재 옮김, 《도화선》(을유문화사, 2008), 655쪽. 참고
65) 孔尙任 지음, 송용준·문성재 역주, 《도화선1》(소명출판사, 2009), 49쪽.

객과 직접적인 의사소통을 하는 경우가 많은 중국 전통극의 특색을 한층 組織化·緻密化하고자 한 결과라고 볼 수 있다.'66) 또한 이 몸통 부분과 閏20齣을 제외한 나머지 세 齣들은 '贊禮'를 주연으로 전후 줄거리가 서로 호응되도록 유기적으로 연결시키고 있으며, 작자도 등장인물을 통해서 전달하기 어려운 비애와 침통한 감정을 그의 입을 빌려 표현하는 등, 나름대로 극적 기능을 수행하고 있다.'67) 《桃花扇》의 극적 구성은 시대 순으로 되어 있으며, 극중 사건이 정연하게 전개되면서도 복선과 전환이 자연스럽다.

《桃花扇》에서는 '다른 작품들보다 적은 평균 6.4곡의 노래를 사용하고 있는데, 적지적소에서만 노래를 사용하고 있어서 대체로 번다한 폐단이 없고 상당히 절제된 느낌을 준다.'68) 또한 《桃花扇》의 악곡은 崑曲을 기본으로 삼았지만, 다른 지방에서 기원한 곡조들도 적절하게 사용했다. 이는 작가가 다양한 음악적 실험과 융합을 적극적으로 꾀했음을 보여주는 것이다. 또한 인물들의 대사는 입말을 위주로 하되 인물의 성격에 맞는 어휘를 적절하게 사용함으로써 저속함을 피하고 그들의 내면을 생생하게 전달했다.69) 《桃花扇》은 이렇게 예술적 성과를 거둠으로써 洪昇의 《長生殿》과 함께 淸代 희곡의 최고봉으로 일컬어진다.

《桃花扇》은 明나라의 멸망을 배경으로 한 역사극인데, 여기에 젊은 선비 侯方域과 南京 기녀 李香君의 사랑과 이별 그리고 재회와 각성이라는 사랑이야기를 끼워 넣었다. 鄕試에 낙제하고 南京에 머무르고 있던 侯方域은 楊文驄의 주선으로 자색과 기개를 고루 갖춘 기녀 李香君을 만난다. 이때 젊은 선비들에게 탄핵을 당해 은퇴했던 정치꾼 阮大鋮이 재기를 위해 인맥을 넓히려고 侯方域에게 혼수품을 바치지만, 후에 이를 알게 된 李香君은 그것을 거절했고 侯方域도 그녀를 따른다. 체면을 구긴 阮大鋮은 복수를 다짐하고 음모를 꾸며 侯方域을 함정에 빠뜨리자, 그는 南京을 떠나 揚州의 史可法에게 도피한다. 福王이 제위에 오르고 阮大鋮이 세도를 얻게 되자, 李香君을 다른 사람에게 강제로 시집보내려 한다. 李香君은 바닥에 머리를 찧으며 강하게 항의하다가 기절하고, 이때 머리에서 나온 피가 부채에 튄다. 후에 楊文驄은 이 부채의 핏자국 옆에다 나뭇가지를 그려 넣어 복사꽃이

---

66) 孔尙任 지음, 이정재 옮김, 《도화선》 (을유문화사, 2008), 657~658쪽.
67) 孔尙任 지음, 송용준·문성재 역주, 《도화선1》 (소명출판사, 2009), 56쪽.
68) 孔尙任 지음, 송용준·문성재 역주, 《도화선1》 (소명출판사, 2009), 51쪽. 참고.
69) 孔尙任 지음, 이정재 옮김, 《도화선》 (을유문화사, 2008), 661~662쪽.

핀 모습으로 만들어 내는데, 이것이 복사꽃부채(桃花扇)이다. 정신이 돌아온 李香君은 스승 蘇崑生에게 부탁하여 부채를 侯方域에게 전해주게 하고, 그는 侯方域을 찾아가 부채를 보여준다. 左良玉과 史可法이 죽음을 맞고 나라가 망한 뒤 張道士는 선조에게 제사를 올린다. 그런데 이곳에서 우연히 만난 侯方域과 李香君은 기뻐하지만, 그는 이들의 사랑 놀음을 준엄하게 꾸짖는다. 이에 크게 각성한 두 사람은 그 길로 세속과 연을 끊고 수도의 길에 들어선다.

《桃花扇》의 주요 판본은 다음과 같다.

1) 《桃花扇》, 康熙年間 介安堂 刻本.[70]
2) 《桃花扇》, 康熙年間 西園 刻本.
3) 《桃花扇傳奇後序詳註》, 花庭閒客 編輯, 嘉慶21年(1816) 刻本.
4) 《桃花扇傳奇》, 光緒21年(1895) 蘭雪堂 刻本.
5) 《桃花扇傳奇》, 光緒33年(1907) 蘭雪堂 改正 復刻本.
6) 《桃花扇》, 淸末~民國初 暖紅室 刻本.

국내에 유입된 《桃花扇》의 판본은 위에서 언급한 판본 중 최초의 介安堂 刻本을 빼고는 모두 유입되었다. 서울대 奎章閣에 소장된 《桃花扇》은 4권 4책의 木版本인데, 西園에서 출판한 것이므로 위에 소개한 2)의 康熙年間 판본이다. 아래 목록에서 서울대 중앙도서관의 첫 번째 소장본인 《桃花扇傳奇後序詳註》는 4권 4책의 木版本이며, 嘉慶21年(1816)에 花庭閒客 編輯하여 간행한 것이므로 위의 3)과 동일한 판본이다. 두 번째 서울대 중앙도서관 소장본인 《桃花扇》은 4권 11책의 木版本인데, 光緒21年(1895)에 蘭雪堂에서 간행한 것이므로 위의 4)와 동일한 판본이다. 세 번째 서울대 중앙도서관 소장본 《桃花扇》은 2책으로 된 木版本인데, 刊寫年이 未詳이지만 暖紅室에서 간행했다고 되어 있으므로 淸末에서 民國初에 간행된 위의 6)과 동일한 판본이다.

성균관대 소장본 《桃花扇》은 4권 4책의 中國木版本인데, 淸朝末期에 西園에

---

70) 이 판본이 '바로 최초 간행본이고 간행 연대는 康熙47年(1708)이라는 견해가 유력하나, 정확한 연대를 확정할 수 없다는 주장도 있다.' 孔尙任 지음, 이정재 옮김, 《도화선》(을유문화사, 2008), 667쪽.

서 간행했다고 되어 있다. 西園에서 간행한 판본은 康熙年間 의 것인데, 성균관대 소장본은 淸朝末期에 간행되었다고 하는 것으로 보아 위의 2)판본의 復刻本인 것으로 보인다. 이 판본들 중 서울대 규장각 판본에는 '集玉齋'와 '帝室圖書'라는 도장이 찍혀 있다. 그러므로 이 판본은 1907년 이전에는 朝鮮에 유입되었음이 확실하며, 高宗의 재위 시절에 유입된 것으로 보인다.

《桃花扇》은 朝鮮時代에 유입되었음을 확정할 수 있는 기록들이 있다. 먼저 朝鮮時代의 화가 李麟祥(1710~1760)의 시문집인 《凌壺集》卷之四에는 〈桃花扇識〉71)이란 글이 있는데, 여기서 《桃花扇》에 대한 朝鮮時代 문인의 감상을 자세히 볼 수 있다. 또한 黃景源(1709~1787)의 시문집인 《江漢集》卷之十七〈墓誌銘〉에 '또 일찍이 〈桃花扇識〉을 지었다.(又嘗作桃花扇識)'72)라고 했다. 이를 보면 黃景源이 생전에 《桃花扇》을 보고 기록을 남겼음이 틀림없다.

또한 李圭景(1788~1856)이 쓴 백과사전 형식의 《五洲衍文長箋散稿》에서도 《桃花扇》이란 서명이 보인다. 池圭植은 《荷齋日記》의 임진년(1892) 9월 2일에서 '박 판서 대감이 《桃花扇》 6권을 주면서 "이것은 傳奇 중에 기이한 글이니 보고서 도로 가져오라."고 분부하셨으므로 받아 가지고 와서 稅所에 나와서 보았다.'73)

---

71) 桃花扇一書。演稗說作優戲本。供兒女笑噱。而明季事有可攷者。其所謂作者雲亭山人。似若髮薙而心存者耶。然扮其兄曰老贊禮。無名氏也。扮其舊君曰弘光帝。小生也。貌像醜怪。自滅倫理。而曰此書有關於天下後世者何耶。其漫述曰每當演戲。笙歌靡麗之中。或有掩袂獨坐者。則故臣遺老也。燈炧酒爛。唏噓而散。其小引曰旨趣本于三百篇。而義則春秋。又曰一字一句。抉心嘔成。又曰識焦桐者。豈無中郞。余姑俟之。俟之何意歟。余意桃花扇似若借優戲。以鼓動遺民悲憤之心者耶。其罵筵一場。挿入錢謙益，王鐸與阮姦一滾說。其截磯一場。評日寧南此死。泰山耶鴻毛耶。千古不解。其刼寶一場曰明朝天下。送在黃得功之手。俱有所見。而其末評日明朝三忠。史閣部心在明朝。左寧南心在崇禎。黃靖南心在弘光。心不相同。故力不相協。明朝之亡。非亡于流寇。實亡于四鎭。而責尤在黃。其意若謂位力則天下事猶復可爲耶。嗚呼。余看此書。竊有痛於左良玉擧兵一事。夫弘光失德。天下至今悲憤。而以其君臣大倫。則崇禎弘光何分焉。姦臣雖起大獄。太子不辨眞假。而東林餘人盡殲。寇迫門庭。而爲將臣者不思赴難。乃倒戈而攻曰將除君側之惡。可謂忠乎。明史載良玉檄書。引胡淡事暴揚祖宗過失。尤無臣分。而特以論列姦臣之罪甚悉。故天下快之。然良玉一叛。南朝兵力分而大事遂去。余謂明朝之亡。非亡于建虜。實亡于良玉之手。嘗見鄒漪啓禎野乘。論左帥非叛。而牧齋深旨其言云。噫。錢謙益辱身敗節。反愧馬士英內應一疏之死。而乃又護良玉之叛。滅君臣之倫。何其無忌憚之甚耶。明季史論多謬。如鄒漪所述。反有愧於桃花扇矣。偶書志感。 한국고전종합DB(http://db.itkc.or.kr)참고.

72) 黃景源, 《江漢集》 卷之十七〈墓誌銘〉. 한국고전종합DB(http://db.itkc.or.kr)참고.

73) 池圭植, 《荷齋日記》 (한글 번역본). 한국고전종합DB(http://db.itkc.or.kr)참고.

라고 하였다. 池圭植은 또한 같은 달 3일과 13일에도 《桃花扇》을 보았다고 일기에 적고 있다. 李麟祥의 《凌壺集》은 4권 2책의 활자본인데, 1779년에 아들 李英章이 유문을 정리하여 편집·간행했다. 黃景源의 《江漢集》은 32권 18책의 활자본으로 1790년에 간행되었다. 이 둘은 모두 유고집이므로 〈桃花扇識〉을 썼던 李麟祥과 黃景源이 생존했던 시대에 《桃花扇》이 朝鮮에 유입되었음을 확인할 수 있고, 이 시기는 대략 18세기 중반 정도로 추정할 수 있다. 또한 池圭植(1851~?)은 경기도 陽根의 分院貢所의 貢人이었고, 《荷齋日記》는 그가 1891년부터 1911년까지 약 20년 7개월 동안 쓴 일기이다. 朝鮮 末期에도 책 주인인 박 판서 같은 문인들에게 《桃花扇》이 수용되었고, 더구나 池圭植 같은 중인들도 《桃花扇》을 빌려 봄으로써 수용에 동참했음을 확인할 수 있다.

書名	出版事項	版式狀況	一般事項	所藏處/所藏番號
桃花扇	雲亭山人(淸) 編, 西園, 淸版本	4卷4冊, 中國木版本, 18.7×11.7cm	序：夢鶴居士, 印：集玉齋, 帝室圖書之章	서울大學校 奎章閣 [奎中]6207
桃花扇傳奇後序詳註	吳穆(淸) 詳註, 花庭閒客(淸) 編輯, 刊寫者未詳, 嘉慶21年(1816)	4卷4冊, 中國木版本, 26.5×15.4cm, 上下單邊, 左右雙邊, 半郭：18.4×12.4cm, 有界, 8行27字, 註雙行, 花口, 上下向黑魚尾, 裝幀：藍色表紙黃絲四綴	花庭閒客은 '陳宸書'임, 標題：吳鏡菴桃花扇傳奇後序詳註, 花口題：桃花扇傳奇, 版心題：後序詳註, 原著者：孔尙任, 序：嘉慶己卯(1819)…吉惕園, 弁言：嘉慶丙子(1816), 桃花扇傳奇後序：吳穆, 孔稼部桃花扇傳奇後序：康熙23(1684)…吳穆, 刊記：嘉慶丙子(1816)閏夏刊	서울大學校 中央圖書館 3464 27
桃花扇	孔尙任(淸) 著, 蘭雪堂, 淸 光緖21年(1895)	4卷11冊2匣, 中國木版本, 26.8×16.1cm, 上下單邊, 左右雙邊, 半郭：18×11.5cm, 9行20字, 無魚尾	序：梁溪夢鶴居士, 小引：康熙己卯年(1699) 雲亭山人, 後序：吳穆鏡庵, 내용：小引, 小識, 木末, 凡例, 考據, 綱領, 砌末, 題辭	서울大學校 中央圖書館 3464 4
桃花扇	孔尙任(淸) 著, 雲亭山人(淸) 編, 暖紅室·夢鳳樓刊校, 刊寫年未詳	40齣2冊, 有圖, 26×19cm, 四周單邊, 半郭：19.6×11.9cm,	序：…梁溪夢鶴居士撰, 後序：…北平吳穆菴識, 原跋：…桃源逸士黃元治, …料錯道人劉中柱, …淮南李	서울大學校 中央圖書館 3464 33

		有界, 9行20字, 上欄外에 小字頭註, 花口, 上下向黑魚尾	相,…關中陳四如,…潁上劉凡, …屢東葉,…海陵沈默,…海陵 沈成垣 跋：…上元甲寅月當頭夕枕雷 道士識於海上楚園	
桃花扇	孔尙任(淸)編, 西園, 淸朝末期刊	4卷4冊, 中國木版本, 20.2×11.3cm, 四周單邊, 半郭：14×9.7cm, 無界, 9行20字, 註雙行, 上黑魚尾, 紙質：竹紙	書名：裏題에 의함, 序：梁溪夢鶴居士撰, 刊記：西園梓行	成均館大學校 D7C-19

12) 藏園九種曲

　지은이 蔣士銓(1725~1784)의 字는 心餘·茗生이고, 號는 淸容·藏園·淸谷居士이며, 말년에는 號를 定甫라고 했다. 江西省 鉛山縣 출신으로 본래는 姓이 錢이었는데, 명나라가 망하자 浙江省 長興에서 고향으로 피난하여 성을 蔣으로 고쳤다. 어려서부터 고전을 섭렵하고 詩와 詞도 배웠으며, 乾隆12年(1747)에 擧人이 되었고, 乾隆19年에는 進士가 되었다. 乾隆25年에는 翰林院 編修官이 되었고, 乾隆27年에는 順天鄕試同考官, 그 후에는 《續文獻通考》 纂修官을 역임했다. 8년간 관직에 있다가 귀향하여 어머니를 모셨고, 江南 지역의 書院에서 院長으로 일했다. 그 후 南昌에 장원을 짓고 어머니를 모시다가 3년 후 어머니가 돌아가시자 다시 수도로 가서 國史修撰을 역임했다. 후에는 병에 걸려 南昌으로 돌아가 3년 만에 사망했다. 蔣士銓은 문학의 여러 장르에 걸쳐 재능을 발휘했다.[74] 시집으로는 《忠雅堂詩集》이 있고 산문집으로는 《忠雅堂文集》이 있으며, 袁枚·趙翼과 더불어 乾隆年間에 '江右三大家'로 불렸다. 性靈說을 취하고 格調說과 반대했는데, 인간 性情의 발로를 존중하여 詩에 溫柔敦厚와 忠孝節義의 정신을 제창했다. 또한 희곡은 30여종을 창작했으며, 《藏園九種曲》 등의 희곡에도 그런 정신이 담겨 있다.

　《藏園九種曲》은 蔣士銓의 희곡 작품집인데, 그 작품들로는 〈一片石〉·〈空谷

---

74) 金正奎, 《中國戲曲總論》 (명지대학교 출판부, 2000), 470~471쪽.

香〉·〈桂林霜〉·〈四絃秋〉·〈雪中人〉·〈香祖樓〉·〈臨川夢〉·〈第二碑〉·〈冬青樹〉가 실려 있다. 《藏園九種曲》은 一名 《紅雪樓九種曲》이라고도 하며, 위의 9종과 〈采樵圖〉·〈采石磯〉·〈廬山會〉를 합쳐 《紅雪樓十二種曲》 혹은 《淸容外集》이라고도 한다.

　淸代 중엽에는 시민 계층과 문인 계층이 선호하는 희곡이 뚜렷이 이분화 되었는데, 蔣士銓은 유가사상에 깊이 뿌리를 둔 사회공리적인 문학관을 주장했으며75) 희곡 창작에서도 이런 원칙을 고수했다. 《藏園九種曲》의 가장 큰 특징은 모두 전형적인 '忠孝節義'之士를 주인공으로 삼아, 윤리의식과 도덕관념을 고양했다는 것이다. 또한 세속적인 부귀공명의 허망함이 묻어 있어, 전체적으로는 주인공의 윤리적인 실천과 복잡하게 맞물려 있다. 그의 희곡 언어는 심원한 학식을 바탕으로 한 高雅한 아름다움을 지니고 있는데, 시인으로서의 재능을 희곡 작품에서도 발휘하여 서정성이 풍부한 詩劇으로서의 풍격을 지닌 작품들을 많이 남겼다.76)

　《藏園九種曲》의 주요 판본들은 다음과 같다.

1) 《紅雪樓九種曲》, 乾隆年間 蔣氏 紅雪樓 刻本
2) 《藏園九種曲》, 乾隆年間 經綸堂 刻本
3) 《淸容外集》, 嘉慶年間 刻本
4) 《葬鉛山九種曲》, 同治年間 刻本

　《藏園九種曲》은 여러 차례 重刊되었고, 9종 희곡은 변하지 않고 모두 실려 있으며, 그 배열순서는 약간의 차이가 있다. 또한 책이름을 달리하여 출판했는데, 그 서목들은 《香祖樓九種曲》·《紅雪樓九種塡詞》·《蔣氏九種曲》·《蔣定甫九種曲》 등이다.

　서울대 奎章閣 소장본인 《藏園九種曲》은 12책의 中國木版本이며, 羅聘 등이 평점을 달았고 乾隆39年(1774)에 쓴 序가 있으며 煥乎堂에서 출판되었다. 이 판본에는 '集玉齋'와 '帝室圖書'라는 도장이 찍혀 있다. 集玉齋는 朝鮮 高宗의 서재인데, 조선의 여러 기관에 나뉘어 소장되어 있던 문헌들이 奎章閣으로 옮겨오게

---

75) 趙汶修, 〈淸代 中葉 文人劇에 대한 小考〉(《中國文化硏究》 제14집, 2009), 213쪽.
76) 趙汶修, 〈淸代 中葉 文人劇에 대한 小考〉(《中國文化硏究》 제14집, 2009), 228~231쪽.

되고, 이를 '帝室圖書'라고 칭하게 된다.77) 그러므로 集玉齋에 소장된 이 판본은 1907년 이전에는 朝鮮에 유입되었음이 확실하며 高宗의 재위 시절에 유입된 것으로 보인다. 연세대 소장본인 《藏園九種曲》은 8책의 中國木版本이고, 癸亥年에 上海朝記書局에서 간행되었다. 淸末의 癸亥年은 1863년인데, 이 판본은 석인본이 아니라 木版本인 것으로 보아 아마도 이때 간행된 것으로 보인다. 또한 서울대 중앙도서관에도 中國木版本으로 된 소장본이 있는데, 단행본 형식으로 목록이 되어 있어서 이를 대상으로 개별 작품에 대한 해제는 따로 한다.

書名	出版事項	版式狀況	一般事項	所藏處/所藏番號
藏園九種曲	蔣士銓(淸) 塡詞, 羅聘(淸) 等評文, 刊地未詳, 煥乎堂, 乾隆39年(1774)序	12冊, 中國木版本, 23×15.2cm, 欄上註	序:乾隆甲午(1774)…陳守詒, 印:集玉齋, 帝室圖書之章	서울大學校 奎章閣 [奎中] 4966 00
蔣士銓著九種曲	癸亥七月 上海朝記書局印行	8冊, 中國木版本, 20cm, 四周單邊, 13.8×10.6cm, 9行22字, 上黑魚尾	卷冊 未詳의 殘存本, 目次:卷1,2:冬靑樹, 冊3:第二碑, 冊4:一片石, 冊5:雪中人, 冊6:四絃秋, 冊7,8:桂林霜	延世大學校 812.2/15

12)-1 冬靑樹

〈冬靑樹〉는 乾隆46年(1781)에 창작되었고, 上・下 2권 38齣으로 구성되어 있다. 〈冬靑樹〉는 文天祥・陸秀夫・謝枋得 등의 宋나라 사람들이 元나라의 침입에 대항하다 순국하는 이야기이다. 주요 줄거리는 역사 기록에 근거했으며, 宋代 민족영웅의 이야기를 빌려 淸나라의 탄압에 반대하는 민족의식을 들어냈다. 文天祥의 사적을 쓴 희곡으로는 明代 卜世臣의 《冬靑記》가 있고, 明淸 정권 교체기에는 朱九經의 《崖山烈》이 있고, 淸初에는 陸世廉의 《西臺記》가 있다. 이들 희곡은 허구적인데 비해, 蔣士銓의 〈冬靑樹〉는 대체로 역사적 사실에 부합한다. 蔣士銓이 문학 활동을 하던 시기는 乾隆年間으로 淸나라가 안정되고 漢族 지식인들을

---

77) 김태웅・연갑수・김문식・신병주・강문식, 《규장각(그 역사와 문화의 재발견)》 (서울대 출판문화원, 2009), 73~74쪽.

포용하던 시기였으나 여전히 文字獄으로 그들을 옭죄기도 했다. 이런 상황에서 蔣士銓이 漢族의 민족의식을 표현한 것은 대담하고 용기 있는 행위로 여겨진다.

〈冬靑樹〉는 文天祥이 군사를 일으켜 元나라에 항거하거나 元의 진영에 휴전에 대해 협상하기 위해 가는 것이 발단이 된다. 이때 元의 장군들은 文天祥에게 투항하라고 하지만, 그는 이를 거부하다가 억류되어 북방지역으로 압송된다. 文天祥과 수행원들이 鎭江을 지날 때 탈출하여 바다를 표류하다 福州에 다다른다. 文天祥는 여기서 군사를 모아 계속 元에 대항하다가 五坡岭에서 패하고 다시 元의 포로가 된다. 元나라의 재상과 투항한 宋나라 관료 夢炎 등이 다시 투항하기를 권유하지만, 文天祥은 오히려 그들을 꾸짖다가 결국 죽임을 당한다. 〈冬靑樹〉는 이런 文天祥의 행적을 주선으로 하면서, 陸秀夫・謝枋得・謝翶・唐珏 등의 애국적인 활동에 대해서도 썼다. 또한 陳宜中의 국난이 닥치자 도망치는 것, 蹇材望이 성문을 열고 元에 투항하는 것, 趙孟頫가 元나라에 아부하는 것 등에 대해서도 썼는데, 이들의 행위는 애국적인 행위와 대조를 이룬다.[78]

書名	出版事項	版式狀況	一般事項	所藏處/所藏番號
冬靑樹	蔣士銓(淸) 塡詞, 紅雪樓, 乾隆辛丑(1781)	38齣2卷1冊, 中國木版本, 28.9×16.7㎝, 四周單邊, 半郭 : 16.×13.2㎝, 有界, 9行22字, 上欄外에 小字頭註, 花口, 上下向黑魚尾	卷末題 : 冬靑樹傳奇, 序 : …乾隆辛丑(1781)中秋後二日丁亥吳郡張塤石公序, 自序 : …辛丑(1781)8月離垢居士書	서울大學校 중앙도서관 3464 8 1

12)-2 桂林霜

〈桂林霜〉은 蔣士銓의 '自序'에 의하면 乾隆36年(1771)에 지어졌으며, 24齣으로 되어 있다. 〈桂林霜〉은 실존인물인 馬雄鎭(1633~1677)에 대해 썼는데, 그의 사적은 淸代의 여러 문헌에 보이며, 《淸史稿》卷252에도 전기가 실려 있다. 馬雄鎭

---

78) 李修生 主編, 《古本戲曲劇目提要》 (北京: 文化藝術出版社, 1997), 546~547쪽. 이하 개별 작품의 해제와 줄거리는 이 책의 542~547쪽을 참고했다.

은 康熙8年(1669)에 廣西 巡撫로 부임했는데, 吳三桂가 반란을 일으켜 그를 사로잡은 후에 투항을 강요하자 이를 거부하다 살해당했다. 사후에는 淸나라 정부로부터 兵部尙書와 太子太傅의 직위를 수여받았다. 〈桂林霜〉은 이런 馬雄鎭의 사적을 토대로 창작되었으며, 줄거리도 대체로 역사적 사실에 부합하지만 허구적인 요소들도 있다.

〈桂林霜〉은 馬雄鎭이 廣西 巡撫로 부임해 가서 莫扶化와 楊其淸의 반란을 평정하는 것으로 시작된다. 康熙12年(1673)에 吳三桂가 雲南지역에서 반란을 일으키고, 다음 해에 廣西 將軍 孫延齡은 吳三桂에게 투항하여 淸나라 정부의 장교와 관료들을 살해한다. 후에 孫延齡은 동생 孫延基를 보내 馬雄鎭에게 투항을 강요하지만 거절당하자, 군대를 파견해서 馬雄鎭이 주둔하고 있던 桂林의 관청을 포위한다. 孫延齡은 馬雄鎭이 투항할 의사가 없음을 알고 나서 그와 가족들을 잡아 가둔다. 馬雄鎭은 애초에 반란이 일어났다는 소식을 듣고 자결하려고 했으나, 가족들이 그를 만류하여 구한다. 얼마 후에 吳三桂는 손자 吳世倧을 桂林에 파견해 孫延齡을 죽이고 馬雄鎭을 석방한 후에 예로써 대하며 항복을 권유한다. 馬雄鎭이 여전히 이를 거부하자 吳世倧은 그와 가족들 그리고 노비까지 모두 38명을 죽인다. 傅宏烈도 반군과 싸우다 패하고 사로잡히지만 뜻을 굽히지 않다가 죽는다. 후에 馬雄鎭과 傅宏烈의 사당인 雙忠祠가 세워진다. 〈桂林霜〉은 여기에서 끝나지 않고, 馬雄鎭과 가족, 노비가 신선이 되어 선계에서 傅宏烈과 만난다는 이야기가 첨가되어 있다.

書名	出版事項	版式狀況	一般事項	所藏處/所藏番號
桂林霜	蔣士銓(淸) 塡詞, 張三禮(淸) 評文, 楊迎鶴(淸) 正譜, 紅雪樓, 乾隆辛丑(1781)	24齣2卷2冊, 中國木版本, 28.9×16.7㎝, 四周單邊, 半郭: 16.5×13.2㎝, 有界, 9行22字, 上欄外에 小字頭註, 花口, 上下向黑魚尾	序題: 桂林霜傳奇, 別題: 賜衣記, 序: …乾隆辛卯(1771)九秋燕臺張三禮書于越州郡齋, 桂林霜傳奇自序: …乾隆辛卯(1771)仲夏鉛山蔣士銓書于蔵山之館	서울大學校 中央圖書館 3464 8 2~3

12)-3 一片石 / 第二碑

〈一片石〉은 乾隆16年(1751) 가을에 지어졌으며, 4齣로 이루어진 雜劇인데, 婁妃의 비석과 관련된 일에 대해 썼다. 婁妃는 明 太祖 朱元璋의 16째 아들 寧王 朱權의 五世孫 朱宸濠의 正妃이다. 明나라 正德14年(1519)에 寧王 朱宸濠가 반란을 일으키려 하자 婁妃는 여러 차례 눈물을 흘리며 간곡히 말렸으나, 결국 그는 반란을 일으켰다가 실패하여 사로잡히고 婁妃는 물에 뛰어들어 자살한다. 乾隆16年(1751)에 蔣士銓은 《南昌縣志》를 개수하기 위해 초빙되어 갔다가 婁妃의 墓가 南昌城 德勝門 밖의 隆興觀 옆에 있다는 것을 알게 된다. 그는 이미 그녀의 묘가 황폐하진 것을 보고 나서 江西布政使 彭家屏에게 그것을 수리하고 墓碑를 세우도록 부탁한다. 蔣士銓은 이것을 인연으로 같은 해 가을에 〈一片石〉이라는 희곡을 짓게 된다. 또한 乾隆20年(1755)에는 자신이 婁妃 墓의 그림을 그리고 〈婁妃墓圖〉라는 詩 4首를 지어 그때 묘를 발견하고 수리하는 상황을 기록했다.

〈一片石〉은 위의 일을 근거로 창작된 극인데, 관련 인물들의 이름은 모두 바뀌었다. 서생 薛天目이 南昌 臨江樓에서 술을 마시다가 婁妃의 일을 생각나서 시를 지어 애도한다. 그는 술이 취해 잠이 들었는데, 婁妃가 꿈에 나와 자신이 투신한 곳과 매장된 위치를 알려주자 깨어나서 그곳을 찾아간다. 이때는 이미 江西布政使 錢繼鏗이 婁妃의 묘를 찾으라고 명령을 내린 상태였다. 薛天目은 우연히 鍾自言을 만났는데, 그는 婁妃는 자신의 13대 고모였으며, 집안이 화를 피하기 위해 姓을 '婁'에서 '鍾'으로 바꿨다고 말한다. 둘은 함께 婁妃의 묘를 찾다가 婁妃가 지었다는 農謠를 부르는 농부들을 만난다. 그들 중 한 명이 자신의 집 옆에 옛 무덤이 있는데 자주 소리가 난다고 하자, 둘은 이것이 婁妃의 묘임을 확신하고 錢繼鏗에게 보고한다. 錢繼鏗은 婁妃의 묘를 개수하고 묘비를 세워 친히 제사를 지내고, 또한 薛天目도 이곳에 와서 〈滿江紅〉이란 詞를 지어 婁妃를 애도한다. 이때 婁妃는 이미 신선이 되어 있었는데, 다른 신선들에게 인간세상의 사람들이 자신을 위해 묘를 개수하고 묘비를 세운 것에 대한 감격을 이야기한다.

〈第二碑〉는 6齣으로 이루어진 雜劇인데, 내용은 〈一片石〉 이야기 이후의 사건들로 구성되었기 때문에 〈後一片石〉이라고도 한다. 乾隆40年(1775) 겨울에 蔣士銓은 친구 阮見亭을 만났는데, 그는 蔣士銓을 데리고 江西布政使인 외삼촌 吳山鳳

을 만난다. 이때 吳山鳳은 婁妃의 墓와 관련된 이야기를 듣고 나서 친히 성묘를 하고, 다음 해에 자금을 모아서 婁妃의 墓를 중수한다.

蔣士銓은 이 일을 바탕으로 〈第二碑〉를 창작했는데, 여기서도 관련 인물들의 이름을 모두 바꾸었다. 〈第二碑〉의 극적 구조는 〈一片石〉의 구조와 매우 비슷하다. 서생 阮劍彩가 南昌으로 가서 臨江樓에서 술을 마시다 20여 년 전에 薛天目이 婁妃를 애도하면서 쓴 시를 보게 되고, 또한 주점 주인에게 당시에 江西布政使 錢繼鏗이 婁妃의 묘를 개수한 상황과 〈一片石〉을 공연한 상황을 듣게 된다. 이때 阮劍彩는 〈一片石〉의 등장인물인 鍾自言을 우연히 이 臨江樓 주점에서 만나게 되고, 그에게 지난 일을 듣고 감격하여 자신도 시를 남긴다. 阮劍彩는 외삼촌 季延陵에게 이 일을 말하자, 그는 친히 南昌으로 와서 婁妃의 묘를 살펴본다. 거기에서 기이한 향기가 뿜어져 나오자 婁妃의 혼령이 아직 잠들지 못 했다고 여기고, 근처의 주민들을 이주하게 하고 묘를 다시 중수한다. 薛天目은 노인이 되어 이곳을 다시 찾고 이때 우연히 阮劍彩를 만나 같이 묘지를 중수하는 공정을 구경하고 臨江樓에 써놓은 시를 본다. 중수가 끝나고 나서 季延陵은 제사를 지내고, 阮劍彩는 〈滿江紅〉이란 詞를 지어 이 일을 기록한다. 신선이 된 婁妃는 다른 여러 신선들로부터 이 일에 대해 축하를 받는다.

書名	出版事項	版式狀況	一般事項	所藏處/所藏番號
一片石 / 第二碑	蔣士銓(淸) 塡詞, 王興吾(淸) 評定, 吳承緒(淸) 正譜/ 藏園居士(淸) 塡詞, 見亭外士(淸) 正譜, 倉厓老人(淸) 評校, 紅雪樓, 乾隆辛丑(1781)	一片石 4齣1卷 / 第二碑 6齣1卷, 共2卷1冊, 中國木版本, 有圖, 28.9×16.7㎝, 四周單邊, 半郭：16.5×13.2㎝, 有界, 9行22字, 上欄外에 小字頭註, 花口, 上下向黑魚尾	一片石의 卷末題：一片石傳奇, 一片石自序：…穀雨日鉛山蔣士銓 苕生自識, 第二碑의 別題：後一片石, 第二碑의 卷末題：第二碑傳奇, 第二碑跋：…丙申冬月上浣上谷王均矩平氏書於古江州庾樓, 第二碑序：…漢陽阮光拜題於洪都官署齋, 第二碑自序：…藏園居士蔣士銓書	서울大學校 中央圖書館 3464 8 4

12)-4 雪中人 / 四絃秋

〈雪中人〉은 蔣士銓의 '自序'에 의하면 乾隆38年(1773)에 창작되었는데, 모두 16 齣으로 구성되어 있다. 〈雪中人〉은 걸인인 吳六奇에 대해 썼는데, 이는 실존인물로 明나라 萬曆34年(1606)에 태어나서 淸나라 康熙4年(1665)에 죽었다. 그는 明나라가 망한 뒤에 明의 桂王인 朱由榔(1623~1662)의 總兵이 되어서 淸의 군대와 싸우다가 나중에는 淸나라에 투항했다. 吳六奇의 이야기는 淸代 문언소설집인 鈕琇의 《觚剩》 卷七〈奧觚〉의 〈雪遘〉와 《聊齋志異》의 〈鐵丐〉에 보이는데, 蔣士銓은 이를 바탕으로 희곡을 창작했다.

査培繼는 겨울에 정원에서 매화를 감상하다가 대문 밖의 눈 속에 한 남자가 누워있는 것을 발견하고 그를 불러온다. 査培繼는 그가 당시에 이름난 걸인 吳六奇임을 알게 되고 술과 안주를 대접했는데, 吳六奇는 먹고 마신 후에 인사도 안 하고 가버린다. 얼마 후에 査培繼는 杭州의 西湖에 놀러갔다가 吳六奇를 다시 만나서 술을 대접하고 자금을 주며 공명을 이루라고 권한다. 이후 吳六奇는 廣東에서 공을 세워 장군이 되고, 査培繼는 역사서 편찬에 연루되어 체포될 위기에 처한다. 이 소식을 들은 吳六奇는 부하들에게 査培繼를 구해오라고 하여 서로 만나게 된다. 吳六奇는 부하에게 돈을 주어 査培繼의 집을 새로 지으라고 하며, 그가 좋아하여 '縐雲'이라고 쓴 奇石도 몰래 가져다가 새로 지운 집에 옮겨 놓는다. 査培繼는 집에 돌아왔으나 이미 화려하게 변한 집을 못 알아본다. 그러다 자신의 처를 만난 후에 그것이 吳六奇가 지시한 일임을 알게 된다. 또한 그는 廣東에 있던 '縐雲'이란 奇石이 집에 있음을 보고 다시 한 번 놀라고 吳六奇의 두터운 정에 감동한다.

〈四絃秋〉는 乾隆37年(1772)에 창작되었으며, 4折의 雜劇 체제로 되어 있다. 蔣士銓은 '自序'에서 친구들과 만나 白居易의 〈琵琶行〉과 顧大典의 傳奇 〈青衫記〉를 이야기하다가, 白居易가 귀양 가서 만난 비파 타던 여인은 원래 長安에서부터 알고 지내던 기녀였다는 이야기가 나왔다고 하였다. 蔣士銓은 이 주장이 억지라고 여기면서 〈琵琶行〉의 본래 내용과 역사적 사실들을 분석하고 이것들을 근거로 〈四絃秋〉를 지었다고 하였다. 〈四絃秋〉의 큰 줄거리는 〈琵琶行〉을 뼈대로 삼았으나, 蔣士銓이 상상력을 발휘하여 이야기를 재구성하여 허구적인 극으로 창작하였다.

唐나라의 수도 長安의 名妓 花退紅은 九江의 茶商인 吳名世에게 시집갔는데, 이후 吳名세는 처를 데리고 차를 팔러 배를 타고 남쪽지방으로 내려간다. 여기서 花退紅은 홀로 배를 지키며 비파를 타다가, 長安에서 온 상인들에게 수도에서 모반

이 발생했으며, 그의 사촌과 이모가 이 때문에 죽었고, 자신이 비파를 배운 사부 둘도 죽었다는 소식을 듣는다. 이때 白居易는 조정에 상소를 올렸다가 재상에게 미움을 사서 江州司馬로 좌천되어 가족들을 데리고 江州로 내려온다. 다음 해의 어느 날, 白居易는 潯陽江에서 손님들을 배웅하다가 花退紅의 비파 소리를 듣고 그녀를 불러와 이야기를 나눈다. 그는 그녀의 신세를 듣고, 자신이 좌천된 신세를 생각하다가 둘 다 세상 끝에 버려졌음을 한탄하고, 하급관료로 전락한 白居易는 푸른 옷이 다 젖도록 목 놓아 운다.

書 名	出 版 事 項	版 式 狀 況	一 般 事 項	所藏處/所藏番號
雪中人 / 四絃秋	蔣士銓(淸) 塡詞, 李士珠(淸) 正譜, 錢世錫(淸) 評點 / 淸容主人(淸) 塡詞, 鶴亭居士(淸) 正拍, 夢樓居士(淸) 題評, 紅雪樓, 乾隆辛丑(1781)	一片石 16齣1卷 / 四絃秋 4齣1卷, 共2卷1冊, 中國木版本, 28.9×16.7㎝, 四周單邊, 半郭 : 16.5×13.2㎝, 有界, 9行22字, 上欄外에 小字頭註, 花口, 上下向黑魚尾	雪中人의 序題 : 雪中人傳奇, 雪中人塡詞自序 : …淸容居士書, 四絃秋의 目錄題 : 四絃秋雜劇, 四絃秋의 別題 : 靑衫淚, 四絃秋의 卷末題 : 四絃秋雜劇, 四絃秋序 : …蔣士銓淸容氏書…, 乾隆癸巳(1773)…張景宗拜題…, 秋聲館主人鶴亭江春識	서울大學校 中央圖書館 3464 8 5

12)-5 空谷香

〈空谷香〉은 蔣士銓이 가장 일찍 쓴 희곡으로 乾隆19年(1754)에 창작되었으며, 30齣으로 구성되어 있다. 〈空谷香〉은 顧孝威와 그의 첩인 姚氏의 일에 대해 썼는데, 이는 실존인물들의 사실적인 이야기이지만 등장인물들의 이름은 바꾸었다. 顧孝威는 실존인물인 顧錫鬯이며 南昌 知縣을 지냈다. 蔣士銓은 乾隆16年(1751)에 《南昌府志》를 개수하기 위해 초빙되어 갔다가 顧錫鬯을 만나 姚氏에 관한 이야기를 들었다. 蔣士銓은 이런 사실을 바탕으로 顧錫鬯이란 이름을 顧孝威으로 바꾸고 허구를 가미하여 〈空谷香〉을 창작했다.

仙界에서 幽蘭이란 신선이 西天華嚴佛會에 지각하여 그 벌로 29년 동안 인간 세상에 내려간다. 그녀는 姚氏 집안의 딸로 태어나게 되는데, 그녀의 아버지가 蘭이 빈 골짜기(空谷)에서 홀로 피어나는 꿈을 꾸어 이름을 夢蘭이라고 짓게 된다.

후에 아버지가 돌아가시고 어머니는 衙屬 孫虎에게 재가한다. 顧孝威는 진사가 된 후 王氏와 결혼했는데, 후에 큰돈을 써서 夢蘭을 첩으로 맞이하려 한다. 夢蘭은 이를 거부하고 자결하려고 하자 의부 孫虎도 돈을 포기하고 돌려보낸다. 孫虎는 돈이 아까워 혼인을 파기한 것을 후회하는데, 夢蘭은 이 소식을 듣고 다시 한 번 자살을 시도하자 孫虎도 어쩔 수 없게 된다. 顧孝威는 혼인 파기에 대해 소송을 제기하는데, 현령은 그의 친구여서 孫虎를 꾸짖고 顧孝威에게 夢蘭을 시집보내도록 한다. 후에 顧孝威는 夢蘭을 데리고 집으로 돌아가고, 夢蘭은 정실 王氏와 친밀하게 지낸다. 王氏가 그녀에게 '素心蘭'을 선물하자 그녀는 이것을 정성껏 돌본다. 후에 顧孝威는 南昌 현령으로 부임하여 가족들을 데리고 간다. 이곳에서 夢蘭은 아들 하나를 낳았는데, 이상하게도 그녀가 키우던 素心蘭이 하룻밤사이에 모두 피어버린다. 그 후 아들이 돌이 되자 그녀는 병에 걸려 29세를 채우고 죽게 된다. 顧孝威는 슬퍼하며 그녀를 애도하고, 그녀는 선계로 돌아간다.

書名	出版事項	版式狀況	一般事項	所藏處/所藏番號
空谷香	蔣士銓(淸) 塡詞, 高文照(淸) 題評, 紅雪樓, 乾隆辛丑(1781)	30齣2卷2冊, 中國木版本, 28.9×16.7㎝, 四周單邊, 半郭 : 16.5×13.2㎝, 有界, 半葉 9行22字, 上欄外에 小字頭註, 花口, 上下向黑魚尾	版心題 : 空谷香, 序 : …辛卯(1771)2月燕臺張三禮椿山氏書, 空谷香傳奇自序 : …小雪日濟寓舟次鉛山倦客自序	서울大學校 中央圖書館 3464 8 6~7

12)-6 香祖樓

〈香祖樓〉는 乾隆39年(1774)에 지어졌으며, 모두 32齣으로 구성되어 있다. 〈香祖樓〉의 등장인물들과 극적 구성은 〈空谷香〉과 매우 유사하며, '첩은 박명하다'라는 주제를 표현했다. 그러나 〈空谷香〉이 현실의 이야기를 바탕으로 한 것에 비해, 〈香祖樓〉는 허구로 지어낸 이야기이다. 두 작품은 같은 주제를 다루고 있고 구성도 비슷하지만 중복된다는 느낌이 없다. 이것에서 蔣士銓의 창작력이 뛰어남을 엿볼 수 있다. '蔣士銓의 희곡 작품 16편 중에서 남녀 간의 혼인과 사랑을 제재로 한 작품은 〈空谷香〉과 〈香祖樓〉 단 두 작품뿐이며, 이 작품들도 才子佳人類의 작품이 아니라 인륜 중의 남녀 간의 혼인과 사랑 및 婦女之道를 중심으로'[79] 삼았다. 이는 그가 희곡의 사회적 공리 작용에 대해 인식하고, 이런 신념을 가지고 창작에 임했음을 보여준다.

〈香祖樓〉는 천상의 난초 신선들 중에 '紫蘭'·'黃蘭'·'素蘭'이 인간 세상에 내려와 서로 인연을 맺는 이야기이다. 紫蘭은 河南의 永城에 仲文으로 태어나 진사에 급제하여 兵部에서 일한다. 그러다 그는 휴가를 얻어 고향으로 돌아와 건물을 짓고 부인 曾氏와 그곳에서 지낸다. 仲文의 친구인 현령 裵畹이 난초를 선물하여 그곳에 놓아두었는데, 향기가 가득하여 '香祖樓'라고 이름 짓는다. 仲文의 이웃집 사람 李蚓은 과부 邱氏와 결혼해서 李若蘭이란 딸을 낳는다. 李蚓은 죄를 짓고 체포되는데, 仲文이 裵畹에게 부탁하여 그를 석방해주게 한다. 李蚓은 부인과 딸을 데리고 사례하러 仲文을 찾아가는데, 李若蘭은 仲文과 曾氏를 보고 전부터 알던 느낌을 받는다. 曾氏는 仲文에게 李若蘭을 첩으로 들이라고 하고 仲文은 그렇게 한다. 李蚓은 도박을 하다 빚을 지고 仲文에게 李若蘭을 정실로 들이라고 하며 돈을 요구한다. 李蚓은 거절당하자 仲文이 민간의 부녀를 강제로 첩으로 들였다고 소송을 제기하고, 仲文은 裵畹의 권유에 따라 李若蘭을 집으로 돌려보낸다. 李蚓은 여러 차례 딸에게 재가하라고 하지만, 李若蘭은 仲文을 잊지 못해 완고히 거부한다. 후에 반란이 일어나고 여러 곡절을 거쳐 仲文·裵畹·扈蕃(仲文의 친구)은 함께 반란을 평정한다. 이때 李若蘭은 병이 나서 암자에 머무르다 仲文을 다시 만나지만, 얼마 후 죽게 된다. 仲文은 그녀를 묻고 묘비를 세운 후에 李蚓과 부인 邱氏를 처단하고 서울로 돌아와 관작을 하사받는다. 이들의 혼령은 후에 천상에서 다시 만나게 되고, 현실에서의 인연들이 천상에서의 인과를 반영했다는 것을 알게 된다.

書名	出版事項	版式狀況	一般事項	所藏處/所藏番號
香祖樓	藏園居士(淸) 塡詞, 峯外士(淸) 評文, 種木山人(淸) 訂譜, 紅雪樓, 乾隆辛丑(1781)	32齣2卷2冊, 中國木版本, 28.9×16.7cm, 四周單邊, 半郭 : 16.5×13.2cm, 有界, 9行22字, 上欄外에 小字頭註, 花口, 上下向黑魚尾	標題 : 淸容外集, 別題 : 轉情關, 卷末題 : 香祖樓傳奇, 自序 : …乾隆甲午(1774)寒食日藏園居士自書, 後序 : …乾隆甲午(1774)九秋種木居士陳守詰題撰	서울大學校 中央圖書館 3464 8 8~9

---

79) 趙汶修, 〈淸代 中葉 文人劇에 대한 小考〉(《中國文化硏究》 제14집, 2009), 215쪽.

12)-7 臨川夢

〈臨川夢〉은 乾隆39年(1774)에 지어졌으며, 20齣으로 되어 있다. 〈臨川夢〉은 선배 희곡작가인 顯祖湯를 주인공으로 삼아 이야기를 전개했는데, 제목의 臨川은 바로 顯祖湯의 고향이다.[80] 蔣士銓은 '自序'에서 湯顯祖의 사적은 《明史》의 〈顯祖湯傳〉과 《玉茗堂集》 그리고 기타 여러 서적들을 참고했다고 밝혔다. '蔣士銓은 湯顯祖를 극히 추숭하였고 희곡이 감정에 호소함으로써 사람을 감동시키는 특수한 예술적 역량을 가지고 있다는 것에 湯顯祖와 인식을 같이했다.'[81] 蔣士銓은 이뿐만 아니라 湯顯祖를 주인공으로 한 〈臨川夢〉을 창작하여 그에 대한 존경심을 표시했다고 할 수도 있다. 또한 〈臨川夢〉은 蔣士銓이 창작한 희곡들 중에 예술적 성취가 비교적 높은 작품으로 평가받는다.

〈臨川夢〉은 湯顯祖의 출생과 유년시절에 대한 이야기가 아니라 과거 시험을 보는 부분부터 시작된다. 湯顯祖는 권세와 결탁하여 과거에 합격하는 것을 거절했다가, 당시 정권의 실세 張居正에게 밉보여 과거에 낙방한다. 그래서 湯顯祖는 집에서 은거하며 온 힘을 다해 《牡丹亭》을 완성한다. 이때, 婁江의 兪二姑는 《牡丹亭》에 심취하여 꿈속에서 그 주인공들까지 만나게 된다. 그녀는 이웃의 張元長과 許子洽에게 湯顯祖의 소재를 찾아보라고 하는데, 그의 고아한 성격과 奇行에 대해 듣고는 그를 더욱 흠모한다. 얼마 후에 張居正이 죽고 湯顯祖는 과거에 합격하여 관직에 나아가지만, 기탄없이 관료들의 잘못을 비판하다가 결국 좌천당한다. 후에 湯顯祖는 浙江 遂昌의 현령직을 수행하면서 선정을 펼치다가 은퇴하고 나서 고향으로 돌아와 《南柯記》와 《邯鄲記》를 쓴다. 이때 兪二姑는 《牡丹亭》 때문에 마음 아파하다가 죽게 되는데, 그녀의 혼령은 湯顯祖를 찾아 나서지만 서로 만나지 못한다. 20년 후에 兪二姑의 양모는 臨川에서 湯顯祖를 만나 그녀가 생전에 애독하던 《牡丹亭》의 극본을 湯顯祖에게 전해준다. 湯顯祖는 兪二姑의 일에 대해 감탄하여 그녀를 위해 위패를 만들고 그녀의 무덤을 돌보는 데 자금을 댄다. 이어 여러 사건들이 발생하고 맏아들인 湯士蘧이 어려서 죽게 된다. 후에 湯顯祖는 꿈속에서 자신이 쓴 '四夢'의 주인공들과 兪二姑를 만나는데, 그들은 그를 데리고 천상에 올라가서 요절한 아들 湯士蘧와 서로 만나게 해준다.

---

80) 湯顯祖의 생평에 대해서는 본서의 《牡丹亭》 해제를 참고할 수 있다.
81) 趙汶修, 〈淸代 中葉 文人劇에 대한 小考〉(《中國文化研究》 제14집, 2009), 217쪽.

書名	出版事項	版式狀況	一般事項	所藏處/所藏番號
臨川夢	蔣士銓(淸) 塡詞, 明新(淸) 正譜, 錢世錫(淸) 評校 紅雪樓, 乾隆辛丑(1781)	20齣2卷1冊, 中國木版本, 28.9×16.7cm, 四周單邊 半郭：16.5×13.2cm, 有界, 9行22字, 花口, 上下向黑魚尾	卷末題：臨川夢傳奇, 自序：…甲午上巳鉛山蔣士 銓書于芳潤堂	서울大學校 中央圖書館 3464 8 10

13) 紅樓夢曲譜

《紅樓夢曲譜》는 一名 《紅樓夢散套》라고도 하며, 淸代 《紅樓夢》 관련 희곡 중에 비교적 널리 유행한 작품이다. 嘉慶年間(1796~1820)에 江蘇省 太倉 사람인 吳鎬(荊石山民)가 지었으며, 黃兆魁가 曲譜를 지었다. 嘉慶25年(1815)에 蟾波閣에서 간행되었으며, 16折 4冊으로 되어 있고, 雜劇의 體裁를 갖추고 있으며, 노래이외에 대사와 지문도 있다. 각 절마다 목각한 삽도가 두 폭씩 들어 있다.

《紅樓夢曲譜》의 제재는 소설 《紅樓夢》에서 취했는데, 1~8折은 《紅樓夢》의 1~80회까지, 9~15折은 高鶚이 이어지은 81~120회까지에 취했으며, 마지막 16折의 내용은 작가가 지어낸 것이다.

제1절 〈歸省〉은 元妃가 가족들을 만나기 위해 집을 방문하는 내용이고, 제2절 〈葬花〉에서는 林黛玉이 꽃이 지는 것을 아쉬워하며 꽃무덤을 만들어 그것을 묻고, 제3절 〈警曲〉에서는 賈寶玉이 《西廂記》를 읽고 林黛玉이 《牡丹亭》의 노래를 듣고, 제4절 〈擬題〉에서는 薛寶釵 등의 여자들이 국화에 대한 시를 읊고, 제5절 〈聽秋〉에서는 林黛玉이 가을을 슬퍼하는데 賈寶玉이 그녀를 찾아 가보고, 제6절 〈劍會〉는 尤三姐이 柳湘蓮에게 오해를 당하여 스스로 목숨을 끊고, 제7절 〈聯句〉에서는 史湘雲과 林黛玉이 달 아래서 시를 짓고, 제8절 〈癡誄〉에서는 賈寶玉이 晴雯을 애도하는 〈芙蓉誄〉를 지으며, 제9절 〈釁誕〉에서는 林黛玉의 생일에 여러 사람들이 그녀와 함께 연극을 보고, 제10절 〈寄情〉에서는 薛寶釵가 시를 지어 林黛玉의 신세를 감탄하고, 제11절 〈走魔〉에서는 賈寶玉이 妙玉과 서로 만나고, 제12절 〈禪訂〉에서는 賈寶玉과 林黛玉이 사랑을 약속하고, 제13절 〈焚稿〉에서는 林黛玉이 병이 나서 글을 태워 賈寶玉과의 정을 끊고, 제14절 〈冥升〉에서는 林黛玉의 혼이 '太虛仙境'으로 돌아가고, 제15절 〈訴愁〉에서는 賈寶玉이 瀟湘館에

서 林黛玉의 죽음을 슬퍼하며 울고, 제16절 〈覺夢〉에서는 賈寶玉과 林黛玉 등의 사람들이 仙界에서 서로 만나는 내용이다. 이 마지막 16절은 소설 《紅樓夢》에서는 보이지 않는 이야기이며, 각 절의 내용은 서로 독립적이다.

서울대 奎章閣 소장본인 《紅樓夢曲譜》는 光緖8年(1882)에 蟾波閣에서 4책의 木版本으로 간행된 것이다. 이 판본은 같은 출판사인 蟾波閣의 초판인 嘉慶25年(1815)의 판본을 다시 찍어낸 것으로 보인다. 필자가 직접 열람한 바에 따르면, 제1冊에는 荊石山民과 聽濤居士의 '序'[82]가 있고 제4冊 끝에는 璞山老人의 〈紅樓夢散套題詞〉가 있으며, 판각한 사람은 江蘇省 太倉의 張浩三로 되어있다. 출판사항에는 '黃兆魁(淸) 撰'으로 되어 있는데, '黃兆魁 譜'가 맞으며, 지은이는 처음 소개한 것처럼 吳鎬(荊石山民)이다.

이 판본에는 '集玉齋'와 '帝室圖書'라는 도장이 찍혀 있다. 朝鮮 高宗의 서재인 集玉齋에 소장되어 있던 문헌들은 1908년에 奎章閣으로 옮겨오게 되고, 이를 '帝室圖書'라고 칭하게 된다.[83] 그러므로 集玉齋에 소장된 이 판본은 1907년 이전에는 朝鮮에 유입되었음이 확실하다. 그런데 이 판본은 초판인 嘉慶25年(1815)의 것이 아닌 光緖8年(1882)의 것이므로, 高宗의 재위 시절에 유입된 것으로 보인다. 朝鮮時代 《紅樓夢》에 대한 문인의 기록도 있고 각종 번역본도 있지만, 《紅樓夢曲譜》나 《紅樓夢散套》에 대한 유입 관련 기록들은 찾아볼 수 없다.

書名	出版事項	版式狀況	一般事項	所藏處/所藏番號
紅樓夢曲譜	黃兆魁(淸) 撰, 蟾波閣, 光緖8年(1882)	4冊, 中國木版本, 有圖, 25×14.8cm	卷頭書名:紅樓夢散套 序:乙亥?…聽濤居士. 印:集玉齋, 帝室圖書之章	서울大學校 奎章閣 [奎中]5210

---

82) 《石頭記》爲小說中第一異書, 海內爭傳者已數十載, 而旗亭畫壁, 鮮按紅牙。顧其書事跡紛繁, 或有夫己氏强合全部作傳奇, 卽非制曲家有識者所爲, 況其抒詞發藻, 又了不足觀歟! 荊石山民向以詩文著聲, 暇乃出其餘技, 作散套示眯。夫曲之一道, 使村儒爲之, 則墮《白兎》、《殺狗》等惡道, 猥鄙俚褻, 卽斤斤無一字乖調, 亦非詞人口吻; 使文人爲之, 則宗《香囊》、《玉玦》諸劇, 但矜飯釘, 安腔檢韻, 略而勿論, 又化爲鉤鉤格磔之聲矣。今此制選辭造語, 悉從淸遠道人四夢打勘出來, 盆複諧音協律, 窈眇鏗鏘, 故得案頭俊俏, 場上當行, 兼而有之。凡善讀《石頭記》者, 必善讀此曲, 固不俟餘言爲贅也。乙亥竹醉日聽濤居士書。

83) 김태웅·연갑수·김문식·신병주·강문식, 《규장각(그 역사와 문화의 재발견)》(서울대 출판문화원, 2009), 73~74쪽.

14) 傳奇六種

《傳奇六種》은 淸代 楊恩壽(1835-1891)가 傳奇 작품집이다. 楊恩壽는 湖南 長沙 출신이며, 字가 鶴儔이고 號는 坦園·蓬海·朋海·頡父이며 蓬道人이라고도 불렸다. 그는 17세에 童試에 응시하여, 21세 秀才에 합격했고, 37세에 擧人이 되었으며, 관직은 詹事府主簿·湖北鹽運使·候補知府·湖北護貢使 등을 역임했다. 그는 박학하고 다재다능해서 희곡뿐만 아니라 詩·詞·曲·騈儷文에 모두 뛰어났다. 또한 그는 희곡이론과 비평에서도 활약했고, 書畫理論에 뛰어나 이에 관한 저서를 다수 남겼다.

그의 傳奇 작품으로는 〈姽嫿封〉·〈桂枝香〉·〈理靈坡〉·〈桃花源〉·〈再來人〉·〈麻灘驛〉·〈鴛鴦帶〉·〈雙淸影〉 등이 있는데, 이 중 〈鴛鴦帶〉·〈雙淸影〉을 제외한 나머지 여섯 작품은 함께 《坦園傳奇六種》·《坦園六種》 또는 《坦園六種曲》이라고 불린다. 그 밖에 희곡 이론에 관한 저작으로 《詞余叢話》·《續詞余叢話》가 있으며, 소설집으로 《蘭芷零離錄》이 있다. 〈姽嫿封〉·〈桂枝香〉·〈理靈坡〉·〈桃花源〉·〈再來人〉·〈麻灘驛〉 등은 각각 다른 시기에 창작된 작품들인데, 合刻하여 《坦園六種曲》이라 불리게 되었다. 이 여섯 가지 傳奇 작품들이 판각된 연도는 표시되어 있지 않으나, 淸代 光緒 初年에 간행되었을 것이라고 전해진다.

奎章閣 소장본 《傳奇六種》은 《坦園傳奇六種》을 말한다. 여기에는 〈姽嫿封〉·〈桂枝香〉·〈理靈坡〉·〈桃花源〉·〈再來人〉·〈麻灘驛〉 6종의 傳奇 작품들이 수록되어 있으며, 각 작품마다 앞부분에 楊恩壽의 自序가 실려 있다. 《傳奇六種》의 구성을 살펴보면, 제1책에는 〈桃花源〉·〈姽嫿封〉·〈桂枝香〉이 있고, 제2책에는 〈理靈坡〉가 있고, 제3책에는 〈再來人〉이 있고, 제4책에는 〈麻灘驛〉이 수록되어 있다.[84]

〈桃花源〉은 陶潛의 〈桃花源記〉를 소재로 光緒元年(1875)에 창작되었다. 중국 역대로 많은 문인들이 〈桃花源記〉를 소재로 하여 여러 장르의 문학을 창조해왔

---

[84] 이상의 내용은 규장각 한국학연구원의 《傳奇六種》 해제를 참고했는데, 이 해제는 박효숙이 《中國文學大辭典》과 《四庫大辭典》를 참고해서 작성했다고 밝히고 있다. http://kyujanggak.snu.ac.kr/HEJ/HEJ_NODEVIEW.jsp?setid=242726&pos=0&type=HEJ&ptype=list&subtype=jg&lclass=10&cn=GC04204_00

다. 희곡 방면에서는 明代 葉憲祖와 淸代의 尤侗·劉龍恤·張雲驤 등이 《桃花源》 雜劇을 창작했다. 그런데 楊恩壽는 풍부한 상상력과 문학적 재능을 발휘하여 〈桃花源記〉보다 더욱 선명하고 구체적인 인상을 주는 희곡을 창작해냈다. 〈桃花源〉의 모두 6齣으로 구성되어 있는데, 맨 앞부분에 楊恩壽의 自序가 있고, 뒤에는 陶潛의 〈桃花源記〉가 수록되어 있고, 그 다음에 '桃花源傳奇目錄'이 실려 있으며, 이어서 본문이 시작되고 있다. 晉나라 때, 武陵의 어부가 우연히 桃花源을 발견하게 되는데, 그곳에는 秦代 말엽에 피난 온 백성의 후손들이 살고 있었다. 그들은 어부에게 술과 음식을 대접하고, 어부는 그들에게 秦代 이후 兩漢, 三國 및 魏晉시대의 일에 대해 이야기해준다. 어부가 떠날 때 桃花源의 사람들은 송별연을 베풀고, 秦나라 때의 역사적 사실을 반영한 歌曲 〈咸陽樂〉·〈求神仙〉·〈筑城苦〉·〈湘妃怨〉 등을 불러 주며, 외부 사람들에게 자신들이 사는 곳의 상황을 알리지 말 것을 부탁한다.[85]

〈姽嫿封〉은 咸豊10年(1860)에 지어졌고, 모두 6齣으로 이루어진 작품이다. 맨 앞부분에는 同治9年(1870)에 쓴 王先謙의 序文이 실려 있고, 이어서 楊恩壽의 自序가 수록되어 있다. 〈姽嫿封〉은 소설 《紅樓夢》 70회에 나오는 姽嫿將軍 林四娘의 이야기를 근거로 하여 창작한 작품이다. 《虞初新志》에 실려 있는 林雲銘의 〈林四娘記〉와 蒲松齡의 〈林四娘記〉에도 모두 제목에 '林四娘'이라는 이름이 나오지만, 이 작품들은 〈姽嫿封〉의 내용과는 무관하다. 〈姽嫿封〉은 明代 嘉靖年間에 靑州의 恒王과 愛妃 林四娘의 이야기이다. 恒王은 林四娘의 미모와 무예가 뛰어난 것을 보고, 그녀를 姽嫿장군으로 봉했다. 亂이 일어나 恒王이 죽음을 당하게 되자, 林四娘은 여군들을 이끌고 나가, 恒王의 원수를 갚고 제사를 지내 추모한다. 후에 林四娘은 싸움에서 패하고 죽게 되며, 사후에는 신선이 된다.

〈桂枝香〉은 同治9年(1870)에 지어졌고, 모두 8齣으로 이루어졌다. 〈桂枝香〉의 첫 부분에는 同治9年(1870)에 王先謙이 쓴 序文이 실려 있고, 이어서 楊恩壽의 自序가 수록되어 있다. 이 작품은 소설 《品花寶鑒》에서 소재를 취한 才子佳人 희곡인데, 書生인 田春航과 北京의 유명한 여배우 李桂芳를 주인공으로 삼았다. 田

---

85) 개별 작품에 대한 해제는 규장각 사이트의 해제를 참고했으며, 다음 책도 함께 참고했다.
呂薇芬 等 編, 《古典劇曲賞辭典》 (武漢 : 湖北辭書出版社, 2004), 1027~1036쪽.

春航은 과거에 낙방하여 곤궁한 처지에 놓이는데, 이때 李桂芳은 사재를 털어 경제적으로 그를 돕고 또한 공부에 정진하도록 격려한다. 나중에 田春航은 과거에 장원으로 급제하고, 李桂芳은 장원의 부인이 된다. 인재를 알아보는 혜안을 가진 李桂芬와 재주는 있으나 좌절을 겪게 되는 田春航의 사랑을 그리고 있다.

〈理靈坡〉는 同治9年(1870)에 창작되었고, 모두 22齣으로 이루어졌다. 〈理靈坡〉는 明末의 역사적 사실에서 소재를 취했으며, 蔡道憲이 長沙를 지키며 張憲忠의 봉기군에 대항하는 이야기이다. 蔡道憲은 福建 晋陽 출신으로 崇禎10年에 과거에 급제하여 雲南의 지방관으로 일하다가 후에 長沙로 발령을 받아서 간다. 張憲忠의 봉기군은 武昌과 岳陽 등을 점령하고 長沙로 공격해온다. 이때 張憲忠은 상관들에게 방어 전략을 내놓았으나 거부당하게 되고, 그러다 그들은 모두 張憲忠의 봉기군에게 격파당하고 나서 도망치거나 투항한다. 蔡道憲은 병사들을 이끌고 張憲忠의 봉기군과 결전하지만, 결국 사로잡혀서 투항을 거부하다가 살해당한다.

〈再來人〉은 모두 16齣으로 구성되어 있으며, 첫머리에는 光緖元年(1875)에 楊恩壽가 쓴 自序가 실려 있다. 楊恩壽는 沙張白의 〈再來詩讖記〉(《虞初新志》卷九)와 葉氏의 〈閩事記〉 및 張氏의 〈感應篇廣注〉 등에서 이 작품의 소재를 취했으며, 등장인물의 이름은 모두 허구이다. 明代에 福建省의 늙은 학자 陳仲英은 과거시험에 누차 실패하고 평생 가난하고 우울하게 살다가 죽는다. 그는 죽기 전에 아내 鍾氏에게 자기가 썼던 글들을 잘 보관하라고 당부하고, 자신의 팔에 '文福'이라는 글자를 써놓게 한다. 그는 죽은 후에 명계에서 평생 착하게 살고 학문에 힘썼음을 인정받아 季承綸의 아들인 季毓英으로 다시 태어나게 된다. 季毓英은 매우 총명하여 15세에 鄕試에 합격하고 벼슬길에 나아가게 되며, 王畹의 딸과 결혼하게 된다. 어느 날 季毓英은 산책하던 중에 우연히 陳仲英의 집 부근에 이르게 되는데, 이상하게도 이곳의 풍경이 낯설게 느껴지지 않았다. 그는 여기서 백발의 노파가 20년 전에 죽은 남편에게 제사지내는 것을 목격하고 이야기를 나누게 된다. 결국 노파가 보관하였던 글들과 季毓英의 팔에 쓰진 글자를 통해서, 季毓英과 鍾氏는 이전에 부부였던 것을 확인하게 된다. 후에 季毓英은 陳仲英의 무덤을 보수해주고, 鍾氏의 만년을 부양해준다. 季毓英은 바로 자신의 전생 인물이었던 陳仲英이 '다시

온 사람(再來人)'이기 때문에 〈再來人〉이란 제목을 붙였음을 알 수 있다.

　〈麻灘驛〉은 同治14年(1875)에 지어졌고, 모두 18齣으로 구성되어 있다. 이 작품의 첫머리에는 楊恩壽가 同治14年(1875)에 쓴 自序가 있고, 뒤에 毛奇齡의 〈沈雲英〉本傳과 徐岳의 〈瓊枝曼仙記〉가 이어서 수록되어 있다. 이 두 글에서 〈麻灘驛〉은 이야기의 소재를 취하여 약간의 허구를 가미해 창작되었다. 〈麻灘驛〉은 위의 〈理靈坡〉와 같이 明末의 역사적 사실에서 제재를 취했으며, 배경도 역시 張憲忠의 봉기군에 대항하는 상황이다. 실존인물인 沈至緖에게는 沈雲英이란 딸이 있었는데, 그녀는 賈萬策과 결혼한다. 賈萬策은 荊州의 관료로 근무하다가 張憲忠의 봉기군과의 전투에서 순직하자, 沈雲英은 道州로 아버지를 찾아간다. 이때 張憲忠의 봉기군은 長沙를 격파하고, 이미 투항한 정부군 尹先民에게 道州를 공격하도록 한다. 沈至緖는 이들과 전투를 벌이다가 '麻灘驛'에서 화살을 맞고 죽고, 尹先民은 그의 시신을 빼앗아 간다. 沈雲英은 이 소식을 듣고 밤에 여군을 이끌고 기습하여 아버지의 시신을 찾아오고, 후에 유격대장이 되어 道州를 지킨다.

　奎章閣 소장본 《傳奇六種》에는 '集玉齋'와 '帝室圖書'라는 도장이 찍혀 있다. 集玉齋는 朝鮮 高宗의 서재인데, 그가 1907년에 일본에게 강제로 퇴위된 후에 일본은 奎章閣의 조직을 개편하여, 1908년에 奎章閣에서 弘文館・侍講院・集玉齋・史庫의 문헌들을 모두 관리하게 한다. 이 때문에 여러 기관에 나뉘어 소장되어 있던 문헌들이 奎章閣으로 옮겨오게 되고, 이를 '帝室圖書'라고 칭하게 된다.[86] 그러므로 集玉齋에 소장된 이 판본은 1907년 이전에는 朝鮮에 유입되었음이 확실하며 高宗의 재위 시절에 유입된 것으로 보인다.

書名	出版事項	版式狀況	一般事項	所藏處/所藏番號
傳奇六種	楊恩壽(淸)撰, 序, 光緖1年(1875)	5冊, 中國木版本, 30.2×17.6cm	印: 帝室圖書之章, 內容: 桃花源, 姽嫿封, 桂枝香, 理靈坡, 再來人, 麻灘渡驛, 蓮子居詞話	서울大學校 奎章閣 [奎中]4204

---

86) 김태웅・연갑수・김문식・신병주・강문식, 《규장각(그 역사와 문화의 재발견)》 (서울대 출판문화원, 2009), 73~74쪽.

● 第2章

中國彈詞의 版本目錄과 解題

1) 義妖傳

《義妖傳》은 민간전설 《白蛇傳》의 강창 장르의 彈詞이다. 《白蛇傳》은 중국의 4대 민간전설의 하나로[87] 說話類, 戱曲類, 曲藝類(彈詞와 鼓詞) 등의 다양한 장르들로 유전되어왔다. 현대에 들어와 중국에서 수집한 작품까지 합치면 《白蛇傳》 작품은 모두 300편이 넘을 정도로 중국 전역에서 유행했음을 알 수 있다.[88]

鄭振鐸은 《白蛇傳》 彈詞의 가장 오래된 판본으로 明末 崇禎年間의 筆寫本을 지적했다.[89] 鄭大雄은 이 판본을 현재 北京圖書館 古書室에 소장된 野花老人이 撰한 《新編白蛇傳雷峰塔》이라고 했다.[90] 그 다음으로는 蘇州 彈詞 《新編東調雷峰塔白蛇傳》이 출현했고, 얼마 되지 않아 彈詞 藝人 宋氏가 이를 윤색하고 새로운 대목을 부연하여 《新編宋調雷峰塔白蛇傳》을 간행했다. 이후 저명한 彈詞 예인 陳遇乾[91]이 '陳調'를 만들었으나 이 작품은 전하지 않는다.

현존하는 《義妖傳》의 최초 刊本은 嘉慶14年(1809)의 것인데, 顧光祖가 陳遇乾의 원본에 의거해 수정한 《繡像義妖全傳》이다. 이 책의 '序'를 보면 이에 대한 자세한 내용을 알 수 있다. '이 초고의 근원을 탐문하다 陳遇乾 선생의 원본을 손

---

87) 중국의 4대 민간전설로는 《牛朗織女》・《孟姜女》・《梁山伯과 祝英臺》・《白蛇傳》이 있다.
88) 鄭大雄, 〈白蛇傳 硏究〉(韓國外大 博士論文, 2003), 2쪽.
89) 鄭振鐸, 《中國俗文學史》(北京:東方出版社, 1996), 517쪽.
90) 鄭大雄, 〈白蛇傳 硏究〉(韓國外大 博士論文, 2003), 142쪽.
91) 陳遇乾에 대해서는 본서의 해제 중 《芙蓉洞》을 참고할 수 있다.

에 넣게 되었는데, 믿을 만 했다. ……또다시 陳士奇와 俞秀山 두 선생을 초청하여 칭찬과 교열을 받았다. 정성을 다 쏟아 묘사하고 갈고닦았으며, 우스운 몸짓과 농담까지도 그대로 넣었다.'[92] 이 '序'를 보면, 《繡像義妖全傳》이 출판되는 과정을 설명하고, 출판된 텍스트 역시 민간 강창의 여러 특징을 그대로 살렸다고 밝히고 있다. 이 작품은 플롯의 안배와 세부묘사에서 예술적 성공을 거두었고, 민중의 기대에 부합하여 전형적인 白娘子의 이미지를 구현해냈다.[93] 《義妖傳》은 《白蛇傳》 이야기 가운데서 가장 긴 작품이며, 대사의 구성이나 우스갯소리 등을 적절히 활용하여 청중들을 지루하지 않게 흡인하고 있다.

최초의 刊本인 위의 《繡像義妖全傳》은 金閶 啓秀堂에서 판각했으며, 28권 54회로 되어 있다. 체제는 2언의 回目이 있으며, 매 회의 앞부분에서는 등장인물의 역할을 밝혔고, 인물들이 등장할 때는 上場詩가 나온다. 인물의 대사는 대체로 杭州의 방언을 사용하고 있다.

《義妖傳》은 白蛇妖精인 白素貞과 평범한 인간 許仙의 애정이야기로 이루어져 있다. 백사가 수련을 통해 미녀로 변신한 白素貞은 인간세상으로 내려와 許仙과 혼인하게 된다. 許仙은 몇 차례 어려움을 겪는데 白素貞이 이를 해결해준다. 나중에 단오절이 되어, 白素貞은 잘못해서 雄黃酒를 마시고 원래의 모습으로 돌아온다. 許仙은 이 모습을 보고 놀라서 죽는다. 백사로 변한 白素貞은 崑崙山으로 가서 목숨을 걸고 신선초를 훔쳐 許仙을 구한다. 金山寺의 중인 法海는 許仙과 白素貞의 가정을 파괴한다. 그는 白素貞의 내력을 폭로하여 許仙을 출가하게 만든다. 白素貞은 남편을 찾아 나섰다가 法海와 충돌하는데, 결국 그에게 굴복하고 杭州로 도망쳐서 남편을 다시 만난다. 그후 둘은 아들 夢蛟를 낳고 살게 된다. 그런데 法海가 갑자기 찾아와 바리때로 白素貞을 진압하여 雷峰塔 아래에 감금한다. 20년 후에 아들 許夢蛟는 장원급제하고 白素貞은 20년을 채우고 탑을 나와 모자가 상봉한다.

《義妖傳》의 中華民國 이전의 판본은 다음과 같다.

---

92) 이 序는 다음의 논문에서 번역만을 인용했다. 鄭大雄, 〈白蛇傳 硏究〉(韓國外大 博士論文, 2003), 169쪽.
93) 鄭大雄, 〈白蛇傳 硏究〉(韓國外大 博士論文, 2003), 172~180쪽.

1) 《繡像義妖傳》, 28권 54회, 陳遇乾 撰, 陳士奇・兪秀山 校訂, 嘉慶14年 (1809) 顧光祖 序, 金閶啓秀堂 梓.
2) 《繡像義妖全傳》, 28권 54회, 陳遇乾 撰, 道光3年(1823) 刊本.
3) 《繡像義妖傳》, 28권 54회, 陳遇乾 原稿, 陳士奇・兪秀山 評定, 同治8年 (1869) 刻本.
4) 《繡像義妖傳》, 28권 54회, 陳遇乾 撰, 同治8年(1869) 刊 巾箱本.
5) 《繡像義妖傳》, 54회, 陳遇乾 撰, 陳士奇・兪秀山 評, 同治8年(1869) 刻本.
6) 《繡像義妖傳》, 28권 54회, 陳遇乾 原稿, 陳士奇・兪秀山 評定, 光緒2年 (1876) 刻本.
7) 《繡像義妖全傳》, 28권, 陳遇乾 撰, 光緒2年(1876) 刊 巾箱本.
8) 《義妖全傳》, 前傳 53회, 後傳 16회, 上海 受古書房 石印本.[94)]

《義妖傳》은 이외에도 民國年間에 간행된 판본 3종이 더 있으나 여기서는 소개하지 않는다.

서울대 奎章閣에 소장본 《繡像義妖傳》은 '陳遇乾(淸) 著, 陳士奇(淸) 等 評定'으로 되어 있으며, 刊年은 未詳이다. 그러나 서명과 28권 8책으로 된 것을 보면, 同治8年(1869)의 판본으로 추정된다. 《義妖傳》이나 《白蛇傳》은 국내 유입 기록이 없어서, 언제 어떻게 유입되었는지는 알 수 없다. 그런데 이 판본에는 '集玉齋'와 '帝室圖書'라는 도장이 찍혀 있다. 集玉齋는 朝鮮 高宗의 서재인데, 그가 1907년에 일본에게 강제로 퇴위된 후에 일본은 奎章閣의 조직을 개편하여, 1908년에 奎章閣에서 弘文館・侍講院・集玉齋・史庫의 문헌들을 모두 관리하게 한다. 이 때문에 여러 기관에 나뉘어 소장되어 있던 문헌들이 奎章閣으로 옮겨오게 되고, 이를 '帝室圖書'라고 칭하게 된다.[95)] 그러므로 集玉齋에 소장된 이 판본은 1907년 이전에는 朝鮮에 유입되었음이 확실하며, 高宗의 재위 시절에는 유입된 것으로 보인다.

---

94) 판본에 대한 내용은 대체로 다음 책을 따랐으며, 이하의 해제에서는 따로 주를 달지 않는다. 盛志梅, 《淸代彈詞硏究》 (濟南 : 齊魯書社, 2008), 430~433쪽.
95) 김태웅, 연갑수, 김문식, 신병주, 강문식, 《규장각(그 역사와 문화의 재발견)》 (서울대학 출판문화원, 2009), 73~74쪽.

書 名	出 版 事 項	版 式 狀 況	一 般 事 項	所藏處/所藏番號
繡像義妖傳	陳遇乾(淸) 著, 陳士奇(淸) 等 評定, 刊年未詳	28卷8冊, 中國木版本, 18×11.3cm	序: 嘉慶十四(1809)…碩光 祖, 印: 集玉齋, 帝室圖書之章	서울大學校 奎章閣 [奎중]5941

2) 玉鴛鴦

《玉鴛鴦》은 一名 《忠孝節義傳》이라고도 하며, 어떤 판본의 속표지에는 《水素玉姻緣傳》이라고도 되어있다. 지은이는 알 수 없으나 대략 淸나라 초기에 민간에서 유전되었던 彈詞 중의 하나로 추정된다. 현존하는 최초의 판본은 36회 8책으로 되어 있고, 乾隆10年(1745)에 裕德里居士가 '序'를 쓴 것이다. 이것은 裕德里居士가 筆寫本을 근거로 정리하여 만든 책으로, 모두 7언의 韻文으로 되어 있다.[96] 《玉鴛鴦》의 줄거리가 파란이 있고 또한 세심한 서술과 실제적인 인물의 형상화가 이루어졌기 때문에 민간에서 인기가 있었다.

《玉鴛鴦》의 내용은 宋나라 眞宗 때를 시대적 배경으로 삼았다. 王顯이 외삼촌의 집에서 사촌누나 水素玉의 옥으로 된 원앙 노리개 한 쌍과 시 한 수를 습득한다. 王顯은 그녀의 재주와 용모에 반하게 되고, 이후에 외삼촌은 水素玉을 그와 약혼시킨다. 다음 해 그는 과거를 보러가다가 물에 빠지고 水神이 그를 구해준다. 그러나 水素玉은 그가 죽었다는 잘못된 소식을 듣고 수절한다. 그 마을의 縣令이 강제로 그녀를 아내로 삼으려 하자 그녀는 자결하려고 강물에 몸을 던진다. 이때 韓淸이 그녀를 구해주고 그녀의 義父가 된다. 나중에 王顯은 장원급제하여 부마가 되라는 명을 거역하고 옥에 갇히지만 이후에 사면된다. 王顯은 여러 곡절을 거쳐 水素玉과 다시 만나 결혼하지만, 縣令이 혼인을 강요한 일로 그녀를 의심하여 부부간에는 불화가 생긴다. 결국 일의 전말이 밝혀지고 부부는 다시 화목해진다.

《玉鴛鴦》은 총 20여종의 판본이 있는데, 淸나라 초기부터 中華民國에 이르기까지 꾸준히 출판되었다. 그중 民國 이전의 주요 판본들은 다음과 같다.

---

96) 盛志梅, 《淸代彈詞硏究》 (濟南: 齊魯書社, 2008), 35쪽.

1) 《玉鴛鴦》, 36회 8책, 裕德里居士 序, 乾隆10年(1745).
2) 《新編玉鴛鴦全傳》, 8권 36회, 道光11年(1831) 筆寫本.
3) 《新編玉鴛鴦全傳》, 8권 8책 36회, 乾隆10年(1745) 裕德里居士 序, 道光15年(1835)維揚 寶翰樓 發兌.
4) 《新編玉鴛鴦全傳》, 8권 8책 36회, 裕德里居士 編訂, 道光21年(1841) 維揚 寶翰樓 重刊.
5) 《玉鴛鴦全傳》, 6권 6책, 咸豊5年(1885) 惜陰主人 筆寫本.
6) 《玉鴛鴦》, 10책, 同治5年(1866) 中華堂 刊本.
7) 《新編玉鴛鴦》, 5집 20권 20책 20회, 同治7年(1868) 重刊本.
8) 《玉鴛鴦》, 5집 4책, 同治7年(1868) 重刊本.
9) 《玉鴛鴦》, 初集 4권, 二集 4권, 三集 4권, 四集 4권, 五集 4권, 同治7年(1868) 星沙坊 重刻本.
10) 《新編玉鴛鴦》, 5집 20권 8책, 同治7年(1868) 書坊 刻本.
11) 《玉鴛鴦全傳》, 6권 5책, 俞氏 筆寫本.
12) 《說唱蔡文昇玉鴛鴦》, 25집 4책, 愛素軒 刊本.
13) 《新編玉鴛鴦》, 5집 20책 5책, 清代 同盛堂 刻本.

서울대 奎章閣의 소장본은 同治7年(1868)에 '星沙坊'이란 서방에서 다시 판각하여 출판한 판본이다. 이 책은 20권 4책의 中國木版本으로 되어 있으며 編者 및 刊地는 未詳이다. 그러나 刊行者가 星沙로 되어 있는데 이 '星沙坊'이란 서방에서 다시 판각하여 출판한 판본으로 同治7年(1868)에 나온 것으로 추정된다. 이 판본은 최초의 刊本과는 다르게 총 5집 20권 20회로 되어 있으며, 初集부터 五集까지 매 한집은 4권 4회로 구성되어 있다. 이 판본은 마지막 회에서 筆寫本에 근거해서 回目를 나누어 제목을 달고 새로 편집했다고 밝히고 있다. 그리고 이 판본의 형식도 모두 7언의 운문으로 되어 있다.[97] 《玉鴛鴦》·《忠孝節義傳》·《水素玉姻緣傳》의 서명은 모두 국내 유입 기록이 없어서, 언제 국내에 유입되었는지는 알 수 없다. 그러나 이 판본에는 '集玉齋'와 '帝室圖書'라는 도장이 찍혀 있다. 그러므로 集玉齋에 소장된 이 판본은 1907년 이전에는 朝鮮에 유입되었음이 확실하며 대략 高宗의 재위 시절에 유입된 것으로 보인다.

---

97) 盛志梅, 《清代彈詞研究》 (濟南 : 齊魯書社, 2008), 451쪽.

書名	出版事項	版式狀況	一般事項	所藏處/所藏番號
玉鴛鴦	編者未詳, 刊地未詳, 刊行者 : 星沙, 同治7年(1868)	20卷4冊, 中國木版本, 20.2×11.8㎝	印記 : 集玉齋, 帝室圖書之章	서울大學校 奎章閣 [奎中] 5800-v.1-4

3) 玉堂春

彈詞 《玉堂春》은 작자 미상의 작품인데, 최초의 刊本은 淸나라 乾隆年間 (1736~1795)의 《新詞李調眞本玉堂春全傳》이다. 玉堂春 이야기는 실제 사건을 배경으로 한 작품인데, 맨 처음에는 〈奮志記〉에서 馮夢龍의 《警世通言》卷24〈玉堂春落難逢夫〉로 개편되었으며, 明代에는 희곡인 《完貞記》와 《玉鐲記》傳奇도 있었으나 지금은 실전되었다. 이런 변화를 거쳐서 淸代에는 彈詞로 개작되었으며, 또한 花部 亂彈의 京劇으로도 무대에 올려졌다. 玉堂春 이야기는 淸代에 여러 장르를 통해 상당히 유행했음을 알 수 있다.

《新刻繡像玉堂春》으로 彈詞의 체제를 살펴보면, 4권 32회로 되어 있으며 매 권의 앞에는 4자 혹은 8자 구절로 된 開場詩가 있다. 또한 산문이 운문보다 많이 있으며, 3인칭 서술의 형식을 취하고 있다. 노래부분은 3・7의 10자구로 되어 있고 5언으로 된 것도 있는데 이런 형식은 鼓詞와 비슷하다.[98]

彈詞 《玉堂春》은 明나라를 시대적 배경으로 삼았으며, 기녀 玉堂春과 관료의 아들인 王鼎(順聊)의 이별과 만남의 이야기를 담고 있다. 王鼎은 아버지의 명을 받들고 서울에 빚을 받으러갔다가 그곳의 명기 玉堂春을 만나 서로 사랑에 빠진다. 또한 山西의 義俠 方爭과 친구가 된다. 세도가 嚴世凡은 강제로 玉堂春을 시집오게 하려고 흉계를 꾸미다가 方爭에게 맞고 쫓겨난다. 한편 王鼎은 가진 걸 모두 잃고 기생어미한테 쫓겨난다. 그러나 玉堂春은 계획을 짜서 王鼎을 다시 기생집으로 오게 하여 그녀가 숨겨두었던 금은보석을 챙겨가게 한다. 그후 王鼎이 집에 돌아가자 아버지는 아들의 행동이 단정하지 못했다고 집안에 가둔다. 方爭은 의협심을 발휘해 玉堂春을 기방에서 빼내 山西地方으로 데리고 돌아간다. 方爭의

---

98) 盛志梅, 《淸代彈詞硏究》 (濟南 : 齊魯書社, 2008), 449쪽.

처는 간통하다 발각될까 두려워 남편을 독살하고, 玉堂春에게 그 죄를 뒤집어 씌워 감옥에 갇히게 한다. 나중에 王鼎은 과거에 급제하여 명성을 날리고, 山西의 관리로 부임해 간다. 여기서 그는 친히 玉堂春 사건을 조사하여 무죄로 풀어주고, 方爭의 처와 간통한 자를 죽인다. 王鼎은 결국 玉堂春과 혼인해 행복하게 살았다.

《玉堂春》의 주요 판본은 다음과 같다.

1) 《新詞李調眞本玉堂春全傳》, 24권 4책 회는 나누지 않음, 淸 乾隆年間 (1736~1795) 刊本.
2) 《新刻玉堂春》, 16권 2책, 淸 步雲閣 刻本.
3) 《繪圖玉堂春》(一名 《新刻繡像玉堂春》), 4권 4책 32회, 上海 共和書局 石印本.
4) 《繡像說唱玉堂春》, 4권, 鑄記書局 石印本.

이화여대 소장본인 《繡像說唱玉堂春》은 4권 4책으로 되어 있으며, 삽화가 있는 石印本이다. 이 판본은 鑄記書局에서 淸末에서 民國 初期에 간행된 것으로 보인다.

《玉堂春》은 彈詞를 비롯하여 여러 장르의 작품들이 있으나 국내 유입 기록이 전혀 없다. 《繡像說唱玉堂春》의 유입 시기는 확정할 수 없으나 그 간행연도를 볼 때, 朝鮮 말기에 유입된 것으로 보인다.

書名	出版事項	版式狀況	一般事項	所藏處/所藏番號
繡像說唱玉堂春	鑄記書局, (19??)	4卷4冊, 中國石印本, 有圖(圖2張), 15×9㎝, 四周單邊, 半郭: 13.2×8.2㎝, 無界, 16行38字, 上黑魚尾		梨花女子大學校 [고]812.3 수61설

4) 玉釧緣

《玉釧緣》의 작자는 알 수 없으나, 제31권 첫머리에 있는 '女把紫毫編異句, 母

將玉諾結寫奇言。篇篇就心加勝，事事俱成意倍欣'이라는 구절을 보면 모녀가 함께 썼음을 알 수 있다. 작가의 생평은 알 수 없으나 杭州 출신일 가능성이 크다.99) 또한 정확한 창작 연대는 알 수 없으나 대략 淸나라 초기의 작품으로 추정된다.

현존하는 《玉釧緣》의 최초 刊本은 '西湖居士'가 道光22年(1842)에 '序'를 쓴 《新刻玉釧緣全傳》이다. 32권 24책의 '文會堂' 刻本의 序文에는 '道光二十二年歲次壬寅西湖居士偶書於京邸之靜觀齋鐫'라고 썼는데, 모녀의 筆寫本을 모본으로 해서 西湖居士가 간행한 것임을 알 수 있다.

文會堂 刻本의 속표지에는 '再生緣前本玉釧緣 文會堂新鐫'라고 했으며, 《再生緣》100)의 작가 陳端生(1751~1796)은 《玉釧緣》을 이어서 쓴 것이라고 밝히고 있다. 그래서 彈詞 연구자들은 《玉釧緣》·《再生緣》·《再造天》을 삼부작으로 보고 있다. 이중 《再生緣》은 유입되어 번역까지 되었고, 《再造天》은 유입된 판본과 기록이 없어서 유입 여부를 알 수 없다.

彈詞는 실제 공연을 바탕으로 출간한 것과 작가들이 彈詞의 형식을 모방해서 창작한 독서용으로 구분된다. 후자는 '彈詞小說' 혹은 '擬彈詞'라고 부르는데, 《玉釧緣》은 이것의 가장 초기의 작품으로 추정된다. 장편의 《玉釧緣》은 공연 彈詞의 문체적 특징들도 구비하고 있는데, 운문은 7언 위주이고 사이사이 백화로 된 산문들이 섞여 나온다. 또한 卷은 나누어져 있으며 回目은 서두에만 나열해 놓고 실제 작품에는 나누어져 있지 않다.101)

《玉釧緣》의 '내용은 비교적 간략하고 문자는 질박하다. 하지만 필법이 세련된 것이 특징이다. 가정에서의 일사, 전쟁의 장면 등에 대한 묘사가 세련되고 핍진하여 읽는 이로 하여금 그 상황 속으로 빠져들게 한다.'102) 《玉釧緣》의 이야기와 서사는 당시 성행하던 才子佳人 소설의 필법을 따랐다.

《玉釧緣》은 謝玉輝가 일곱 여성들과 겪는 혼사장애와 결연을 주된 내용으로 하고 있다. 謝玉輝는 薛美暎과 약혼했는데, 동생 謝湘娥와 약혼녀 둘은 모두 궁중으로 뽑혀 들어가게 된다. 그러자 謝玉輝는 자신이 여자로 변장하고 謝湘娥를 가

---

99) 鮑震培, 《淸代女作家彈詞硏究》, （天津：南開大學出版社, 2008）, 210쪽.
100) 陳端生과 《再生緣》에 대해서는 본서의 《再生緣》해제를 참고할 수 있다.
101) 鮑震培, 《淸代女作家彈詞硏究》, （天津：南開大學出版社, 2008）, 85쪽.
102) 이춘희, 〈淸代 文化와 女性 彈詞小說 作家(詩壇 상황과 作家意識의 단면)〉, （《한국고전여성문학연구》제3집, 2001）, 237쪽.

장해서 궁중으로 들어간다. 궁중 암투에서 謝玉輝는 朱妃가 모해하려던 태자를 구하여 이 공로로 여장을 하고 궁에 들어온 죄를 면하게 된다. 한편 謝湘娥는 남장을 하고 謝玉輝로 가장하여 과거에서 장원급제하여 오빠와 만난다. 朱妃의 오빠 朱亮은 金나라와 결탁하여 반란을 일으키고, 그러자 문무장원으로 급제한 謝玉輝는 원수로 임명되어 그들을 토벌하러 간다. 謝玉輝는 전투에서 패한 뒤에 曹神仙의 도움으로 목숨을 구하고 그에게 도술을 배운다. 천자는 친히 반란을 평정하러 나섰다가 잡힐 위기에 처한다. 이때 謝玉輝가 천자를 구하고 반란군과 연합한 金나라 군대를 무찌른다. 결국 謝玉輝는 이 과정에서 연을 맺은 여인들과 모두 좋은 결말을 맺는다.

《玉釧緣》은 淸代에 꾸준히 유행하여 여러 차례 출판되었는데, 그 주요 판본들은 다음과 같다.

1) 《新刻玉釧緣全傳》, 32권 24책, 侯蘭 改訂, 道光22年(1842) 西湖居士 序, 같은 해 文會堂 新鐫의 木版本.
2) 《玉釧緣全傳》, 32권 32책, 道光22年(1842) 木版本.
3) 《新刻玉釧緣全傳》, 32권 30책, 西湖居士 撰, 道光22年(1842) 文會堂 木版本.
4) 《玉釧緣全傳》, 32권 64책, 道光22年(1842) 西湖居士 序, 道光 年間 靜觀齋 木版本.
5) 《新刻玉釧緣全傳》, 32권 64책, 西湖居士 撰한 道光22年(1842) 靜觀齋本을 善成堂에서 다시 찍음.
6) 《新刻玉釧緣》, 32권 32책 234회, 大文堂 木版本.
7) 《玉釧緣全傳》, 32권 64책 234회, 北京 學庫山房 刊本.
8) 《新刻玉釧緣全傳》, 32권 32책 회를 나누지 않음, 北京 學庫山房 木版本.
9) 《新刻玉釧緣全傳》, 32권 6책, 淸末 石印本.
10) 《眞本七言彈詞玉釧緣》, 32권 32책 36회, 筆寫本.

韓國學中央研究院 소장본은 서명이 《新刻玉釧緣全傳》이고 32권 64책이므로 '善成堂'에서 위에 소개한 5)의 '靜觀齋' 판본을 다시 찍은 것과 동일한 판본으로 추정된다. 또 圓光大學校 소장본은 32권 23책으로 되어 있는데, 서명이 같은 《新

刻玉釧緣全傳》은 24책으로 된 판본 밖에 없으므로 落帙일 가능성이 크다.

《玉釧緣》의 국내 유입 기록은 없으나, 한글 번역본인 《지싱연젼》에 《옥쳔연》을 이어 썼다는 내용이 있다.[103] 그러나 이것은 陳端生의 《再生緣》을 번역한 내용이므로 국내 유입 기록으로는 볼 수 없다. 또한 《玉釧緣》은 번역되지 않았거나 번역본이 남아 있지 않기 때문에 언제 유입되었는지는 확정할 수 없다. 그러나 韓國學中央研究院 판본에는 '李王家圖書之章'라는 도장이 찍혀 있으므로 1907년 이전에는 朝鮮에 유입되었음이 확실하다.

書名	出版事項	版式狀況	一般事項	所藏處/所藏番號
新刻玉釧緣全傳	西湖居士(淸)著, 道光22年(1842)	32卷64冊, 中國木版本, 有圖, 17.4×11.2cm, 四周單邊, 半郭：11.9×9cm, 無界, 10行22字, 註雙行, 上黑魚尾, 紙質：綿紙	裏題：玉釧緣, 序：道光二十二年(1842)歲次壬寅西湖居士偶書, 印：李王家圖書之章	韓國學中央研究院 4-235
新刻玉釧緣全傳	刊寫者未詳, 刊寫年未詳	32卷23冊, 中國木版本, 有圖, 17.4×11.8cm, 四周雙邊, 半郭：15.3×10.7cm, 無界, 22行42字, 上黑魚尾, 紙質：竹紙	版心題：新輯繡像玉釧緣, 表題：繡像玉釧緣全傳, 序：道光二十二年(1842)西湖居士	圓光大學校 AN823.6-ㅅ7 82ㅅ

5) 再生緣

《再生緣》의 작가는 陳端生(1751~1796)과 梁德繩(1771~1847) 두 사람인데, 陳端生이 제1권에서 제17권까지 쓰다가 끝마치지 못하고 죽자 梁德繩이 나머지 3권을 써서 전체 20권으로 작품을 완성했다. 陳端生은 杭州의 출신의 여류시인으로, 친가는 관료집안이었으며 외가도 명문 귀족이어서 어려서부터 문학적인 소양을 쌓을 수 있는 환경에서 자랐다. 陳端生은 18세인 乾隆33年(1768)에 《再生緣》을 쓰기 시작해서 21세에 제16권까지를 완성했다. 그녀는 어머니가 죽자 오랫동안 작품을 중단했다가 乾隆49年(1784)에 겨우 제17권을 창작했을 것으로 추정된다.[104] 梁德繩은 杭州의 유명한 여류시인으로, 《再生緣》을 보고 높이 평가

---

103) 이재홍·김영·박재연 교주, 《지싱연젼(上)》 (이회문화사, 2005), 1쪽.

하다가 51세 전후의 嘉慶末이나 道光初에 이어 쓰기 시작했다.[105]

《再生緣》은 《玉釧緣》의 후속편이며, 《玉釧緣》의 남자주인공 謝玉輝와 여자주인공들이 윤회하여 다시 인연을 맺는 이야기이다. 陳端生은 《玉釧緣》·《再生緣》·《再造天》 삼부작의 중간 고리 역할을 담당했다. 그녀는 자신의 독자들을 규방의 친구나 나이든 여성으로 한정했고, 10여 년 동안 중단했던 창작활동을 여성 독자들의 요구로 다시 시작하여 17회를 완성했다. 당시에 미완성본인 17회의 《再生緣》은 筆寫本의 형태로 유전되었으며,[106] 그녀는 익명성을 고수했기 때문에 생전에 《再生緣》을 출판하지 않았다. 《再生緣》은 陳端生의 생전에도 유행했고, 사후에는 판각되어 출판됨으로써 전파를 확대했으며, 또한 후대에는 각종 공연물로도 각색되어 많은 인기를 끌었다. 이와 같은 《再生緣》의 대중적인 인기는 여성으로 재상의 지위에 오르고 시아버지와 약혼자를 비롯한 여러 남성들 위에 군림하는 孟麗君의 매력적인 이미지에서 비롯되었다고 할 수 있다.

《再生緣》의 최초 刊本은 道光元年(1821)에 香葉閣主人이 序를 쓴 《再生緣全傳》이다. 香葉閣主人은 侯芝(1768전후~1830)[107]이며, 그녀는 彈詞 출판에 참여하여 《錦上花》를 개정했고, 또 《再生緣》을 개정하고 서문을 집필했으며, 그 외 《金閨傑》(《再生緣》의 개작)을 집필했으며, 또한 《再造天》도 창작했다.[108] 그러므로 《再生緣》은 여성 작가가 창작한 작품으로, '여성에 의해 출판된' 최초의 작품이다.

《再生緣》은 모두 20권 80회이고, 매 1권은 4회로 구성되어 있으며, 회목은 7언으로 되어 있다. 거의 60만자에 달하는 작품으로 기본적으로는 7언 排律로 되어 있고, 평측이 엄격하고 轉韻과 대구 또한 자연스럽다. 또 중간 중간의 서술부

---

104) 작자에 대해서는 아직까지 여러 가지 설이 있으나, 본 해제에서는 다음 논문을 참고했다. 朴在淵, 〈낙선재본 再生緣傳에 대하여〉(《中國學硏究》 第7輯, 1992.10.), 158~164쪽.
105) 鮑震培, 《淸代女作家彈詞硏究》 (天津：南開大學出版社, 2008), 226쪽.
106) 崔琇景, 〈淸代 女性彈詞에 나타난 여성적 글쓰기의 한 양상(陳端生을 중심으로)〉(《中國語文學》 第30號, 2005.2.) 이 논문은 다음 책에 실린 것을 인용했다. 장경남·이재홍·김영 교주, 《再生緣傳(下)》(이회문화사, 2005), 11쪽.
107) 侯芝의 생졸년은 학자들 간에 약간의 차이가 있는데, 본 해제에서는 다음 책을 따랐다. 鮑震培, 《淸代女作家彈詞硏究》 (天津：南開大學出版社, 2008), 226쪽.
108) 후지의 彈詞 출판과 관련된 내용은 다음 글을 참고했다. 최수경, 〈19世紀 前期 侯芝의 彈詞 출판과 그 의미〉(《中國小說論叢》 第33輯, 2011.4.)

분과 대화 역시 속되지 않고 간결하다. 하지만 梁德繩의 후반부 3권은 詩體가 달라지며, 평측이 일정하지 않고 산만하다. 또한 서술부분의 문체도 장황하게 늘어진다.[109] 서사구조는 開卷詩-卷首段落-前卷要約-本文-卷尾段落 등으로 되어 있다. 그 중 권수와 권미에 있는 내용은 작가가 창작을 진행하는 동안 일상의 계절, 기후, 그리고 자질구레한 상황을 기록해놓은 것이다. 이런 기록인 '自敍'는 公演彈詞나 일반 강창에서는 볼 수 없는 것인데, 예인이 아닌 작가가 문자로 창작한 彈詞의 특징으로 볼 수 있다.[110]

《再生緣》은 元나라를 시대적 배경으로 삼았으며, 전체 이야기는 전반부와 후반부로 나눌 수 있다. 전반부는 여주인공 孟麗君과 남주인공 皇甫少華와의 약혼, 이를 질투한 고관의 아들 劉奎璧의 모함으로 인한 皇甫 집안의 몰락과 수난, 강제 혼인을 피하기 위한 孟麗君의 남장과 가출, 과거를 통한 孟麗君의 관직 진출, 孟麗君의 도움을 받은 皇甫少華의 재기, 劉奎璧 집안의 몰락 등이 펼쳐진다. 10권 마지막 부분에서 劉奎璧이 죽고 남녀주인공이 악인과 대결하던 구도가 끝나고, 11권부터는 孟麗君 대 기타 등장인물 간의 갈등 구도로 변한다. 皇甫少華는 孟麗君 이외에 劉奎璧의 누이동생 劉燕玉과 결혼하고, 孟麗君은 남장을 하고 皇甫少華와 혼인을 약속했던 蘇映雪과 결혼한다. 후반부의 孟麗君은 고관의 지위에 오르면서 자신의 공적 지위를 잃고 싶지 않아서 결혼을 거부하고 평생 남성으로 살기로 결심한다. 그녀는 의심하는 가족과 皇甫 집안의 사람들을 철저히 속이며 여성으로의 귀환을 거부한다. 결국 孟麗君은 작품이 끝날 무렵에 가서야 자신의 성별을 밝히고 皇甫少華의 아내가 된다.[111]

《再生緣》은 淸代 널리 유행한 작품으로 여러 차례 출판되었는데, 그 주요 판본들은 다음과 같다.

1) 《再生緣全傳》, 20권 20책 80회, 道光元年(1821) 香葉閣主人 序, 道光 年間 寶寧堂 木版本.

---

109) 朴在淵, 〈낙선재본 再生緣傳에 대하여〉(《中國學硏究》 第7輯, 1992.10.), 162쪽.
110) 이춘희, 〈淸代 文化와 女性 彈詞小說 作家(詩壇 상황과 作家意識의 단면)〉(《한국고전여성문학연구》 第3輯, 2001.12.), 238~239쪽.
111) 줄거리의 요약은 다음 글을 참고했다. 崔琇景, 〈淸代 女性文學에 표현된 女性性 탐구(彈詞를 중심으로)〉(《中國小說論叢》 第22輯, 2005.9.), 322쪽.

第2章   中國彈詞의 版本目錄과 解題   169

2) 《再生緣》, 道光2年(1821) 寶仁堂 木版本.
3) 《再生緣全傳》, 20권 40책, 陳端生 撰, 香葉閣主人 校, 道光30年(1850) 寶寧堂 木版本.
4) 《再生緣全傳》, 20권 40책, 陳端生 著, 道光30年(1850) 善成堂 木版本.
5) 《再生緣全傳》, 20권 40책, 陳端生 撰, 梁德繩 續, 道光元年(1821) 侯芝 序, 咸豊2年(1852) 經畬堂 重刻本.
6) 《再生緣全傳》, 20권 20책, 陳端生 撰, 同治10年(1871) 右經堂 木版本.
7) 《再生緣全傳》, 20권 20책 80회, 陳端生 撰, 侯芝 改編, 同治11年(1872) 右經堂 木版本.
8) 《再生緣全傳》, 20권, 侯香葉 編, 光緒2年(1876) 世德堂 重刊本.
9) 《再生緣全傳》, 10권, 陳端生 撰, 侯芝 改編, 光緒2年(1872) 文福樓 木版本.
10) 《再生緣全傳》, 20권, 光緒2年(1872) 松盛堂 重刊本.
11) 《再生緣全傳》, 20권 32책, 陳端生 撰, 光緒2年(1872) 文聚堂 藏板.
12) 《再生緣全傳》, 20권 20책, 陳端生 撰, 光緒17年(1891) 宏道堂 木版本.
13) 《再生緣全傳》, 20권 20책, 陳端生 撰, 梁德繩 續, 光緒17年(1891) 學庫山房 藏板.
14) 《繡像全圖再生緣全傳》, 20권 17책 80회, 陳端生 撰, 光緒21年(1895) 筆記書局 石印本.
15) 《繡像全圖再生緣全傳》, 20권 20책 80회, 陳端生 撰, 光緒31年(1905) 永記書莊 石印本.

《再生緣》은 위의 판본 이외에도 淸末에서 民國年間에 걸쳐 上海의 여러 출판사에서 石印本으로 출판되었다.

이화여대 소장본인 《繪圖龍鳳配再生緣全傳》은 廣益書局에서 8권 8책의 石印本으로 간행되었다. 전남대 소장본인 《繡像全圖再生緣全傳》은 錦章圖書局에서 20권 10책의 石印本으로 간행되었다. 박재연 소장본인 《再生緣》은 鑄記書局에서 30권 20책의 石印本으로 간행되었다. 이 판본들은 모두 간년 미상이지만 그 출판사들은 모두 上海에 소재를 두고 淸末에서 民國年間에 걸쳐 출판 활동을 벌였다. 그러므로 이 판본들은 淸末에서 民國年間에 간행된 것들이다. 그런데 《再生

緣》은 1884년경에 한글로 번역된 筆寫本이 있는데, 위의 판본들은 이것의 모본이 아닌 것으로 보이며, 이보다 이른 판본이 있었을 것으로 보인다.

《再生緣》은 우리나라에서 《지싱연젼(再生緣傳)》이란 이름으로 朝鮮時代에 번역되었다. 모두 52권 52책으로 되어 있고, 매 권 90~100매, 매 면 10행, 매 행은 17~20자이며, 총 매수가 대략 5,600면에 이르는 飜譯筆寫本이다. 《지싱연젼》은 高宗 때인 1884년에 李鍾泰에 의하여 번역되어 낙선재로 들어간 다수 중국소설 중의 하나일 가능성이 많고 현재 유일본이 한국학중앙연구원 장서각도서 소장되어 있다. 낙선재 筆寫本 《지생연젼》은 원문이 거의 모두 번역되어 있는데, 줄거리 전개에 있어서 축약이 많은 편이다112). 그런데, 서두와 끝부분에 언급된 작가 자신의 이야기는 거의 모두 번역에서 제외되어 있다. 원제목인 '再生緣'에 '傳'자를 첨가한 것은 한국 고전소설의 표제를 본뜬 것으로 볼 수 있다.

書名	出版事項	版式狀況	一般事項	所藏處/所藏番號
繪圖龍鳳配再生緣全傳	著者未詳, 廣益書局, 刊年未詳	8卷8冊(缺本, 冊1-5, 7-8), 有圖(圖7張), 15×9cm, 四周雙邊, 半郭:12.4×8.2cm, 無界, 18行42字, 上黑魚尾	版心題: 龍鳳配再生緣	梨花女子大學校 [고]812.3 회 315
繡像全圖再生緣全傳	編著者未詳, 上海, 錦章圖書局, 淸朝末-民國初	20卷10冊, 中國石印本, 有圖, 20.1×13.4cm, 四周雙邊, 半郭:17.8×11.6cm, 無界, 25行55字, 花口, 上下向黑魚尾, 紙質:竹紙	版心題: 繪圖再生緣全傳, 序:道光元年(1821) 仲秋上澣日書香葉閣主人稿, 刊記:上海錦章圖書局印行	全南大學校 3Q-수51-v.1-10
再生緣	鑄記書局	30卷20冊, 中國石印本		朴在淵
지싱연젼 再生緣傳	刊寫地未詳, 刊寫者未詳, 刊寫年未詳	52卷52冊, 한글筆寫本, 28.2×18.8cm, 無郭, 無絲欄, 無版心, 10行17~20字, 紙質:楮紙	表題:再生緣傳, 印:藏書閣印	韓國學·中央硏究院 K4-6843

---

112) 이재홍·김영·朴在淵 교주, 《지생연젼(상)》, (이회문화사, 2005). 머리말, 1-40쪽 참조.

6) 錦上花

《錦上花》는 앞부분이 《錦箋緣》이고 뒷부분은 《金冠記》인데, 두 작품이 합본된 작품이며 작자는 미상이다. 최초의 刊本은 嘉慶18年(1813)에 北京 善成堂에서 판각한 것이다. 이 책에는 '修月閣主人'의 '序'가 있는데, 《錦箋緣》와 《金冠記》를 개편한 원인과 상황을 설명하고 있다. 修月閣主人은 우연히 《錦箋緣》와 《金冠記》를 읽었는데, 줄거리도 허술하고 문맥도 잘 통하지 않아서 전면적으로 수정하였다고 한다. 修月閣主人은 민간에 떠돌던 공연 彈詞의 筆寫本을 구해서 읽고 두 작품을 합쳐서 출판하기 위해 전면적인 개작을 한 듯하다.

修月閣主人은 侯芝라는 설이 있는데, 그녀가 《再生緣》의 서문에서 '최근 네 종류를 개작했는데 《錦上花》는 이미 출판되었다.(近改四種, 錦上花業已梓行.)'라고 한 것을 근거로 제시했다.[113] 그러나 譚正璧과 盛志梅는 이 설을 부정하고 있다.[114]

《錦箋緣》와 《金冠記》는 따로 출판된 적이 없는데, 둘은 개별적으로 유통된 것이 아니라 《錦上花》로 개작 합본된 출판본이 유통됐음을 알 수 있다. 하지만 두 작품이 동일한 저자가 지은 것인지는 알 수 없다. 체제는 7언 혹은 8언으로 된 回目이 있으며 매 회는 두 개의 回目이 있다. 또한 7언으로 구성된 '唱本'인데, 인물을 각색에 따라 나누어 표시하지 않았고, 노래인 唱과 대사인 白을 구분하여 표시하지도 않았다.

《錦上花》는 宋나라 仁宗 때의 재상 王曾을 주인공으로 삼았으며, 그와 그 자손들의 혼인 이야기를 허구적으로 구성했다. 전반부의 《錦箋緣》은 王曾이 '劉舜英'이라는 이름이 써진 비단 편지를 줍는 것으로 시작된다. 나중에 그는 劉舜英과 여러 곡절을 겪고 만나서 결혼을 한다. 중간에는 그가 전쟁 때문에 생각지도 않게 遼나라 공주와 高月英을 첩으로 얻는다는 내용도 들어 있다. 후반부 《金冠記》의 내용은 王曾의 여러 아들이 혼인 과정에서 겪는 이야기이다. 金冠은 맏아들 王鐸

---

113) 최수경, 〈19世紀 前期 侯芝의 彈詞 出版과 그 意味〉, (《中國小說論叢》第33輯, 2011.4.), 150쪽.
114) 譚正璧, 《中國女性文學史》, (天津 : 白花文藝出版社, 2001), 379쪽. 盛志梅, 《清代彈詞研究》(濟南 : 齊魯書社, 2008), 96쪽.

과 宋蘭仙의 정혼의 신표인데, 그녀는 이를 분실하고 나중에는 금관을 매개로 두 사람이 여러 과정을 거쳐 만나게 된다. 그 중간에 王鐸은 몇몇 미녀와 결혼을 한다. 그 이외에 셋째아들 王澤과 기녀 丁采仙의 곡절 있는 연애 이야기가 덧붙어 있다. 이 작품은 才子는 정이 깊고 佳人은 정절을 지킨다는 흔한 이야기이다.

《錦上花》의 주요 판본들은 다음과 같다.

1) 《錦上花》, 8책 48회, 修月閣主人 撰, 嘉慶18年(1813) 北京 善成堂 木版本.
2) 《錦上花》, 6책 48회, 修月閣主人 撰, 嘉慶18年(1813) 修月閣主人 序, 嘉慶19年(1814) 木版本.
3) 《錦上花》, 12책 48회, 修月閣主人 撰, 道光5年(1825) 維揚 同文堂 木版本.
4) 《錦上花》, 12책 48회, 修月閣主人 撰, 道光30年(1850) 北京 善成堂 木版本.
5) 《錦上花》, 6책 48회, 修月閣主人 撰, 淸代 北京 善成堂 重刊本.
6) 《錦上花》, 12책 48회, 修月閣主人 序, 同治10年(1871) 寶樹堂 木版本.
7) 《錦上花》, 8책 48회, 修月閣主人 撰, 同治12年(1873) 北京 善成堂 木版本.
8) 《錦上花》, 6책 48회, 修月閣主人 撰, 同治12年(1873) 學餘堂 木版本.
9) 《繡像錦上花全傳》, 24권 12책 48회, 修月閣主人 撰, 同治13年(1874) 學餘堂 木版本.

위의 판본 이외에도 民國年間에 石印本으로 출판된 판본들도 있다.

《錦上花》 최초의 刊本은 嘉慶18年(1813)에 北京 善成堂에서 판각한 것인데, 이후 善成堂에서는 이 책을 여러 차례 출판했다. 서울대 중앙도서관 소장본은 중국 寶樹堂에서 출판된 것인데, 중국에는 아직 발견되지 않았다.[115] 같은 곳에서 나온 《錦上花》는 同治10年(1871)의 것으로 48회 12책으로 되어 있어서 서울대 소장본 8책과는 다른 판본임을 알 수 있다. 朴在淵 소장본은 서지사항이 간략해서 정확히 어떤 판본인지 알 수 없다. 그런데 12책으로 출판된 것은 1825년의 維揚 同文堂, 1850년의 善成堂, 1871년의 寶樹堂, 1874년의 學餘堂 판본이다. 그래서 박재연 소장본은 이중 하나이거나 혹은 중국에서 발견되지 않은 새로운 판본일 가

---

115) 盛志梅는 民國 이후의 판본들을 포함하여 총 16종을 제시했는데, 그중 서울대 소장본은 없다. 盛志梅, 《淸代彈詞硏究》(濟南: 齊魯書社, 2008), 329~331쪽.

능성도 있다.

《錦上花》는 국내 유입 기록이 없어서 언제 어떻게 유입되었는지는 알 수 없다. 그리고 박재연 소장본 대부분은 朝鮮時代에 유입된 판본이 아니라 후에 중국에서 구입한 것이라 한다.

書名	出版事項	版式狀況	一般事項	所藏處/所藏番號
錦上花	修月閣主人 序, 寶樹堂, 同治1年(1862)	48回8冊, 中國木版本, 有圖, 17.6×11.7cm, 四周單邊, 半郭 : 12.2×8.9cm, 無界, 10行20字, 上下向黑魚尾	標題 : 繡像錦上花, 序 : …嘉慶…修月閣主人 序, 繡像(前圖後贊)8葉	서울大學校 中央圖書館 3477 611~618
錦上花	嘉慶癸酉(1813), 脩月閣藏板	48回12冊, 中國木版本, 上下函	袖珍本	朴在淵

7) 珍珠塔

《珍珠塔》은 一名 《九松亭》이라고도 하는데, 清代에 매우 유행했던 작품이며, 판본 또한 50여종에 이를 정도로 많다. 《珍珠塔》은 明代에 이미 唱本이 있었다고 한다. 그런데 대개 연행하던 彈詞는 예인 스스로 엮은 저본이며 여기에는 자신의 이름을 기록하지 않았다. 이런 저본들을 근거로 坊刻本을 찍어낼 때는 대체로 유명한 예인들의 이름을 빌려 간행했다.116) 《珍珠塔》도 이런 전승과정을 거쳤는데, 민간에서 유행한 공연 彈詞로 여러 차례 강창예인들에 의해 개편이 이루어졌다. 《珍珠塔》의 원작자는 알 수 없으나, 馬春帆이 개편하여 연출했다고 전해지기도 한다.117)

《珍珠塔》은 여러 가지 판본이 있는데, 주로 세 계통으로 나뉜다. 최초의 刊本인 《孝義眞蹟珍珠塔全傳》이 그중 하나인데, 24회본으로 乾隆46年(1781)에 周殊士가 개편한 것이다. 그는 서문에서 方元音이 18회까지 개정하다가 완성하지 못하고 죽자 자신이 24회로 증보했다고 썼다. 이 판본은 '周殊士補本'이라고 불린

---

116) 朴在淵, 〈진쥬탑해제〉, 《진쥬탑》(학고방, 1995), 4쪽.
117) 車錫倫·周良, 《寶卷·彈詞》(審陽 : 春風文藝出版社, 1999), 63쪽.

다. 다른 하나는 서명이 《新刻東調珍珠塔》으로 되어 있고, 20회본으로 兪正峰이 편찬했으며, 嘉慶14年(1808)에 吟餘珏에서 간행했다. 이 판본에는 嘉慶元年(1796)에 玉泉老人이 쓴 발문이 있는데, 여기서 兪正峰이 근래 彈詞 네 편을 편찬했으며 그중 《珍珠塔》이 가장 주옥같다고 했다. 또 하나는 道光2年(1822) 蘇州 經義堂에서 《珍珠塔彈詞》라는 서명으로 간행되었으며, 4권 56회로 되어 있다. 여기에는 周殊士와 陸士珍 두 사람의 編評과 鴛水主人이 嘉慶19年(1814)에 쓴 서문이 있는데, 이 판본을 周·陸編評本이라고 부른다. 이상의 세 가지 판본은 回目이 각기 다르고 주요 등장인물의 이름도 약간씩 다르며, 또한 내용에도 차이가 있다.

많은 彈詞들이 남녀 간의 애정이야기를 제재로 삼았는데, 《珍珠塔》은 권력과 돈을 중시하는 사회를 비판하는 내용이 주를 이룬다. 《珍珠塔》은 다양한 계층의 인물들을 등장시켜, 그들의 말과 행동을 통해 인물들의 모습을 세밀하게 묘사해서 당시의 사회상을 잘 보여준다. 또한 당시 대중의 구어와 속담을 잘 구사했는데, 이를 통해 당시의 생활 습관과 풍속을 이해할 수 있다. 《珍珠塔》은 재미있는 줄거리와 선명한 인물 성격, 익살맞은 언어 등을 통해 민중들에게 널리 환영을 받은 작품이다.[118]

주인공인 서생 方卿은 재상 집안에서 태어났으나, 아버지를 일찍 여위고 집이 몰락하여 가난하게 살았다. 사정이 여의치 않자 어머니는 고모에게 돈을 꾸러가라고 그를 보낸다. 그곳에서 고모는 方卿을 냉대하여 그가 떠나게 한다. 그러나 친척누이 陳翠娥은 그를 불쌍히 여겨 떠나기 전에 동정하여 몰래 진주옥탑을 준다. 또한 고모부인 陳璉은 떠나던 方卿을 '九松亭'까지 따라가 딸과의 결혼을 허락한다. 그리고 나서 方卿은 홀로 길을 가다가 위험에 처하는데, 畢雲顯이 목숨을 구해준다. 그는 方卿에게 과거 공부를 하도록 독려하고, 자신의 누이동생 畢繡金과의 결혼도 주선한다. 고모의 박대를 받은 方卿은 더욱 발분하여 공부에 열중한다. 결국 方卿은 과거시험에 장원으로 합격해 陳翠娥와 畢繡金 둘과 결혼한다. 고모는 이를 계기로 方卿과 화해하고, 方卿은 어머니를 모시고 온가족이 화목하게 살게 된다.

---

118) 朴在淵, 〈진쥬탑해제〉, 《진쥬탑》(학고방, 1995), 6~7쪽.

《珍珠塔》은 50여종의 판본이 있으며, 民國 이전 간행된 주요 판본들은 다음과 같다.

1) 《孝義眞蹟珍珠塔全傳》, 6권, 周殊士 改編, 乾隆46年(1781) 刊本.
2) 《新刻東調珍珠塔》, 4권 4책, 舊刊本.
3) 《新刻東調珍珠塔》, 20회, 兪正峰 編, 嘉慶14年(1808) 吟餘珏 刊本.
4) 《珍珠塔彈詞》, 4권 8책 56회, 嘉慶19年(1814) 鴛水主人 序, 道光2年(1822) 經義堂 刊本.
5) 《繡像珍珠塔》, 4권 12책 56회, 陸士珍 撰, 嘉慶19年(1814) 序, 飛春閣 刻本.
6) 《繡像珍珠塔》, 6책 24회, 道光13年(1833) 無錫 方來堂 刻本.
7) 《珍珠塔》, 道光15年(1835) 無錫 三益齋 刻本.
8) 《珍珠塔》, 1책, 道光20年(1840) 上海 寶賢堂 刊本.
9) 《孝義眞蹟珍珠塔》, 6책 24회, 周殊士 撰, 道光23年(1843) 愛蓮堂 藏板 刻本.
10) 《孝義眞蹟珍珠塔》, 6책 24회, 周殊士 序, 道光27年(1847) 恒德堂 刻本.
11) 《珍珠塔》, 道光29年(1849) 維揚 三槐堂 刊本.
12) 《珍珠塔》, 2책, 道光年間 筆寫本.
13) 《珍珠塔》, 6책, 咸豊元年(1851) 刊本.
14) 《珍珠塔》, 6책, 咸豊8年(1858) 寧郡 汲古齋 刊本.
15) 《秘本新時雅調繡像珍珠塔》, 6책 24회, 山陰 周殊士 識, 同治6年(1867) 鐫, 嘉郡 麟玉山房 藏板.
16) 《繡像孝義眞蹟珍珠塔》, 6권 6책 24회, 陸士珍 撰, 同治8年(1869) 無錫 方來堂 重刊本.
17) 《孝義眞蹟珍珠塔》, 24회, 同治12年(1873) 筆寫本.
18) 《珍珠塔》, 周殊士(懷周主人) 改編, 同治年間 刊本.
19) 《孝義眞蹟珍珠塔全傳》, 6책 24회, 周殊士 識, 光緒3年(1877) 杭州 小酉堂 刻本.
20) 《繡像孝義眞蹟珍珠塔》, 6권 6책, 周殊士 撰, 光緒8年(1882) 方來堂 刊本.
21) 《珍珠塔》, 光緒13年(1887) 無錫 方來堂 刊本.
22) 《繡像孝義眞蹟珍珠塔》, 6권 6책, 光緒15年(1889) 無錫 三益齋 刻本.

23) 《珍珠塔》, 4책, 光緒17年(1891) 上海書局 石印本.
24) 《繡像珍珠塔全傳》, 42권 8책 84회, 四明顧曲散人 校編, 光緒18年(1892) 上海書局 鉛印本.
25) 《秘本九松亭》, 12권 4책 24회, 光緒18年(1892) 上海書局 石印本(友樂軒 판본을 근거로 찍어냄).
26) 《繪圖馬調珍珠塔》, 4책 24회, 馬如飛·吉卿甫 著, 光緒18年(1892) 上海書局 石印本(위의 제10)의 恒德堂 판본과 같음.
27) 《繪圖孝義眞蹟珍珠塔》, 4권 4책 24회, 馬如飛 撰, 光緒20年(1894) 上海書局 石印本.
28) 《全圖珍珠塔全傳》, 30권 8책 60회, 道光2年(1822) 鴛湖逸史 序, 光緒21年(1895) 四明顧曲散人 重校, 光緒21年(1895) 上海書局 刊本.
29) 《珍珠塔》, 光緒22年(1896) 刊本.
30) 《孝義眞蹟珍珠塔》, 4권 10책 24회, 馬如飛 著, 光緒22年(1896) 上海書局 石印本.
31) 《繪圖馬調珍珠塔》, 30권 10책 60회, 光緒28年(1902) 福記書局 石印本.
32) 《馬調珍珠塔》, 4책, 光緒28年(1902) 上海書局 石印本.
33) 《馬調珍珠塔》, 4책, 光緒年間 筆寫本.
34) 《珍珠塔》, 光緒年間 玉積山房 刊本.
35) 《珍珠塔全傳》, 6책 24회, 山陰 周殊士 編, 筆寫本.
36) 《繡像孝義眞蹟珍珠塔》, 6권 6책, 周殊士 重編, 方來堂 刻本.

국내에 유입된 중국 판본은 한국학중앙연구원에 2종이 있고, 서울대 중앙도서관에 1종이 있다. 한국학중앙연구원 소장본 1종은 서명이 《繡像珍珠塔》으로 되어 있는데, 1책의 낙질본으로 63장만 남아 있다. 이 판본의 출판사항은 모두 미상이고 목활자본으로 간행되었으며, 版心名은 《珍珠塔》으로 되어 있다. 다른 1종도 서명은 《繡像珍珠塔》으로 되어 있으며, 4권 5책으로 되어 있다. 이 판본의 낙질본으로 제1책이 빠져 있는 듯하며, 그래서 출판사항이 모두 미상인데, 木版本인 것으로 보아 淸代에 간행되었을 것이다.

서울대 중앙도서관 소장본 《繡像孝義眞蹟珍珠塔》은 6권 6책 24회로 구성된

木版本이다. 이 판본은 無錫의 方來堂에서 己巳年에 간행되었는데, 己巳年이란 간행년도를 1869년으로 추정하고 있다. 無錫의 方來堂에서는 《珍珠塔》을 여러 차례 간행했는데, 위에서 소개한 6)·16)·20)·21)·36)의 판본들이 그것이다. 그런데 1869년에 같은 서명으로 간행된 판본이 있으므로, 己巳年은 1869년이 맞으며 위의 16)과 같은 판본으로 보인다.

《珍珠塔》은 奎章閣과 韓國學中央研究院에 각각 번역본이 있는데, 후자를 낙선재본이라 한다. '奎章閣本은 군데군데 먹칠로 지운 부분과 수정한 부분이 있어 번역 初古本임을 알 수 있으며 낙선재본은 이 奎章閣本을 다시 깨끗하게 정사한 것이다. …… 고어나 고문체가 거의 보이지 않는 것으로 미루어 高宗21년(1884) 경에 李鍾泰 등 문사 수십인을 동원하여 번역할 때 이루어진 것으로 추정된다.' 한글 번역본은 바로 이 周·陸編評本의 번역이다.[119] 이 작품은 국내에 유입된 기록이 없으나, 번역되기 전인 1884년 이전에는 그 모본인 중국의 판본이 유입되었을 것이다.

書名	出版事項	版式狀況	一般事項	所藏處/所藏番號
繡像珍珠塔	編著者未詳, 刊寫地未詳, 刊寫者未詳, 刊寫年未詳	1冊(缺帙, 61張), 18.6×11.3cm, 木活字本, 四周單邊 半郭：15.8×8.8cm, 無界, 11行21字, 無魚尾, 紙質：竹紙	板心書名：珍珠塔	韓國學 中央研究院 K4-6994
繡像珍珠塔	編者未詳, 清朝年間	4卷5冊(卷1~4), 中國木版本, 18.6×11.2cm, 四周單邊 半郭：15.5×8.5cm, 有界, 11行21字, 紙質：綿紙	表題：珍珠塔, 內容：8回-48回, 連續本落秩未詳. 唱劇小說	韓國學 中央研究院 C4-232
繡像孝義眞蹟珍珠塔	無錫, 方來堂, 己巳(1869?)	24回6卷6冊1函, 中國木版本, 有圖, 18×11.6cm, 左右雙邊, 半郭：13.7×8.5cm, 無界, 11行24字, 花口, 上下向黑魚尾	標題：繡像珍珠塔, 版心題：繡像九松亭, 目錄題：繡像孝義眞蹟珍珠塔全傳, 引：…世云山陰周殊士作 毘陵青霄居鵬程校閱 己巳孟夏無錫方來堂重刊	서울大學校 中央圖書館 3477 39

---

119) 朴在淵,〈진쥬탑해제〉,《진쥬탑》(학고방, 1995), 1쪽과 5쪽.

진쥬탑 (珍珠塔)	作者未詳, 寫年未詳	10卷10冊, 筆寫本, 28.1×19.9㎝, 無絲欄, 9行19行, 註雙行, 紙質：楮紙	表題：珍珠塔, 印：藏書閣印	韓國學 中央研究院 4-6845
珍珠塔	編者未詳, 刊地未詳, 刊者未詳, 19世紀末	13卷5冊, 宮體筆寫本, 32.8×21.1㎝	한글본	서울大學校 奎章閣 [奎]11440

8) 一箭緣

이 작품은 一名 《一線緣》 이라고도 한다. 중국에 현존하는 최초의 판본은 竹齋主人이 지은 것이다. 이 책은 竹齋主人이 嘉慶15年(1810)에 序를 쓰고 嘉慶23年(1818)에 새로 판각한 것으로 4권 16회로 되어 있으며 全集이 아닌 《一線緣》 의 前集이다.

전집과 후집으로 구성된 최초의 판본으로는 嘉慶23年(1818) 環秀主人가 '自序'를 쓰고 같은 해에 環秀閣에서 새로 판각한 것이며, 8권 32회 총 8책으로 되어 있다. 이 책은 一名 《時調秘本彈詞一箭緣傳》 이라고도 한다. 環秀主人의 본명과 생평에 대해서는 잘 알려진 바가 없다. 이 작품은 운문과 산문, 즉 대화와 노래로 구성되어 있고, 대화는 蘇州 方言을 사용했다.

《一箭緣》 은 《風箏誤》 라는 彈詞의 후속편으로 볼 수 있으며, 《風箏誤》 의 주인공인 韓芳의 아들 韓撰之와 濮陽燕의 사랑 이야기가 중심 내용이다. 濮陽燕의 본명은 飛娥로 남장을 하고 같은 학당에서 韓撰之와 함께 공부한다. 濮陽燕은 오리를 사냥하다가 활을 쏘는데 빗맞은 화살을 오리가 물어간다. 이 화살에는 '濮陽飛娥'라고 새겨져 있었는데, 韓撰之가 우연히 이것을 줍는다. 그는 이것 때문에 그녀가 여자임을 의심하고 濮陽燕에게 진실을 듣게 된다. 그일로 인하여 그는 그녀에게 구혼하고 飛娥의 어머니에게 허락을 받는다. 후에 韓撰之는 장원급제하는데, 간신 吳翰侯는 자기 딸을 그에게 시집보내려고 한다. 韓撰之가 이를 거절하자 吳翰侯는 앙심을 품고 그를 오랑캐 토벌대장으로 추천한다. 그는 전쟁에서 친구의 도움으로 공을 세우고, 나중에 吳翰侯를 징벌하고 고향으로 돌아와 결혼한다.

《一箭緣》 의 주요 판본은 다음과 같다.

1) 《一箭緣》, 4권 16회, 竹齋主人 撰, 嘉慶15年(1810) 竹齋主人 序, 嘉慶23年 (1818) 新鐫 木版本.
2) 《繡像一箭緣全傳》, 8권 8책 32회, 環秀主人 著, 環秀主人 自序, 嘉慶23年 (1818) 環秀閣 新刻 木版本.
3) 《一箭後緣》, 環秀主人 撰, 環秀主人 序, 嘉慶23年(1818) 環秀閣 木版本.
4) 《繡像一箭緣全傳》, 8권 8책 32회, 光緒年間 環秀閣 木版本.

서울대 중앙도서관 소장본인 《繡像一箭緣全傳》은 環秀閣에서 간행한 8권 8책의 木版本인데, 前集은 嘉慶23年(1818)에 新鐫하고 後集은 道光元年(1821) 新鐫한 것으로 되어 있다. 이 판본은 서로 다른 해에 판각한 前集과 後集을 한데 묶어 간행한 것임을 알 수 있다.

이 작품은 국내 유입 기록이 없어서 언제 어떻게 유입되었는지는 알 수 없으나 대략 朝鮮末期에 유입된 것으로 보여 진다.

書名	出版事項	版式狀況	一般事項	所藏處/所藏番號
繡像一箭緣全傳	著者未詳, 刊地未詳, 環秀閣, 嘉慶 23年-道光 1年(1818-1821)	8卷8冊, 中國木版本, 18×10.9㎝, 有圖, 上下單邊, 左右雙邊, 半郭: 15.9×8.3㎝, 無界, 10行20字, 花口, 上下向黑魚尾	表題(卷1): 時調秘本彈詞一箭緣傳, 表題(卷5): 時調秘本彈詞一箭緣後傳, 卷1-4는 嘉慶成寅年(1818년) 新鐫한 것이고, 卷5-8은 道光元年(1821년) 新鐫한 것임. 序: 嘉慶二十三年(1818년) …環秀閣主人	서울大學校 中央圖書館 3464-28-1-8

9) 雙珠鳳

현존하는《雙珠鳳》의 중국 최초 刊本은 嘉慶17年(1812) '飛春閣'에서 간행한 것으로 '80回'이며 '一葉主人'이 '撰'했다고 한다. 또한 같은 해 '一葉主人'이 '著'했다는 '80卷'의 刻本도 있다. '一葉主人'은 이름과 본적 그리고 생평 모두 알 수 없다.

同治2年(1863) '淨雅書屋'에서 간행한 《南詞雅調繡像雙珠鳳全傳》의 '序'에는 '同治癸亥冬日海上一葉道人識'이라고 했는데, 이것으로 보면 '一葉道人'은 원작자가 아니라 정리해서 重刊한 사람임을 알 수 있다.120) 《雙珠鳳》이야기는 嘉慶壬申年(1812) 이전에 유전되었으며 藝人들에 의해 彈唱되다가 一葉道人에 의해 정리 출간되었을 것으로 추정된다.121) 이 작품의 다른 장르로는 寶卷과 鼓詞도 있으며, 京劇과 중국 각지의 地方戱도 있다.

1863년 '淨雅書屋'에서 간행한 《南詞雅調繡像雙珠鳳全傳》으로 체제를 살펴보면, 책의 앞쪽에는 삽화 24폭이 들어 있다. 노래를 할 때는 등장인물을 표시했으며, 生・旦・淨・丑 등으로 구분했다. 대사와 노래를 구분해서 밝히고 있으며, 노래는 7언 혹은 3・7구식의 10언으로 되어 있다. 이 작품은 전체적으로 민간의 색채가 농후한데, 노래가사 역시 민간의 영향을 많이 받은 것으로 보여 진다.

《雙珠鳳》은 文必正과 霍定金 사이에 벌어지는 사건을 주된 내용으로 삼았다. 洛陽의 수재인 文必正은 아버지를 여의고 어머니의 명을 받아 南陽으로 빚을 받으러 간다. 그는 우연히 사부 霍天榮의 딸인 霍定金을 보고 아름다운 그녀에게 반한다. 그래서 자기 스스로 몸을 팔아 霍氏 집안의 종으로 들어가, 기회를 틈타 그녀에게 사랑하는 마음을 토로한다. 결국 두 사람은 몰래 결혼을 약속한다. 그런데 文必正의 어머니는 아들이 죽었다는 헛소문을 듣고 슬퍼하다 죽는다. 이튿에 삼촌 부부는 그 집안의 재산을 가로채고, 조카가 다시 돌아온 것을 보고는 그를 독살하려고 한다. 그런데 자기 아들이 도리어 독배를 먹고 죽자, 文必正에게 누명을 씌워 감옥에 가둔다. 현령은 뇌물을 받고 감옥에서 文必正을 독살하려고 하지만, 옥지기가 그를 도망치게 도와준다. 한편 霍定金은 부모가 周氏에게 시집가게하자 시녀와 남장을 하고 京城으로 도망친다. 그녀는 그곳에서 황제의 눈에 들게 되자 文必正의 옥사 전말을 밝히고 그를 신원한다. 상황이 이렇게 되자 삼촌부부는 결국 처형된다. 文必正은 나중에 연이어 세 번 장원으로 합격하고, 霍定金과 만나서 결혼하게 된다. 文必正은 霍定金 이외에도 그녀의 시녀를 첩으로 삼고 모두 여섯 명과 결혼하여 해로한다.

---

120) 盛志梅, 《淸代彈詞硏究》 (濟南 : 齊魯書社, 2008), 390~391쪽.
121) 鄭大雄, 〈彈詞・鼓詞 比較硏究〉(韓國外大 碩士論文, 1989), 67쪽.

中華民國 이전에 간행된 주요 판본은 다음과 같다.

1) 《繡像雙珠鳳全傳》, 80회, 一葉主人 撰, 嘉慶17年(1812) 飛春閣 木版本.
2) 《繡像雙珠鳳全傳》, 80권 12책, 一葉主人 著, 嘉慶17年(1812) 序 木版本.
3) 《繡像雙珠鳳全傳》, 80권 12책(합 6책), 道光9年(1829) 醉月軒 木版本.
4) 《雙珠鳳雅調》, 80회, 道光13年(1833) 流霞閣 木版本.
5) 《雙珠鳳》, 一葉主人 撰, 道光25年(1845) 流霞閣 木版本.
6) 《南詞雅調繡像雙珠鳳全傳》, 12권 12책 80회, 同治2年(1812) 一葉主人 序, 같은 해 淨雅書屋 梓 木版本.
7) 《雙珠鳳》, 16권 64회, 光緒6年(1880) 莫嫠 散仙居士 筆寫本.
8) 《繡像雙珠鳳全傳》, 12권 12책 80회, 光緒18年(1892) 淨雅書屋 梓 木版本.
9) 《繡像雙珠鳳全傳》, 12권 12책, 儉閑外史 序, 光緒18年(1892) 重刊本.
10) 《繡像雙珠鳳全傳》, 12권 6책 80회, 一葉主人 撰, 光緒21年(1895) 上海書局 石印本.

《雙珠鳳》은 위의 판본 이외에서 民國年間에 10종의 石印本이 출판되었다.

성균관대 소장본 《繡像雙珠鳳全傳》은 12권 80회 12책이며, 同治2年(1863)의 '序'가 있지만, 같은 해를 간행 연도로 확정할 수는 없어 보인다. 왜냐하면 同治2年(1863)의 '序'가 있는 판본의 서명은 《南詞雅調繡像雙珠鳳全傳》으로 되어 있어서 서로 서명이 다르기 때문이다. 성균관대 소장본 《繡像雙珠鳳全傳》은 《南詞雅調繡像雙珠鳳全傳》의 판본을 同治2年(1863) 이후에 서명을 바꿔 다시 출판한 것으로 보인다. 경희대 소장본 《繡像雙珠鳳全傳》은 출판사항이 모두 미상이라서 어떤 판본인지 특정할 수 없고, 民國年間의 石印本일 수도 있다.

《雙珠鳳》은 국내 유입 기록이 없어서 언제 어떻게 유입되었는지는 알 수 없다. 성균관대 소장본은 木版本으로 경희대 소장본보다 이른 시기의 것으로 朝鮮 말기에 유입된 것으로 보인다.

書名	出版事項	版式狀況	一般事項	所藏處/所藏番號
繡像雙珠鳳全傳	撰者未詳, 淸同治2年(1863) 序	11卷11冊(卷3 1冊缺), 中國木版本, 19.3×10.7cm, 四周單邊, 半郭：16×8.7cm, 無界, 11行21字, 上黑魚尾, 紙質：綿紙	裏題：繡像雙珠鳳, 版心題：雙珠鳳, 序：同治癸亥(1863)冬日海 上一葉道人題	成均館大學校 D7C-54
繡像雙珠鳳全傳	著者未詳, 刊寫地未詳, 刊寫者未詳, 刊寫年未詳	12卷6冊, 16cm, 有圖, 四周雙邊, 半郭：14×9cm, 無界, 22行47字, 上下向黑魚尾		慶熙大學校 812.3-수52

10) 玉連環

　《玉連環》은 朱素仙이 쓴 76회로 된 彈詞이며, 一名 《鍾情傳》이라고도 한다. 朱素仙의 號는 '雲間女史'라고 했으므로 雲間(지금의 江蘇省 松江縣) 지역 출신의 여성 작가임은 알 수 있으나 자세한 생평은 불확실하다. 최초의 刻本은 1805년에 雨亭主人이 '序'를 쓴 《繡像玉連環》으로 추정되며 판각한 곳은 알 수 없다. 譚正璧은 이 '序'를 근거로 작가의 생졸년을 1736년 전후~1795년 전후로 추정하고 있다.[122] 《繡像玉連環》은 筆寫本으로 전해지는 것을 판각해서 출판했으므로 창작연대는 대략 1795년 이전일 것이다.

　《玉連環》은 서명이 같고 내용이 다른 작품이 있다. 위와 다른 내용의 《玉連環》은 光緖22年(1896)에 작자는 알 수 없고 沈家珍이 '序'를 쓴 上海書局의 石印本이다. 이 작품은 趙雲卿과 白賽花, 李翠英의 결혼 이야기인데, 국내에 유입된 梁琪의 이야기를 다룬 《玉連環》과는 제목만 같을 뿐 내용은 전혀 다른 작품이다.

　《玉連環》은 光緖25年(1899)에 《繪圖新刊鐘情傳》이란 서명으로 上海書局에서 石印本으로 출간되었다. 그런데 《第一新書鐘情傳》 혹은 《第一奇書鐘情傳》이란 책이 국내에 유입되었는데, 이것은 모두 《金甁梅》의 異名이며 《玉連環》과는 관계가 없다.

　女性 彈詞는 거의 모두 노래(운문)인 '唱'과 서술자가 이야기하는 '表'로 구성되

---

122) 譚正璧, 《中國女性文學史》(天津：百花文藝出版社, 2001), 400쪽.

어 있고, 연극처럼 등장인물이 이야기하는 '白'은 없다. 女性 彈詞인 《天雨花》·《再生緣》·《筆生花》 등도 이렇게 구성되어 있다. 公演 彈詞는 위의 세 요소 '唱', '表', '白'을 모두 가지고 있는데, 女性 彈詞인 《玉連環》은 다른 女性 彈詞들과 달리 公演 彈詞처럼 구성되어 있다.123) 雨亭主人의 '序'에 따르면, 朱素仙은 '노년에 이르러 맹인의 彈詞를 아주 좋아했는데, 자주 太倉項金姊를 청해서 여러 大家의 전설을 연주하며 노래하게 했다.(至晚年, 極愛盲詞. 常邀太倉項金姊彈唱 諸家傳說)'124) 이러한 상황으로 보아 太倉項金姊는 朱素仙과 친척이며 彈詞를 공연하는 藝人이었을 가능성이 높다.125) 그래서 朱素仙은 실제로 공연되는 彈詞에 익숙했으며 女性 彈詞의 체제가 아닌 公演 彈詞의 체제로 《玉連環》을 창작했을 것이다. 형식뿐만 아니라 내용 또한 여성 彈詞의 작가들과는 달리 낭만적이기보다는 현실적이고, 일상생활의 인정세태를 많이 묘사했다.126)

《玉連環》은 주인공 梁琪가 王文彩·謝惠心과 겪는 연애와 결혼에 관한 이야기이다. 또한 梁琪의 여동생 梁紅芝는 남편 孫皓를 도와 방탕함을 뉘우치게 한다. 그리고 사촌 동생인 梁俊이 夏淑秀와 겪은 이별과 만남에 대해서도 이야기했다. 梁琪는 결국 관직이 승상까지 오르고 孫皓와 梁俊도 모두 진사에 합격해서 고관이 된다. 이야기는 이렇게 세 집안이 모두 명예와 부귀는 누리는 것으로 결말을 맺고 있다.

《玉連環》의 주요 판본은 다음과 같다.

1) 《繡像玉連環》, 8책, 雲間 朱素仙 著, 樵雲山人 訂, 釣月山人 校正, 雨亭主人 序, 木版本.
2) 《繡像玉連環》, 8권 8책, 朱素仙 著, 嘉慶10年(1805) 環春閣 木版本.
3) 《繡像玉連環》, 8권 4책, 朱素仙 撰, 嘉慶10年(1805) 木版本.
4) 《繡像玉連環》, 8권 8책 76회, 朱素仙 撰, 樵雲山人 訂, 釣月山人 校正, 嘉慶10年(1805) 亦芸書屋藏板.

---

123) 譚正璧, 《中國女性文學史》(天津：白花文藝出版社, 2001), 399~400쪽.
124) 譚正璧, 《中國女性文學史》(天津：白花文藝出版社, 2001), 400쪽에서 재인용.
125) 譚正璧, 《中國女性文學史》(天津：白花文藝出版社, 2001), 401쪽. 鮑震培, 《清代女作家彈詞研究》(天津：南開大學出版社, 2008), 233쪽.
126) 鮑震培, 《清代女作家彈詞研究》(天津：南開大學出版社, 2008), 233쪽.

5) 《繡像玉連環》, 8권 8책 76회, 朱素仙 撰, 樵雲山人 訂, 釣月山人 校正, 道光3年(1823) 亦芸書屋 木版本.

6) 《繪圖新刊鐘情傳》, 8권 8책 76회, 素仙女士 手編, 雨亭主人 序, 光緒25年(1899) 上海書局 石印本.

7) 《新增繡像玉連環彈詞》, 4책, 上海書局 石印本.

《玉連環》의 刊本 5)는 樵雲山人이 '訂'하고, 釣月山人이 '校正'하고, 雨亭主人이 '序'를 쓴 木版本이다. 이 책은 道光3年(1823)에 '亦芸書屋'에서 간행했는데 8권 8책 76회로 되어 있다. 성균관대 소장본은 이것과 동일한 것으로 보이는데, 출판한 곳이 '藝芸書屋'으로 되어 있다. 필자가 참고한 문헌에 따르면, 이 작품은 '藝芸書屋'이 아닌 '亦芸書屋'에서 간행되었고,127) 통속소설을 발행한 書坊에도 '藝芸書屋'이 아예 없는 것128)으로 보아 '藝'는 '亦'의 오자인 듯하다.

이 작품은 국내 유입 기록이 없어서 언제 어떻게 유입되었는지 알 수 없으나 대략 朝鮮末期에는 유입되었을 것으로 추정된다.

書名	出版事項	版式狀況	一般事項	所藏處/所藏番號
繡像玉連環	朱素仙(淸)著, 藝芸書屋, 淸嘉慶10年(1805) 刻 後刷	8卷8冊, 中國木版本, 有圖, 18.2×10.7㎝, 左右雙邊, 半郭: 15.7×8.7㎝, 無界, 11行21字, 上黑魚尾, 紙質: 綿紙	裏題: 玉連環傳, 序: 龍飛嘉慶十年歲次乙丑(1805)…雨亭主人, 刊記: 嘉慶乙丑年(1805)新鐫藝芸書屋藏板	成均館大學校 D7C-55

11) 三笑新編

《三笑新編》은 吳毓昌이 개편한 彈詞이다. 그의 字는 信天이고 金山 張堰(지금의 江蘇省 金山縣) 출신이다. 吳毓昌은 원래 서당 선생이었으나 나중에 강창 예인

---

127) 盛志梅, 《淸代彈詞研究》(濟南: 齊魯書社, 2008), 443~444쪽. 鮑震培, 《淸代女作家彈詞研究》(天津: 南開大學出版社, 2008), 233쪽.
128) 王淸原, 牟仁隆, 韓錫 編纂, 《小說書坊錄(修訂本)》(北京: 北京圖書館出版社, 2002).

으로 생업을 바꿨으며, '三笑'이야기를 공연하여 이름을 날렸다. 그는 비파 연주에 뛰어났으며, 또한 연기하고 노래하는 것도 입신의 경지에 이르렀다. 그의 창작태도는 엄숙하여 원래 '三笑'이야기의 음란한 줄거리들을 모두 삭제했다. 《三笑新編》은 희극적인 스타일이 돋보이며, 또한 주인공 唐寅과 秋香의 인물 형상화에도 성공을 거두었다.129)

현존하는 최초의 판본은 吳信天이 '編'한 《三笑新編》으로 嘉慶7年(1802) 蘇州 吟香書屋에서 간행되었다. 이 판본은 光緖4年(1878)에 周均이 '評'을 한 48회 12책으로 된 《繡像三笑新編》으로 重刊된다. 이 판본으로 체제를 살펴보면, 2언의 回目이 있으며 또한 '開篇'(강창에서 이야기를 들려주기 전에 부르는 노래의 가사)이 있는데 唐詩를 이용하여 노래 구절을 만들었다. 본문에서는 인물들의 역할인 脚色을 명기했고, 또한 인물들이 등장할 때는 '引'자를 쓰고 曲牌를 이용했다.

'三笑'이야기는 실존인물인 明代 唐寅(1470~1523)을 주인공으로 그의 풍류와 연애를 허구적으로 구성한 이야기이다. 唐寅의 字는 伯虎이고 號는 六如居士이며, 江蘇省 吳縣 출신이다. 1498년 鄕試에 합격하였으나 관리로서는 불운했는데, 벼슬에서 물러난 후에 蘇州에 은거하여 시와 술을 벗 삼아 살았다고 한다. 唐寅과 秋香의 이야기는 1624년의 《警世通言》에 나오는데, 이때는 이미 그가 죽은 후 상당한 시간이 지난 때이므로 그의 이야기는 이미 민간에서 유행하고 있었다고 볼 수 있다. '三笑'이야기는 민간에서 유행하던 唐寅의 사랑이야기인데, 인물은 실존했지만 내용은 완전히 허구이다.

'三笑'이야기의 다른 판본으로는 《三笑姻緣》이 있고 一名 《點秋香》이라고도 하는데, 乾隆年間(1736~1795)에 《新編重輯曲調三笑姻緣》이란 서명으로 출판되었다. 이야기의 내용은 후대의 것들과 비슷한 형태를 갖추고 있는데, 묘사가 비교적 간략하며 전체 이야기는 14회로 이루어져 있다. '三笑'이야기는 또한 비교적 후대인 光緖14年(1888)에 《笑中緣》이란 서명의 75회본이 간행되었다. 현존하는 '三笑'이야기의 최초 刊本은 嘉慶本 《三笑新編》이 아닌 이 乾隆本 《三笑姻緣》으로 추정된다. 당시 민간에서는 '三笑'이야기가 유행했고 彈詞 예인들은 그것을 개작하여 공연했다. 예인들의 彈詞들 중에서 위의 세 작품은 공연 彈詞를 書坊에서 개작 출판한 판본들이다.

---

129) 盛志梅, 《淸代彈詞硏究》(濟南 : 齊魯書社, 2008), 86~88쪽.

《三笑新編》의 내용은 여주인공 秋香이 세 번 웃음으로써 唐寅와 맺어지는 이야기로 구성되어 있다. 唐寅은 중추절에 虎丘寺에 놀러갔다가 華婦人의 侍婢 秋香을 보고 반해서 자신도 모르게 그녀를 뒤따라간다. 秋香은 唐寅에게 자신을 세 번 웃게 하는 것에 내기를 거는데, 唐寅 그녀의 뜻에 따른다. 唐寅은 華氏 집안에 자신을 팔아 書童으로 들어가서 이름을 華安으로 바꾸고 秋香을 얻으려고 한다. 華虹山은 唐寅에게 둘째아들과 함께 공부하라고 시킨다. 이때 唐寅의 처인 陸昭容은 祝枝山에게 남편을 찾아보라고 하자, 祝枝山은 華氏 집안으로 찾아간다. 祝枝山은 꾀를 내어 華虹山으로 하여금 시비 중 하나를 골라 唐寅과 결혼하도록 만들고, 결국 唐寅은 秋香과 결혼하여 蘇州로 돌아간다.

《三笑新編》의 주요 판본들은 다음과 같다.

1) 《三笑新編》, 吳信天 編, 嘉慶7年(1802) 蘇州 吟香書屋의 木版本.
2) 《繡像三笑新編》, 12집 12책 48회, 嘉慶18年(1813) 木版本.
3) 《繡像三笑新編》, 12집 12책 48회, 吳信天 編, 周均 評, 光緖4年(1878) 重刊本.
4) 《繡像三笑新編》, 12권 12책 48회, 周均 評, 光緖4年(1878) 木版本.

부산대 소장본 《三笑新編》은 12책 중에 앞의 6책이 逸失되어 출판사항을 전혀 알 수 없다. 서명에 '繡像'이 빠진 것을 보면 최초의 刊本이거나 그것을 번각한 것일 수도 있다.

실존인물 '唐寅'은 朝鮮時代 여러 문인들이 언급했고, 唐寅과 秋香의 이야기가 실린 《警世通言》은 趙翼(1579~1655)의 《浦渚集》에 유입 기록이 있다. 그러나 唐寅과 秋香의 허구 서사인 《三笑新編》은 국내 유입 기록이 없어서 언제 어떻게 유입되었는지 알 수 없으나 대략 朝鮮末期에는 유입된 것으로 보인다.

書名	出版事項	版式狀況	一般事項	所藏處/所藏番號
三笑新編	著者未詳, 刊寫地未詳, 刊寫者未詳, 刊寫年未詳	6冊(缺帙:7-12冊 소장), 中國木版本, 19×11.2㎝, 四周單邊, 半郭:15.8×9.5㎝, 無界, 11行22字, 花口, 上下向黑魚尾		釜山大學校 3-12-27

12) 八美圖

《八美圖》는 같은 이름이지만 내용이 전혀 다른 두 작품이 있다. 해제할 것은 柳樹春과 여덟 미녀와의 혼인이야기이고, 다른 하나는 唐寅과 陸昭容 등의 여덟 미녀와의 혼인이야기이다. 이 작품은 唐寅이 주인공인 《八美圖》와 구분하기 위해 '武八美圖' 혹은 '武八美'라고 부르기도 한다.[130]

《八美圖》는 작가를 알 수 없는 彈詞이다. 현존하는 최초의 刊本은 嘉慶24年 (1819)의 60회본 《繡像眞本八美圖》이고 飛春閣에서 간행되었다. 후에 유행한 판본은 同治3年(1864)에 藝香閣에서 처음 간행된 것으로 前集 20회와 後集 29회로 구성되어 있다. 藝香閣 판본으로 체제를 살펴보면, 앞 쪽에 목록이 따로 있고 7언으로 된 回目이 있다. 본문 앞에는 '開篇'(강창에서 이야기를 들려주기 전에 부르는 노래의 가사)이 있고, 그 앞에는 唐詩나 詞가 붙어 있다. 인물이 등장할 때는 '引'자를 썼고, 노래와 대화를 구분해서 표시했다. 노래는 대체로 7언으로 이루어 졌고, 대사는 蘇州 方言이 사용됐다.

이 작품은 明나라를 배경으로 柳樹春과 여덟 미녀와의 혼인이야기를 다루고 있다. 남자 주인공 柳樹春은 무예에 정통한 인물이다. 어느 날 馬昭容이 자신을 팔아서 아버지를 구하려고 하자, 그는 자신의 집에서 대대로 내려오는 흑진주를 저당 잡히고 은전을 얻어 그녀에게 준다. 이를 저당 잡은 華鼎山은 그 진주를 매우 귀하게 여겨 딸에게 보관하라고 준다. 나중에 柳樹春이 은전을 가지고 진주를 다시 찾아 돌아가려고 하는데, 華鼎山 부녀가 되돌려 주지 않자 서로 싸우게 된다. 이때 柳樹春은 뛰어난 무예로 華氏 집안의 사람들을 모두 제압한다. 그러자 華氏의 처 田氏는 자신의 딸이 진주를 좋아한다는 이유로, 자신의 딸과 수양딸 紫釆珍이 柳樹春과 혼인하도록 허락한다. 그리고 결혼예물로 '여덟 미인의 그림(八美圖)'를 주었는데, 그 여덟 미녀는 위의 둘을 제외하고 田素日, 田素月, 張金定, 陸素娥, 陸翠娥, 沈月姑가 그려져 있었다. 이 여인들은 모두 무예를 익혔으며 田氏의 양녀들이었다. 柳樹春은 그림을 보고 여덟 미녀 모두와 결혼을 하고자 한다. 柳樹春은 악당들과 싸우고, 모함을 받아 감옥에 갇히기도 하고, 도적에게 납치당하는 등의 우여곡절을 겪다가 마침내 여덟 미녀와 결혼하게 된다. 나중에 柳樹春은 문무 장원에 급제하여 반란군을 평정하는 공을 세워서 鎭國平西王으로 봉해지고 여

---

130) 盛志梅, 《淸代彈詞硏究》 (濟南 : 齊魯書社, 2008), 271쪽.

덟 미녀와 다시 만나게 된다.

中華民國 이전의 《八美圖》의 주요 판본은 다음과 같다.

1) 《繡像眞八美圖》, 10권 10책 目錄1권 60回, 嘉慶24年(1819) 木版本.
2) 《繡像眞八美圖》, 10권 24책 60회, 嘉禾主人 序, 嘉慶24年(1819) 氣春閣 木版本.
3) 《眞八美圖》, 24책 64회, 嘉慶 年間 飛雲閣 木版本.
4) 《八美圖》, 初集 20권 8책 20회, 同治3年(1864) 芸香閣 木版本.
5) 《八美圖》, 初集 20권 20회, 二集 28권 29회, 총8책, 同治3年(1864) 芸香閣 木版本.
6) 《繡像八美圖》, 前集 20권 20회, 後集 29권 29회, 총6책, 同治3年(1864) 芸香閣 木版本.
7) 《繡像八美圖》, 前後集 총49회, 蕉叶庵(抱眞子)·正心道人 序, 光緒4年(1878) 芸香閣 梓 木版本.
8) 《繡像八美圖》, 前集 20회, 後集 29회, 光緒5年(1879) 抱眞子 序, 같은 해 木版本.
9) 《八美圖》, 前集 20회, 後集 29회, 총6책, 光緒年間 木版本.

《八美圖》는 이외에도 民國年間에 上海 文元書局·全文堂·廣益書局 등에서 石印本으로도 출판되었다.

동아대 소장본인 《繡像八美圖》는 光緒5年(1879)에 抱眞子가 序를 쓴 판본인데, 출판사항이 모두 미상이다. 그러나 序를 쓴 연도와 初集 20회 後集 29회로 구성되어 있는 것을 보면, 위에 소개한 8)의 판본과 동일한 것으로 보인다.

《八美圖》는 국내 유입 기록이 없어서 언제 어떻게 유입되었는지는 알 수 없으나 대략 朝鮮末期에는 유입되었을 것으로 추정된다.

書名	出版事項	版式狀況	一般事項	所藏處/所藏番號
繡像八美圖	編者未詳, 刊寫地未詳, 刊寫者未詳, 刊寫年未詳	初集20卷4冊(後集29卷4冊, 共8冊), 有圖, 15.5×9.9cm, 四周單邊, 半郭：13.3×8.8cm, 無界, 10行23字, 上下向黑魚尾	書名：標題, 目錄題：八美圖, 序：光緒己卯(1879)桃月抱眞子書於瓢城之蕉葉庵	東亞大學校 (3)：12：2-59

13) 碧玉獅

　이 작품의 작가는 알 수 없으며 중국에 현존하는 판본은 하나밖에 없다. 이 《碧玉獅彈詞》는 20권 40회 6책으로 되어 있으며, 嘉慶24年(1819)에 漱芳軒에서 간행되었다. 속표지 제목은 《摘錦彈詞繡像碧玉獅》로 되어 있고, '序言'에는 '嘉慶二十四年歲次己卯桃月望日題秋澄居士書'라고 낙관을 썼다. 목록은 2언으로 되어 있고, 1권은 2회로 구성되었으며, 줄거리와 권련된 삽화가 20폭이 있다. '茶葉名唱句' 등의 '開篇'(강창에서 이야기를 들려주기 전에 부르는 노래의 가사)이 있지만 매회 매권마다 다 있지는 않다. 본문에서는 등장인물을 밝히고, 대화는 '答白', '集白', '表白' 등으로 명기했다.[131]

　성균관대 소장본 《繡像碧玉獅傳》은 20권 6책의 木版本인데, 현존 중국판본과 동일한 것이거나 이것을 번각한 것으로 보인다.

　《碧玉獅》는 국내 유입 기록이 없어서 언제 어떻게 유입되었는지는 알 수 없으나 적어도 朝鮮末期에는 유입된 것으로 보여 진다.

書名	出版事項	版式狀況	一般事項	所藏處/所藏番號
繡像碧玉獅傳	撰者未詳, 清嘉慶24年(1819) 序 後刷	20卷6冊, 中國木版本, 有圖, 18.8×10.9cm, 四周單邊, 半郭: 16.2×9.1cm, 無界, 10行23字, 紙質: 竹紙	序: 嘉慶二十四年歲次己卯(1819)桃月望日題秋澄居士書	成均館大學校 D7C-51

14) 水晶球

　《水晶球》는 작가를 알 수 없고, 최초의 刊本은 1820년에 《時調秘本彈詞水晶球》란 서명으로 출판됐으며, 一名 《繡像水晶球》라고도 한다. 최초의 刊本으로 체제를 살펴보면, 제목은 2언으로 되어 있고, '노래(唱)'와 '대사(白)'는 나누어 명기하였다. 또한 노래가사는 '曲牌'를 이용하였다.

---

131) 盛志梅, 《清代彈詞研究》 (濟南: 齊魯書社, 2008), 287쪽.

《水晶球》는 秀才 王雲과 사촌여동생 張麗卿의 사랑과 결혼 이야기로 구성되어 있다. 王雲은 외삼촌댁의 張麗卿을 보고 사랑에 빠지는데, 외삼촌의 첩인 梅淡芳도 王雲을 좋아하여 문제가 생긴다. 張麗卿이 이를 의심하자 王雲은 하녀인 素琴에게 진상을 설명하여 의심을 풀어준다. 그러자 張麗卿은 그에게 수정 구슬을 주며 몰래 혼인을 약속한다. 그런데 王雲은 素琴과 사통하여 그녀를 임신시킨다. 또한 楊부인의 딸 楊素心은 王雲의 이야기를 듣고 부러워하다 素琴을 방문하여 王雲을 직접 보고 그에게 시집을 가고 싶어 한다. 후에 王雲은 과거에 급제하는데, 황제는 그의 외삼촌에게 옛 공신인 楊大年의 딸 楊素心을 위해 남편을 선발하라고 명하자 王雲을 추천한다. 王雲은 이 결혼을 거절하지만 받아들여지지 않는다. 이 때 金陵에 큰 홍수가 나서 張氏와 楊氏 두 집안이 뿔뿔이 흩어진다. 楊素心은 우연히 王雲의 어머니를 만나 그녀의 집에서 함께 살게 된다. 다른 사람 모두 무사했지만 張麗卿 혼자만은 행방을 알 수 없었다. 결국 王雲은 황제의 명을 받들어 고향에 와서 素琴과 결혼한다. 나중에 王雲은 張麗卿이 백련암에 있다는 걸 알고 집으로 데려와 결혼하여 모두가 한자리에 모인다.

《水晶球》의 현존하는 판본은 2종인데, 최초의 刊本은 《時調秘本彈詞水晶球》이란 서명으로 출판됐으며, 一名 《繡像水晶球》라고도 한다. 이 판본은 38권 8책으로 되어 있고, 嘉慶10年(1805)에 鴛湖悅成主人이 序를 쓰고, 출판은 嘉慶25年(1820)에 悅成閣에서 이루어졌다. 다른 1종의 서명은 《繪圖時調水晶球全傳》으로 되어 있고 4권 4책 17회로 이루어졌다. 道光元年(1820)에 鴛湖悅成主人이 序를 썼으며, 光緖25年(1899) 上海書局에서 石印本으로 출판되었다.

부산대 소장본 《繡像水晶球》는 嘉慶25年(1820)에 鴛湖悅成閣에서 木版本으로 간행한 것으로 되어 있다. 이 판본은 최초의 刊本과 같은 해에 간행되었는데, 서명이 다르고 8책이 아닌 6책으로 되어 있다. 이를 보면 부산대 소장본은 최초의 刊本과 약간의 차이가 있는데, 중국에는 현존하지 않는 판본일 수도 있다.

《水晶球》는 국내 유입 기록이 없어서 언제 어떻게 유입되었는지 알 수 없으나 대략 朝鮮末期에 유입된 것으로 추정된다.

書 名	出版事項	版式狀況	一般事項	所藏處/所藏番號
繡像水晶球	鴛湖悅成閣, 淸嘉慶25年(1820)刊	38卷6冊, 中國木版本, 有圖, 17.5×10㎝, 上下單邊, 左右雙邊, 半郭: 15.5×8.5㎝, 無界, 10行20字, 花口, 上下向黑魚尾, 紙質: 中國紙	表題: 水晶球, 版心題: 水晶球, 標題: 繡像水晶球傳, 序: 嘉慶乙丑(1805)孟秋月…悅成主人識, 刊記: 嘉慶庚辰年(1820)新鐫 鴛湖悅成閣發行	釜山大學校 (芝田文庫)OEC 3-12 20

15) 芙蓉洞

《芙蓉洞》은 陳遇建이 《玉蜻蜓》을 개작한 작품이다. 《玉蜻蜓》은 蘇州의 명문가인 申氏 집안의 이야기를 다루었는데, 그 집안 때문에 공연이 금지되자 《芙蓉洞》으로 개작하였다.132) 《芙蓉洞》에서는 《玉蜻蜓》의 주인공 '申貴升'의 성을 바꿔 '金貴升'이라고 했으며, 일부의 내용도 개편되었다. 陳遇乾은 蘇州 출신의 예인으로 대략 乾隆과 嘉慶年間에 활동한 인물이다. 그는 '崑曲'에 조예가 깊었으며 이를 바탕으로 자신의 彈詞 음악 '陳調'를 만들었다. 그는 이런 공연활동 뿐만 아니라, 나중에는 《義妖傳》·《雙金錠》·《芙蓉洞》 등의 彈詞를 정리하고 개작하였다.133)

이 작품의 최초의 刊本은 10권 40회로 되어 있는 《芙蓉洞全傳》으로 陳遇乾이 짓고, 道光元年(1821)에 楊秋亭이 '序'를 쓴 것이다. 그러나 유행한 판본은 道光6年(1836)에 陳遇乾의 원고에 陳士奇가 평론하고 兪秀山이 교열하고 惜陰居士가 '序'를 써서 重刊한 《繡像芙蓉洞全傳》(10권 40회)이란 서명의 木版本이다. 이것의 체제는 삽화 16폭이 있고, 2언의 회목이 있으며, 蘇州 方言으로 되어 있다.

《芙蓉洞》은 蘇州의 부잣집 자제인 金貴升과 法華庵 비구니 志貞의 사랑이야기로 구성되어 있다. 金貴升은 어렸을 때 부모님을 여위고 노비 王定에 의해 키워진다. 張吏部의 딸인 張秀英을 아내로 맞이했지만 사이가 좋지 않았다. 그래서 金貴升은 法華庵의 여승들과 허물없이 가깝게 지내다 志貞을 사랑하게 되고 임신까

---

132) 鄭振鐸, 《中國俗文學史》(北京: 東方出版社, 1996), 530쪽.
133) 周良, 《蘇州評彈》(蘇州: 蘇州大學出版社, 2000), 15~16쪽.

지 시키게 된다. 金貴升의 성욕은 끝이 없어 결국 병에 걸려 암자에서 죽는다. 金貴升은 일찍이 외숙부의 셋째아들 沈君卿과 사이가 좋았는데, 그가 실종되자 둘째 형이 그를 찾는다고 동생을 속여 芙蓉洞의 은을 차지한다. 志貞은 유복자를 출산하여 다른 비구니에게 아이를 金氏의 집으로 보내달라고 부탁한다. 이 비구니는 그곳으로 가던 중 도적을 만나자 아이를 버리고 도망간다. 이 아이는 어떤 사람이 줍게 되는데, 후에 知府 徐上珍이 자신의 아들처럼 키우게 된다. 이름은 元宰로 지었으며 커서는 과거에 응시해 장원급제한다. 결국에는 사건의 진상이 밝혀져서 元宰는 자신의 어머니가 누구인지 알게 된다. 후에 그는 金氏 집안으로 돌아가서 沈君聊의 딸을 아내로 맞이하여 온 가족이 화목하게 산다.

《玉蜻蜓》은 약 25종의 판본이 있으나, 그 개작본인 《芙蓉洞》 판본은 많지 않다. 그 주요 판본들은 다음과 같다.

1) 《芙蓉洞全傳》, 10권 40회, 陳遇乾 著, 道光元年(1821) 楊秋亭 序, 같은 해 木版本.
2) 《繡像芙蓉洞全傳》, 10권 10책 40회, 陳遇乾 原稿, 陳士奇 評論, 俞秀山 校閱, 惜陰居士가 序, 道光6年(1836) 重刊 木版本.
3) 《繡像芙蓉洞全傳》, 10권 5책, 陳遇乾 著, 淸代 木版本.
4) 《繡像芙蓉洞》, 12권, 道光年間 木版本.
5) 《繡像芙蓉洞全傳》, 10책 40회, 陳遇乾 撰, 淸代 木版本.
6) 《芙蓉洞》, 筆寫本, 卷二(5~8회)만 남아 있음.

부산대 소장본인 《繡像芙蓉洞全傳》은 道光元年(1821) 楊秋亭이 序를 쓴 10권 10책의 木版本이다. 그러나 출판사항에서는 '楊秋亭 著'라고 되어 있는데, 이것은 '序'의 誤記인 것으로 보인다. 이 소장본은 道光元年(1821)의 序가 있지만, 최초의 판본과 서명이 다르므로, 후에 그 판본을 근거로 번각한 것으로 보인다.

《芙蓉洞》은 국내 유입 기록이 없어서 언제 어떻게 유입되었는지 알 수 없으나 대략 朝鮮末期에 유입되었을 것으로 추정된다.

書名	出版事項	版式狀況	一般事項	所藏處/所藏番號
繡像芙蓉洞全傳	楊秋亭 著, 刊寫者未詳, 淸道光1年(1821)序	10卷10冊, 中國木版本, 有圖, 19.2×11cm, 四周單邊, 半郭 : 15×8.8cm, 無界, 10行20字, 花口, 上下向黑魚尾, 紙質 : 畵宣紙	表題 : 芙蓉洞, 序 : 道光元年(1821)杏月…楊秋亭識	釜山大學校 (芝田文庫)OEC 3-12 28

16) 麒麟豹

《麒麟豹》는 淸代 널리 유행했던 《珍珠塔》의 후속편이다. 《麒麟豹》 최초의 刊本은 10권 60회로 된 《繡像說唱麒麟豹全傳》이며, 鴛湖逸史가 지었고 道光2年(1822)에 廢閑主人이 序를 쓰고 같은 해에 觀志閣에서 판각했다. 鴛湖逸史로 서명한 작품은 하나가 더 있는데, 同治6年(1867)에 蓮溪書屋에서 간행한 《十五貫》이다. 이 鴛湖逸史와 廢閑主人은 동일 인물로 보이며, 이 사람은 馬永淸 혹은 馬福淸인 것으로 보인다.134) 그러나 鴛湖逸史는 생평과 출신지를 모두 알 수 없다.

《繡像說唱麒麟豹全傳》의 체제는 목록을 甲, 乙, 丙, 丁, 戊, 己, 庚, 辛, 壬, 癸의 10集으로 나누고, 2언의 回目이 있으며, 매권은 6회로 구성되어 있다. 등장인물의 역할을 밝히고 있고, 인물이 등장할 때는 '引'자를 사용했으며, 인물의 노래와 대사를 명기했다.

《麒麟豹》는 《珍珠塔》의 주인공인 方卿의 아들들에 대한 이야기로 구성되어 있다. 方卿은 간신 羅林이 모해당하여 죽자, 아내 陳翠娥는 자녀와 함께 힘겹게 그의 무덤을 지키며 가난한 생활을 한다. 陳翠娥는 맏아들인 方俊을 시켜 장인과 외삼촌 집에 가서 돈을 빌려오라고 한다. 장인 裘天相은 方俊의 가세가 기운 것을 보고 딸을 시집보낸 것을 후회한다. 그래서 그는 方俊이 집안의 노비를 살해했다고 모함해 살인죄로 기소한다. 그후에 둘째아들 方同은 어머니의 명에 따라 형을 찾으러 길을 떠난다. 그는 우연히 王氏 집안의 정원에서 벌어지는 무예시합에 참가했다가 그 집의 무술스승을 이긴다. 또한 그는 王氏집 정원에 있는 사나운 麒麟

---

134) 盛志梅, 《淸代彈詞硏究》 (濟南 : 齊魯書社, 2008), 366쪽.

豹을 길들여 타게 된다. 그는 뛰어난 무예와 용맹함을 인정받아 王氏의 딸인 王秀英과 통혼한다. 方同은 형이 모함당한 사건을 알고는 裘天相을 심하게 때리고 나서 화를 피해 도망친다. 陳翠娥은 두 아들이 돌아오지 않자 또 딸 方飛龍에게 그들을 찾아오라고 한다. 그녀는 길을 나섰다가 杏花岭에서 도적두목을 죽이고 나서 두목으로 추대된다. 그녀는 우연히 方同을 만나 함께 감옥을 습격해서 方俊을 탈옥시키고 裘天相을 징벌한다. 관병들이 方氏 오누이를 여러 차례 토벌하려 했지만 모두 패한다. 황제는 方卿의 원수 羅林을 참수하여 그들에게 사과하자 그들은 정부에 귀순한다. 呂宋國이 침략하자 方氏 오누이는 황명을 받들어 출정하고, 裘天相의 딸 裘采珍의 도움을 받아 적을 무찌르고 승리한다. 이렇게 공을 세운 뒤 方氏 오누이는 각기 결혼해 오랫동안 부귀영화를 누린다.

《麒麟豹》의 주요 판본은 다음과 같다.

1) 《繡像說唱麒麟豹全傳》, 10권 10책 60회, 鴛湖逸史 撰, 道光2年(1822) 廢閑主人 序, 같은 해 觀志閣 木版本.
2) 《繡像說唱麒麟豹全傳》, 10권 16책 60회, 廢閑主人 撰, 道光4年(1824) 飛春閣 木版本.
3) 《繡像說唱麒麟豹全傳》, 10권 8책 60회, 陸士珍 撰, 道光4年(1824) 飛春閣 木版本.
4) 《麒麟豹》, 10권 10책 60회, 陸士珍 原著, 廢閑主人 編, 道光2年(1822) 廢閑主人 序, 光緒元年(1875) 玉積山房 木版本.
5) 《新增全圖珍珠塔後傳麒麟豹》, 30권 4책 60회, 廢閑主人 撰, 光緒17年(1891) 上海書局 石印本.
6) 《繡像珍珠塔後傳麒麟豹全本》, 30권 8책 60회, 道光2年(1822) 鴛湖逸史 序, 光緒21年(1895) 四明顧曲散人 重校, 같은 해 上海書局 石印本.
7) 《繪圖馬調珍珠塔(繡像珍珠塔後傳麒麟豹全本)》, 30권 10책 60회, 光緒28年(1902) 福記海書局 石印本.

위의 판본들 이외에도 民國年間에 石印本으로 출판된 여러 판본들이 있다.

동아대 소장본 《繡像說唱麒麟豹全傳》은 '陸士珍 著'로 되어 있고, 道光 4年 (1824)에 飛春閣에서 간행한 것이다. 책 수는 다르지만 위에 소개한 3)의 판본과 동일한 것으로 보인다. 부산대 소장본 《繡像說唱麒麟豹全傳》은 출판사항이 자세하지 않아 어떤 판본인지는 특정할 수 없지만, 그 서명과 木版本인 것으로 보아 위의 2)나 3)의 판본으로 보인다. 경북대 소장본인 《新增全圖珍珠塔後傳麒麟豹》라는 서명의 판본은 모두 6개가 존재하는데, 5개 판본은 6책으로 되어 있고 하나의 판본만이 4책으로 되어 있다. 경북대 소장본도 4책인데, 이것은 光緖17年 (1891) 上海書局에서 4책으로 출판된 위의 5)의 판본으로 보인다.

《麒麟豹》는 국내 유입 기록이 없어서 언제 어떻게 유입되었는지는 알 수 없으나 대략 朝鮮末期에는 유입된 것으로 추정된다.

書 名	出 版 事 項	版式狀況	一 般 事 項	所藏處/所藏番號
繡像說唱麒麟豹全傳	淸朝年間 刊	6卷6冊, 中國木版本, 19.5×10.8㎝, 四周單邊, 半郭: 15.6×8.8㎝, 無界, 10行20字, 花口, 上下向黑魚尾, 紙質: 畵宣紙	表題: 麒麟豹, 版心題: 繡像麒麟豹	釜山大學校 (芝田文庫)OEC 3-12 25
繡像說唱麒麟豹全傳	陸士珍(?) 著, 刊寫地未詳, 飛春閣, 道光 4年(1824)	60卷10冊, 有圖, 19×11.3㎝, 四周單邊, 半郭: 15.6×8.9㎝, 無界, 10行20字, 上下向黑魚尾	版心題: 繡像麒麟豹, 標題: 繡像麒麟豹, 表題: 繡像麒麟豹, 刊記: 道光甲申年(1824)秋鐫陸士珍先生原稿珍珠塔續集飛春閣梓	東亞大學校 (3):12: 2-99
新增全圖珍珠塔後傳麒麟豹	刊寫事項 不明	4卷4冊, 中國石印本, 有圖, 14.9×9㎝, 四周單邊, 半郭: 13×8.1㎝, 無界, 20行44字, 上下向黑魚尾	題簽題: 繪圖珍珠塔後傳, 版心題: 全圖珍珠塔後傳	慶北大學校 古812.3 신78

17) 八仙緣

현존하는 《八仙緣》의 중국 최초 판본은 《新刻時調說唱八仙緣》이란 서명으로 간행된 작품이다. 이 판본은 4권 12회 4책으로 되어 있으며, '朱梅庭'이 '撰'했고 '梅庭氏'가 '自序'를 썼다. 이 판본은 '道光乙丑新鐫'이라고 했는데, 道光9년(1829)에 새로 판각한 것으로 보인다. 朱梅庭은 또한 '序'에서 '上海靜觀道人拜撰'이라고 했다. 그러나 朱梅庭은 가계와 본적, 생평 모두 알려진 바 없다.

《繡像八仙緣》으로 체제를 살펴보면, 그림 12폭이 들어 있고 각 1폭마다 '題詠'이 있는데, 앞면에는 그림이 뒷면에는 '題詠'이 있다. 또한 7언의 回目이 있고, 본문은 7언의 노래 가사 위주로 되어 있다. 또한 인물들의 脚色은 구분하지 않았으며, 희곡보다는 소설 형식에 가까운 彈詞이다.

《八仙緣》은 武林 靈林村의 何卓이 무남독녀 何靜蓮에게 남편을 구해주려는 것을 발단으로 삼았다. 그런데 何靜蓮은 꿈을 꾸게 되고 꿈에서 一回道人을 만난다. 그는 그녀에게 복숭아 반쪽을 먹으라고 하면서 강호에서 뛰어난 재주를 가진 사람에게 시집가라고 당부한다. 何靜蓮은 꿈의 내용을 아버지에게 말하고, 何卓을 그녀의 말을 따라 사위를 구한다는 초대장을 써서 각지로 보낸다. 河氏 집안의 사위가 되고자, 과거와 미래의 일을 알 수 있는 능력을 지닌 金重離, 죽은 사람을 회생시킬 수 있는 由木叟, 외모는 괴이하고 추악하지만 바다 밑에 떨어진 바늘도 능히 건질 수 있는 十八子, 구름을 옮겨 해를 가릴 수 있는 神童 湘江子, 활 솜씨가 뛰어난 匡燦然, 황후의 오빠인 曲日華 그리고 꿈에서 본 적이 있는 一回道人 7인이 모여든다. 何靜蓮은 공을 던져 남편을 고르려고 하다가 광풍에 휩쓸리게 되는데, 7인이 신통력을 발휘해서 그녀를 구해낸다. 나중에 7인은 何靜蓮과 함께 모두 신선이 되어 蓬萊 八仙으로 봉해진다.

《八仙緣》의 주요 판본들은 다음과 같다.

1) 《新刻時調說唱八仙緣》, 4권 4책 12회, 朱梅庭 撰, 梅庭氏 自序, 道光9년(1829) 新鐫 木版本.
2) 《繡像八仙緣》, 一名 《新刻時調說唱八仙緣全傳》, 4권 4책 12회, 梅庭氏 編, 同治11년(1872) 耕本堂 鐫 木版本.
3) 《新刻時調說唱八仙緣全傳》, 4권 4책 12회, 梅庭氏 編, 同治11년(1872) 宏德堂 木版本.
4) 《增訂八仙全傳》, 8권 8책, 民國年間의 石印本.

성균관대 소장본인 《繡像八仙緣》은 '朱梅庭 編輯'으로 되어 있고, 道光9年(1829)에 4권 4책의 木版本이다. 이 판본은 道光9年(1829)에 간행되었다고 했는데, 위에 소개한 1)의 판본과는 서명이 달라서 동일 판본이라고 단정할 수 없다. 또한 《繡像八仙緣》의 서명으로 출판된 것은 위의 2)의 판본인데 이것과 같은 판본인지도 단정할 수 없다. 《八仙緣》은 아마도 위의 1)의 판본을 번각한 것으로 보인다.

　　《八仙緣》은 국내 유입 기록이 없어서 언제 어떻게 유입되었는지는 알 수 없으나 朝鮮末期에 유입된 것으로 보여 진다.

書 名	出版事項	版式狀況	一般事項	所藏處/所藏番號
繡像八仙緣	朱梅庭 編輯, 淸道光9年(1829) 刊	4卷4冊, 中國木版本, 有圖, 16.5×10.6㎝, 四周單邊, 半郭: 12.1×8.7㎝, 無界, 8行20字, 小黑口, 上黑魚尾, 紙質: 綿紙	書名: 裏題에 의함, 序: 上海靜觀道人拜撰, 刊記: 道光己丑(1829)新鐫, 寓春居士藏板	成均館大學校 D7C-57

18) 天寶圖

　　《新刻天寶圖》는 一名 《英雄奇緣傳》이라고도 한다. 이 작품의 최초 刊本은 道光10年(1830)에 '隨安散人'이 '序'를 쓰고 '蓮溪書屋'에서 木版本으로 간행되었다. 그러나 '隨安散人'은 이름과 본적 및 생애에 대하여 알려진 바가 없다.

　　李夢生은 《天寶圖》는 소설 《天豹圖》가 나온 이후 단시간 내에 彈詞로 개편된 것이라고 주장했다.135) 그는 廈門 '豊勝書房'에서 嘉慶19年(1814)에 간행된 책을 근거로 이런 주장을 했지만, 이미 乾隆41年(1776)에 '飛春閣'에서 《天豹圖全傳》이 간행되었고 내용은 彈詞와 같다. 이 판본의 속표지에서 이 작품은 刻本이 없었는데 眞本을 얻어 윤색했다고 밝히고 있다. 盛志梅는 이 판본을 彈詞로 보았는데, 그렇다면 민간에서 유행하던 彈詞를 근거로 해서 《天豹圖》라는 소설로 개

---

135) 李夢生, 《中國禁毁小說白話》(台北: 建宏, 1996), 618쪽.

편되었을 가능성도 있다.

　이 작품의 체제를 芥子園에서 1846년에 간행한 《新刻天寶圖》를 통해 살펴보면, 먼저 목록이 있고 매회의 제목은 그 회의 주요내용을 포괄하는데 字數는 일정하지 않다. 맨 처음에는 7언으로 된 開場詩가 있는데, 초기 彈詞에서 자주 보이는 三皇五帝부터 역사를 늘어놓는 식의 내용이다. 본문 중에는 자주 '淨白', '旦白' 등의 표지가 보이는데, 나중에 가필한 것이다. 본래의 저본은 강창자가 서술하는 형식이었는데, 후에 書商들이 출판을 할 때 작중인물이 말하는 것을 더했을 가능성도 있어 보인다.[136]

　《天寶圖》는 元나라를 시대적 배경으로 삼았으며, 李勇과 李泰 등의 인물들이 간신들을 없애고 악을 응징하여 나라에 충성하고 공을 세워 출세한다는 이야기이다. 李勇은 虎衛에 의해 武當山으로 가서 紅烟을 사부로 모시고 3년간 무예를 배운다. 한편 解元 李泰는 남 돕기를 좋아해서 '孟嘗君'이라 불린다. 당시 부원군 華登雲이 권력을 휘두르고 있었는데, 그의 아들 華子林은 여자를 밝히는 방탕아로 온갖 못된 짓을 저지른다. 施碧霞는 아버지가 죽고 오빠는 병을 얻은 상태에서 자신을 팔아 아버지의 장사를 지내려 한다. 이때 李泰는 은전을 주며 그녀를 돕는다. 후에 華子林은 자신이 李泰라고 속이고 施碧霞와 강제로 결혼하려고 하지만 李泰가 그녀를 구해준다. 결국 그녀의 오빠인 施天國은 병이 완치되어 여동생을 데리고 돌아간다. 한편 施碧霞와 蘇嬌鸞은 기예를 팔아 생계를 유지하고 있었다. 그런데 오빠가 없는 틈을 타서 華氏 집안에서는 蘇嬌鸞을 납치해 혼인을 강요한다. 李勇과 李泰는 蘇嬌鸞을 구출하고 그녀와 施碧霞 둘과 의형제를 맺고 떠난다. 이렇게 李勇과 李泰는 華氏 집안과 원수가 되었기 때문에 여러 차례 모해를 당한다. 華登雲은 자신이 찬위하려고 하다가 실패로 돌아가자 도리어 李泰를 무고해 감옥에 가둔다. 太子는 여러 사람들과 친히 그 사건을 조사하여, 李勇과 蘇氏 오누이, 施氏 오누이 그리고 각 지역의 영웅들을 모아 '天寶圖'를 기치로 내걸고 李泰를 구출한다. 결국 태자는 華登雲의 죄상을 밝히고 재산을 몰수하고 참형에 처한다. 이후 元나라는 高麗에 침략하는데, 李勇과 李泰가 출정하여 대승을 거두고, 그 공으로 왕후에 봉해진다.

　《天寶圖》의 주요 판본들은 다음과 같다.

---

136) 盛志梅, 《淸代彈詞硏究》 (濟南 : 齊魯書社, 2008), 404쪽.

1) 《新刻天寶圖》, 一名 《英雄奇緣傳》, 10권 6책 57회, 道光10年(1830) 隨安散人 序, 蓮溪書屋 木版本.
2) 《新刻天寶圖》, 10권 4책 57회, 道光10年(1830) 序, 木版本.
3) 《天寶圖》, 10권 10책 57회, 道光10年(1830) 隨安散人 序, 經國書屋 木版本.
4) 《天寶圖》, 10권 10책 57회, 道光10年(1830) 善慶堂 木版本.
5) 《新刻天寶圖》, 10권, 道光14年(1834) 芥子園 木版本.
6) 《新刻天寶圖》, 10권 8책 57회, 隨安散人 撰, 道光26年(1846) 木版本, 芥子園 藏板.
7) 《新刻天寶圖》, 10권 10책, 同治4年(1865) 重刊本.
8) 《天寶圖》, 10권 6책, 道光10年(1830) 隨安散人 序, 同治8年(1869) 木版本, 芥子園 藏板.
9) 《天寶圖》, 10책, 隨安散人 著, 同治9年(1870) 木版本.
10) 《天寶圖彈詞》, 6권 56회(5권 5책만 남아 있음), 저자 서명 없음, 筆寫本.

《天寶圖》는 위의 판본 이외에도 民國年間에 石印本으로 출판된 판본들이 있다. 奎章閣 소장본인 《繡像天寶圖》는 同治4年(1865)의 '序'가 있는 것 이외에는 출판사항 모두가 미상이다. 10권 6책으로 된 것은 위에 소개한 1)의 판본인데, 서명이 《新刻天寶圖》로 다르게 되어 있어 위의 1)과 동일한 판본임을 단정할 수 없으나 동일 계열로 보인다. 이 奎章閣 소장본에는 '集玉齋, 帝室圖書'라는 도장이 찍힌 것으로 보아 1907년 이전에 유입되었음은 확실하다. 《天寶圖》는 국내 유입 기록이 없어서 언제 어떻게 유입되었는지는 알 수 없으나 대략 朝鮮末期에 유입된 것으로 추정된다.

書 名	出版事項	版式狀況	一般事項	所藏處/所藏番號
繡像天寶圖	著者未詳, 刊寫地未詳, 刊寫者未詳, 同治4年(1865)	10卷6冊, 中國木版本, 14.5×9.5cm	版心書名:天寶圖, 序:同治乙丑(1865)…隨安散人, 印:集玉齋, 帝室圖書之章	서울大學校 奎章閣 [奎중]6266

19) 筆生花

《筆生花》는 邱心如가 쓴 32회 총 120만 字 정도 되는 장편의 女性 彈詞이다. 邱心如의 생졸년도에 대해서는 정론이 없는데, 譚正璧은 대략 생년은 1805년으로 졸년은 1872년 이후이지만 확정할 수는 없다고 보았고,137) 盛志梅는 생년을 1798년으로 졸년을 1857~1873년이라고 주장하고 있다.138)

《筆生花》는 1857년에 처음으로 출간되었는데, '처음부터 筆寫本이 아닌 간행본으로 유통되었다.'139) 그러므로 邱心如가 작품을 완성한 것은 1857년 이전으로 확정할 수 있다. 지은이는 제5회 말미에서 19년간 붓을 놓았다가 다시 창작했으며, 제32회 말미에서는 이 작품에 30년의 시간을 허비했다고 밝히고 있다. 지은이는 시집가기 이전의 소녀시절에 약 2년에 걸쳐 앞의 5회까지 창작했고,140) 시집간 후에 붓을 놓았다가 중년에 들어서서 약 10년에 걸쳐 다시 완성한 것으로 추정된다.

《筆生花》의 최초 刊本은 邱心如를 자신의 이모라고 밝힌 陳同勛이 咸豊7年(1857)에 '序'를 쓴 판본인데 중국에서도 아직까지 발견되지 않고 있다. 남아 있는 판본 중 가장 시기가 이른 것은 光緖5年(1879)에 上海 '申報館'에서 간행한 것이다. 이 申報館 판본으로 《筆生花》의 체제를 살펴보면, 산문과 운문이 섞여있고 운문은 대체로 7언으로 되어 있으며 3·3·4형태의 10자구도 있다. 매회의 앞부분에는 그 회의 내용을 총괄하는 7언 율시가 있고, 일기 형식의 7언 혹은 10언의 '自述'이 있는데 창작할 때의 심경과 환경 등을 써놓았다.

당시에는 《再生緣》이라는 작품이 출판된 이후 여성들에게 널리 읽히고 있었는데, 《筆生花》의 작가인 邱心如 역시 《再生緣》의 독자였다고 밝히고 있다. 그녀는 《再生緣》의 글쓰기 솜씨는 칭찬했지만, 주인공 孟麗君이 불충불효하고 유교적 婦德에 어긋나게 행동했다는 비판을 가했다. 이것은 그녀가 淮陰의 명문거족 출신으로 어려서부터 엄격한 유교적 교육을 받았기 때문인 것으로 보인다.141)

---

137) 譚正璧, 《中國女性文學史》(天津:白花文藝出版社, 2001), 382쪽.
138) 盛志梅, 《淸代彈詞硏究》(濟南:齊魯書社, 2008), 101~102쪽.
139) 최수경, 〈두 가지 목소리, 두 가지 욕망(淸代 여성문학의 문학 환경과 작가 의식)〉(《中國文化硏究》 제4집, 2004), 270쪽.
140) 鮑震培, 《淸代女作家彈詞硏究》(天津:南開大學出版社, 2008), 241쪽.

지은이의 이런 이념적 성향은 《筆生花》에 드러나 있으며, 그래서 인물형상의 경직화와 권선징악의 교훈적 내용은 피할 수 없었던 것 같다. 반면에 기교적인 면에서는 인물의 심리묘사가 잘되어있고 서사구조도 곡절이 넘치며 구성의 치밀함을 보여주고 있다.

　《筆生花》는 明代 正德에서 嘉靖 末年에 이르는 수십 년간의 정치적 파란을 배경으로 삼았으며, 이 배경과 연계시켜 허구적 이야기를 전개해 나간다. 여주인공인 姜德華는 부모의 뜻에 따라 이종사촌 文少霞와 약혼한다. 그녀의 아버지는 간신 栢存仁이 정혼을 요구하자 거절함으로써 모해를 당하게 되고 姜德華는 궁녀로 뽑혀 궁에 들어가야만 하게 된다. 이에 그녀는 물에 빠져 자살하려다가 결국 구출되고, 이때 여우요정(狐精)이 姜德華로 변신해서 궁에 들어간다. 姜德華는 남장을 하고 과거에 응시해 장원에 합격하고 공을 세운다. 文少霞는 姜德華와의 혼인을 포기하고 처첩을 들이고, 후에 과거에 급제하여 공을 세운다. 姜德華와 文少霞는 많은 우여곡절을 겪고 마침내 결혼해서 자손대대로 번창하고 오랫동안 부귀영화를 누린다.

　《筆生花》의 주요 판본들은 다음과 같다.

1) 《筆生花》, 邱心如 著, 咸豊7年(1857) 陳同勛 序, 같은 해 木版本.
2) 《筆生花》, 16책 32회, 匯陰 心如女史 著, 光緖5年(1879) 上海 申報館 巾箱本.
3) 《筆生花》, 16권 32회, 邱心如女史 撰, 光緖10年(1884) 鉛印本.
4) 《繡像全圖筆生花》, 8권 8책 32회, 光緖20年(1894) 申江 袖海山房 石印本.
5) 《繪圖筆生花》, 16권 16책 32회, 匯陰 邱心如女史 撰, 光緖20年(1894) 上海書局 石印本.
6) 《繪圖筆生花》, 16권 16책 32회, 心如女史 撰, 民國元年(1912) 上海書局 石印本.

　《筆生花》는 위의 판본 이외에도 民國年間에 여러 차례 石印本으로도 출판되었다.

　전남대 소장본 《筆生花》는 모두 2종이 있는데, 그중 1종은 서명이 《筆生

---

141) 鮑震培, 《淸代女作家彈詞硏究》 (天津 : 南開大學出版社, 2008), 241쪽.

花》로 되어 있으며 上海 申報館에서 同治11年(1872)에 新鉛活字本으로 간행되었다. 이 판본은 盛志梅의 彈詞 목록에는 없는데, 중국에서는 아직 발견되지 않은 판본으로 보인다. 또 다른 1종의 서명은 《繪圖筆生花》로 되어 있고 同治11年(1872)에 雲腴女士가 쓴 序가 있는데, 같은 해에 출판되었는지는 알 수 없다. 고려대의 소장본 《繪圖筆生花》는 民國元年(1912)에 上海書局 石印本으로 간행된 것으로 위에 소개한 6)의 판본과 같은 것으로 보인다.

《筆生花》는 국내 유입 기록이 없어서 언제 어떻게 유입되었는지는 알 수 없으나 대략 朝鮮末期에 유입된 것으로 추정된다.

書 名	出版事項	版式狀況	一般事項	所藏處/所藏番號
繪圖筆生花	心如女史(淸) 著, 民國元年壬子(1912), 中華民國元年上海書局石印	16卷1匣16冊, 中國石印本, 13.2×20.4cm, 四周雙邊, 半郭：12×17.7cm, 無界, 24行48字, 白口, 黑魚尾上	刊記：中華民國元年上海書局石印, 序：陳同勛(1857), 雲腴女士(1872), 印：樂善齋, 閔丙承印	高麗大學校
筆生花	淮陰心如女史(中國) 編, 上海, 申報館, 同治 11年(1872)	32卷16冊, 中國新鉛活字本, 17.1×11.3cm, 四周雙邊, 半郭：13.2×9.3cm, 無界, 15行字數不定註單行, 上黑魚尾, 紙質：北黃紙	刊記：上海申報館仿聚珍版印, 序：同治壬申(1872)中秋五日棠湖雲腴女士敍, 原序：咸豊(1857)七年七月旣望愚表姪陳同勛頓首拜題	全南大學校 3Q-필52ㅎ
繪圖筆生花	淮陰心如女史(淸) 著, 刊寫地未詳, 刊寫者未詳, 同治11年(1872)	16卷16冊, 19.9×13.2cm, 四周單邊, 半郭：17.7×11.8cm, 無界, 25行53字, 上黑魚尾, 紙質：竹紙	原序：咸豊七年(1857)七月旣望愚表姪陳同勛頓首拜題, 同治壬申(1872)秋五月棠湖雲腴女士敍	全南大學校 3Q-회225ㅈ

20) 雙珠球

彈詞 《雙珠球》는 희곡 《雙珠記》와는 내용이 전혀 다른 작품이며, 희곡을 근거로 개작된 것도 아니다. 한양대 소장본의 서지사항에서는 둘을 같은 작품으로 보는 오류를 범하고 있다.

《雙珠球》는 이미 존재하던 彈詞를 토대로 淸代의 黃子貞이 지은 작품이다. 지은이에 대해서는 정확하게 알 수 없고 '序'를 통해 약간의 정보를 얻을 수 있다. 序에서는 '山陰黃子貞松筠著作, 毗凌靑霄居鵬郡程校閱。'이라고 했다. 彈詞 《十美圖》의 '序'는 松筠이 썼는데 黃子貞과 동일 인물로 의심되며, 만약 그렇다면 그는 咸豊年間의 사람이다. 당시에는 書商을 위해 彈詞를 개작하고 교열하는 지식인들이 있었는데, 黃子貞도 여러 차례 이런 일을 했다.142)

이 작품의 최초 刊本은 《繡像雙珠球》로 光緖2年(1876)에 '觀志閣'에서 새로 판각한(新鐫) 것인데, 一名 《新刻眞本唱口雙珠球全傳》 라고도 한다. 이 작품은 대체로 12집 49회로 되어 있으며 몇 책인지는 판본마다 조금씩 다르다.

1899년 上海書局에서 출판된 《繪圖雙珠球全傳》의 체제를 살펴보면, 전체적으로는 운문과 산문이 섞여 있다. 이 둘을 나누어 표시를 해주었으며, 노래가사는 대체로 7언 위주로 되어 있다. 이야기를 들려주기 전에 여러 편의 노래가 있고, 또한 인물이 등장할 때에는 開場詩가 있다. 1877년의 '序'에서 이미 彈唱된지 오래되었다고 했는데, 실제로 작품에는 민간 강창의 흔적이 많이 남아 있다. 또한 京劇을 비롯한 지방희곡에도 같은 제재의 작품들이 있다.

《雙珠球》의 내용은 서생 朱求와 陳建의 딸 陳美雲의 사랑이야기가 주를 이룬다. 두 사람은 陳氏 집의 여복인 海棠의 중개로 화원에서 서로 만나고, 여기서 陳美雲이 朱求에게 보석구슬을 선물하려고 한다. 延慶寺의 중인 超凡은 이 일을 알고 朱求를 사칭하여 陳美雲을 범하려다 海棠에게 발각되자 그녀를 죽인다. 朱求는 이 일로 누명을 쓰고 하옥되고, 陳建은 화가 나서 知縣을 매수하여 朱求를 죽이라고 하고 딸에게는 자살을 강요한다. 陳美雲은 남장을 하고 도망치다 산적에게 잡히지만 두목의 어머니가 그녀를 구해준다. 그리고 자기 딸 賽花를 남장을 한 그녀에게 시집보낸다. 첫날밤 陳美雲은 그녀에게 진상을 말하고 둘은 의자매가 된다. 義士 曹龍은 朱求를 구해주고, 후에 朱求는 실종됐던 친형을 만나고 超凡을 사로잡는다. 나중에 朱求는 陳美雲과 만나서 그녀와 賽花를 아내로 맞아들인다.

《雙珠球》의 주요 판본들은 다음과 같다.

1) 《繡像雙珠球》, 一名 《新刻眞本唱口雙珠球全傳》, 光緖2年(1876) 新鐫, 觀

---

142) 盛志梅, 《淸代彈詞硏究》 (濟南 : 齊魯書社, 2008), 393쪽.

志閣 木版本.

2) 《新刻繡像雙珠球全傳》, 一名 《增像繪圖雙珠球》, 12집 8책 49회, 黃子貞 撰, 算厘山人 重校, 光緒3年(1877) 重鐫, 木版本.
3) 《雙珠球》, 12집 12책 49회, 黃子貞 撰, 光緒3年(1877) 重刊本.
4) 《雙珠球全傳》, 12집 8책 49회, 山陰 黃子貞 撰, 光緒3年(1877) 重刊本.
5) 《增像繪圖雙珠球彈詞》, 12권 6책 49회, 黃子貞 撰, 光緒3年(1877) 序, 鉛印本.
6) 《繡像繪圖雙珠球》, 12권 6책 49회, 黃子貞 撰, 光緒21年(1895) 上海書局 石印本.
7) 《繪圖雙珠球全傳》, 6권 6책 49회, 黃子貞 撰, 光緒25年(1899) 上海書局 石印本.

　《雙珠球》는 이 판본들 이외에도 民國年間에도 여러 차례 출판되었다.
　한양대 소장본은 《新刻秘本唱口雙珠球全傳》 이란 서명으로 되어 있는데, 盛志梅의 목록에는 이런 서명의 판본이 없다.143) 하지만 한양대 소장본이 '觀志閣'에서 판각한 것으로 보아 최초의 刊本일 수도 있고, 이를 번각한 판본일 수도 있다. 이 판본의 출판사항에서 《雙珠球》를 《雙珠記》와 같은 작품으로 보면서 저자를 '沈鯨(明)'이라고 했으나 오류이고, 또한 일반사항의 설명은 《雙珠球》가 아닌 《雙珠記》에 대한 것이므로 이 또한 오류이다.144) 그래서 아래의 목록에서는 이런 오류들을 모두 삭제했다.
　《雙珠球》는 국내 유입 기록이 없어서 언제 어떻게 유입되었는지 알 수 없으나 대략 朝鮮末期에 유입된 것으로 보여 진다.

書名	出版事項	版式狀況	一般事項	所藏處/所藏番號
新刻秘本唱口雙珠球全傳	刊寫地未詳 觀志閣梓, 刊寫年未詳	4卷4冊(全49卷12冊), 中國石印本, 19×11.1㎝, 四周單邊, 半郭: 16.8×9.4㎝, 無界, 12行24字, 無魚尾, 無黑口	表紙書名: 雙珠球	漢陽大學校 812.25-심236ㅅ

---
143) 盛志梅, 《淸代彈詞硏究》 (濟南: 齊魯書社, 2008), 393~395쪽.
144) 그 내용은 다음과 같다. '戱曲名으로 雙珠記라고도 하는데 明 沈鯨 作. 唐 王輯夫妻와 母의 妹 慧姬 및 친구 陳時策들의 이야기를 쓴 책, 唱과 대사로 구성'

21) 十粒金丹

《十粒金丹》은 一名 《宋史奇書》라고도 하고, 또 《第一奇女》라고도 한다. 이 작품은 작가의 이름도 없고, '自序'도 없으며, 내용 중에 자신에 대해 서술한 부분도 전혀 없어서 작가에 대해 아무것도 알 수 없다.145) 1888년에 최초의 刊本이 나왔는데, 漱蘭居士는 '序'에서 '《宋史奇書》는 지금껏 판각된 책이 없다'라고 했다. 이를 보면, 처음에는 이 작품이 筆寫本으로만 유통된 것으로 보이며, 간행된 판본으로는 1888년의 판본이 최초의 것임을 알 수 있다.

《十粒金丹》의 최초 刊本은 光緖14年(1888)에 간행된 2종이 있으며, 光緖19年(1893)에 上海書局에서 石印本 《十粒金丹》을 출판했고, 같은 해 같은 곳에서 鉛印本 《繡像宋史奇書》도 출판되었다. 이후에 출판된 책들은 《十粒金丹》이란 서명보다 《宋史奇書》를 더 많이 사용하고 있다.

漱蘭居士는 '序'에서 '其立意不外勸懲, 其詞卻極淺近。'라고 했다. 또한 이 책에는 賓紅閣外史의 '序'도 있는데, '지은이의 이름은 알 수 없다. …… 그 문체는 맹인 예인의 강창과 가깝다. …… 서술한 것은 모두 일상적인 일이며 온갖 귀신을 얘기한 것과는 다르다.(不詳著書人姓氏 …… 其體又近於盲詞。 …… 而所敍者, 又皆家常之事, 不同牛鬼蛇神。)'146)라고 했다.

텍스트에는 '노래(唱)'와 '대사(白)'를 표시했고 청중을 상정하고 서술한 부분이 많다. 위의 두 '序'와 텍스트를 보면, 이 작품은 민간의 강창 형식을 가지고 있으며 또한 말이 쉽고 통속적임을 알 수 있다.

吉水는 〈近三百年來皮簧劇本作家〉에서 '《十粒金丹》은 彈詞이며 작가는 규수인데 그녀에 대해서는 잘 알 수 없다'라고 한 이후로, 이 작품은 여성 彈詞로 분류되었다. 그러나 盛志梅는 구체적인 이유를 밝히지 않았지만 이 작품을 鼓詞로 분류했다.147) 鮑震培 역시 鼓詞로 분류하는 것이 타당하다고 했는데 이유는 다음과 같다. 첫째, 3·7구를 많이 사용했으며, 산문 부분에는 북방 방언이 많이 있다. 둘째, 인물의 출신지나 활동지역도 대부분 북방지역에 있다. 셋째, 운문 부분에서

---

145) 鮑震培, 《清代女作家彈詞研究》(天津 : 南開大學出版社, 2008), 256쪽.
146) 鮑震培, 《清代女作家彈詞研究》(天津 : 南開大學出版社, 2008), 256쪽.
147) 盛志梅, 《清代彈詞研究》(濟南 : 齊魯書社, 2008), 478쪽.

淸代 북방에서 유행하던 曲牌와 새로운 곡조명을 사용했다.[148] '百度' 백과사전에서도 위의 설을 지지하면서, '당시에 북방의 "唱詞"는 북방에서 유행한 鼓詞에 비슷한데, 아마도 彈詞가 북방의 강창예술을 흡수해 창작했을 수도 있다.'[149]고 했다. 이런 주장을 보면 이 작품을 彈詞로 단정할 수는 없지만, 우선은 彈詞로 분류하고자 한다.

《十粒金丹》은 高延贊 집안의 흥망성쇠를 이야기하고 있다. 宋나라 神宗 때, 鎭國公 高延贊에게는 아내가 낳은 딸 夢鸞과 그리고 첩에게서 얻은 아들 雙印이 있었다. 승상 呂國才와 高延贊은 사이가 좋지 않았는데, 呂國才는 高延贊을 北征에 추천했다가 적과 내통했다고 모함해서 그의 관직을 박탈하고 嶺南으로 유배를 보낸다. 高延贊의 둘째 부인은 남편이 유배를 가자 雙印 모자를 모함해서 쫓아낸다. 나중에 雙印은 趙文豹에게 무예를 배운다. 夢鸞은 아버지를 찾아 나섰다가 北安王이 출병해 중국을 침범할 것이라는 소리를 듣는다. 그녀는 남장을 하고 北京에 들어가 무예시합에서 영웅들을 물리치고 장군으로 발탁되어 출정해서 적군을 물리친다. 한편 夢鸞의 약혼자는 모함을 받아 하옥되었다가 나중에 여장을 하고 北安國으로 피신을 했다가 공주에 봉해진다. 夢鸞은 北安國을 정벌하고 공주로 봉해진 약혼자와 만나게 된다. 雙印은 南征의 부원수가 되어 嶺南에 이르러 아버지와 만난다. 高延贊은 딸이 北征한다는 소리를 듣고 도우러 가다가 아들 雙印을 만난다. 夢鸞은 승리를 거두고 北京으로 귀환해서 재상 呂國才가 적과 내통한 증거를 제시해서 사형을 당하게 하고 아버지를 신원한다. 夢鸞은 공신에 봉해지고, 결국 高延贊 일가는 모두 만나게 되며, 아들과 딸은 모두 결혼해 행복하게 살았다. 雙印이 어렸을 때 呂純陽이란 인물이 그에게 열 알의 금단을 주었고, 이것으로 위급할 때 연이어 사람들을 구했는데, 그래서 《十粒金丹》이란 제목이 붙었다.

《十粒金丹》의 주요 판본들은 다음과 같다.

1) 《十粒金丹》, 12권 66회, 鴛水散人 著, 光緒14年(1888) 漱蘭居士 序, 木版本.
2) 《十粒金丹》, 12책 66회, 光緒14年(1888) 漱蘭居士 序, 京都 泰山堂 木版本.
3) 《十粒金丹全傳》, 20권 80회, 光緒14年(1888) 上海 申報館 石印本.

---

148) 鮑震培, 《淸代女作家彈詞硏究》(天津:南開大學出版社, 2008), 257쪽.
149) http://site.baidu.com/

4) 《十粒金丹》, 光緒19年(1893) 上海書局 石印本.
5) 《繡像宋史奇書》, 12권 6책 66회, 賓紅閣外史 序, 光緒19年(1893) 上海書局 鉛印本.
6) 《繡像宋史奇書》, 6책 66회, 光緒32年(1893) 上海 還俗書局 石印本.
7) 《繡像宋史奇書》, 12책 66회, 光緒32年(1893) 上海書局 石印本.
8) 《十粒金丹》, 12책 66회, 光緒年間 上海 申報館 鉛印本.
9) 《增刪十粒金丹》, 68회, 淸代 筆寫本.

《十粒金丹》은 위의 판본들 이외에도 民國年間에 여러 차례 출판되었다.

서울대 규장각 소장본 《十粒金丹》은 京都 泰山堂에서 光緒14年(1888)에서 木版本으로 간행된 것인데, 위에 소개한 2)의 판본임을 알 수 있다. 고려대 소장본 《十粒金丹》은 光緒14年(1888) 漱蘭居士의 序가 있지만, 신연활자본임을 보면 1888년 이후의 판본으로 보인다. 이화여대 소장본의 서명은 《宋史奇書》이며 上海 廣益書局에서 石印本으로 출판되었는데, 淸末에서 民國年間에 출판된 것으로 보인다. 이중 규장각 소장본에는 '集玉齋, 帝室圖書'라는 도장이 찍힌 것으로 보아 1907년 이전에 유입되었음은 확실하다.

그러나 《十粒金丹》은 국내 유입 기록이 없어서 언제 어떻게 유입되었는지 명확히 알 수 없으나 적어도 朝鮮末期에는 유입되었던 것으로 사료된다.

書名	出版事項	版式狀況	一般事項	所藏處/所藏番號
十粒金丹	著者未詳, 京都, 泰山堂, 光緒14年(1888)序	12卷12冊, 中國木版本, 17.3×10.6cm	序:光緒戊子(1888)…漱蘭居士序, 印記:集玉齋, 帝室圖書之章	서울大學校 奎章閣 [奎中] 6077-v.1-12
十粒金丹	著者未詳, 刊寫者未詳, 光緒14年(1888)序	66回12冊, 中國新鉛活字本, 17.0×11.5cm	序:光緒戊子(1888)仲秋漱蘭居士書	高麗大學校 육당C14-B20-1-12
宋史奇書	著者未詳, 上海, 廣益書局	12卷6冊, 中國石印本, 有圖(圖12張), 四周雙邊, 半郭:14.3×9.2cm, 無界, 18行43字, 上黑魚尾	別書名:繪圖十粒金丹	梨花女子大學校 [고]812 송 61

22) 金如意

《金如意》의 최초 刊本은 光緒19年(1893)에 上海書局과 上海 理文軒 두 곳에서 《繪圖前笑中緣金如意全傳》이란 서명으로 간행되었다. 두 판본 모두 4권 22회 4책으로 되어 있으며, 上海書局 판본에서는 '江陵 漁隱'이 지었다고 했고, 上海 理文軒 판본에는 지은이를 밝히지 않았다. '江陵 漁隱'의 이름과 생평, 출신은 모두 알 수 없다.

《金如意》는 《繪圖前笑中緣金如意全傳》이란 서명에서 알 수 있듯이, 《笑中緣》에 선행하는 이야기이다. 《笑中緣》은 唐寅의 애정이야기로 淸代 彈詞 장르에서 상당히 유행한 이야기이다.150) 《金如意》는 唐寅이 여덟 미녀와 결혼하는 이야기로 《八美圖》와 상당히 유사하다. 《八美圖》는 一名 《金如意》라고도 하는데, 嘉慶24年(1819)에 최초로 간행됐다. 《八美圖》는 了空主人이 '序'를 썼으며, 이 작품의 판본들은 대체로 5권 22회로 되어 있다. 《金如意》도 22회로 되어 있고, 《八美圖》와 대체적인 내용은 같지만 후대에 새로 나온 판본이다.

《金如意》는 실존인물 唐伯虎를 주인공으로 삼아 허구적으로 구성한 이야기이다. 唐伯虎가 南京으로 과거 보러갔다가, 한림 陸扶仲의 딸 昭容의 아름다움을 보고 사랑에 빠진다. 그는 자신의 신분을 숨기고 陸氏의 집에 들어가 昭容과 몰래 결혼을 약속한 후에 돌아온다. 唐伯虎는 나중에 장원에 급제해서야 비로소 昭容과 결혼한다. 唐伯虎과 昭容은 농담으로 여덟 미녀를 아내로 맞이할 수 있다고 한다. 이 이야기를 한 후, 唐伯虎는 여러 곳을 돌아다니면서 羅秀英, 謝天香, 美尼九空, 馬鳳鳴, 蔣月琴, 李傳紅 6명의 미녀를 차례로 아내로 맞이하고 昭容의 시녀 春桃와도 결혼한다.

《金如意》의 주요 판본들은 다음과 같다.

1) 《繪圖前笑中緣金如意全傳》, 4권 4책 22회, 江陵 漁隱 著, 光緒19年(1893) 上海書局 石印本.
2) 《繪圖前笑中緣金如意全傳》, 4권 4책 22회, 지은이는 밝히지 않음, 光緒19年(1893) 上海 理文軒 石印本.

---

150) 본서의 해제 중 《三笑新編》의 해제를 참조하시오.

3) 《繪圖前笑中緣金如意全傳》, 4권 4책 8회, 光緒32年(1906) 樂燕□堂 石印本.
4) 《金如意彈詞》, 4책, 李如川 撰, 鴛湖 環春閣 俗本.

《金如意》는 위의 판본 이외에도 民國年間에도 여러 차례 石印本으로 출판되었다.

이화여대 소장본 《繪圖前笑中緣金如意全傳》과 동아대 소장본 《繪圖前笑中緣金如意》는 모두 4권 4책으로 되어 있는데, 출판사항이 명확하지 않아서 어떤 판본인지 특정할 수 없다. 이 두 소장처의 판본은 대략 淸末에서 民國年間에 출판된 石印本으로 보인다.

《金如意》는 국내 유입 기록이 없어서 언제 어떻게 유입되었는지는 알 수 없으나 대략 朝鮮末期에는 유입되어진 것으로 추정된다.

書名	出版事項	版式狀況	一般事項	所藏處/所藏番號
繪圖前笑中緣金如意	著者未詳, 上海, 刊年未詳	4卷4冊, 中國石印本, 有圖(圖2張), 14×9㎝, 四周雙邊, 半郭: 12.8×7.9㎝, 無界, 19行45字, 上黑魚尾		梨花女子大學校 [고]812.3 회 315
繪圖笑中緣前金如意全傳	編者未詳, 刊寫地未詳, 刊寫者未詳, 刊寫年未詳	4卷4冊, 有圖, 13.9×8.9㎝, 四周雙邊, 半郭: 11.7×7.7㎝, 無界, 19行47字, 上下向黑魚尾	包匣題 및 題簽題 및 標題: 繪圖前笑中緣金如意	東亞大學校 (3):12: 2-25

第3章
中國鼓詞의 版本目錄과 解題

鼓詞는 현재 약 73종이 국내 소장된 것으로 확인된다. 그러나 약 20여종을 제외한 나머지는 대부분 박재연 소장본이다. 그의 소장본 대부분 중국 등에서 근래 구입해 들여온 판본으로 조선시대 유입본이 아님을 밝혀둔다. 아래에서는 먼저 대학도서관 등의 소장본을 해제한 후에, 박재연 소장본의 해제를 진행하였다. 박재연 소장본은 먼저 木版本과 출판연도가 명확한 것을 해제하고 나서 출판연도가 미상인 것은 간략하게 해제를 진행하였다. 鼓詞는 대체로 淸代 末期부터 출판되었기 때문인 해제의 순서는 시대 순에 따르지 않고 우리말 가나다 순서에 따랐다.

1) 巧合奇冤

《巧合奇冤》은 지은이를 알 수 없는 鼓詞이다. 서문을 살펴보면, 민간 강창의 통속적인 장점을 홍보하고 있다. '서사구조는 기이하고 곡절이 있으며, 내용은 악인이 반드시 벌을 받는 권선징악적인 것이고, 언어는 쉽게 이해할 수 있다'라고 했다. 또 '여가시간에 즐길 수 있는 책이며, 백 번을 봐도 지루하지 않다'고 언급하였다.151) 이 서문에서는 《巧合奇冤》이 통속문학의 장점을 고루 갖추고 있음

---

151) 이 작품의 서문 전체는 다음과 같으며, 표점부호는 없다. '我聞齊婦含冤三年不雨衍下獄六月飛霜中古以還彼蒼在天猶往往故示機鍼巧爲開脫使戈之蚩蚩不致永載覆盆自楮楊不雨嘉肺無靈天亦若故爲夢夢以顚錯逆于其間而下民之抱屈不伸者紛紛矣作是巧合奇冤者窮思搆收索枯腸寫得離奇曲折措詞淺顯易解者有善報惡受惡魔誠是功閑課暇白觀不厭之嘉本酒後茶餘譏笑有趣之資料故爲之序' http://7788jrp.997788.com/a301_2626435/

을 강조했다.

《巧合奇冤》의 내용은 다음과 같다. 부호 邱百萬의 후처 郎氏와 동생 郎靑은 서로 모의해서 邱百萬의 전처의 딸 邱瑞白과 邱瑞紅을 살해하고 나서 사건을 날조하려 한다. 그러나 郎靑은 邱瑞白을 살해하기 전에 자신의 아들을 실수로 관에 집어넣어 질식사시킨다. 또한 그는 邱瑞紅을 살해하기 전에 배상 문제 때문에 자신의 딸을 기생집에 보낸다. 이 두 사건 때문에 결국 郎靑의 처는 목을 매어 죽는다. 郎靑은 나쁜 짓을 그만 두려고 하지 않고 연속으로 살인을 저지르고, 이 죄를 邱百萬의 노비 王點과 邱瑞紅의 약혼자 海公子 등에게 덮어씌운다. 王點은 어쩔 수 없이 출가하고, 海公子는 다른 사람의 도움을 얻어 탈옥하여 나중에는 과거에 급제한다. 그런데 邱瑞白이 죽기 전에, 邱百萬은 한 서생을 집안에 들여 공부를 시킨다. 그는 딸 邱瑞白과 결혼을 허락하는데, 이 서생도 과거에 급제한다. 한편 邱瑞紅은 여러 곡절을 거쳐 郎靑의 손아귀에서 도망쳐 벗어난다. 盧林은 이곳의 태수로 부임하여 이 일련의 사건들을 세심하게 조사하여 결국 진범을 밝히고 郎氏와 郎靑 남매를 법으로 다스린다. 이후에 邱瑞白과 邱瑞紅은 각자 결혼하고 온가족이 대단원을 이룬다.

《巧合奇冤》의 비교적 이른 판본으로는 文運堂에서 《新刻巧奇冤》이란 書名으로 간행한 木版本이 있다. 《巧合奇冤》은 《說唱巧合奇冤鼓詞》・《繪圖巧奇冤》・《繪圖巧合奇冤全傳》・《巧奇冤傳》・《連環繪圖巧合奇冤》・《繪圖巧奇冤全傳》・《繪圖巧合奇冤》・《繪圖巧奇冤全傳》・《繪圖說唱巧合奇冤鼓詞》 등의 書名으로도 간행되었다. 이 판본들은 淸末에서 民國年間에 上海의 珍藝書局・上海書局・上洋江東書局・廣益書局・江東茂記書局・大成書局・校經山房・錦章圖書局・鑄記書局 등에서 石印本으로 출판되었다.

건국대 소장본인 《繪圖鼓詞巧合奇冤》은 10권 6책으로 되어 있는데, 출판사항이 명확하지 않아 어떤 판본인지 특정하기 어렵다. 동아대 소장본 《繪圖寄巧冤全傳》은 역시 10권 6책으로 되어 있으며, 1910년에 上海書局에서 삽화가 들어간 石印本으로 간행되었다. 영남대 소장본 《(綜合)巧合奇冤全傳》에서 서명 앞에 '(綜合)'은 서지사항을 작성할 때 삽입한 것으로 보이며, 판식사항은 자세히 알 수 없고 上海書局에서 1906년에 출판된 것이다. 《巧合奇冤》은 국내 유입 기록이 없어서 언제 어떻게 유입되었는지 명확히 알 수 없으나 대략 朝鮮末期에 유입된 것으로 보인다.

書 名	出版事項	版式狀況	一般事項	所藏處/所藏番號
繪圖鼓詞巧合奇寃		10卷6冊, 中國石印本, 15×9cm, 四周雙邊, 半郭：12.4×7.8cm, 18行35字, 上黑魚尾		建國大學校 [고]923
繪圖寄巧寃全傳	著者未詳, 上海：上海書局, 1910	10卷6冊, 中國石印本, 有圖, 14.9×9.0cm, 四周雙邊, 半郭：12.4×7.9cm, 無界, 18行34字, 上下向黑魚尾	表題：圖巧合寄寃全傳, 刊記：宣統庚戌(1910)仲秋 上海書局石印	東亞大學校 한림도서관 (4)：5：5-2
(綜合)巧合奇寃全傳	上海, 上海書局, 1906	石印本, 17cm		嶺南大學校 [古]823-교합기

2) 九巧傳

《九巧傳》은 여러 지방 연극으로도 남아 있으며, 그 내용은 才子佳人의 사랑이야기이다.[152] 《九巧傳》의 인물 그림을 보면, 남자 인물들은 田世忠・何淸・張天祥・馮有禮 등이고, 여자 인물들은 馮夫人・馮玉蘭・尹翠平・皇甫月英 등이 등장한다. 또한 제1권의 처음을 보면, '大宋의 欽宗이 즉위하고(話說大宋欽宗卽位…)'[153]라고 되어 있는데, 시대적 배경이 宋나라임을 알 수 있다. 필자는 여러 자료를 찾아보았으나 구체적인 내용에 대해서는 알 수 없었다. 또한 이 작품의 한 부분 내용이 《茶甁計》는 라고도 하는데,[154] 위의 등장인물들과 달라 같은 작품으로 보이지 않는다.[155]

---

152) 胡紅波, 〈清末民初繡像鼓詞百卅種綜論〉(《成大中文學報》 第十一期, 2003), 236쪽.
153) http://book.kongfz.com/item_pic_13437_110381985/
154) http://blog.sina.com.cn/s/blog_6bf908530100l0bc.html
155) 《茶甁計》의 내용을 소개하면 다음과 같고, 이하의 내용은 程建輝의 글을 참고했다. 《茶甁計》의 내용은 宋代 여러 才子佳人의 이야기인데, 戶部尙書의 單寶童과 工部尙書 龔孝의 딸 龔秀英이 결혼한다는 중심 내용이다. 나중에 單氏 집안은 화재로 인해 몰락하자, 單寶童은 龔氏 집에 의탁하여 벼슬에 나가기 위해 공부를 하려고 한다. 여기서 가난함을

《九巧傳》의 이른 판본으로는 上海 萃文齋에서 光緒32年(1906)에 출판한 石印本이 있으며, 88회 6권 6책으로 되어 있다. 《九巧傳鼓詞》는 《繡像九巧全傳》·《繡像九巧傳鼓詞》·《繪圖九巧傳鼓詞》 등의 書名으로도 간행되었다. 이 판본들은 淸末에서 民國年間에 上海에서 校經山房·江東茂記書局·大成書局 등에서 石印本으로 출판되었다.

국민대 소장본인 《繡像九巧傳》은 6권 6책으로 되어 있으며, 삽화가 들어 있다. 이 판본은 上海의 江東書局에서 간행되었는데, 간행연도를 알 수 없는 石印本이다. 《九巧傳》은 국내 유입 기록이 없어서 언제 어떻게 유입되었는지 알 수 없다.

書名	出版事項	版式狀況	一般事項	所藏處/所藏番號
繡像九巧傳	上海, 江東書局, 刊寫年未詳	6卷6冊 1匣, 中國石印本, 有圖, 15×9cm, 四周雙邊, 半郭 : 12.5×7.7cm, 無界, 行字數不定, 上下向黑魚尾		國民大學校 고823 수05

3) 四海棠

《四海棠》은 지은이가 王綠坡로 추정되는 鼓詞이다. 《四海棠》卷一의 첫머리에는 이야기의 배경이 되는 곳을 山東 靑州府 諸城縣이라고 소개하고 있다. 또한 이곳은 이 책을 편찬한 九枚山人 王綠坡가 사는 곳이라고(東靑州府諸城, 是編書人九枚山人王綠坡所居之地)했다. 여기서 '책을 편찬했다는 사람(編書人)'이란 작가 본인이며, 상업출판물을 창작하던 사람이었을 것이다.[156] 그러므로 지은이는 王綠坡로 볼 수 있는데, 그의 생졸년대나 자세한 사적은 알려져 있지 않다.

《四海棠》의 '전체 분량은 총 20회로 이루어져 있으며, 각 회의 제목은 2구의

　　혐오하고 부귀함만을 좋아하는 장모는 單寶童에게 혼인서약서를 물릴 것을 요구한다. 그러다 그는 장모에게 독살당할 위기에 처하는데, 龔秀英와 그녀의 시녀가 독이 든 찻잔을 떨어뜨려 위기를 넘기고, 그래서 單寶童은 목숨을 구한다. http://www.×ijucn.com/html/pingju/20090331/8386.html
156) 胡紅波, 〈民初繡像鼓詞刊本三十二種敘錄〉(《成大中文學報》第八期, 民國89), 37쪽.

7언 시로 되어 있고, 제13회의 경우만 2언 6구로 이루어져 있는데, 해당 회의 내용을 총괄적으로 설명하고 있다. 책의 版心書名이 《四海棠鼓詞》로 되어 있고, 책의 서두를 詞로 시작하고 있으며, 이야기의 전개 및 등장인물들 간의 대화에 있어 詩나 詞 등의 운문을 많이 사용하고 있다. 결국 이 작품은 일반 대중들보다는 보다 상위의 계층을 대상으로 하고 있으며, 장회소설의 형식을 빌려 공연예술적인 특성을 담아낸 작품이라 할 수 있다.'157) 奎章閣 해제에서는 이 작품을 淸代의 才子佳人類의 章回小說로 보았으나, 소설이 아닌 강창 장르의 鼓詞로 볼 수 있다.

《四海棠》은 明나라 초기를 시대적 배경으로 하고 있다. 山東의 諸城 사람인 朱仲宣과 그의 집안 식구들이 물에 빠졌는데, 吳典이 이들을 구해준다. 나중에 그는 우연히 吏部 尙書 陸文華의 딸인 陸海棠과 만나서, 여러 곡절을 겪은 후에 사랑을 이룬다.

《四海棠》의 木版本으로는 京都 文和堂에서 光緒17年(1891)에 간행한 《四海棠全傳》이 있고, 또한 烟台 文勝堂에서 光緒34年(1904)에 간행한 판본 등이 있다. 이 작품의 石印本은 《繡像四海棠全傳》・《繡像四海棠鼓詞》・《說唱四海棠鼓詞》・《繡像四海棠鼓詞全傳》・《繪圖四海棠鼓詞》・《繪圖四海棠鼓詞全傳》 등의 書名으로 출판되었다. 이 판본들은 淸末에서 民國年間에 上海의 上海書局・上洋江東書局・江東書局・江東茂記書局・大成書局・校經山房 등에서 출판되었다.

奎章閣 소장본인 《四海棠全傳》은 4권 8책으로 되어 있는 木版本이다. 출판사항에서는 '京都'를 일본의 '교토'로 보고 있으나 이는 淸의 수도인 北京이기 때문에 필자가 수정했다. 이 《四海棠全傳》은 京都 文和堂에서 光緒17年(1891)에 간행한 木版本으로 石印本에 비해 출판 시기가 비교적 이르다. 《四海棠》은 국내 유입 기록이 없어서 언제 어떻게 유입되었는지 명확히 알 수 없으나 대략 朝鮮末期로 추정된다.

書名	出版事項	版式狀況	一般事項	所藏處/所藏番號
四海棠全傳	京都, 文和堂, 光緒17年(1891)	4卷8冊, 木版本, 17.2×10.8cm		서울大學校 奎章閣 5761 1-8冊

---

157) 서울大學校 奎章閣 한국학연구원의 《四海棠全傳》의 해제. http://e-kyujanggak.snu.ac.kr/

4) 三公案鼓詞

《三公奇案》은 鳴松居士가 편집한 소설집으로 光緖17年(1891)에 上海 正誼書局에서 排印本으로 출판되었다. 《三公奇案》은 《包公案》 10권·《施公案》 8권·《鹿州公案》 2권을 수록하고 있다.[158] 《包公案》은 一名 《龍圖公案》이라고도 하며 宋나라의 실존인물인 包拯을 중심인물로 설정한 중국의 대표적인 공안소설이다.[159]

《施公案》은 淸나라의 실존인물인 施世綸(?~1722)을 중심인물로 삼은 공안소설이다. 《施公案》은 一名 《施案奇聞》 혹은 《百斷奇觀》이라고도 하는데, 지은이는 알 수 없다.[160] 《施公案》은 施世綸과 관계있는 사적을 서술하고 있는데 대부분이 억지로 갖다 붙이고 억측하여 만들어낸 것이다.[161] 《淸史稿》의 〈施世綸傳〉에 근거하면, 그는 총명하고 결단력이 있어서 횡포하고 교활한 무리들을 압제하고 가는 곳마다 선정을 베푸니 백성들은 '靑天(청렴한 관리)'이라고 불렀다. 또한 陳康琪의 《郞潛紀聞》에서는 '어릴 때 부친으로부터 施世綸이 청관임을 들었다. 도시에 들어간 후에는 희곡이나 강창으로 재직기간 중의 공적을 들었다.'라고 했다.[162] 施世綸의 이야기는 민간에서 강창으로도 유행했으며, 《施公案》 鼓詞는 이런 강창 전통을 이어받았다고 할 수 있다.

《中國古典小說總目提要》에서 《鹿州公案》은 '藍鼎元의 자서전으로 통속소설이 아니다'[163]라고 했다. 그러나 이 책은 자서전이라기보다 雅號가 鹿州인 藍鼎元(1680~1733)이 廣東省 潮陽縣의 知縣으로 재직해 있던 약 2년 동안 다루었던 민사·형사 소송을 재판한 기록이다. 藍鼎元은 宋代의 명판관 包靑天의 환생이라는

---

158) 江蘇省社會科學院 明淸小說硏究中心, 吳淳邦 外(中國小說硏究會), 《中國古典小說總目提要(第4卷)》 (蔚山大學校 出版部, 1996), 63쪽.
159) 《包公案》에 대한 내용은 뒤에 있는 본서의 해제를 참고할 수 있다.
160) 江蘇省社會科學院 明淸小說硏究中心, 吳淳邦 外(中國小說硏究會), 《中國古典小說總目提要(第3卷)》 (蔚山大學校 出版部, 1996), 440쪽.
161) 루쉰 저, 조관희 역주, 《중국소설사》 (소명출판사, 2004), 711쪽.
162) 江蘇省社會科學院 明淸小說硏究中心, 吳淳邦 外(中國小說硏究會), 《中國古典小說總目提要(第3卷)》 (蔚山大學校 出版部, 1996), 444쪽.
163) 江蘇省社會科學院 明淸小說硏究中心, 吳淳邦 外(中國小說硏究會), 《中國古典小說總目提要(第4卷)》 (蔚山大學校 出版部, 1996), 63쪽.

칭송을 들을 만큼 지방관으로서 발군의 능력을 발휘했다. 《鹿州公案》은 그가 관내의 기강을 바로잡고 사악한 인간을 징벌하며 양민의 억울함을 풀어주는 과정을 상세하게 이야기하고 있다. 현청 관원들의 파업, 복수, 重婚, 인신매매, 형제간의 재산상속 다툼, 어업권 분쟁, 혹세무민하는 신흥종교, 입시경쟁, 부정부패, 생계형 범죄, 조직범죄, 근거 없는 고소와 맞고소, 린치, 권력남용, 상습적인 세금체납 등의 내용들이 대부분이다. 《鹿州公案》의 藍鼎元은 재판 광경을 구경하는 수많은 구경꾼들의 동향을 살피면서 사실상 재판을 통해 대중의 카타르시스를 유도하기도 했다.164) 《鹿州公案》은 문언으로 되어 있으나, 대중들의 관심을 끌 수 있는 내용으로 구성되어 있기 때문에 민간에서 강창으로도 구연된 것 같다.

《三公案鼓詞》는 위의 세 작품에서 흥미 있는 단편들을 뽑아 모은 公案 鼓詞集으로 볼 수 있다.

《三公案鼓詞》의 이른 판본으로는 약 1820년대에 聚盛堂에서 판각하여 간행한 木版本이 있다. 또한 淸末에서 民國年間에 上海의 江東茂記書局・大成書局・自强書局 등에서 石印本으로 출판되었다.

이화여대 소장본인 《繡像三公案鼓詞全傳》은 6권 6책으로 되어 있으며, 上海 校經山房에서 淸末에서 民國年間에 간행된 것으로 보인다. 개별 작품인 《包公案》은 유입기록이 있고, 《施公案》과 《鹿州公案》에 대한 유입기록은 없다. 그러나 《三公案》이나 《三公案鼓詞》에 대한 국내 유입기록은 없어서 언제 유입되었는지 알 수 없다.

書 名	出版事項	版式狀況	一般事項	所藏處/所藏番號
繡像三公案 鼓詞全傳	著者未詳, 上海, 校經山房, (19??)	6卷6冊, 中國石印本, 有圖(圖8張), 15×9cm, 四周單邊, 半郭 : 14.3×8.2cm, 無界, 18行47字		梨花女子大學校 [고]812.3 수 61삼

---

164) 藍鼎元, 미야자키 이치사다 해석, 차혜원 옮김, 《녹주공안(鹿州公案)》(이산, 2010), 264~272쪽.

5) 西羌國鼓詞

西羌은 중국 서북 변방에 살던 티베트계 유목민족을 가리키며, 이들은 역대로 여러 나라를 세우기도 했다. 그러나 《繪圖西羌國鼓詞》의 관련내용을 찾을 수 없어서 구체적으로 어느 시대의 무슨 이야기인지 알 수 없다.

《中國鼓詞總目》을 보면, 《西羌國鼓詞》의 판본은 民國18年(1929)에 江東茂記書局에서 간행한 石印本이 유일하다.165)

이화여대 소장본인 《繪圖西羌國鼓詞》는 民國元年(1911)에 上海의 茂記書局에서 石印本으로 간행된 판본이다. 이 판본은 《中國鼓詞總目》에서 제시한 유일한 판본과는 간행연도가 틀린데, 《中國鼓詞總目》에서는 수집하지 못한 판본이므로 가치가 있어 보인다.

書名	出版事項	版式狀況	一般事項	所藏處/所藏番號
繪圖西羌國鼓詞	著者未詳, 上海, 茂記書局, 民國元年(1911)	4卷4冊, 中國石印本, 有圖(圖2張), 19×15㎝, 四周單邊, 半郭: 12.6×8㎝, 無界, 19行44字, 上黑魚尾	圖記: 中華民國紀元上海江東茂記書局重校發行	梨花女子大學校 [고]812.3 회 315

6) 燕王掃北

《燕王掃北》은 역사적 사실에 근거해서 허구적으로 구성된 鼓詞이다. 燕王은 明나라 太祖 朱元璋의 넷째 아들로 이름은 朱棣이며 군대를 이끌고 大都(北京)를 지키고 있었다. 朱元璋의 맏아들 朱標는 일찍 죽었는데, 적자가 황위를 계승하는 전통에 따라 朱元璋이 죽은 후에 그의 손자이며 朱標의 맏아들 朱允文이 황위를 계승하고 年號를 建文이라고 했다. 그런데 원래부터 燕王 朱棣는 조카 朱允文의 황위 계승에 불만을 품고 있었는데, 朱允文은 황제가 된 후 번왕들의 세력을 약화시키려 한다. 그래서 朱棣를 南昌으로 보내려 하자, 그는 간신들을 몰아낸다는 이유로 반란을 일으킨다. 반군과 정부군은 1400년 4월 6일에 潭沱河 연안에서 격전

---

165) 李豫 等 編著, 《中國鼓詞總目》(太原: 山西古籍出版社, 2006), 440쪽.

을 시작으로 일 년이 넘는 전투를 벌인다. 결국에는 朱棣가 이끄는 반군이 승리한다. 朱允文은 패배를 만회하려고 했지만, 朱棣는 승승장구하여 南京을 공격하자 그는 자결했다. 朱棣는 1403년에 황제에 올라 연호를 '永樂'으로 바꾸고 明의 成祖가 되었으며 후에 北京으로 천도했다. 이 내전을 역사적으로는 '靖難之變'이라고 하고, 민간에서는 속칭 '燕王掃北'이라고 하며, 《明通鑑》 卷十一·《南宮縣志》의 〈兵事篇〉·《邢台縣志》 등의 문헌에 보인다. 이 내전은 河北과 山東 일대에서 3·4년에 걸쳐 진행되었으며 일반 백성들도 전쟁에 휘말려 많이 죽었다고 한다. 《燕王掃北全傳》은 이 내전을 근거로 허구를 가미하여 鼓詞 장르로 구전되던 것이 문자로 정착된 텍스트이다.

《燕王掃北全傳》은 《新刻燕王掃北》·《繪圖燕王掃北全傳》·《說唱燕王掃北》·《繡像燕王掃北》 등의 書名으로 출판되었다. 이 《燕王掃北全傳》은 대체로 上海의 錦章圖書局·廣雅書局·江東茂記書局·大新圖書社 등에서 石印本으로 출판되었다.

이화여대 소장본 《燕王掃北全傳》은 출판사항이 명확하지 않아 어떤 판본인지 특정할 수는 없으나 上海에서 清末이나 民國年間에 출판된 石印本으로 보인다. 《燕王掃北全傳》은 국내에 유입된 기록이 없어서 언제 어떻게 유입되었는지 알 수 없다.

書名	出版事項	版式狀況	一般事項	所藏處/所藏番號
燕王掃北全傳	上海, (191?)	4卷4冊, 中國石印本, 有圖(2張), 14.8×8.9cm, 四周單邊, 半郭: 13.2×8.5cm, 無界, 19行44字, 上黑魚尾	版心題: 繡像燕王掃北, 標題: 繪圖燕王掃北全傳	梨花女子大學校 [고] 812.3 연75

7) 英雄大八義

《英雄大八義》는 八卦의 乾·坎·亘·震·巽·離·坤·兌를 보고 '抱刀手' 宋錦 宋士公, '神偸手' 趙庭 趙華陽, '草上飛' 苗秀 苗雲光, '水上漂' 白坤 白勝公, '重

瞳秀士' 張文遠, '威震八方鬼儈得' 陶玉春, '鑽天猴' 阮洪芳, '徹地鼠' 阮弱芳의 8명의 주요 인물을 창조했다고 한다. 이들 八義는 각기 하나의 卦를 차지하고, 이들의 사부 左雲鵬 八卦의 중심이 되기 때문에 그를 '針八卦道長'이라 부른다.

《英雄大八義》의 내용은 北宋 哲宗 年間의 3월 3일에 揚州에서 '群雄會'가 소집되는 것으로 시작한다. 간신 蔡京의 숙부와 山東 靑風寨 寨主 蔡嘯天은 관리들을 죽이고 인장을 빼앗으러 揚州로 온다. 關羽의 사당에서 八義는 蔡嘯天과 큰 전투를 벌이는데, 左雲鵬은 제자들을 위험에서 구하고 아버지를 죽인 원수를 벤다. 蔡京과 童貫은 八義에게 보물을 훔쳤다는 누명을 뒤집어씌운다. 그러자 八卦門 전수자인 황제의 고모 趙品娟은 八義를 위해 자신이 대신 죄를 뒤집어쓴 후에 진범을 잡아 보물을 찾으려 한다. 八義는 山東의 大虎灘에서 도적 濮連을 잡으려다가 그의 부하들에게 패한다. 나중에 石祿의 도움을 받아 大虎灘를 치지만, 濮連은 보물을 가지고 도망친다. 八義는 그를 찾아 太湖 中山寨에 가서 濮連의 숙부 濮繼宗을 사로잡는다. 그런데 濮連은 蘇州府의 감옥을 공격하여 숙부를 탈옥시키고 도망친다. 八義는 그를 쫓아 陝西의 紅花溝에 가서 야습을 하고, 趙華陽은 전투에서 공을 세운다. 사부 左雲鵬의 어머니는 濮連을 사로잡아 八義에게 넘기고, 이들은 진범을 수도로 압송한다. 여기에서 石祿은 蔡京이 누명을 씌운 것에 분노하여 그를 구타한다. 보물은 다시 山東으로 흘러들어가고, 八義는 大梁口의 寨主 '金刀' 武曉에게 보물을 내놓으라고 한다. 武曉는 이를 거부하고 쌍방은 격렬한 전투를 벌이다가 武曉는 패하자 배를 가르고 자결한다. 결국 八義는 보물을 되찾고 나서 모두 武林을 떠난다.

《英雄大八義》 계열의 鼓詞로는 《續英雄大八義》와 《正續英雄大八義》도 있는데, 그 續篇과 合集이 존재함을 알 수 있다. 주요 판본으로는 光緒25年(1899)에 上海書局과 上海 倉海山房에서 출판한 《繡像英雄大八義》가 있고, 上海 大成書局에서 宣統元年(1909)에 출판한 《繡像正續英雄大八義》가 있으며, 같은 출판사에서 宣統2年(1910)에 출판한 《繡像英雄大八義》 등이 있다.

충남대 소장본 《足本大字繡像大八義》는 宣統2年(1910)의 '序'가 있으므로 1910년이나 그 이후에 출판된 것이다. 경북대 소장본 《繡像英雄大八義》는 刊寫年은 알 수 없으며, 題簽題는 《繡像五續英雄大八義》로 되어 있는데 '五續'은 '正續'의 오기로 보여 필자가 수정했다. 朴在淵 소장본은 출판사항을 명확히 알 수 없으나 上海書局의 石印本으로 보아 光緖25年(1899)에 출판된 것으로 보인다.

書名	出版事項	版式狀況	一般事項	所藏處/所藏番號
足本大字繡像大八義	上海, 廣益書局, 1900年代刊	4卷4冊, 中國石印本, 有圖, 20×13.5cm, 四周單邊, 半郭：16.6×10.8cm, 無界, 20行45字, 上下向黑魚尾, 紙質：洋紙	表題：足本全圖英雄大八義, 裏題：繡像英雄大八義, 序：時宣統二年庚戌(1910) 仲春白門外史識於上海井書	忠南大學校 崔書勉集1241
繡像英雄大八義	上海, 錦章圖書局, 刊寫年不明	4卷8冊, 中國石印本, 有圖, 15×9cm, 四周單邊, 半郭：13.2×8cm, 無界, 18行41字, 上下向黑魚尾	題簽題：繡像正續英雄大八義, 版心題：繡像英雄大八義, 刊記：上海錦章圖書局石印	慶北大學校 〔古〕812.3 수51
英雄大八義	上海書局	4卷4冊, 中國石印本		朴在淵

8) 英雄淚・國事悲

《英雄淚》는 朝鮮人 安重根이 伊藤博文을 암살하는 내용을 중심 줄거리로 삼아, 일제에 맞서는 우국지사들의 활동을 그렸다. 《國事悲》는 《英雄淚》를 이어서 썼으며, 약소국가인 폴란드가 러시아에 의해 멸망당하는 이야기이다. 두 작품은 단행본으로 따로따로 간행되기도 했으며, 둘이 한데 묶어 간행되기도 했다. 본 해제에서는 《英雄淚》를 중점적으로 다룬다.

《英雄淚》와 《國事悲》에는 모두 '鷄林 冷血生 著'라고 서명되어 있다. 그래서 작가를 朝鮮人으로 추정하기도 하지만, '중국측 입장에 선 뚜렷한 작가의식'으로 볼 때 중국인으로 추정할 수 있다.[166] 그러나 구체적으로 작가가 누구인지는 확정할 수 없다. 그리고 《英雄淚》의 '序'를 보면 '庚戌'과 '韓日合倂' 등의 말들이 나오는데, 창작시기는 1910년 말에서 1911년 초로 추정하고 있다.[167] 그러나 上海

---

166) 작가에 대한 구체적인 논의는 다음 글을 참고할 수 있다. 朴在淵, 〈《英雄淚》 해제〉, 《醒世小說英雄淚》 (學古房, 1995), 3쪽.
167) 朴在淵, 〈《英雄淚》 해제〉, 《醒世小說英雄淚》 (學古房, 1995), 3쪽. 薛亮, 《明淸稀見小說匯考》 (北京：社會科學文獻出版社, 1999), 181쪽.

書局에서 宣統2年(1910)에 간행된 판본이 있으므로, 이미 1910년에 창작된 것으로 볼 수 있다.

《英雄淚》는 장르 규정에 있어서, 소설로 보기도 하고 鼓詞로 보기도 한다. 柳昌辰은 '《英雄淚》는 개화기 朝鮮을 비롯한 중국과 일본 등 동북아 주변 정세를 폭넓게 다루고 있는 역사전기소설이라 할 수 있다.'168)고 했고, 牛林杰·劉惠瑩은 '《英雄淚》는 한문으로 창작된 장회소설'169)이라고 했다.170) 牛林杰·劉惠瑩은 《英雄淚》를 소설로 보고 있으나, 文體가 북부 설창 예술의 하나인 '大鼓書'에 가깝다고 했다.171) 李廷宰는 《英雄淚》를 다른 鼓詞와 마찬가지로 처음은 [西江月]로 시작되고, 이어서 산문과 운문이 교차 서술되고 있기 때문에 鼓詞로 보았다.172) 朴在淵은 '속표지에 "醒世小說"이라 칭하고 있으나 엄밀하게 말하면 소설은 아니고 "鼓詞"이다.'173)라고 규정했다. 朴在淵은 다음 내용을 인용하면서 《英雄淚》의 "鼓詞" 장르적 특징을 주장했다. '이렇듯 蕭軍이 민간 강창예술, 특히 《英雄淚》에서 문학적 소양을 얻었다.' '蕭軍의 아버지는 일생을 통틀어 학교라곤 문턱에도 가보지 못한 사람으로 문학에는 전혀 문외한이었다. …… 그의 부친은 모두 8권으로 되어 있는 장편의 《國事悲英雄淚》 鼓詞를 唱하였던 것이다.'174) 이 인용문을 보면, 글을 거의 모르는 蕭軍의 아버지가 《英雄淚》를 '昌'했다고 한 것으로 보아 구두로도 연행했음을 알 수 있다. 그러므로 《英雄淚》는 형식면에서

---

168) 柳昌辰, 〈《英雄淚》의 인물 유형을 통한 시대 인식〉(《中國人文科學》 제30집, 2005), 215쪽.
169) 牛林杰·劉惠瑩, 〈중국 근대 章回小說 《英雄淚》에 대한 고찰〉(《古小說研究》 제30집, 2010), 76쪽.
170) 이외에도 《英雄淚》를 소설로 규정한 논문들은 다음과 같다. 柳昌辰, 〈《繪圖朝鮮亡國演義》 小考〉(《中國小說論叢》 제21집, 2005). 柳昌辰·鄭榮豪·宋鎭韓의 〈'韓國' 題材 中國 近代文學 作品 目錄 및 解題〉(《中國人文科學》 제26집, 2003), 文丁珍·李騰淵·宋鎭漢의 〈清末의 '韓國' 題材 小說 研究(近代 國民과 國家의 형성 과정을 중심으로)〉(《中國小說論叢》 제18집, 2003). 文丁珍의 〈清末民初 韓國 관련 小說 研究(2)-近代 中國의 國民國家形成과 民族 문제를 중심으로〉(《中國小說論叢》 제19집, 2004).
171) 牛林杰·劉惠瑩, 〈중국 근대 章回小說 《英雄淚》에 대한 고찰〉(《古小說研究》 제30집, 2010).
172) 李廷宰, 〈鼓詞系講唱 研究〉(서울大 博士論文, 1998).
173) 朴在淵, 〈《英雄淚》 해제〉, 《醒世小說英雄淚》(學古房, 1995), 3쪽.
174) 徐塞, 〈蕭軍的文學道路〉, 《文學評論》 第11輯, 中國社會科學出版社, 1982.2. 162~163쪽. 朴在淵, 〈《英雄淚》 해제〉, 《醒世小說英雄淚》(學古房, 1995), 2쪽에서 재인용.

'鼓詞'라고 볼 수 있기 때문에 본 해제에서도 鼓詞로 분류하고자 한다.

《英雄淚》 제1회의 첫머리 [西江月]을 보면, '朝鮮이 앞에서 전철을 밟았으니, 전철과 후철의 교훈으로 삼아야겠다. 생존하려면 먼저 민권을 중히 여겨라. 그렇지 않으며 위험과 멸망이 즉시 나타나리라.(朝鮮覆轍在先, 前車後車之鑒, 圖存首重民權, 不然危亡立現)'[175]라고 했다. 이를 보면 작가는 일제가 朝鮮을 침탈한 사건을 거울로 삼아 자국(중국)인에게 경계하라고 이 작품을 썼음을 알 수 있다.

《英雄淚》는 일제가 朝鮮을 침탈하고 중국을 제압하려는 상황을 시대적 배경으로 삼았다. 安重根은 아버지를 따라 평양으로 피신하다가 아버지가 일본인에게 살해당한다. 한편 애국지사 侯元首는 일제 침략에 반대하는 활동을 하다가 실패하고, 후에 安重根을 비롯한 애국지사들과 결의한다. 侯元首는 安重根을 비롯한 애국학생들을 미국에 유학시키고 신문을 발행하여 구국운동을 펼친다. 일제는 朝鮮의 국가적 권리들을 점진적으로 빼앗고 민중들을 탄압하자, 安重根은 이 일에 앞장선 伊藤博文을 저격하고 체포된다. 이후 일제는 朝鮮의 국권을 공식적으로 침탈하여 애국지자들을 살해하고 민중들을 고난에 빠뜨린다.

이 작품의 최초의 刊本은 《國事悲英雄淚》(一名 《繡像國事悲英雄淚全集》)로 上海書局에서 宣統2年(1910)에 8권 8책의 石印本으로 간행되었다. 이 판본은 《新刻醒世奇文國事悲小說》 20회 4책과 《新刻醒世奇文英雄淚小說》 26회 4책으로 구성되어 있다. 이듬해인 宣統3年(1911)에 같은 출판사인 上海書局에서 《國事悲》의 단행본이 간행된다. 그리고 民國元年(1912)에는 역시 같은 출판사인 上海書局에서 최초의 刊本을 重刊했다. 民國元年(1912) 이후에는 上海의 校經山房(1917・1921・民國年間)・大成書局(1921・1931)・江東茂記書局(1929)・昌明書局(民國年間) 등에서 石印本으로도 출판되었다.

國立中央圖書館 소장본 《繡像英雄淚國事悲全集》은 民國元年(1912)에 上海書局에서 石印本으로 간행된 것인데, 1910년의 刊本을 重刊한 것이다. 韓國學中央研究院 소장본 《英雄淚》는 단행본으로 간행된 石印本인데, 刊寫地와 刊寫年이 모두 未詳으로 되어 있다. 고려대 소장본 《繡像英雄淚》는 1책으로 된 石印本인데, 刊寫年이 부정확하게 되어 있고 刊寫地는 未詳이다. 연세대 소장본 《繡像英

---

175) 江蘇省社會科學院 明淸小說硏究中心, 吳淳邦 外(中國小說硏究會), 《中國古典小說總目提要(第5卷)》(蔚山：蔚山大學校 出版部, 1996), 612쪽.

雄淚》는 4권 4책으로 된 石印本인데, 刊寫地와 刊寫年이 모두 未詳이다. 용인대 소장본 《新刻醒世奇文國事悲·英雄淚小說》은 8권 8책의 石印本으로 刊寫地와 刊寫年은 모두 미상으로 되어 있다. 그러나 이 판본은 書名과 판식사항으로 보아 上海書局에서 간행한 계열의 판본인 것 같다. 동아대 소장본 《繡像英雄淚》와 《醒世國事悲》는 따로 분리되어 있는데, 上海書局에서 民國1年(1912) 간행된 石印本이다. 이 판본은 1910년의 上海書局 刊本을 重刊한 것으로 보이며, 단행본이 아닌 합본을 분리해 놓은 것으로 보인다. 경북대 소장본 《繪圖英雄淚國事悲全集》은 上海 校經山房에서 8권 8책의 石印本으로 간행된 것이다. 이 판본은 刊寫年이 不明으로 되어 있는데, 아마도 民國年間의 판본으로 보인다. 民國元年(1912) 이후의 판본들도 국내에 유입되었는데, 국민대 《繡像英雄淚國事悲全集》(上海, 廣益書局, 民國3年(1914), 石印本)과 이화여대 《醒世小說中華新國事悲英雄血》(上海, 江東書局, 民國5年(1916), 石印本)가 그것인데, 아래 목록에서는 제외했다.

　《英雄淚》는 安重根을 주인공으로 삼아 朝鮮 망국의 역사를 허구적으로 구성했다. 이 때문에 《英雄淚》는 다른 鼓詞들보다 많은 판본들이 국내에 유입된 것으로 보인다. 《英雄淚》는 朝鮮의 당시 시대 상황과 맞물려 중국에서 간행되고 얼마 지나지 않아 유입된 것으로 보인다.

書 名	出版事項	版式狀況	一般事項	所藏處/所藏番號
繡像英雄淚國事悲全集	鷄林冷血生 著, 上海書局 編, 民國元年(1912)仲春上海書局石印	7卷7冊, 中國石印本, 有圖, 14.5×8.8cm	表題紙書名 : 冊1-4 醒世小說英雄淚, 5-7 醒世小說國事悲, 叙冷血生, 刊記 : 民國元年(1912)仲春 上海書局石印	國立中央圖書館 古5-80-40
英雄淚	編著者未詳, 刊年未詳	1冊(缺本), 中國石印本, 15×9.1cm	版心書名 : 醒世英雄淚	韓國學中央研究院(袖)D7C-24
繡像英雄淚	冷血生(匿名) 著, 191?年刊	1冊, 中國石印本, 有圖, 14.6×9cm		高麗大學校 (新菴文庫) C14-B12
繡像英雄淚	冷血生 著	4卷 4冊, 中國石印本, 15cm	叙 : 冷血生目序	延世大學校 812.36/47
新刻醒世奇文國事悲·英雄淚小說	冷血生 著	8卷8冊(殘本7冊), 中國石印版, 15.5×9cm, 四周單邊, 半郭 : 13.3×8.3cm,	缺本 : 國事悲 卷1, 英雄淚 序 : 冷血生	龍仁大學校 D7-11

書名	出版事項	版式狀況	一般事項	所藏處/所藏番號
		無界, 18行45字		
繡像英雄淚	冷血生 著, 上海, 上海書局, 民國1年(1912)	4卷4冊, 14.8×8.8cm, 四周雙邊, 半郭：12.4×8cm, 無界, 16行36字, 上下向黑魚尾	目錄題：新刻醒世奇文英雄淚小說, 題簽題：繡像英雄淚國事悲全集, 標題：醒世小說英雄淚, 敍：冷血生自序	東亞大學校 (3)：12： 2-45
醒世國事悲	冷血生(中國) 著, 上海, 上海書局, 民國1年(1912)	4卷4冊, 中國石印本, 有圖, 14.8×8.8cm, 四周雙邊, 半郭：12.4×8cm, 無界, 16行36字, 上下向黑魚尾	目錄題：新刻醒世奇文國事悲小說, 包匣題, 題簽題：繡像英雄淚國事悲全集, 標題：醒世小說國事悲, 刊記：民國元年(1911)仲春上海書局石印	東亞大學校 (3)：12： 2-46
繪圖英雄淚國事悲全集	冷血世 著, 上海, 校經山房, 刊寫年不明	8卷8冊, 中國石印本, 有圖, 15.3×8.8cm, 四周單邊, 半郭：13.5×7.8cm, 無界, 行字數不定, 無魚尾	題簽題：繪圖英雄淚國事悲全集, 版心題：醒世國事悲, 醒世英雄淚, 刊記：上海校經山房印行	慶北大學校 古812.3 냉94ㅎ
英雄淚國事悲	鷄林冷血生, 1909年	4卷4冊, 中國石印本		朴在淵

9) 英雄小八義

《英雄小八義》는 一名《小八義》라고 하며, 민간에서 유전되던 장편의 鼓詞이다. 淸代 末期에서 民國年間에 걸쳐 여러 출판사에서 여러 차례 출판되었다. 上海 江東茂記書局에서 1920년에 출판된 《繡像小八義鼓詞》의 앞부분에는 光緖 乙未年(1895) 여름에 上浣 秀水 懺夢庵主가 쓴〈贅言〉이 있다. 이를 보면 '江東茂記主人이 그것을 보고 좋아하여 석인본으로 인쇄했다'고 했으므로, 光緖21年(1895)에 이미 江東茂記書局에서 《小八義》를 출판했음을 알 수 있다.

《江東茂記書局圖書目錄》의 광고에서는 이 책을 다음과 같이 소개했다. '北宋의 이야기인 《小八義鼓詞》는 第1集에서 第10集까지로 되어 있다. 梁山泊의 108명의 장수들은 사람들이 모두 알고 있으나, 그들의 후예들이 어떤지를 얘기할 수 있는 사람은 없다. 이 책 속의 阮英 같은 인물은 양산박 호걸 阮小二의 후손이다.

장수들의 아들들은 자연히 보통 사람들과는 다르다. 의협을 행하는 것이 특별히 훌륭하다. 책 속의 인물들은 忠臣과 義士도 있고, 才子와 佳人도 있다. 책 속의 줄거리는 생각하지도 못한 구경거리들이 있으니 정말 흥미로우며, 말로는 표현할 수 없이 절묘하다.'176) 이 광고를 보면, 《小八義》는 《水滸傳》 인물들의 후손들이 주인공이 된 이야기로, 다양한 인물들이 등장과 함께 흥미로운 곡절이 있는 줄거리로 꾸며진 作品임을 알 수 있다.

《小八義》는 宋나라 徽宗 때, 어려움에 빠진 公子 周順과 그의 이종사촌형인 徐文彪 그리고 江湖의 호걸들인 尉遲霄・唐鐵牛 또한 《水滸傳》 梁山泊 호걸들의 후예인 孔生・時常靑・花雲萍・阮英이 '小八義'로 의형제를 맺고 나라를 위해 간신을 제거하고 백성들을 위해 의협을 행한다는 이야기이다.

이 작품의 이른 판본은 光緖21年(1895)에 江東茂記書局에서 출판한 石印本이다. 또한 淸末에서 民國年間에 上海의 廣益書局・章福記書局・大成書局・鑄記書局・上海書局・江東茂記書局 등에서 石印本으로 출판되었다.

국내에는 경기대학교와 江陵의 船橋莊에서 이 책을 소장하고 있는데, 서명이 모두 《小人義》로 되어 있다. 여기서 사람 '人'자는 여덟 '八'의 오기이며, 《小八義》가 정확한 서명이므로 필자가 수정했음을 밝힌다.

경기대 소장본은 낙질본으로 모두 12책으로 되어 있는데, 이 중 4책만 남아 있는 것으로 보인다. 또한 제1책이 유실되어 刊寫地・刊寫者・刊寫年이 모두 알 수 없다. 船橋莊 소장본의 刊記를 보면 '上海章福記書局石印'이라고 되어 있는데, 章福記書局 출판된 판본에는 '宣統2年(1910) 음력 정월 吉笛生이 評事軒에서 썼다(宣統二年孟春之吉笛生敍於評事軒)'라고 했다. 船橋莊 소장본은 12卷 12冊으로 되어 있는데, 宣統2年(1910)에 章福記書局에서 출판된 판본으로 추정된다. 《小八義》 鼓詞는 국내에 유입된 기록이 없어서 언제 유입되었는지는 알 수 없다.

---

176) 李豫 等 編著, 《中國鼓詞總目》 (太原 : 山西古籍出版社, 2006), 510쪽에서 재인용.

書名	出版事項	版式狀況	一般事項	所藏處/所藏番號
繡像小八義	刊寫地未詳, 刊寫者未詳, 刊寫年未詳	4冊(卷5-6, 9, 12), 中國石印本, 14.9×8.8cm, 四周雙邊, 半郭:12.6×7.7cm, 無界, 19行42字, 上下向無葉花紋魚尾		京畿大學校 경기-K12204 1-5
繡像小八義	撰者未詳, 上海, 章福記書局, 中華年間 刊	12卷12冊(卷1~12), 中國石印本, 17.5×10.1cm, 四周雙邊, 半郭:15.4×9.5cm, 無界, 20行49字, 上下向黑魚尾, 紙質:洋紙	題簽:繡像說唱小八義, 版心題:繪像小八義, 裏題:繪圖說唱小八義全傳, 刊記:上海章福記書局石印	江陵市, 船橋莊

10) 五龍傳

　《五龍傳》의 내용과 《續五龍傳》의 관계는 4권으로 된 《繡像續五龍傳》卷一의 앞 단락을 보면 짐작할 수 있다. '前回에서 이야기한 것은 康熙皇帝가 興順店에서 곤경에 처했으나 다행히 다섯 영웅을 얻었으며 이들은 모두 무예가 뛰어나 황제를 보호하여 궁궐로 돌아갔다'는 내용이다.177) 또 《繡像續五龍傳》의 1~4권의 첫째 쪽을 보면, 황제 康熙가 계속 등장한다. 康熙는 실제로 궁궐을 떠나 여러 차례 중국 각지를 시찰했다고 한다. 《五龍傳》과 《續五龍傳》은 이 역사적 사실을 바탕으로 康熙와 그를 수행하는 다섯 영웅들의 이야기를 허구적으로 구성한 이야기이다.

　《五龍傳鼓詞》는 《繪圖五龍傳鼓詞》·《繡像五龍傳》·《繪圖說唱五龍傳鼓詞》·《繡像續五龍傳》·《繡像正續五龍傳》등의 書名으로도 간행되었다. 이 판본들은 淸末에서 民國年間에 上海의 廣益書局·江東茂記書局·大成書局·錦章圖書局·鑄記書局 등에서 石印本으로 출판되었다.

---

177) '上回說的是康熙爺在興順店被困。幸虧得五位英雄。俱是武藝高强。保護佛爺回朝。這且不表。且說他君臣要想闖出店門。衆賊如何肯讓。' http://www.kongfz.cn/end_item_pic_8367047/

고려대 소장본인 《繡像續五龍傳》은 4권 1책으로 되어 있으며, 光緖 32年(1906)에 上海書局에서 石印本으로 간행되었다. 동아대 소장본인 《繡像五龍傳》은 光緖 32年(1906)에 上海書局에서 石印本으로 간행되었으며 4권 1책으로 되어 있다. 이 판본은 고려대 판본과 같은 해에 같은 출판사의 것인데, 고려대 판본은 續集이 결질이고 동아대는 續集까지 소장하고 있음을 알 수 있다. 《五龍傳》은 국내 유입 기록이 없어서 언제 어떻게 유입되었는지 알 수 없으나 대략 1900년대 초기에 유입된 것으로 보여 진다.

書 名	出版事項	版式狀況	一般事項	所藏處/所藏番號
繡像續五龍傳	編者未詳, 上海, 上海書局, 光緖 32(1906)	4卷1冊(缺帙), 中國石印本, 14.5×9cm		高麗大學校 [육당]C14-B28-1
繡像五龍傳	著者未詳, 上海, 上海書局, 光緖 32年(1906)	4卷1冊(續集4卷1冊, 共2冊), 中國石印本, 有圖, 14.9×9.1cm, 四周雙邊, 無界, 半郭 : 12.4×8.4cm, 16行33字, 上下向黑魚尾	包匣題 : 繡像三公寄案鼓詞, 標題 : 繡像五龍傳, 表題 : 繡像五龍傳, 刊記 : 光緖丙午(1906)仲冬 上海書局石印	東亞大學校 (4) : 5 : 5-7

11) 五雷陣

《五雷陣》은 鼓詞외에도 京劇과 梆子戲 등의 장르로도 민간에서 유행했다. 《五雷陣》은 실존인물인 孫臏을 주인공으로 삼고 많은 허구를 가미하여 이루어진 鼓詞이다. 이 작품에서는 도술 겨루기 같은 내용이 등장하는데, 神魔小說的 특징을 지니고 있다. 실존인물 孫臏은 戰國時代 齊나라의 병법가로 孫武의 후손이며 鬼谷先生에게 신비한 병법을 배워 전쟁에서 이름을 떨쳤다. 《五雷陣》에서 孫臏은 臏(종지뼈를 도려내는 형벌)을 당하고 나서 지팡이를 짚고 다니게 되었는데, 이것은 그에게 무기일 뿐만 아니라 도술을 부리는 봉이기도 했다. 이것은 손오공의 여의봉과 비슷한데, 여기에서 《五雷陣》은 실존인물 孫臏을 허구적으로 신격화시켰음을 볼 수 있다.

《五雷陣》은 秦始皇이 王翦을 파견하여 六國을 병합하려던 때를 시대적 배경으로 삼았다. 내용은 요술을 부리는 도사 毛賁이 王翦을 도와 齊나라를 공격하는 것으로 시작된다. 孫臏의 조카가 毛賁에게 패하자 孫臏이 직접 毛賁을 격퇴하기 위해 나서지만, 뜻밖에 毛賁 '五雷陣'을 펼쳐서 孫臏의 魂을 빼내 죽이려 한다. 다행히 孫臏의 도술이 높아 이 계략에 당하지 않고, 鬼谷先生에게 전수받은 '太極圖'로 毛賁을 격파한다.

《五雷陣》은 淸末에서 民國年間에 上海의 上洋江東書局·煉石齋書局·錦章圖書局·校經山房·江東茂記書局·鑄記書局 등에서 石印本으로 출판되었다.

이화여대 소장본은 4권 4책으로 되어 있으며, 출판사항이 모두 未詳이라서 어떤 판본인지 특정할 수 없다. 또한 이 판본은 현재 국내에 유입된 《五雷陣》의 유일한 것인데, 유입기록이 없어서 그 유입시기를 알 수 없다.

書 名	出版事項	版式狀況	一般事項	所藏處/所藏番號
繡像五雷陣全傳		4卷4冊, 中國石印本, 有圖(2張), 14.8×8.8cm, 四周單邊, 無界, 半郭: 13.2× 8.6cm, 18行43字, 上黑魚尾		梨花女子大學校 [고] 812.3 수61o

12) 吳越春秋

《吳越春秋》는 東漢 時代의 趙曄(생졸년 미상)이 10권으로 撰하고, 楊方이 5권으로 줄인 것을 다시 唐代 皇甫遵이 注를 달고 상고하여 확정한 책이다. '남방의 吳와 越 두 인접 국가가 서로 경쟁하며 패권을 차지하기까지 흥망성쇠의 과정을 세밀하고 흥미롭게 기술한 책이 곧 《吳越春秋》이다. 《吳越春秋》는 오나라와 월나라 양국의 역사를 기본 골격으로 해, 거기에다 문학적인 묘사와 상상력을 동원해서 編年體 서술 방식으로 기록한 책이다. 따라서 한편으론 역사서이면서 한편으론 문학서인 것이다. 이처럼 문학과 사학의 공통 영역에 걸쳐 있지만, 사학자들의 관점에서 보면 역사적 사실과 부합하지 않는 진술이 많아 사실성과 객관성에 문제가 있어, 정통적인 사서로는 배제되어 왔다.'[178)]

《吳越春秋》는 '작품 곳곳에 산재되어 있는 기이하고 신비로운 이야기는 지괴

소설로서 부족함이 없을 뿐 아니라, 문학적인 상상력과 표현력의 발휘가 독서의 즐거움을 더해 준다. 인물 묘사와 성격 창조에서도 큰 성취를 이루었으며, …… 더욱 주목해야 할 사실은 《吳越春秋》가 歷史演義 소설의 濫觴으로 평가되기 시작되었다는 점으로, 이는 소설사적으로 중요한 역할을 했다는 것을 의미한다.'179) 이렇게 《吳越春秋》는 史書의 형식을 갖고 있으며 또한 문학적인 특징을 겸비하고 있기 때문에 강창 장르에서 연행되었다.

敦煌에서는 《伍子胥變文》이 출토되었는데, 唐代에 이미 伍子胥에 대한 강창 장르의 작품이 있었음을 확인할 수 있다. 이런 강창 전통은 鼓詞에도 이어졌을 것이다. 《江東茂記書局圖書目錄》의 광고를 보면, 《吳越春秋鼓詞》는 伍子胥의 이야기가 중심임을 알 수 있다. 또한 '슬픈 곳을 보면 많은 눈물을 흘릴 것이고, 골계적인 곳을 보면 입을 다물지 못하고 웃을 것이다.'180)라고 했다. 이것을 보면 《吳越春秋鼓詞》는 강창 장르의 특징을 가지고 있음을 알 수 있다.

《吳越春秋鼓詞》는 '初集'에서 '十集'까지 연속으로 출판된 것도 있으며, 《繡像新刻吳越春秋》·《新編吳越春秋說唱鼓詞》·《繪圖吳越春秋鼓詞》·《繪圖說唱吳越春秋鼓詞》 등의 書名으로 출판되었다. 光緖34年(1908)에는 《繡像新刻吳越春秋》가 石印本으로 출판되었으며, 民國年間에도 上海의 大成書局·鑄記書局·江東茂記書局 등에서도 石印本으로 출판되었다.

韓國學中央研究院의 소장본인 《繡像新刻吳越春秋》는 光緖34年(1908)에 茂記書莊에서 石印本으로 출판한 것이며, 4권 4책으로 되어 있으며 삽화가 들어 있다. 《吳越春秋》는 국내 유입된 기록이 있으나, 《吳越春秋鼓詞》는 유입기록이 없어서 鼓詞 장르의 작품이 언제 유입되었는지 알 수 없다.

---

178) 趙曄, 김영식 옮김, 《吳越春秋》(지만지, 2011), 8쪽.
179) 趙曄, 김영식 옮김, 《吳越春秋》(지만지, 2011), 14~15쪽.
180) 李豫 等 編著, 《中國鼓詞總目》(太原 : 山西古籍出版社, 2006), 418쪽.

書名	出版事項	版式狀況	一般事項	所藏處/所藏番號
繡像新刻吳越春秋	著者未詳, 上海, 茂記書莊, 光緒34年(1908)	4卷4冊, 中國石印本, 有圖, 14×8.8㎝	表紙書名：繡像吳越春秋, 標題紙書名：繡像吳越春秋鼓詞全傳, 刊記：光緒戊申(1908)冬月上海茂記書莊校印, 內容：冊1：卷1, 第一回-第十二回, 冊2：卷2, 第十三回-第二十四回, 冊3：卷3, 第二十五回-第三十六回, 冊4：卷4, 第三十七回-第四十八回	韓國學 中央研究院 D7C-81

13) 于公案

《于公案》은 筆寫本으로 6회본과 10회본이 있으며, 지은이는 알 수 없다. 6회본은 淸代 于成龍이 樂亭 縣令으로 임관하여 소송사건을 법에 근거하여 처리하고 판결하는 내용이다. 10회본 역시 巡撫 于成龍이 소송사건을 처리하는 내용으로 6회본에 비해 줄거리에 곡절이 생동적이다.[181] '于公案' 소설은 《于公案奇聞》으로 8권 292회로 되어 있으며 集錦堂에서 간행되었고, 지은이는 알 수 없다. '書'에는 《新刻于公案傳》이라고 되어 있으며, 첫머리에는 《于公案奇聞》이라고 되어 있다.[182] 《于公案鼓詞》는 약 300편에 달하는 《于公案奇聞》의 내용을 근거로 하여 鼓詞 장르로 강창 연행하던 것이 문자로 출판된 것이다.

《于公案鼓詞》 淸代 초기의 于成龍이란 관료를 주인공으로 삼았으며, 그가 소송사건을 처리하는 내용이다. 그 내용은 종종 明代의 公案이야기를 모방하여 개작한 것들이 많은데, 미신적인 것과 꿈에 나타나 범인을 지목하는 등의 판에 박힌 줄거리도 많다.[183]

《于公案鼓詞》는 《新刻于公案》·《新刻于公案鼓詞》 등의 書名으로도 출판

---

181) 朱一玄·張守謙·姜東賦 主編, 《中國古典小說大辭典》(石家莊：河北人民出版社, 1998), 960쪽.
182) 江蘇省社會科學院 明淸小說硏究中心, 吳淳邦 外(中國小說硏究會), 《中國古典小說總目提要(第3卷)》(蔚山大學校 出版部, 1996), 243쪽.
183) 朱一玄·張守謙·姜東賦 主編, 《中國古典小說大辭典》(石家莊：河北人民出版社, 1998), 960쪽.

되었다. 《于公案鼓詞》는 清末에서 民國年間에 上海의 江東茂記書局·校經山房 등에서 石印本으로 출판되었다.

고려대 소장본인 《新刻于公案》은 2권 1책만 남아 있으며 3권과 4권이 결질이므로, 원래는 4권 2책으로 되어 있는 것으로 보인다. 이 판본은 출판연대가 부정확하지만, 출판사는 동아대 소장본과 같은 上海書局인 것으로 보아, 이와 같은 판본이거나 같은 계열의 판본일 것이다. 동아대 소장본인 《新刻于公案》은 4권 2책으로 되어 있으며, 上海書局에서 光緒 32年(1906)에 石印本으로 출판되었다. 《于公案鼓詞》나 소설 《于公案》은 국내에 유입된 기록이 없어서 언제 유입되었는지는 未詳이다.

書名	出版事項	版式狀況	一般事項	所藏處/所藏番號
新刻于公案	編者未詳, 上海, 上海書局, 19--	2卷1冊(缺帙: 卷3-4), 中國石印本, 14.5×9㎝		高麗大學校 [육당]C14-B26-2
新刻于公案	著者未詳, 上海, 上海書局, 光緒 32年(1906)	4卷2冊, 中國石印本, 有圖, 14.9×9.1㎝, 四周雙邊, 半郭: 12.3×8.2㎝, 無界, 15行36字, 上下向黑魚尾	包匣題: 繡像三公寄案鼓詞, 標題: 繡像于公案, 表題: 繡像于公案, 刊記: 光緒丙午(1906)荷月 上海書局石印	東亞大學校 (4):5:5-5

14) 李翠蓮施釵記

李翠蓮 이야기는 明代 편찬된 《清平山堂話本》에 들어있지만, 본래는 宋·元의 話本으로 편명은 〈快嘴李翠蓮記〉이다. 〈快嘴李翠蓮記〉는 운문과 산문이 섞여 있는 강창 장르인데, 산문은 사건 전후를 설명하고 운문은 주인공 李翠蓮의 뛰어난 입담을 표현하기 위해 사용되었다.184) 鼓詞 《李翠蓮施釵記》는 話本 〈快嘴李翠蓮記〉와 주인공이 같지만 이야기의 내용은 전혀 다르다.

鼓詞 《李翠蓮施釵記》는 《西遊記》 제10회의 이야기를 바탕으로 새로 구성된

---

184) 張國風 지음, 이등연·정영호 편역, 《중국고전소설자의 이해》(全南大學校 출판부, 2011), 120~121쪽.

이야기이다. 鼓詞 《李翠蓮盤道》도 대체로 7언으로 구성되어 있으며, 중간에 雜言의 구절이 삽입되어 있다. 그 내용은 《西遊記》의 삼장법사가 제자들을 데리고 불경을 구하러 가다 李翠蓮을 만나게 되고, 그녀는 골계적으로 불교의 도리를 이야기한다는 것이다.[185] 그 대화의 내용은 상당히 골계적이며, 李翠蓮은 입심 좋은 여성으로 형상화되어 있다. 話本〈快嘴李翠蓮記〉의 李翠蓮의 형상은 임기응변에 능하고 말솜씨가 유창한 특징을 지닌다. 이것으로 보면 話本과 鼓詞의 내용은 다르지만, 李翠蓮은 말솜씨가 뛰어나고 자신의 의견을 대담하게 제시하는 여성으로 형상화되었다는 공통점을 지니고 있다. 이런 그녀의 형상은 오랜 전통을 가지고 민중들에게 환영을 받았음을 알 수 있다. 李翠蓮의 이야기는 현대 중국의 東北 지역에서도 '二人轉'이란 일종의 만담(相聲) 형식으로 연행되고 있다.

《李翠蓮施釵記》의 내용은 《西遊記》제10회의 이야기에 다른 내용을 덧붙여 재구성하였다. 唐나라 太宗 李世民이 용왕을 살려주겠다는 약속을 지키지 못하자 용왕이 염라왕에게 소송을 제기한다. 李世民이 저승에서 돌아와 환생하게 되는데, 저승에 과일을 바치겠다는 약속을 지키기 위해 저승으로 갈 사람을 구하는 방문을 내건다. 劉全은 아내 李翠蓮이 탁발승에게 금비녀를 뽑아주었다는 이유로 꾸짖자 그녀는 목을 매어 죽는다. 그런 후에 劉全은 후처를 들였는데, 그녀가 李翠蓮의 아이들을 죽이자 자신도 목숨을 끊으려고 한다. 그래서 劉全은 황제가 내건 방문을 보고 자원하여 저승으로 가겠다고 나선다. 나중에 李翠蓮은 공주의 시체를 빌어 환생하고, 아이들도 다시 환생하여 이승에서 온가족이 함께 만난다.

'李翠蓮' 관련 鼓詞는 《說唱李翠蓮鼓詞》·《繪圖李翠蓮鼓詞》·《鼓詞李翠蓮施釵記》·《繡像添改李翠蓮施釵》·《李翠蓮盤道》·《李翠蓮盤道捨金釵》·《李翠蓮施釵記》·《李翠蓮施金釵》등이 있다. 《李翠蓮盤道》는 《李翠蓮捨金釵》라고도 하며, 淸代 北京의 寶文堂·致文堂·秀文堂 등에서 木版本으로 출판되었다. 淸末에서 民國年間에 上海의 上洋江東書局·章福記書局·煉石書局·江東茂記書局·廣益書局 등에서 石印本으로 출판되었.

이화여대 소장본인 《繡像李翠蓮施釵》는 6권 4책에 삽화가 있으며, 上海의 茂記書莊에서 宣統1年(1909)에 石印本으로 출판한 것이다. 朴在淵은 《李翠蓮施釵記》를 2종 소장하고 있는데, 출판사항이 명확하지 않아 어떤 판본인지 특정할 수

---

185) http://shanben.ioc.u-tokyo.ac.jp/main_p?nu=ss-00788&order=rn_no&no=02995

없으나, 그중 木版本은 비교적 이른 시기의 것으로 보인다.

書 名	出版事項	版式狀況	一般事項	所藏處/所藏番號
繡像李翠蓮施釵	著者未詳, 上海, 茂記書莊, 宣統1年(1909)	6卷4冊, 中國石印本, 有圖(2張), 15×9㎝, 四周單邊, 半郭 : 13.4×8.6㎝, 無界, 25行45字, 上黑魚尾		梨花女子大學校 [고] 812.3 수61이
李翠蓮施釵記		1冊(落帙), 中國木版本	又名 : 還寶傳	朴在淵
李翠蓮施釵記		3卷1冊, 中國石印本		朴在淵

15) 紫金鐲鼓詞

《紫金鐲鼓詞》의 지은이는 알 수 없고, 강창 장르에 속하는 鼓詞이다. 淸代에는 이를 바탕으로 개작한 《四進士》란 희곡도 유행하였다. 희곡 《四進士》는 一名 《節義廉明》·《宋士傑》이라고도 하며, 판각되어 출판된 것은 없고 筆寫本만 남아 있다. 《四進士》는 徽劇·漢劇·京劇·湘劇·桂劇·川劇·滇劇 등 전국에서 유행했고 몇몇 지방의 梆子戲로도 연출되었다.186)

《紫金鐲鼓詞》는 明代 嘉靖年間을 시대적 배경으로 삼았으며, 새롭게 進士가 된 毛朋·田倫·顧讀·劉題를 주요인물로 삼았다. 네 사람은 부임한 후에 위법적인 행위를 하지 않기로 맹세했는데, 이는 재상 嚴嵩에게 배척당하는 걸 피하기 위해서였다. 河南 上蔡縣의 姚廷梅는 그의 형수 田氏(田倫의 누나)에게 毒酒로 살해당한다. 姚廷梅의 처는 楊素貞이었는데, 田氏는 그녀의 오빠 楊靑과 모의하여 포목상 楊春에게 처로 팔아버린다. 楊素貞 오빠에게 속임을 당했음을 알고 楊春과 함께 가기를 거부한다. 둘은 말싸움 벌이는데, 毛朋은 河南 八府의 巡按으로 부임하러 가는 길에 이 장면을 본다. 그는 그들에게 싸우는 이유를 묻고, 楊素貞은 자신의 억울함을 호소한다. 楊春은 진상을 알고 나서 楊素貞의 신세를 동정하게 된다. 그는 그 자리에서 그녀의 매매문서를 찢어버리고 그녀와 의남매를 맺고 함께

---

186) http://www.baidu.com/

소송하러 간다. 점쟁이로 변장한 毛朋은 그들을 위해 소장을 써주고 그들에게 信陽의 관아로 가서 고소하라고 암시한다. 信陽에 살고 있던 宋士傑은 건달들이 길에서 楊素貞을 희롱하는 것을 발견한다. 宋士傑은 그녀를 구해 주고 나서 그녀에게 그간의 고충을 듣고서, 그녀를 수양딸로 삼는다. 宋士傑은 그녀를 데리고 信陽 관아에 가서 고소를 하는데, 信陽의 관료 顧讀은 田倫의 부탁을 받고서 오히려 피고를 옹호하고 楊素貞을 감옥에 가둔다. 宋士傑은 곤장 40대를 맞고 信陽에서 쫓겨난다. 宋士傑은 田倫이 顧讀에게 뇌물을 주고 결탁했음을 알고 巡按 毛朋에게 고소한다. 毛朋은 이미 楊素貞의 진상을 알고 있었기 때문에 이 안건을 공정하게 판결한다. 이전에 청렴하기로 약속했지만 부패한 관료가 된 진사 동기들 田倫과 顧讀은 위법행위로 처결당한다.

《紫金鐲鼓詞》는 《新刻紫金鐲鼓詞》·《大字足本紫金鐲鼓詞》·《繡像紫金鐲鼓詞》·《新刻繡像紫金鐲鼓詞》·《說唱紫金鐲》·《繡像正續紫金鐲鼓詞》 등의 書名으로 출판되었다. 中國山西大學文學院에 소장된 淸代 木版本이 있는데, 이 판본은 전체가 4권 4책으로 되어 있으며, 1~2책은 《新刻紫金鐲》으로 3~4책은 《新刻續紫金鐲》으로 되어 있다. 다른 木版本으로는 京都 文興堂과 書本堂의 《新刻紫金鐲鼓詞》가 있다. 또한 淸末에서 民國年間에 上海의 錦章圖書局·大成書局·會文堂·江東茂記書局과 山東 烟台의 衛成文堂 등에서 石印本으로 출판되었다.

성균관대 소장본인 《繪圖正續紫金鐲鼓詞》는 6권 6책으로 되어 있으며, 이는 正集 4권과 續集 2권으로 구성되어 있다. 출판사항에서 이 판본은 淸末에서 民國 初에 石印本으로 출판되었다고 하는데 정확한 연도는 알 수 없다.

書名	出版事項	版式狀況	一般事項	所藏處/所藏番號
繪圖正續紫金鐲鼓詞	著者未詳, 上海, 大成書局, 淸朝末期~中華初 刊	6卷6冊(正四卷, 續2卷), 中國石印本, 20.2×13.2㎝, 四周單邊, 半郭: 18.2×10.6㎝, 18行44字, 紙質: 竹紙	版心題: 繡像紫金鐲, 刊記: 上海大成書局發行, 備考: 第1~63回	成均館大學校 D7C-183

16) 戰北原擊祁山

《戰北原擊祁山》은 《三國演義》의 諸葛亮이 '여섯 차례 기산으로 출사하다 (六出祁山)'라는 내용을 바탕으로 한 鼓詞이다. '六出祁山'의 줄거리는 《三國演義》의 제91회에서 제104회까지 모두 14회나 되는 후반부의 주요 내용이다.

《三國演義》의 '六出祁山'의 내용은 다음과 같다. 諸葛亮은 魏나라를 공략하기 위해 祁山을 기점으로 여섯 차례 북벌을 감행하는데, 제3차 북벌 때부터 魏의 장군 司馬懿와 맞선다. 수차례 공방을 주고받다가, 魏의 장수 鄭文은 蜀의 군대에게 渭水의 싸움에서 패하고 나서 司馬懿의 명을 받아 諸葛亮에게 거짓 항복한다. 그리고 충성을 보이려고 魏의 추격군 대장 秦朗을 죽였으나, 사실 그의 동생 秦明을 죽인 것이었다. 諸葛亮은 거짓 항복임을 간파하고 鄭文에게 司馬懿에게 편지를 보내 그를 유인하라고 한다. 鄭文은 어쩔 수 없이 명령에 따르고, 상대방의 계략을 역이용한 諸葛亮은 司馬懿가 이끄는 魏軍을 대파하고 나서 鄭文을 잡아내어 죽였다. 이후 司馬懿는 교전을 피했고, 諸葛亮은 결국 五丈原에 주둔하고 있다가 병으로 죽는다.

《戰北原》은 여러 설창 장르와 京劇으로도 유행했는데, 鼓詞인 《戰北原擊祁山》은 '故宮珍本叢刊目錄(集部)'[187]에 書名만 보일 뿐 출판사항은 명확히 알 수 없다.

金奎璇 소장본인 1책의 《戰北原擊祁山》은 출판사항을 전혀 알 수 없으나, 木版本인 것으로 보아 民國 이전인 淸代에 간행된 것으로 보인다. 《戰北原擊祁山》은 국내에 유입기록이 없어서 유입시기를 확인하기 어렵다.

書名	出版事項	版式狀況	一般事項	所藏處/所藏番號
戰北原擊祁山		1冊, 中國木版本		金奎璇先生所藏本

---

187) http://blog.sina.com.cn/s/blog_8747fedf0100×6qf.html

17) 征東傳

　《征東傳》은 唐代 실존인물인 薛仁貴를 주인공으로 삼았으며, 고구려의 맹장 淵蓋蘇文이 唐나라의 군대를 물리치는 시대를 배경으로 삼았다. 元代 平話인 《薛仁貴征遼事略》과 明代 說唱詞話인 《薛仁貴跨海征遼故事》에서 그 원류를 찾을 수 있다. 이 작품들은 口傳 전통 속에서 형성된 장르로서 鼓詞 《征東傳》에 영향을 주었을 것이다. 또한 薛仁貴 이야기는 희곡으로도 유행했는데, 元 雜劇 중에도 《薛仁貴衣錦還鄉》・《摩利支飛刀對箭》 등이 있고, 明代에는 《薛仁貴跨海征東白袍記》・《薛平遼金貂記》가 淸代에는 《定天山》이 있으며, 이외에 淸代 중엽 이후에도 여러 종의 京劇 작품들이 있다.188)

　《征東傳》은 《薛仁貴征東鼓詞》・《繪圖說唱薛仁貴征東鼓詞》・《繪圖征東全傳》・《繡像征東全傳》・《繡像說唱征東全傳》・《繡像征東傳鼓詞全部》・《繡像征東傳鼓詞》 등의 書名으로 출판되었다. 이런 《征東傳》들은 淸末에서 民國年間에 上海의 錦章圖書局・大成書局・校經山房・鑄記書局・江東茂記書局 등에서 石印本으로 출판되었다.

　경기대 소장본인 《繡像征東傳鼓詞全部》는 1권 1책으로 되어 있는데, 같은 서명의 판본이 大成書局에서 石印本으로 간행된 적이 있다. 그러나 출판사항의 刊寫地・刊寫者・刊寫年이 모두 未詳으로 되어 있어 그 판본을 특정하기 어렵다. 朴在淵 소장본은 출판사항이 아예 없어서 이것 또한 어떤 판본인지 특정하기 어렵다.

　薛仁貴 이야기에 대한 朝鮮時代의 문헌 기록이 있는데, 다음과 같다. '이야기책 읽어 주는 노인은 동문 밖에 살았다. 그는 책 없이 입으로 국문 패설을 읽는바, 《숙향전》, 《소대성전》, 《심청전》, 《설인귀전》 등의 전기와 같은 것들이었다.'189) 이 기록에서 薛仁貴의 이야기가 번역되어 朝鮮에서 강창으로 연행되었음을 확인할 수 있지만, 이것이 鼓詞 《征東傳》과 관련이 있는지는 확인할 수 없다. 또한 鼓詞 《征東傳》에 대한 유입기록도 없어 유입시기를 명확히 알 수 없다.

---

188) 張守連・閔寬東, 〈薛仁貴 鼓詞의 源泉에 관한 一考(설인귀 고사의 국내 수용과 전승을 중심으로)〉, 《中國小說論叢》 (第33輯, 2011), 89쪽.
189) 조수삼・박윤원・박세영 옮김, 《이야기책 읽어 주는 노인》 (보리, 2005), 171쪽.

書名	出版事項	版式狀況	一般事項	所藏處/所藏番號
繡像征東傳鼓詞全部	刊寫地未詳, 刊寫者未詳, 刊寫年未詳	1卷1冊(缺帙), 14.6×9cm, 四周雙邊, 半郭：12.3×7.7cm, 無界, 15行35字, 註雙行, 上下向無葉花紋魚尾	表題：繡像征東傳鼓詞全部, 版心題：繡像征東傳	京畿大學校 경기-K12206 1-1
征東傳鼓詞		6卷6冊不分回, 中國石印本		朴在淵

18) 千里駒

《千里駒》는 淸代 鼓詞인데, 朝鮮時代의 한글 번역본이 남아 있다.

그 줄거리는 明나라 正德年間을 시대적 배경으로 삼았으며, 내각학사 劉奇의 아들 劉月鶴을 주인공으로 삼았다. 劉月鶴은 아버지가 황제로부터 하사받은 千里駒를 타고 과거에 응시하기 위해 경성으로 간다. 그러다 그는 全林寺에 유숙하게 되는데, 주지인 孔孟和尙은 천리구를 탐내어 劉月鶴을 묵게 한 뒤 밤에 죽이고자 한다. 劉月鶴은 현몽으로 도주하지만 孔孟和尙의 俗家에 묵게 되고, 孔孟和尙의 어머니가 아들에게 이를 알리러 간다. 그녀의 조카 張金芳은 혼인 약속을 받고 劉月鶴을 도와 여장시켜 탈출하게 한다. 劉月鶴은 자신의 신세를 한탄하고 자살을 시도하지만, 李夢熊과 李桂蓁 남매에게 구출된다. 여장을 한 劉月鶴은 李桂蓁과 의자매를 맺었다가, 술이 취해 남자임을 들키고 그녀와 결혼을 약속한다. 劉月鶴은 李氏 남매와 함께 孔孟和尙의 사촌 王景龍의 집에 묵었다가 위기에 처하고, 王景龍의 동생 王素花에게 남자임을 들켜 결혼을 약속하고 그녀의 도움을 받는다. 한편 正德皇帝는 全林寺의 孔孟和尙이 난을 일으키려 한다는 劉奇의 간언을 물리치고, 泰山으로 제사를 지내러 가다가 全林寺에 이른다. 孔孟和尙과 王景龍 일당은 어가를 급습하지만, 황제는 李夢熊과 李桂蓁 남매의 도움으로 목숨을 구한다. 또한 황제를 염려하던 劉奇는 장군들을 파견하여 어가를 뒤따르게 했는데, 이들은 全林寺에 이르러 孔孟和尙의 잔당을 처단하고 경성으로 돌아온다. 그러나 원래 孔孟和尙과 결탁했던 간신 劉瑾은 이를 숨기고 도리어 충신 劉奇을 모함하여 죽이려 하지만 장군 常萬年이 그를 구한다.

《千里駒》는 《千里駒說唱鼓詞》・《新刻千里駒》・《繡象千里駒》・《大字足本千里駒鼓詞》・《說昌千里駒》・《新式標點足本千里駒鼓詞》・《繪圖千里駒鼓詞》・《繪圖說唱千里駒》 등의 書名으로도 출판되었다. 비교적 이른 판본으로는 6책으로 된 淸代 木版本이 있다. 또한 光緖 戊申年(1908)에 출판된 上海書局의 石印本이 있고, 民國年間에 上海의 大成書局・江東茂記書局・大新書局社・錦章圖書局・沈鶴記書局에서 간행된 石印本들도 있다.

국내에 유입된 판본은 錦章圖書局에서 4권 4책으로 간행된 《新刻千里駒》가 한국학중앙연구원에 소장되어 있다. 그리고 淸代 木版本인 5권 5책의 《新刻千里駒說唱鼓詞》가 藏書閣도서에 소장되어 있다190)고 하지만 이 판본은 확인할 수 없다.191)

《千里駒》는 한글로 번역된 筆寫本이 국립중앙도서관에 소장되어 있다. 이 번역본 《천리구》는 낙질본으로, 현재 일부인 4권 2책의 분량만이 남아 있다. 章回小說 형식으로 구성되어 있다. 현존하는 분량까지는 총 31회로 이루어져 있다. 장회 시작 부분에는 回題로서 4행 또는 8행의 '西江月' 곡조의 詞가 적혀 있어 그 회의 내용을 총괄한다. 번역 양상은 조금씩 생략된 곳도 있고 또는 원문에는 없는 표현을 상세하게 묘사한 부분도 있다. 또한 국역본의 장회형식과 원문의 회목이 일치하지 않으며 石印本의 18회 일부분까지만 번안되어 있다.192) 이 번역본이 정확히 언제 번역되었는지는 알 수 없으나, 번역본 이전에 어떤 모본이 유입된 것은 확실하다. 그러나 《千里駒》에 대한 구체적인 유입기록은 없어서 언제 유입되었는지는 명확히 알 수 없으나 朝鮮末期에서 日帝初期에 유입된 것으로 보인다.

---

190) 張孝鉉, 《韓國古典小說史研究》 (고려대학교 출판부, 2009), 624쪽.
191) 필자는 한국학중앙연구원의 홈페이지와 한국고전적종합목록시스템을 검색했으나 이 판본은 찾을 수 없었다.
192) 金瑛, 《천리구(千里駒)》 (鮮文大 中韓翻譯文獻研究所, 2003), 1~2쪽.

書名	出版事項	版式狀況	一般事項	所藏處/所藏番號
新刻千里駒	著者未詳, 上海, 錦章圖書局, 刊寫年未詳	4卷4冊, 中國石印本, 有圖, 20.1×13.3cm	標題紙書名：連環圖畵千里駒鼓詞. 表紙書名：大字足本連環圖畵千里駒鼓詞. 刊記：上海錦章圖書局印行. 내용：冊1：卷1, 第一回-第十一回, 冊2：卷2, 第十二回-第二十二回, 冊3：卷3, 第二十三回-第三十一回, 冊4：卷4, 第三十二回-第四十二回	韓國學中央研究院 D7C-85
千里駒		6卷(落帙：1~2卷 所藏), 中國木版本		朴在淵
千里駒	光緒戊申年(1908), 上海書局	4卷4冊 42回, 中國石印本		朴在淵
천리구	刊寫地未詳, 刊寫者未詳, 刊寫年未詳	3卷2冊, 한글筆寫本, 29.7×19.4cm	表題：千里駒	國立中央圖書館 한古朝48-152

19) 快活林

《快活林》은 《水滸傳》의 武松의 이야기이다. 《水滸傳》에 등장하는 인물들 중에 36명의 영웅 이야기는 이미 宋代의 《宣和遺事》에 보인다. 《宣和遺事》의 문체는 '講史'에 속하지만, 순수한 입말로 이루어진 작품은 아니다. 이를 보면 《宣和遺事》는 민간에서 구연되던 이야기가 문자 텍스트로 정착된 것임을 알 수 있다. 宋元 時代에 민간에서는 이미 '水滸 이야기'가 널리 유행했으며, 예인들의 구전 전통이 형성되어 있음을 알 수 있고, 이런 강창의 전통은 鼓詞 《快活林》으로 이어졌다고 할 수 있다.

武松은 형을 독살한 형수 潘金蓮과 情夫 西門慶을 죽이고 매파 王婆를 잡아 고발하고 자수하여 孟州로 유형을 간다. 거기서 施恩이 武松을 보살펴주자 武松은 그를 위해 蔣門神을 제압하고 快活林의 상권을 되찾아 준다. 《快活林》은 이 대목으로 단편 鼓詞로도 구연되었지만,193) 武松이 주인공인 이야기 전체를 총괄하는 대명사로 쓰이기도 했다. 武松 이야기는 다음과 같은 연작 형식으로 되어 있는데, 이 중 하나를 단편 鼓詞로 구연하기도 했다. 〈東岳廟〉→〈景陽岡〉→〈陽谷縣〉→〈十字坡〉→〈石家莊〉→〈鬧當鋪〉→〈鬧公堂〉→〈鬧南監〉→〈快活林〉→〈都監府〉→〈飛雲浦〉→〈鴛鴦樓〉→〈張家店〉→〈蜈蚣嶺〉→〈白虎莊〉→〈二龍山〉. 鼓詞의 줄거리는 《水滸傳》의 이야기와 유사하며, 내용과 형식은 모두 구전 강창의 특징을 보인다.

《快活林》 관련 鼓詞로는 北京 寶文堂의 木版本이 있고, 이 책은 《武松奪酒店》이라고도 한다. 또한 淸末에서 民國年間에 上海의 上洋江東書局과 江東茂記書局 등에서 石印本으로 출판되었다.

이화여대 소장본인 《新刻繡像快活林》은 光緖32年(1906)에 華文齋에서 출판된 것으로 삽화도 들어 있다. 《水滸傳》에 대한 국내 유입기록은 적지 않은데, 鼓詞의 유입기록은 없어서 《快活林》이 언제 국내에 유입되었는지는 알 수 없다.

書名	出版事項	版式狀況	一般事項	所藏處/所藏番號
新刻繡像快活林	上海, 華文齋, 光緖32年(1906)	8卷8冊(缺本, 第5~8冊, 卷5~8), 中國石印本, 有圖(圖2張), 14.6×9㎝, 四周雙邊, 半郭：12.5×8.6㎝, 無界, 15行36字, 上黑魚尾	表題：繡像快活林	梨花女子大學校 [고]812.3 수 61A

20) 平西涼

《繪圖平西涼全傳》이 梨花女大 소장본의 목록에서는 《繪圖平面涼全傳》으로 되어 있는데, 平'面'涼은 平'西'涼의 오기이다. 이 작품은 《平西涼》과 《陰兵陣》의 합집으로 이루어져 있으며, 모두 4권 4책으로 되어 있다. 제1·2책은 《繪

---

193) 陳新 編, 《中國傳統鼓詞精滙(上)》 (北京：華藝出版社, 2003), 603~609쪽.

圖平西涼全傳》이고 제3·4책은 《繪圖陰兵陣全傳》이다.

《繪圖平西涼全傳》의 앞부분에는 4쪽의 인물화가 있는데, 첫째 쪽에는 黃國亮·周靈王·國母娘娘이, 둘째 쪽에는 邢素貞·邢芳玉·黃文이, 셋째 쪽에는 太乙眞人·羅雲·劉明이, 넷째 쪽에는 金恒·白龍甲·白金王이 그려져 있다. 《繪圖陰兵陣全傳》의 첫머리에는 '이것은 쉽게 볼 수 없는 이야기로, 중심 이야기는 周나라 靈王이 재위할 때 일어난 이야기이다.(這就是鐵樹開花一段故事。閒言小敘, 言歸正文, 單說大周靈王在位引出一宗故事。)'[194]라고 되어 있다.

周나라 靈王(?~기원전 545년)은 성이 姬이고 이름이 泄心이며, 周 簡王의 아들로 東周 제11대 왕이다. 《列仙傳》에는 周 靈王의 맏아들 晉은 총명하고 생황을 잘 불었으나, 太子로 책봉된 지 얼마 지나지 않아 죽었다고 한다. 또한 周 靈王이 죽기 전에 太子가 白鶴을 타고 그를 맞으러왔다고 한다. 《繪圖平西涼全傳》의 등장인물들을 보면, 역사적 사실이나 《列仙傳》에 나온 이야기와는 다른 허구적 이야기로 보인다.

《繪圖平西涼全傳》은 上海의 茂記書莊에서 宣統2年(1910)에 石印本으로 출판되었다. 다른 판본으로는 《平西涼陰兵陣合集》이란 書名으로 上海 江東茂記書局에서 1929년에 石印本으로 출판된 것이 있다.

이화여대 소장본인 《繪圖平西涼全傳》은 4권 4책으로 되어 있으며, 삽화가 들어 있다. 이 판본은 위의 上海 茂記書莊에서 宣統2年(1910)에 石印本으로 간행된 것과 동일하다. 《繪圖平西涼全傳》은 대략 1900년도 초기에 유입된 것으로 보인다.

書 名	出版事項	版式狀況	一般事項	所藏處/所藏番號
繪圖平西涼全傳	著者未詳, 上海, 茂記書莊, 宣統2年(1910)	4卷4冊, 中國石印本, 有圖, 15×9㎝, 四周單邊, 半郭 : 13.9×8.4㎝, 無界, 17行45字, 上黑魚尾		梨花女子大學校 [고] 812.3 회315

---

194) 이화여대 소장본에 대한 내용은 같은 연구팀의 김명신이 이화여대 도서관을 직접 방문하여 적어온 내용을 필자에게 제공한 것이다.

21) 包公案鼓詞

《包公案》은 一名 《龍圖公案》이라고도 하며, 《百家公案》과 더불어 宋나라의 실존 인물인 包拯을 중심인물로 설정한 중국의 대표적인 공안소설이다. 《龍圖公案》은 지은이를 알 수 없으나, 明나라 萬曆年間(1573~1619)인 1592년 이후에 만들어진 책이다. 包拯은 包靑天이란 이름으로 더욱 잘 알려진 인물이다. 《包公案》은 그가 소송사건을 해결하는 과정을 통해 청렴한 관료이자 판관으로서의 면모를 제시하고, 다양한 사건들을 통해 당시 사회상을 반영하고 있다. 《龍圖公案》의 편집자가 기타 공안소설집에 수록된 이야기들로부터 상당수를 취한 탓에 창작성이 결핍되는 단점을 드러내고 있다. 그러나 공안소설전집을 집대성하다시피 했으며, 공안문학 작품의 정형을 제시했다는 측면은 홀시할 수 없다.[195]

'包公案' 계열의 강창 텍스트로는 120회본인 石玉昆의 《龍圖耳錄》이 있다. 石玉昆은 道光・咸豊 시기의 유명한 說書 藝人으로 《龍圖公案》을 강창 연행하여 일시에 명성이 더해졌고, 누군가가 이를 듣고 기록했다고 해서 '耳錄'이라고 부른다. 《龍圖耳錄》은 모두 백화문으로 되어 있고 노래가사는 없는데, 이는 아마 기록할 때 생략한 것 같다. 이 책은 줄곧 간행되지 않았기 때문에 몇 종의 筆寫本만 남아 있다.[196]

《龍圖耳錄》은 公案과 俠義가 합쳐진 것으로, 사건판결 부분은 소설 《龍圖公案》과는 판이하게 다르다. 이야기의 주체가 이미 包公에서 俠義人物로 바뀌어 있다. 내용은 청렴결백한 관리와 의로운 인물이 위험에 처한 사람을 도와주고, 곤궁에 빠진 사람을 구제하며, 포악한 관리를 처벌하고 백성을 평안하게 했음을 칭송하고 있다.[197] 이런 내용은 강창의 주요 수용자인 일반 민중들에게 크게 환영을 받았으며, 《包公案鼓詞》는 이런 강창 장르의 전통을 이어받아 연행되던 것이 문자로 정착된 것이다.

---

195) 작자 미상, 고숙희 옮김, 《용도공안》(지만지, 2010), 7~17쪽.
196) 江蘇省社會科學院 明淸小說硏究中心, 吳淳邦 外(中國小說硏究會), 《中國古典小說總目提要(第3卷)》(蔚山大學校 出版部, 1996), 617쪽.
197) 江蘇省社會科學院 明淸小說硏究中心, 吳淳邦 外(中國小說硏究會), 《中國古典小說總目提要(第3卷)》(蔚山:蔚山大學校 出版部, 1996), 619쪽.

《包公案鼓詞》는 《繡像包公案鼓詞》·《繡像包公案鼓詞全傳》·《新刻包公案鼓詞》·《繪圖包公案鼓詞》 등의 書名으로도 출판되었다. 《包公案鼓詞》는 淸末에서 民國年間에 上海의 上洋江東書局·江東茂記書局·大成書局·校經山房 등에서 石印本으로 출판되었다.

고려대와 이화여대 소장본은 모두 2권 2책으로 되어 있고, 정확한 출판연대는 알 수 없으나 淸末에서 民國年間에 출판된 것으로 보인다. 동아대 소장본인 《新刻包公案鼓詞》는 2권 2책으로 되어 있으며, 刊寫地 未詳인데 光緖 32年(1906)에 石印本으로 출판되었다.

'중국 공안소설이 우리나라에 본격적으로 전해지기 시작한 것은 임진왜란을 전후한 선조 때이다. 일찍이 선조 임금이 부마에게 《包公案》을 읽으라고 내려준 기록이 諺簡에 보인다. 실제로 서울대 奎章閣에 萬曆本 《全像新鐫包公孝肅公神斷百家公案演義》가 전 세계적으로 단 하나밖에 없는 유일본으로 전해지고 있고, 景宗1年(1721)에 간행된 중국어 교과서 《伍倫全備諺解》 인용서목 가운데 《龍圖公案》이 있으며, 《中國小說繪模本》(1762)에는 《包公演義》의 이름이 보이고 있다. … 낙선재 번역 筆寫本 《포공연의》는 모두 9권 9책, 총 831면으로, 淸代 《龍圖公案》을 저본으로 하여 그 가운데 81편만 번역한 것이다. 이 작품의 한글 번역은 1800년대 전반에 이루어진 것으로 추정된다.'[198)]

소설 《包公案》은 이렇게 임진왜란 전후에 전래되었고, 19세기 전반에 한글 번역본도 나왔다. 하지만 講唱 《包公案鼓詞》에 대한 유입기록은 없어서 언제 유입되었는지는 알 수 없다. 그러나 국내 유입본이 모두 1900년대 이후에 출판된 것이므로 淸末에서 民國 初期에 유입된 것으로 보인다.

---

198) 朴在淵, 〈朝鮮時代 公安俠義小說 번역본의 연구(낙선재본 《포공연의》와 구활자본 《염라왕젼》을 중심으로)〉(《中語中文學》 第25輯, 1999), 68~69쪽.

書名	出版事項	版式狀況	一般事項	所藏處/所藏番號
新刻包公案鼓詞	編者未詳, 上海, 上海書局, 19--	2卷2冊, 中國石印本, 有圖, 14.5×9㎝, 無界, 行字數不定, 無魚尾	表題紙 : 繪圖包公案鼓詞	高麗大學校 [육당] C14 B27 1~2
繡像包公案鼓詞全傳	上海, 校經山房, (19??)	2卷2冊, 中國石印本, 有圖(圖3張), 15×9㎝, 四周單邊, 半郭 : 13.2×8㎝, 無界, 行字數不定	標題 : 繡像包公案鼓詞全傳, 版心題 : 繡像包公案鼓詞, 刊印記 : 上海校經山房石印, 내용주기 : 第一回~第八回(卷上), 第九回~第十六回(卷下)	梨花女子大學校 [고]812.3 수 61포
新刻包公案鼓詞	著者未詳, 刊寫地未詳, 刊寫者未詳, 光緒32年(1906)	2卷2冊, 有圖, 14.9×9.1㎝, 四周雙邊, 半郭 : 12.2×8.1㎝, 無界, 15行36字, 上下向黑魚尾	包匣題 : 繡像三公寄案鼓詞, 標題 : 繪圖鼓詞包公全傳, 表題 : 繪圖包公案鼓詞	東亞大學校 (4) : 5 : 5-6

22) 汗衫記鼓詞

《汗衫記》는 元代 張國賓이 지은 雜劇으로 《合汗衫》이라고도 하며, 본제목은 《相國寺公孫汗衫記》이다. 張孝友가 눈 속에서 陳虎를 구해주었다가 도리어 처와 재산을 모두 빼앗기고 陳虎에 의해 강물에 빠진다. 張孝友는 죽지 않고 중이 되었다가, 18년 후에 아들이 커서 온 집안 식구들이 다시 만나고 복수를 한다. 그러나 《汗衫記鼓詞》는 희곡 《合汗衫》을 바탕으로 개작한 것이 아니고, 지방희곡 《汗衫記》 一名 《珍珠衫》과 관련이 있다. 이 이야기는 소설집인 《情史》 卷十六〈珍珠衫〉과 《古今小說》 第一卷〈蔣興哥重會珍珠衫〉에 보인다. 지방희곡은 《珍珠衫》・《審餘寬》・《汗衫記》 등이 있고, 雜劇《會香衫》과 袁金昭의 傳奇《珍珠衫》 등도 있다. 《汗衫記鼓詞》와 〈蔣興哥重會珍珠衫〉의 등장인물 이름은 다르지만, 화본 형식의 〈蔣興哥重會珍珠衫〉의 구전 전통을 이어받았다고 할 수 있다.

위의 각 텍스트들은 비록 인물들의 이름이 서로 다르지만, 중심 줄거리는 거의 비슷하다. 본 해제에서는 《古今小說》 第一卷〈蔣興哥重會珍珠衫〉로 줄거리를 소개한다. 蔣興哥는 王三巧와 결혼하여 금슬 좋게 지내다가 장사를 하러 떠나 한동안 돌아오지 않는다. 陳商은 그녀를 보고 반해 薛노파와 계략을 꾸며 그녀를 취한다. 王三巧는 陳商과 사랑에 빠져 蔣興哥의 가보인 '珍珠衫'을 고향으로 돌아가는 陳商에게 준다. 후에 이름을 바꾼 蔣興哥는 陳商을 만나 우연히 그가 珍珠衫을 입은 것을 보고 의심한다. 그런데 陳商은 도리어 蔣興哥에게 편지와 선물을 王三巧에게 전해달라고 한다. 蔣興哥는 그 편지를 읽고 진상을 알게 되어 고향으로 돌아와 王三巧와 이혼한다. 그런데 그는 그녀가 吳傑에게 재가하자 뜻밖에도 많은 선물을 보낸다. 한편 陳商은 王三巧를 만나기 위해 오다가 객사하고, 후에 그의 부인 平氏는 이곳을 찾아와 陳商의 장사를 지내고 蔣興哥와 재혼한다. 蔣興哥는 平氏의 옷상자에서 珍珠衫을 보고 놀라 서로 이야기하다가 진상을 알게 되고 둘은 금슬 좋게 지낸다. 蔣興哥는 다시 장사를 하러갔다가 사람을 죽였다는 누명을 쓰고 소송에 휘말리게 된다. 그곳의 관료는 吳傑이었는데, 王三巧는 남편에게 소송을 원만하게 처리해 달라고 부탁한다. 吳傑은 피해자에게 배상하게 하고 나서 蔣興哥를 풀어준 후 王三巧와 만나게 한다. 그는 둘이 이전에 부부였음을 알고서 자신의 처를 蔣興哥에게 돌려보낸다. 蔣興哥는 王三巧를 데리고 돌아와 平氏와 셋이 행복하게 산다.199)

《汗衫記鼓詞》는 《新刻繡像汗衫記鼓詞》・《說唱汗衫記鼓詞》・《繪圖汗衫記鼓詞》・《繪圖白玉蘭汗衫記鼓詞》・《新出繪圖說唱白玉蘭汗衫記鼓詞全傳》 등의 書名으로 출판되었다. 《汗衫記鼓詞》는 淸代의 木版本이 있고, 또한 淸末에서 民國年間에 上海의 上海書局・上洋江東書局・江東茂記書局・大成書局・錦章圖書局 등에서 石印本으로도 출판되었다.

이화여대 소장본인 《新出繪圖說唱白玉蘭汗衫記鼓詞全傳》은 4권 4책으로 되어 있으며, 校經山房에서 淸末에서 民國初期에 石印本으로 출판된 것이다. 朴在淵 소장본 《汗衫記》는 출판사항이 명확하지 않아 구체적인 판본을 특정하기 어렵다. 《汗衫記》나 《汗衫記鼓詞》에 대한 국내 유입기록은 없어서 언제 어떻게 유입되었는지는 알 수 없으나 1900년대 초기에 유입된 것으로 보여진다.

---

199) 馮夢龍 編, 《古今小說》(中和(臺灣) : 建宏出版社, 1995), 1~29쪽.

書名	出版事項	版式狀況	一般事項	所藏處/所藏番號
新出繪圖說唱白玉蘭汗衫記鼓詞全傳	上海, 校經山房, (19??)	4卷4冊, 中國石印本, 有圖(圖2張), 15×9㎝, 四周單邊, 半郭:13.2×8.2㎝, 無界, 半葉 行字數不定	表題:繡像說唱汗衫記鼓詞, 標題:繡像汗衫記鼓詞全傳, 版心題:繡像汗衫記鼓詞, 刊印記:上海校經山房石印, 내용주기:第一回~第五回(卷1), 第六回~第九回(卷2), 第十回~第十三回(卷3), 第十四回~第十六回(卷4)	梨花女子大學校 [고]812.3 수 61ㅎ
汗衫記		4卷4冊16回, 中國石印本		朴在淵

23) 混元盒

《混元盒》은 '刊行本의 目次앞에 "混元盒五毒全傳"이라고 적혀 있고, 판면에 "混元盒"이라 새겨져 있으며, 한 면이 8行 16字이며, 白口, 四周單邊으로 되어 있다. 館藏書簽標는 明末淸初의 刊行本으로 板刻年代를 알 수 없다. 《中國通俗小說書目》에서는 일찍이 이 책의 "坊刻小本"이 기록되어 있고, "本鼓子詞改作"이라 하나 자세히 살펴보면 鼓子詞를 小說로 고친 것인지, 혹은 小說을 鼓子詞로 고친 것인지는 성급하게 단정하기 어렵다.'200) 이렇지만 이 작품은 본래 鼓子詞였다고 하고, 또한 《中國鼓詞總目》201)과 李廷宰의 《鼓詞系講唱 硏究》202)에서 鼓詞로 보고 있으므로 필자도 鼓詞로 분류했다.

《混元盒》은 一名 《五毒傳》이라고도 하는데, 射白春이 다섯 요괴의 봉인을 풀어놓은 데서 유래한 것이다. 이 작품은 작자는 알 수 없다. 《混元盒》 작품의 다른 장르에는 《混元盒影詞》도 있다. 여기서 '影詞'는 皮影戲 노래가사이고 속칭 '影卷'이라고도 하는데, 이 影詞 계열의 작품들은 많이 남아 있지는 않다. '混元盒'은 張天師가 요괴를 잡아 가두는 상자인데, 《封神演義》나 《西遊記》 같은 신마소설류의 鼓詞이다.

---

200) 江蘇省社會科學院 明淸小說硏究中心, 吳淳邦 外(中國小說硏究會), 《中國古典小說總目提要(第2卷)》 (蔚山大學校 出版部, 1996), 578쪽.
201) 李豫 等 編著, 《中國鼓詞總目》 (太原:山西古籍出版社, 2006), 162쪽(《混元盒影詞》) 과 421쪽(《五毒傳鼓詞》).
202) 이 논문의 부록에는 鼓詞系講唱에 대한 목록이 실려 있다. 李廷宰, 《鼓詞系講唱 硏究》 (서울대 박사논문, 1998), 370쪽(《五毒傳》)과 376쪽(《混元盒全傳》).

《混元盒》은 才子 射白春이 해변에 놀라갔다가 담배통을 줍는 것으로 시작된다. 그 담배통의 마개를 열자 거인이 뛰어나와 그를 삼키려고 했으나, 어떤 할머니가 거인을 속이고 담배통에 봉하여 그를 구해준다. 그리고 그 할머니는 射白春을 자신의 사위로 삼는다. 어느 날 射白春은 석판의 봉인을 떼어내어 다섯 요괴를 풀어놓게 되고, 이로써 처와의 인연도 다하게 된다. 할머니는 비단 주머니를 주면서 재앙이 닥쳐서 풀어보면 비책이 있다고 말하며 그를 집으로 돌려보낸다. 이후 射白春은 우여곡절을 겪으며 요괴들을 만나고 張天師는 그를 구해주고 요괴들을 잡아 混元盒에 가둔다. 射白春은 서울로 가서 과거에 합격하고 황제는 여동생을 그에게 시집보내지만, 그녀는 요괴에게 혼을 빼앗겨 사악해진다. 또한 얼마 후 두 요괴가 등장하는데, 張天師도 요괴들을 이길 수 없자 射白春은 할머니에게 도움을 청한다. 張天師와 할머니는 여러 요괴들을 잡아 混元盒에 가두고, 張天師는 원래 여우의 정령이었던 할머니에게 混元盒을 넘겨준다. 결국 射白春은 원래대로 돌아온 황제의 여동생과 결혼을 하고, 할머니는 신선의 세계로 올라간다.

《混元盒》의 木版本으로는 清代 泰山堂 刻本과 二友堂 刻本이 있다. 石印本은 上海書局에서 光緒20年(1894)에 2권 2책으로 출판되었고, 같은 출판사에서 光緒31年(1905)에 12권 12책으로 출판되었다. 이후에는 民國年間에 上海의 여러 출판사에서 石印本으로 출판되었다.

奎章閣 소장본인 《混元盒全傳》은 泰山堂에서 출판된 비교적 이른 시기의 木版本이다. 朴在淵 소장본인 《混元盒》은 출판사항이 명확하지 않아 어떤 판본인지 특정할 수 없으나, 木版本인 것으로 보아 石印本보다 이른 시기의 것으로 보인다. 《混元盒》에 대한 국내 유입기록이 없기 때문에 그 유입 시기에 대해서는 명확히 밝힐 수 없다. 그러나 규장각 소장본에는 朝鮮 高宗의 서재인 '集玉齋'와 '帝室圖書'라는 도장이 찍혀 있으므로, 1907년 이전에는 朝鮮에 유입되었음이 확실하며, 대략 高宗의 재위 시절에 유입된 것으로 보인다.

書 名	出版事項	版式狀況	一般事項	所藏處/所藏番號
混元盒全傳	著者未詳, 刊地未詳, 泰山堂, 1616-1911	12卷12冊, 木版本(清版本), 17×10.8㎝	版心書名：五毒傳, 印：集玉齋, 帝室圖書之章	서울大學校 奎章閣 [奎중]6139
混元盒		5冊(卷之1~6缺), 中國木版本		朴在淵

24) 綠牡丹鼓詞

    소설 《綠牡丹》은 一名 《四望亭全傳》・《龍潭鮑駱奇傳》・《宏碧緣》이라한다. 그러나 작자는 알려진 바 없다. 道光11年(1831年)의 芥子園藏板本에는 二如亭主人이 '序'를 썼다고 되어 있다.203) 그런데 吳炳(1595~1648)이 쓴 희곡 《綠牡丹》이 있으나 소설과는 내용이 다르다. 또《綠牡丹鼓詞》는 장편의 鼓詞이며, 내용은 희곡과는 다르고 오히려 소설과 비슷하다.

    《綠牡丹鼓詞》는 唐代 武則天 시대를 배경으로 삼았으며, 내용은 王倫이 任正千의 처 賀氏와 간통하고 그를 도적으로 모함하는 것으로 시작된다. 任正千의 친구 駱宏勛과 그의 노비는 도적 鮑自安과 花振芳 등의 도움을 얻어 任正千을 구하고 王倫과 賀氏를 죽인다. 악당 欒一萬은 任正千과 대적하게 되는데, 朱龍 4형제를 초빙하여 任正千과 싸우게 한다. 이때 任正千의 사촌동생 徐松朋이 죽임을 당하는데, 鮑自安이 그들과 싸워 이긴다. 그리고 花振芳은 딸 花璧蓮을 駱宏勛에게 시집보낸다. 駱宏勛이 巴氏 형제 한 명을 죽였기 때문에 巴氏 9형제는 복수를 다짐하지만, 결국 鮑自安과 花振芳의 중재로 화해한다. 나중에 鮑自安・花振芳・駱宏勛은 狄仁杰에게 귀순하여 廬陵王이 武則天을 폐위하고 제위에 오르도록 도와 모두 관직을 하사받는다.

    《綠牡丹鼓詞》는 《繡像綠牡丹鼓詞全部》・《繡像綠牡丹鼓詞》・《繪圖綠牡丹鼓詞》・《綠牡丹鼓詞全傳》・《繪圖說唱綠牡丹鼓詞》 등의 書名으로도 출판되었다. 《綠牡丹鼓詞》 중에는 興隆齋의 筆寫本이 있는데, 지금 北京師範大學 도서관에 소장되어 있다. 또한 清末에서 民國年間에 上海의 上洋江東書局・江東茂記書局・大成書局・煉石書局・校經山房・昌明書局・鑄記書局 등에서 石印本으로 출판되었다.

    朴在淵 소장본인 《綠牡丹鼓詞》는 6권 6책으로 되어 있으며, 上海의 茂記書局에서 1910년에 石印本으로 출판한 것이다.

    소설 《綠牡丹》은 朝鮮時代 한글 번역본 《녹목단》이 韓國學中央研究院에 소장되어 있으며, 朴在淵의 교주본이 출판되었다.204) 한글 번역본이 남아 있기 때

---

203) 江蘇省社會科學院 明淸小說研究中心, 吳淳邦 外(中國小說研究會), 《中國古典小說總目提要(第3卷)》(蔚山大學校 出版部, 1996), 501쪽.

문에 《綠牡丹》이 朝鮮에 유입된 것을 확실하지만 언제 유입되었는지는 명확하지 않다. 《녹목단》은 소설의 번역본이며, 강창인 《綠牡丹鼓詞》와는 상관성이 없어 보인다.

書名	出版事項	版式狀況	一般事項	所藏處/所藏番號
綠牡丹鼓詞	茂記書局, 1910年	6卷6冊32回, 中國石印本		朴在淵

25) 唐書秦英征西

《唐書秦英征西》는 《秦英征西》라는 제목에 '唐書'라는 말을 붙였는데, 이는 《舊唐書》나 《新唐書》에 나오는 역사적 사실이 아니라 허구적인 이야기이다. 唐代 初期의 이야기들은 소설 《隋唐演義》와 《說唐》에도 보이는데, 《秦英征西鼓詞》는 지은이를 알 수 없고 민간에서 유행하던 강창 장르의 하나이다.

《秦英征西》는 唐 貞觀元年에 西涼王 蘇寶童이 배신하고 長安을 '火龍金鏢陣法'으로 공격하는 내용이 발단이 된다. 太宗은 唐代의 명장인 秦瓊의 아들이자 晉陽公主와 결혼한 부마인 秦懷玉에게 장군 羅通 등의 군대를 이끌고 출전하라고 명령한다. 전투에서 羅通은 순국하고 秦懷玉은 중상을 입자, 程咬金은 회군하여 조정으로 돌아온다. 그는 황제에게 秦氏 가문에 대대로 내려오던 '乾坤神帶'로 西涼의 '火龍金鏢陣法'을 깰 수 있다고 보고한다. 그런데 秦瓊의 후손인 秦英이 '乾坤神帶'라는 재주를 가지고 있었다. 이때 秦英은 잘못해서 西涼과 내통하고 있던 간신 詹沛를 다치게 하고, 詹沛의 딸이자 太宗의 후궁인 詹翠屏은 황제에게 秦英의 목을 베어달라고 주청하려고 한다. 秦英의 어머니와 銀屛公主 그리고 공주의 어머니인 長孫皇后가 나서서 서로를 화해시키고, 太宗은 秦英에게 서쪽 지역을 정벌하라고 명령한다. 이에 秦英은 '乾坤神帶'로 '火龍金鏢陣'을 대파하여 국가를 위기에서 구한다.

《秦英征西鼓詞》는 《繪圖秦英征西》・《繪圖說唱秦英征西鼓詞》・《繡像說

---

204) 朴在淵, 《녹목단》(선문대 번역문헌연구소, 1998).

唱秦英征西鼓詞》・《繪圖說唱秦英征北鼓詞》 등의 書名으로 출판되었다. 이 판본들은 淸末에서 民國年間에 上海의 煮字山房・茂記書莊・江東茂記書局・大成書局・昌文書局・鑄記書局 등에서 石印本으로 출판되었다.

朴在淵 소장본 《唐書秦英征西》는 출판사항이 없어 어떤 판본인지 특정할 수 없으나, 木版本인 것으로 보아 위의 石印本들보다 이른 淸代 출판된 것으로 보인다. 또 다른 소장본인 《秦英征西》는 출판사항을 전혀 알 수 없지만, 石印本인 것으로 보아 위의 石印本들 중 하나로 보인다.

書名	出版事項	版式狀況	一般事項	所藏處/所藏番號
唐書秦英征西		4卷4冊不分回, 中國木版本		朴在淵
秦英征西		4卷1冊48回, 中國石印本		朴在淵

26) 賣油郞獨占花魁

《賣油郞獨占花魁》는 明代 白話 단편소설로 馮夢龍이 편찬한 《醒世恒言》의 第3卷에 보인다. 또한 문언소설집인 《情史》第5卷의 〈史鳳〉에도 이 이야기가 기재되어 있다.205) 희곡으로는 李玉(1591?~1671?)이 대략 崇禎10年(1637)에 《占花魁》라는 傳奇를 지었다. 희곡은 淸代 초기부터 남방 각지에서 유행했으며, 京劇도 《賣油郞》 혹은 《獨占花魁》로 공연되었다.206) 이 '기름 파는 사내가 최고의 기생을 홀로 차지하다'라는 이야기는 여러 장르에 걸쳐 유행했고, 《醒世恒言》이 화본소설을 모아 편찬한 소설집임을 고려하면, 민간 강창 장르에서도 이 이야기가 유행한 것으로 보이는데, 鼓詞는 이런 전통을 이어 받은 듯하다.

《賣油郞獨占花魁》는 宋나라 徽宗年間에 金나라가 北宋의 수도 汴梁(開封)을 침입한 것을 시대적 배경으로 삼았다. 이때 秦重(鼓詞의 어떤 판본에서는 秦鍾이

---

205) 江蘇省社會科學院 明淸小說硏究中心, 吳淳邦 外(中國小說硏究會), 《中國古典小說總目提要(第1卷)》 (蔚山大學校 出版部, 1996), 553쪽.
206) 李修生 主編, 《古本戲曲劇目提要》 (北京: 文化藝術出版社, 1997), 395~396쪽.

라고 하고, 희곡 《占花魁》에서는 秦種이라고 함)은 아버지와 헤어지고 臨安(杭州)으로 흘러들어가 기름 파는 것을 업으로 삼는다. 秦重은 우연히 신선 같이 아름다운 기녀를 만나서 반하게 되는데, 그녀는 명성이 높아 만나기조차 어려웠다. 秦重은 그녀를 만나기 위해 고생스럽게 돈을 모아 하룻밤이라도 그녀와 함께하길 바란다. 이 기생은 원래 莘瑤琴으로 전란 때문에 피난을 가다가 부모와 헤어지고 기생으로 전락했으나, 아름답고 총명하여 최고의 기생(花魁)이 되었다. 秦重이 돈을 모아 찾아온 날, 그녀는 밤에 술이 취해 돌아와 秦重을 상대하지 않고 침대에 누워 잠이 든다. 莘瑤琴이 한밤중에 토하고 차를 마시는데, 秦重은 정성껏 시중을 들어 그녀에게 호감을 산다. 어느 날 태수의 아들은 莘瑤琴이 그를 소홀하게 대했다는 이유로 그녀를 능욕하고 들판에 내다버렸는데, 秦重이 그녀를 구해준다. 결국 莘瑤琴은 秦重의 지극한 사랑에 감동해서 그에게 시집을 가고, 나중에 둘은 각각 헤어진 부모를 만나 온가족이 대단원을 이룬다.

《賣油郎獨占花魁鼓詞》는 《新刻賣油郎》・《新刻賣油郎鼓詞》・《繪圖賣油郎鼓詞》・《說唱賣油郎》・《繪圖賣油郎獨占花魁》・《繪圖說唱賣油郎獨占花魁鼓詞》 등의 書名으로 출판되었다. 이 작품은 淸末에서 民國年間에 潮州 李萬利의 木版本이 있고, 또한 潮城 瑞文堂 藏本이 있다. 그리고 上海에서는 仁記書局・錦章圖書局・大成書局・鑄記書局・上海書局・江東茂記書局 등에서 石印本으로 출판되었다.

朴在淵 소장본 《賣油郎獨占花魁》는 출판사항이 없어 어떤 판본인지 특정할 수 없으나, 1책으로 된 木版本인 것으로 보아 淸代 출판된 것으로 보인다.

書名	出版事項	版式狀況	一般事項	所藏處/所藏番號
賣油郎獨占花魁		1冊, 中國木版本		朴在淵

27) 三國志鼓詞

《三國志鼓詞》는 淸代에 나왔으며, 널리 유행하던 작품이라서 판본 상황은 비교적 복잡하다. 《三國志鼓詞》는 淸代 長篇 鼓詞 가운데 대표적인 작품의 하나로 장편 鼓詞의 예술적 특징을 잘 보여준다. 《三國志鼓詞》는 두 가지 계통의 판본이 있는데, 하나는 '車王府曲本'207)의 筆寫本이고, 다른 하나는 淸末에서 民國年間에 上海의 여러 출판사에서 나온 石印本 계통이다. '車王府曲本' 계통은 민간에서 입말로 연행하던 것을 기록한 것으로 질박한 민간문학의 특징을 지니고 있다. 石印本 계통은 소설 《三國演義》를 바탕으로 고쳐 쓴 것인데, 비교적 상업적인 통속문학의 특징이 두드러진다. 이 두 계통은 밀접한 연관이 있지만 뚜렷한 차이도 존재하는데, 근본적으로 창작의 근원이 달라서 민간과 문인이 三國이야기를 달리 이해했음을 볼 수 있고, 또한 언어 스타일이나 예술적 특징도 달리 나타난다.208)

《三國志鼓詞》의 판본은 앞서 언급한 '車王府曲本'의 筆寫本이 있고, 또한 세 책본인 京城 吉巧齋의 筆寫本도 있다. 《三國志鼓詞》는 출판연도를 명확히 알 수 없는 靑島 木版本이 있는데, 上海書局의 《新編繪圖三國志鼓詞》(1905)와 내용이 같은 것을 보면, 上海書局 판본은 靑島 木版本을 근거로 石印 출판한 것으로 보인다. 《三國志鼓詞》의 石印本들은 《新編繪圖三國志鼓詞》・《繪圖三國志鼓詞》・《大字足本三國志鼓詞》・《繪圖三國志歌詞》・《繪圖說唱三國志鼓詞》 등의 書名으로 출판되었다. 이것들은 淸末에서 民國年間에 上海의 上海書局・久敬齋・二酉山房・江東茂記書局・大成書局・錦章圖書局・鑄記書局・廣益書局 등에서 石印本으로 출판되었다.

朴在淵 소장본 첫 번째 《三國志鼓詞》는 8권 8책으로 되어 있으며, 光緒 丙午年(1906)에 二酉山房에서 출판된 것이다. 두 번째 《三國志鼓詞》는 7책으로 되어 있으나 卷首가 결질이라서 출판사항이 명확하지 않기 때문에 어떤 판본인지 특정할 수 없다. 세 번째 《三國志歌詞》는 출판사항이 명확하지 않지만 서명이 '鼓詞'가 아닌 '歌詞'로 되어 있는 것으로 보면 錦章圖書局에서 출판한 것으로 보인다.

---

207) 淸代 北京 蒙古 車臣汗王府에 소장되어 있던 희곡・곡예의 筆寫本과 木版本의 總稱이다. 中華民國에 들어서 여기저기 흩어졌는데, 1925년 北京의 孔德學校 馬隅卿이 사들인 후에 顧頡剛에게 위탁하여 정리했다. 모두 1444種 2154冊으로 편목을 분류하고 이것들을 '蒙古車王府曲本'이라고 이름 붙였는데, 지금은 北京大學 圖書館에 소장되어 있다. 나중에 孔德學校에서는 또 다시 曲本 219種 2560冊을 사들였는데, 이것들은 지금 首都圖書館에 소장되어 있다. 이 둘을 합치면 현재 남아 있는 曲本은 모두 1663種 4714冊이다. http://www.baidu.com/

208) http://www.baidu.com/

書名	出版事項	版式狀況	一般事項	所藏處/所藏番號
三國志鼓詞	光緖丙午(1906), 二酉山房	8卷8冊(1~42回存), 中國石印本		朴在淵
三國志鼓詞		7冊1~42回(卷首缺), 中國石印本		朴在淵
三國志歌詞		3冊(卷4~6)1~48回, 中國石印本		朴在淵

28) 三全鎭

《三全鎭》은 一名 《三全傳》이라고도 하며, 소설 《說唐》에 있는 이야기와 비슷한 鼓詞이다. 《三全鎭》은 隋唐의 정권교체기를 시대적 배경으로 삼은 이야기로 내용은 다음과 같다. 반군 秦瓊은 登州를 격파한 후에 瓦崗寨로 돌아오자, 隋나라의 楊令은 아들의 복수를 위해 정부군을 출동시켜 瓦崗寨를 태워버리려고 한다. 또한 楊令은 北平府에 가서 羅成의 부모와 秦瓊의 처를 잡아들이라고 한다. 羅成은 史大奈와 함께 三全店에 있다가 우연히 이 포로 호송수레와 마주친다. 이 둘은 三全店의 주인 韓半朝와 그의 딸 韓翠瓶과 함께 포로를 구출하려다가 실패한다. 羅成과 史大奈는 도망치고, 韓氏 부녀는 사로잡혀 포로가 된다. 羅成의 처는 포로가 호송되는 길목에 진을 치고 있다가 隋나라의 군사들을 무찌르고 포로들을 구출한다. 楊令은 武豹와 武賽花에게 협력을 요청하여 三全店에 가서 사람들을 잡아들이고, 이때 史大奈만이 탈출하여 반군들에게 구원을 요청한다. 한편 羅成은 무예가 뛰어난 王翠瓶을 반군에 끌어들이기 위해 그녀를 만나 결혼하여 三全店으로 돌아온다. 여기서 王翠瓶은 武豹와 武賽花와 싸워 둘을 죽이고 모든 포로들을 구출해낸다.[209]

《三全鎭》은 淸末에서 民國年間에 上海의 上海書局·上洋江東書局·久敬齋·二酉山房·江東茂記書局·大成書局·錦章圖書局·鑄記書局·廣益書局 등에서 石印本으로 출판되었다.

---

209) 陳怡嘉, 〈說唐鼓詞 《繪圖秦瓊訪友大鬧太原府》 硏究〉(臺灣國立成功大學 碩士論文, 2010), 19~20쪽.

朴在淵 소장본 《三全鎭》은 1911년에 茂記書莊에서 石印本으로 출판한 것으로 4권 4책으로 되어 있다.

書名	出版事項	版式狀況	一般事項	所藏處/所藏番號
三全鎭	茂記書莊, 1911年	4卷4冊不分回, 中國石印本		朴在淵

29) 西遊記鼓詞

《西遊記鼓詞》는 두 가지 계통의 판본이 있는데, 하나는 '車王府曲本'의 筆寫本이고, 다른 하나는 清末에서 民國年間에 上海의 여러 출판사에서 나온 石印本 계통이다. '車王府曲本'《西遊記鼓詞》는 46節로 되어 있으며, 소설 《西遊記》의 줄거리를 근거로 내용을 첨삭하고 줄거리를 늘리는 방식으로 창작되었다. 《西遊記鼓詞》는 전체적으로 소설 《西遊記》의 2/3의 분량으로 되어 있다. 첨가된 줄거리들은 민중들이 듣기 좋아하는 내용들이고, 또한 당시에 유행하던 才子佳人·神魔·世情·公案 이야기들을 첨가하기도 했다. 가령 《西遊記》의 제8회와 제9회 사이에 부록으로 들어 있는 중요하지 않은 줄거리인 '진광예는 부임길에 뜻밖의 재난을 만나고, 강류스님은 원수를 갚아 도리를 지키다(陳光蕊赴任逢災, 江流僧復仇報本)'는 6900자인데, 《西遊記鼓詞》에서는 才子佳人 이야기를 첨가하여 35000자의 새로운 이야기로 만들어냈다. 《西遊記鼓詞》에는 이야기하는 부분과 노래하는 부분이 중복되는 경우도 있고, 이야기 흐름과는 무관한 줄거리가 삽입되어 있으며, 묘사가 불합리한 부분들도 많다. '車王府曲本'《西遊記鼓詞》는 민간에서 입말로 연행하던 것을 기록했는데, 언어는 사투리·속어·속담 심지어는 수수께끼까지 사용했고, 이런 면에서 직업예인들의 통속 예술적 특징을 볼 수 있다.[210]

《西遊記鼓詞》의 筆寫本으로는 지은이와 필사연대를 알 수 없는 '車王府曲本' 《西遊記鼓詞》가 있다. 《西遊記鼓詞》의 石印本들은 《說唱西遊記鼓詞》·

---

210) 譚美芳,〈車王府鼓詞《西遊記》述評〉(《魅力中國》 2009年22期).

《新刻石猴演壽圖說唱鼓兒詞》・《繪圖西遊記鼓詞》 등의 書名으로도 出版되었다. 이것들은 淸末에서 民國年間에 上海의 上海書局・上洋江東書局・江東茂記書局・大成書局・奉天東都石印局 등에서 石印本으로 出版되었다.

朴在淵 소장본 《西遊記鼓詞》는 上海書局에서 宣統元年(1909)에 石印本으로 出版한 것으로 4권 4책으로 되어 있다.

書 名	出 版 事 項	版 式 狀 況	一 般 事 項	所藏處/所藏番號
西遊記鼓詞	上海書局, 宣統元年(1909)	4卷4冊不分回, 中國石印本		朴在淵

30) 薛剛反唐鼓詞

薛剛은 唐代의 실존인물로 이름은 薛嵩(?~773)이고, 唐 高宗 때의 명장 薛仁貴(614~683)의 손자이다. 安祿山이 난을 일으켰을 때 이 반군에 가담했다가, 나중에 史朝義가 패전하자 唐에 투항하여 昭義節度使로 봉해진다. 그는 唐에 귀순한 후에 昭義 地方을 잘 다스리며 정부를 위해 일하다가 代宗 永泰8年(773)에 병으로 죽었다.

《薛剛反唐鼓詞》와 관련된 소설로는 《反唐演義》(一名 《武則天改唐演義》・《異說南唐演義全傳》・《反唐女禍鏡全傳》이라고도 함)와 《征西說唐三傳》(一名 《異說後唐三傳薛丁山征西樊梨花全傳》・《仁貴征西說唐三傳》・《說唐征西傳》이라고도 함)[211]이 있다. '薛剛이 唐나라에 반란을 일으키다(薛剛反唐)'라는 이야기는 역사적 사실이 아닌 민간에서 구전되던 허구적 이야기이다.

《薛剛反唐鼓詞》는 唐代를 시대적 배경으로 삼았으며, 내용은 다음과 같다. 薛剛은 薛丁山의 아들로 억울한 일을 당한 사람들을 돕는 걸 좋아하지만 말썽도 잘 부리는 성격이다. 薛剛이 元宵節에 太子를 때려죽여서 高宗이 이 일로 놀라 숨을 거둔다. 이 때문에 武則天은 크게 노하여 薛丁山의 온 집안사람들을 죽인다. 薛剛은 이 멸문의 화를 피하고 살아남아 홀로 西遼로 도망친다. 薛剛은 廬陵王 李

---

211) 江蘇省社會科學院 明淸小說硏究中心, 吳淳邦 外(中國小說硏究會), 《中國古典小說總目提要(第3卷)》 (蔚山大學校 出版部, 1996), 73쪽과 83쪽.

顯을 보좌하여 당신 집정자인 武則天에게 반란을 일으켜 長安을 공격하고, 후에 여러 곡절을 거쳐 살아남은 가족들과 대단원을 이룬다.

《薛剛反唐鼓詞》는 《繪圖反唐鼓詞全傳》・《反唐傳鼓詞》・《繡像反唐鼓詞全傳》 등의 書名으로도 출판되었다. 이것들은 淸末에서 民國年間에 上海의 江東茂記書局・大成書局・校經山房 등에서 石印本으로 출판되었다.

朴在淵 소장본 《薛剛反唐鼓詞》는 江東茂記書局에서 1910년에 石印本으로 출판한 것으로 4권 4책으로 되어 있다.

書名	出版事項	版式狀況	一般事項	所藏處/所藏番號
薛剛反唐鼓詞	茂記書局, 1910年	4卷4冊不分回, 中國石印本		朴在淵

31) 雙釵記

《雙釵記》의 주인공은 林香保(판본에 따라 林香寶라고 하기도 한다)이며, 이야기의 배경은 明나라 嘉靖年間이다. 林香保의 아버지는 서울에서 胡連과 친구가 되어 같이 과거 시험을 보러간다. 두 사람의 처는 모두 임신을 하고 있어서, 두 집안이 각각 아들과 딸을 낳으면 결혼시키고, 함께 아들이나 딸을 낳으면 의형제 혹은 의자매를 맺어주기로 약속한다. 어느덧 林氏 집안에서는 아들을 낳아서 胡連에게 알린다. 胡連은 쌍둥이 딸을 낳았는데, 이전의 약속대로 두 자매 모두를 林氏 집안에 시집보내겠다고 한다. 후에 林氏 집안은 몰락하고, 胡氏 집안은 부귀하게 된다. 林香保가 크자 아버지는 아들에게 과거의 약속을 말하고, 林香保는 胡氏 집안으로 찾아가지만, 이미 부귀하게 된 胡連은 약속 자체를 부정한다.[212] 이러자 林香保는 자신을 팔아 胡氏 집안에 노비로 들어간다. 그는 거기에서 뱃속부터 약혼한 두 자매를 몰래 보게 되고, 이후 그가 여러 곡절을 겪는다는 이야기이다.[213]

---

212) http://www.hoobe.com/juben/dianshi_5397.shtml
213) 필자가 여러 방면으로 찾아보았으나 이후의 줄거리는 알 수가 없다. 林香保가 자신을 팔아 두 자매를 만난다는 내용은 淸代 木版本인 《新刻雙釵記》의 인물 삽화에 부기된 내용을 참고했다. http://book.kongfz.com/item_pic_17096_128923007/

《雙釵記》는 《林香保雙親記》·《林香保投親》·《繪圖林香保雙釵記》·《新刻林香保雙釵記》·《繡像林香保雙釵記》·《繡像雙釵記鼓詞》《繪圖說唱林香保雙釵記鼓詞》 등의 書名으로도 간행되었다. 《雙釵記》의 비교적 이른 판본으로는 光緖15年(1889)에 8권 8책의 木版本으로 간행된 것이다.[214] 또한 石印本들은 淸末에서 民國年間에 上海의 上海書局·江東茂記書局·大成書局·錦章圖書局·鑄記書局·章福記書局과 京都(北京)의 自强書局 등에서 출판되었다.

朴在淵 소장본은 4종이 있는데, 木版本인 《雙釵記》와 《林香保投親》은 비교적 이른 시기의 것으로 보인다. 그리고 石印本인 세 번째 《林香保雙親記》는 上海書局에서 光緖32年(1906)에 출판된 것이고, 또 다른 石印本 《雙釵記》는 출판사항이 명확하지 않아 어떤 판본인지 특정할 수 없다.

書名	出版事項	版式狀況	一般事項	所藏處/所藏番號
雙釵記		1冊(落帙), 中國木版本		朴在淵
林香保投親		4卷4冊(卷之二缺), 中國木版本	又名: 雙釵記	朴在淵
林香保雙親記	上海書局, 光緖丙午(1906)	4卷1冊40回, 中國石印本		朴在淵
雙釵記		8卷8冊(卷1,2缺), 中國石印本		朴在淵

32) 楊金花爭帥

《楊金花爭帥》는 '楊家將 이야기' 중의 '양씨 집안의 여장군들(楊門女將)' 이야기이다. 楊家將 이야기는 北宋時代의 실제 사적에 근거했으며, 명장 楊業(932~986)과 그의 아들 楊延昭(958~1014) 그리고 손자 楊文廣(?~1074)을 주인공으로 삼아 전쟁에서의 활약과 희생 그리고 충정을 다루었다. 이 이야기는 문학적 허구화를 통해 楊氏 가문 5대에 걸친 수십 명의 영웅담으로 변모했다.[215] 이것은 宋代의 話本에서부터 淸代의 地方戱까지 이미 수없이 작품화되었으며 특히 明

---

214) 이 판본의 실물은 다음 사이트에서 볼 수 있다. http://www.kongfz.cn/2133848/
215) 이근명, 〈북송의 명장 양업(楊業)과 양가장(楊家將) 설화〉(《史林》 제38호, 2011), 232쪽.

代에는 前代에 성행한 희곡 작품을 바탕으로 소설 《楊家府演義》가 나오고 이 소설을 바탕으로 다시 明·清代의 소설·희곡이 탄생했다.216)

《楊金花爭帥》는 허구적인 인물인 楊業의 증손녀 楊金花가 주인공으로 등장하는 이야기이다. 楊業의 처인 佘太君(이름은 佘賽花)은 西夏가 宋나라를 침입했다는 소식을 듣고 증손자 楊文廣과 증손녀 楊金花를 수도 開封으로 보낸다. 둘은 그곳에 가서 宋나라 황제가 급하게 장수를 구한다는 것을 알게 된다. 이때 병부상서 王強은 자신의 아들 王倫을 원수로 삼을 것을 추천하는데, 이는 전쟁을 핑계로 병권을 거머쥐기 위한 속셈이었다. 寇准은 황제에게 楊氏 가문의 장수를 추천했지만 거부당하자 무술을 겨뤄 승리한 사람을 원수로 삼자고 권유한다. 王倫은 몇 사람에게 연전연승을 한 후 득의양양하고 있는데, 楊文廣과 楊金花가 뛰어들어 그를 벤다. 황제는 이들이 楊氏 가문의 후손들임을 알고, 원수의 인수를 가지고 집으로 돌아가서 이들의 어머니 穆桂英을 원수로 삼으라고 명령한다. 그러나 穆桂英은 황제에게 모욕당한 적이 있어서 조정을 위해 일하려고 하지 않고, 도리어 楊文廣에게 인수를 얻지 말았어야 한다고 야단친다. 佘太君은 穆桂英에게 외적을 막는 것이 大義라고 말하자 穆桂英은 다시 한 번 갑옷을 입고 출정한다.

《楊金花爭帥》는 一名 《楊金花爭帥印》 혹은 《楊金花奪印》이라고도 하며, 《楊金花爭帥印鼓詞》는 《繡像楊金花爭帥印》·《繡像楊金花爭帥印鼓詞》 등의 書名으로 출판되었다. 이 작품들은 清末에서 民國年間에 上海의 江東茂記書局·大成書局·廣益書局 등에서 石印本으로 출판되었다.

朴在淵 소장본 《楊金花爭帥》는 江東茂記書局에서 1911년에 石印本으로 출판한 것으로 4권 4책 16회로 되어 있다.

書名	出版事項	版式狀況	一般事項	所藏處/所藏番號
楊金花爭帥	江東茂記書局, 1911年	4卷4冊16回, 中國石印本		朴在淵

---

216) 河炅心, 〈중국 전통극 중 여성영웅형상 연구(楊家將戲를 중심으로)〉(《中國語文學論集》 제65호, 2011), 496쪽.

33) 五鋒會

《五鋒會鼓詞》의 이야기는 《五鋒會影詞》라는 장르도 있는데, 이를 보면 그림자인형극(影戲)으로도 연행되었음을 알 수 있다. 《五鋒會影詞》는 모두 3集으로 구성되어 있는데, 初集은 《乾天劍影詞》이고, 二集은 《保龍山影詞》이며, 三集은 《平西冊影詞》이다. 春秋時代 越나라 歐冶子가 다섯 산의 정기와 해와 달의 빛으로 정련하여 다섯 자루의 神劍을 만든다. 그 神劍들은 '乾天'·'坤地'·'湛盧'·'盤郢'·'魚腸'이다. 歐冶子의 후손인 歐奇術이 꿈에 歐冶子가 다섯 자루의 검을 찾아 원래 주인에게 돌려주고 세상에 함부로 돌아다니지 못하게 하라는 명령을 받는다. 그래서 책이름을 《五鋒會》라고 한 것이다.

《五鋒會初集乾天劍》의 내용은 宋나라 神宗 때를 시대적 배경으로 삼았고, 曹克讓은 乾天劍의 도움으로 西番을 평정하고 鎭西侯에 봉해지는 것이 기둥 줄거리이다. 나중에 황제가 간신 沈恆危를 재상으로 기용하는데, 曹克讓의 의형제 寇成이 沈恆危를 받들어 兵部參議로 승진한다. 西番은 紅戎國의 圖龍城에서 다시 군대를 일으켜 국경지대를 약탈하자 曹克讓은 자신이 출정하겠다고 한다. 이를 기회로 沈恆危는 紅戎國과 결탁해서 曹克讓을 제거하려고 하지만 실패한다. 曹克讓의 乾天劍은 원래 春秋時代 越나라 歐冶子가 만든 첫 번째 神劍인데, 그가 이 검으로 西番을 평정했기 때문에 책이름을 《五鋒會初集乾天劍》이라고 했다.

《五鋒會二集保龍山》은 曹克讓이 沈恆危에게 모함을 당했으나, 자신이 바로 의형제 寇成이라고 속이고 죽음의 위기를 벗어나는 내용이다. 曹克讓의 가족들은 사방으로 모두 흩어지는데, 그의 아들 曹保는 성을 尹氏로 바꾸고 도주하다, 어느 날 술에 취해서 桃花寨에 들어간다. 그는 여기서 실언을 하여 원래 신분이 밝혀지자 恆錦秀에게 자신이 曹保라고 시인한다. 恆錦秀는 그의 상황을 이해하고 그가 위기에서 벗어나도록 도와준다. 曹保가 恆錦秀를 떠날 때에, 恆錦秀의 형은 자신의 아내가 몰래 曹保를 놓아주었다고 오해하자, 恆錦秀는 형수 艾氏를 죽이고 자신도 자살하여 절개를 지킨다. 이 이야기의 공간적 배경이 되는 桃花寨가 保龍山에 있기 때문에 책이름을 《五鋒會二集保龍山》이라고 했다.

《五鋒會三集平西冊》은 紅戎國이 각지에서 병사를 모집해 방어를 하고, 宋나라 군대는 두 길로 나누어 성을 공격하는 것을 기둥 줄거리로 삼았다. 간신 沈恆

危은 적군에게 투항하고, 曹克讓의 군사들은 圖龍城을 공격하자, 紅戎國의 공주 둘은 沈恆危을 曹克讓에게 넘겨 자국의 위기를 타개한다. 한편 平西 元帥 暴彩文은 '平西冊'을 얻어 제사를 지내면서 劍神인 '五鋒仙'에게 적군을 물리칠 수 있게 해달라고 빈다. 결전을 벌이기 전, '平西冊'의 예언에 따라 暴彩文은 동자 하나를 얻어 그의 도움으로 적군을 물리친다. 이 동자는 원래 曹克讓의 맏아들 曹珍의 아들로 전란 중에 잃어버린 아이였다. 결국 曹克讓 가족 三代가 모두 모이고 힘을 합쳐 적군을 무찌른다.[217]

《五鋒會鼓詞》는 《繡像五鋒會三集鼓詞》・《繡像五鋒會影詞》・《繡像五鋒會初集》・《新出繡像五鋒會第一集乾天劍》・《繡像五鋒會二集》・《新出繡像五鋒會第二集保龍山》・《繡像五鋒會三集》・《新出繡像五鋒會第三集平西冊》 등의 書名으로 출판되었다. 이 판본들은 淸末에서 民國年間에 上海의 江東茂記書局와 大成書局에서 石印本으로 여러 차례 출판되었다.

朴在淵 소장본 《五鋒會初集》・《五鋒會二集》・《五鋒會三集》은 錦府益友山房에서 1908년에 石印本으로 출판한 것으로 《五鋒會》의 1~3집인 《乾天劍》・《保龍山》・《平西冊》이 모두 있다.

書名	出版事項	版式狀況	一般事項	所藏處/所藏番號
五鋒會初集	錦府益友山房, 1908年	4卷2冊16回, 中國石印本		朴在淵
五鋒會二集	錦府益友山房, 1908年	4卷2冊26回, 中國石印本		朴在淵
五鋒會三集	錦府益友山房, 1908年	4卷2冊18回, 中國石印本		朴在淵

34) 瓦崗寨

瓦崗은 지금의 河南省 滑縣의 남쪽지역이다. 隋나라 말기에 煬帝는 자신의 사치스러운 생활을 위하여 백성들에게 과중한 노역을 부과하고, 또한 빈번한 대외 전쟁을 벌인다. 민중들은 노역과 병역의 부담 때문에 생계조차 유지하기가 어려웠

---

217) 胡紅波, 〈民初影詞十七種敍錄〉(《成大中文學報》 第10期, 民國91), 74~76쪽.

다. 이 때문에 농민봉기가 전국을 휩쓸게 되었고 각 지역의 농민군들은 서로 연합하게 된다. 이때 瓦崗에서는 翟讓이 지역의 농민들과 함께 봉기군을 조직했다. 후에 隋나라의 귀족 李密은 瓦崗軍에 의탁하게 되고, 두 세력의 연합 이후에 瓦崗軍은 연이어 승리하며 기세를 올린다. 이후에 李密은 翟讓을 죽이고 瓦崗軍의 전권을 장악했으나, 李淵에서 연이어 패하는 바람에 할 수 없이 그에게 항복하게 된다. 위의 상황은 隋唐 정권교체기의 역사적 사실이지만, 《瓦崗寨鼓詞》는 역사적 사실을 배경으로만 삼았을 뿐이고, 내용은 거의 허구적으로 구성되었으며, 작가를 알 수 없는 민간의 강창이다.

《瓦崗寨鼓詞》의 내용은 瓦崗軍의 여러 장수들이 隋나라의 德州를 격파하고 瓦崗으로 돌아오는 것으로 시작된다. 이에 隋나라의 大臣 楊林은 군대를 파견하고 德州의 정부군과 연합하여 瓦崗을 공격한다. 이때 대장 羅成이 군량을 조달해오지 못해 瓦崗軍은 계속 패하다가, 여러 여장군들이 隋軍을 격파하여 잠시 그들을 후퇴시킨다. 羅成이 돌아오자 瓦崗軍의 장군들은 出城하여 隋軍과 격렬한 전투를 벌인다. 이 전투에서 羅成은 隋軍의 여장군 竇玉蓮과 대결하게 되는데, 그녀에게는 羅成을 따르려는 마음이 생긴다. 결국 竇玉蓮은 이런 반역하려는 마음을 들켜서 참수될 위기에 처한다. 이때 德州의 관료 牛列이 나서서 그녀를 두둔하다가 벌을 받게 되지만, 나중에는 그녀와 다른 포로들을 구출해서 瓦崗으로 돌아온다.[218]

《瓦崗寨鼓詞》는 《繡像瓦崗寨鼓詞》・《新刻瓦崗寨鼓詞》・《繪圖瓦崗寨鼓詞》・《繡像瓦崗寨》・《繡像瓦崗寨鼓詞全傳》・《繪圖說唱瓦崗寨鼓詞》 등의 書名으로 출판되었다. 이 판본들은 淸末에서 民國年間에 上海의 上海書局・上洋書業公司・掃葉山房・江東茂記書局・煉石書局・大成書局・錦章圖書局・鑄記書局・廣益書局 등에서 石印本으로 출판되었다.

朴在淵 소장본 《瓦崗寨》는 光緒23年(1897)에 4권 4책의 木版本인데, 어느 출판사에서 출판한 것인지는 알 수 없다.

書 名	出 版 事 項	版式 狀況	一 般 事 項	所藏處/所藏番號
瓦崗寨	光緒丁酉(1897)刻	4卷4冊不分回, 中國木版本		朴在淵

---
218) 陳怡嘉,〈說唐鼓詞《繪圖秦瓊訪友大鬧太原府》研究〉(台灣國立成功大學 碩士論文, 2010), 26~27쪽.

35) 李方巧得妻

　　《李方巧得妻》는 민간에서 유행하던 단편의 鼓詞로 지은이는 알 수 없다. 내용은 지주인 汪江의 무남독녀 汪蘭香과 그 집안의 머슴인 李方의 사랑이야기이다. 汪江은 외모가 수려하고 풍류가 있었는데, 폐병 환자인 처와 결혼하여 汪蘭香을 낳는다. 汪江은 머슴으로 李方을 고용했는데, 그는 용모가 단정하고 멋진 사내였다. 시간이 흘러 그와 汪蘭香은 몰래 사랑을 하다가 임신을 하게 된다. 汪蘭香은 부모가 받아들이지 않을까 두려워 李方과 함께 도망가기로 상의하는데, 汪江이 우연히 이것을 듣게 된다. 汪江은 처가 딸을 엄격하게 교육하지 못했다고 꾸짖고, 그의 처는 마음에 들지 않는 사위보다 李方이 훨씬 낫다며 남편을 설득한다. 결국 汪江은 둘을 결혼시키고, 汪蘭香은 결혼한지 넉 달 만에 애를 낳아서 온가족이 화목하게 지낸다.

　　《李方巧得妻》는 清代 北京 등에서 木版本으로 출판되었고, 北京의 學古堂과 寶文堂에서 이를 조판 인쇄해 출판했다. 또한 《李方巧得妻鼓詞》는 《新刻李方巧得妻》의 書名으로 清代 京都 致文堂에서 木版本으로 출판되었다.

　　朴在淵 소장본 《李方巧得妻》는 출판사항이 없어 어떤 판본인지 특정할 수 없으나, 1책으로 된 木版本인 것으로 보아 清代 출판된 것으로 보인다.

書 名	出版事項	版式狀況	一般事項	所藏處/所藏番號
李方巧得妻		1冊, 中國木版本		朴在淵

36) 清官斷

　　《清官斷鼓詞》는 지은이를 알 수 없는 민간의 鼓詞이며, 내용은 다음과 같다. 江恒이 고모 江氏의 명령을 따라 寶山을 죽이려다가 어두운 방안에서 잘못하여 다른 사람을 죽인다. 조카와 고모는 등불을 비춰보고는 오인 살해했음을 알게 된다. 그러자 고모는 조카에게 한바탕 욕을 하고 시체를 劉氏 집으로 옮겨 劉月容에게 누명을 씌운다. 현령이 이 안건을 조사했는데 劉月容은 진술을 거부하고 벽에 머리를 받아 자살하려고 한다. 공교롭게도 이때 寶山과 삼촌 田玉生이 와서 진상을 밝히고, 결국 江恒과 고모는 살인을 자백하고 유배를 간다. 현령은 寶山을 양아들로 삼고 劉月容을 양딸로 삼아서 둘이 혼인하도록 한다.

《淸官斷鼓詞》의 이른 판본으로는 淸代 木版本이 있는데, 4권 2책으로 되어 있으며, 서명은 《新刻淸官斷鼓詞》라고도 한다. 《淸官斷鼓詞》는 《新刻淸官斷》・《繪圖淸官斷鼓詞》라는 書名으로, 淸末에서 民國年間에 上海의 江東茂記書局・大成書局・燮記書莊 등에서 石印本으로 출판되었다.

朴在淵 소장본 《淸官斷鼓詞》는 光緖17年(1891)에 京都(北京)의 琉璃廠에서 4卷 2冊 16回의 木版本으로 출판된 것이다.

書 名	出 版 事 項	版 式 狀 況	一 般 事 項	所藏處/所藏番號
淸官斷	光緖十七年(1891), 京都琉璃廠	4卷2冊16回, 中國木版本		朴在淵

37) 打黃狼

《打黃狼》은 소설 《中山狼傳》과 내용이 유사한 민간의 鼓詞이다. 明代 《合刻三志》에 《中山狼傳》으로 수록되어 있고, 唐代의 姚合이 지었다고 되어 있다. 明代 《古今說海》에는 지은이를 기록하지 않았고, 《五朝小說》에는 宋代 謝良이 지었다고 되어 있다. 그러나 실제로는 馬中錫(1446~1512)의 《東田文集》에 실린 것으로 옛날 책을 사칭한 것이다.[219] 明代 康海(1475~1541)는 馬中錫의 《中山狼傳》에서 내용을 취해 雜劇 《中山狼》을 지었다. 또한 明代 王九思(1468~1551)도 같은 내용으로 1折의 단막극 《中山狼》을 지었다.[220] 鼓詞 《打黃狼》은 《中山狼》이야기중에서 민간 강창의 전통을 이은 작품이라고 할 수 있다.

소설 《中山狼》은 은혜를 저버린 늑대 이야기이다. 東郭 선생이 위기에 처한 늑대를 자루에 숨겨 구해주었는데, 늑대는 위기에서 벗어나자 도리어 그를 잡아먹으려고 한다. 그러자 東郭 선생은 세 마리 동물이나 세 명의 사람들에게 그 시비

---
219) 寧稼雨, 《中國文言小說總目提要》(濟南：齊魯書社, 1996), 472쪽.
220) 李修生 主編, 《古本戲曲劇目提要》(北京：文化藝術出版社, 1997), 178~179쪽.

를 묻는다. 앞의 두 인물들은 늑대의 편을 들었고, 마지막 세 번째 인물은 늑대에게 어떻게 자루에 담겼는지 재현해보라고 한다. 결국 늑대는 다시 자루에 들어가고 東郭 선생은 그 늑대를 죽인다. 鼓詞 《打黃狼》은 소설과 기본적인 줄거리는 같으나, 주인공으로는 서생 傅恒昌과 흰 얼굴 늑대가 등장하며 세부적인 줄거리는 약간 다르다.

《打黃狼》은 출판 시기가 명확하지 않으나 淸代 京都(北京)의 寶文堂에서 木版本으로 간행되었다. 또한 北京에는 훼손된 筆寫本 1책도 있다. 그러나 石印本으로 출판되었는지는 아직까지 확인되지 않고 있다.

朴在淵 소장본은 1책으로 되어 있으며, 京都(北京) 錦文堂의 木版本으로 淸代에 간행된 판본이다. 《中國鼓詞總目》에서는 이 판본을 기재하고 있지 않은데,[221] 아직까지 보고되지 않은 새로운 판본으로 보인다.

書 名	出版事項	版式狀況	一般事項	所藏處/所藏番號
打黃狼	京都 錦文堂	1冊, 中國木版本		朴在淵

38) 韓湘子上壽

韓湘子는 唐代의 저명한 사상가이자 문학가인 韓愈의 조카이며(그의 조카손자라는 설도 있는데, 실제로 그에게는 韓湘이라는 조카손자가 있었다), 《新唐書》의 〈宰相世系表〉・《酉陽雜俎》・《太平廣記》・《仙傳拾遺》 등의 서적에 그와 관련된 기록이 있다. 전설 속에서 韓湘子는 道敎의 여덟 신선(八仙) 중의 한 명이며, 呂洞賓의 애제자로 그에게 도를 배워 신선이 되었다고 한다. 소설 《韓湘子全傳》(《韓湘子十二度韓昌黎全傳》・《韓昌黎全傳》・《韓湘子得道》라고도 함)은 8卷 30回로 되어 있는데, 明代 天啓3年(1623)에 九如堂에서 木版本으로 출판되었다.[222]

---

221) 李豫 等 編著, 《中國鼓詞總目》(太原:山西古籍出版社, 2006), 50쪽.
222) 江蘇省社會科學院 明淸小說硏究中心, 吳淳邦 外(中國小說硏究會), 《中國古典小說總目提要(第2卷)》(蔚山大學校 出版部, 1996), 519쪽.

《韓湘子上壽》는 鼓詞로 지은이는 알 수 없으며, 소설과는 달리 韓湘子가 唐나라 황제의 壽宴에 가서 발생한 사건을 주요 내용으로 삼았다. 韓湘子가 終南山에서 득도한 후에, 하루는 참선을 하다가 심장이 뜨거워지자 점을 친다. 그는 이 날 황제의 수연이 있는 것을 알게 되자 구름을 타고 수도 長安으로 간다. 궁에 도착한 韓湘子는 金鑾殿에 뛰어 들어가 신선의 도술을 부려 순식간에 수박을 만들어 황제에게 선물로 바친다. 韓湘子는 황제를 기쁘게 하기 위해 꽃바구니에서 나비와 양이 나오게 하고, 또한 여덟 명의 선녀들을 불러내서 악기를 연주하며 노래하고 춤추게 한다. 황제가 기뻐하자 韓湘子는 神威를 떨치기 위해 황제의 금고를 꽃바구니 속에 넣어버린다. 또한 4대 명산을 만들어 내고, 홍수를 일으키고, 맹수들이 날뛰게 한다. 마지막으로 망망한 대해를 만들어 내고는 바다의 배 위로 날아가자 황제는 놀라서 신선이 아니냐고 묻는다. 결국 韓湘子는 황제로부터 벼슬을 하사받고 하늘로 올라가 여덟 신선(八仙) 중 하나가 된다.

《韓湘子上壽》와 관련된 鼓詞로는 《韓湘子傳鼓詞》·《韓湘子得道鼓詞》·《韓湘子度林英》·《韓湘子九度文公十度妻鼓詞》 등이 있다. 이 작품들은 대체로 淸末에서 民國年間에 石印本으로 출판된 것들이다. 《韓湘子上壽》는 韓湘子 계열 鼓詞들 중에 이른 시기의 것으로 淸代 京都 泰山堂·北京 德勝堂·寶文堂·錦文堂 등에서 木版本으로 간행되었다.

朴在淵 소장본인 《韓湘子上壽》는 1책으로 되어 있는데, 출판사항은 명확하지 않으나 木版本인 것으로 보아 淸代에 출판된 것으로 보인다.

書名	出版事項	版式狀況	一般事項	所藏處/所藏番號
韓湘子上壽	錦文堂	1冊, 中國木版本		朴在淵

39) 香蓮帕

《香蓮帕鼓詞》는 明代의 이야기로 역사적 사실과는 차이가 있는 허구의 강창문학이다. 《香蓮帕鼓詞》는 《大保國》·《探皇陵》·《二進宮》이라는 연작으로 볼 수 있는 세 편의 京劇과 내용이 비슷하다. 이 세 편의 京劇을 합쳐 《龍鳳

閣》 혹은 《大·探·二》이라고도 부른다.

《香蓮帕鼓詞》의 내용은 다음과 같다. 萬曆帝가 어린 나이에 황제의 자리에 오르자, 외척 李良은 찬위할 음모를 세우고 昭陽宮을 봉쇄하여 신하들이 황제를 만나지 못하게 한다. 개국공신의 후손 徐延昭는 궁문을 깨부수고, 兵部侍郎 楊波는 병사들을 이끌고 가서 李良을 죽인다. 큰 줄거리는 이것이지만, 주인공인 葛紅霞가 겪는 여러 가지 사건들도 많은 편폭을 차지 한다. 葛紅霞(戈紅霞이라고도 함)는 남장을 하고 장원에 급제하며, 또한 무술시합에 참여하여 전승을 함으로써 무과장원이 되기도 한다. 또한 葛紅霞는 여자들과 혼인하기도 하고, 의협으로 활동하며 나라와 민중들을 위해 일한다.[223]

《香蓮帕鼓詞》의 이른 판본으로는 淸代 1책으로 된 木版本이 있으며, 서명은 《新刻香蓮帕說唱鼓詞》 또 《香蓮帕說唱鼓詞》라고 한다. 또 다른 木版本은 泰山堂에서 간행된 것으로 《新刻香蓮帕》라고도 한다. 이 작품의 石印本들은 《繡像香蓮帕鼓詞》·《繪圖香蓮帕鼓詞》·《繡像香蓮帕》 등의 書名으로 출판되었다. 이 판본들은 淸末에서 民國年間에 上海의 江東茂記書局과 大成書局에서 몇 차례 출판되었다.

朴在淵 소장본 《香蓮帕》의 한 종은 10책의 木版本으로 출판사항이 불명확해서 언제 어디서 출판되었는지는 알 수 없다. 다른 한 종인 石印本 《香蓮帕》와 그 속편인 《續香蓮帕》는 둘 다 4권 2책으로 되어 있으며 錦章圖書局에서 1911년에 출판한 것이다.

書名	出版事項	版式狀況	一般事項	所藏處/所藏番號
香蓮帕		上下二函10冊, 中國木版本		朴在淵
香蓮帕	錦章圖書局, 1911年	4卷2冊, 中國石印本		朴在淵
續香蓮帕	錦章圖書局, 1911年	4卷4冊, 中國石印本		朴在淵

---

[223] http://hi.baidu.com/17%C4%BA%C9%CC/blog/item/eb7c20181e07201835fa41c1.html

40) 蝴蝶盃

《蝴蝶盃》는 중국에서 광범위하게 유행한 오래된 이야기인데, 《蝴蝶盃寶卷》과 강창 장르로도 연행되었다. 《蝴蝶盃》는 明代를 시대적 배경으로 삼았으며, 내용은 다음과 같다.

江夏의 知縣 田雲山의 아들 田玉川은 龜山을 여행하게 되는데, 우연히 總兵 盧林의 아들 盧世寬이 어부 胡彦의 물고기를 빼앗으려다가 그를 때려죽이는 것을 목격한다. 田玉川은 불의를 두고 볼 수 없어서 나섰다가 자신도 盧世寬을 때려죽이게 되고 그 자리에서 도주한다. 그는 이 사건 때문에 살인범으로 수배되어 쫓기게 되는데, 胡彦의 딸 胡鳳蓮이 배를 몰아 그를 구해준다. 이들은 배안에서 결혼을 약속하고, 헤어지기 전에 田玉川은 胡鳳蓮에게 信物로 '나비 잔(蝴蝶盃)'을 준다. 胡鳳蓮은 田玉川에게 받은 나비 잔을 가지고 江夏縣에 가서 田玉川의 부모를 만나 아버지의 억울한 죽음을 토로한다. 한편 盧林은 남쪽 지방을 정벌하다 곤경에 처하고, 이때 이름을 바꿔 신분을 숨긴 田玉川에 의해 구출된다. 그러자 盧林은 그를 사위로 삼았는데, 田玉川은 첫날밤에 처 盧鳳英에게 사실을 말한다. 결국 나중에 田玉川은 盧林의 딸 盧鳳英과 胡彦의 딸 胡鳳蓮을 모두 처로 맞아들인다.

《蝴蝶盃鼓詞》는 《繡像蝴蝶盃》·《蝴蝶盃鼓詞全部》·《繪圖蝴蝶盃鼓詞》·《繪圖蝴蝶盃全傳鼓詞》·《繪圖說唱蝴蝶盃鼓詞》·《顯而易見蝴蝶盃游龜山》·《蝴蝶盃游龜山》 등의 書名으로 간행되었다. 이 판본들은 淸末에서 民國 年間에 上海의 有益齋書局·翠文齋書局·江東茂記書局·大成書局·煉石書局·校經山房·鑄記書局 등에서 石印本으로 출판되었다.

朴在淵 소장본 《蝴蝶盃》 2종은 모두 江東茂記書局에서 1911년 石印本으로 출판한 것으로 4권 4책으로 되어 있다.

書名	出版事項	版式狀況	一般事項	所藏處/所藏番號
蝴蝶盃	江東茂記書局, 1911年	4卷4冊, 不分回, 中國石印本		朴在淵
蝴蝶盃	茂記書局, 1911年	4卷4冊, 不分回, 中國石印本		朴在淵

41) 紅旗溝

《紅旗溝》는 淸나라의 실존인물인 施世綸(?~1722)을 주인공으로 삼은 鼓詞이다. 내용은 그가 江都 知縣으로 부임해서 黃天霸와 賀天保를 조력자로 얻어 97개의 사건을 처리하는 것이다. 施世綸은 소설 《施公案》의 주인공으로 실존인물이지만, 《施公案》이 그의 실제 사적과는 다르게 허구적으로 창조 되었듯이 《紅旗溝鼓詞》도 역시 그렇다.224)

《紅旗溝鼓詞》는 모두 62회로 되어 있는데, 그 발단이 되는 줄거리는 다음과 같다. 淸나라의 康熙皇帝는 施世綸이 江都 知縣으로 많은 공을 세우자, 그 재능을 높이 사서 杭州 知府로 승진시켜 발령한다. 施世綸이 江都를 막 떠나려고 하는데, 늙은이 白煥은 딸인 白玉蓮과 몸종이 살해당했다고 하면서 원한을 풀어달라는 소송을 제기한다. 施世綸은 먼저 이 사건을 해결하고 나서, 杭州로 부임해 가서 3년 동안 여러 사건을 해결한다.225)

《紅旗溝鼓詞》는 《繡像繪圖紅旗溝》·《新刻紅旗溝說唱鼓詞》·《繡像紅旗溝說唱鼓詞》·《繪圖紅旗溝全傳鼓詞》·《說唱紅旗溝》 등의 書名으로 출판되었다. 이 판본들은 淸末에서 民國年間에 上海의 上海書局·奉天德和義·江東茂記書局·大成書局·錦章圖書局·校經山房 등에서 石印本으로 출판되었다.

朴在淵 소장본 《紅旗溝》 1종은 光緒33年(1907)에 石印本으로 출판되었는데 출판사는 나와 있지 않아 어떤 판본인지 특정할 수 없다. 다른 1종은 錦章圖書局에서 石印本으로 출판된 것으로 간행 연도가 명확하지 않다. 錦章圖書局에서는 여러 차례 《紅旗溝鼓詞》를 간행한 적이 있지만, 이 판본 역시 어떤 판본인지 특정할 수 없다.

書名	出版事項	版式狀況	一般事項	所藏處/所藏番號
紅旗溝	光緖丁未(1907)	4冊(落帙), 中國石印本		朴在淵
紅旗溝	錦章圖書局	8卷8冊82回, 中國石印本		朴在淵

---

224) 《施公案》과 관련 鼓詞에 대한 내용은 본서 《繡像三公案鼓詞全傳》의 해제를 참고할 수 있다.
225) 胡紅波, 〈民初繡像鼓詞刊本三十二種敍錄〉(《成大中文學報》 第八期, 民國89), 65쪽.

42) 紅梅記

《紅梅記》의 이야기는 明代 萬曆年間의 소설집 《國色天香》·《繡谷春容》·《燕居筆記》에 실린 〈古杭紅梅記〉와 明代 瞿佑의 《剪燈新話》 卷4〈綠衣人傳〉의 이야기를 바탕으로 부연한 것이다.[226] 그러나 《紅梅記鼓詞》는 소설과는 인물과 내용이 많이 다르며, 오히려 周朝俊(1579~1620, 대략 이 기간에 생존하여 활동했음)이 지은 傳奇(戲曲)인 《紅梅記》와 내용이 비슷하다. 《紅梅記》의 이야기는 중국에서 널리 유행했으며, 《紅梅閣》(一名 《西湖陰配》)이란 희곡과 각종 지방 연극으로 공연되었다.

《紅梅記鼓詞》는 明代 傳奇 《紅梅記》와 비슷하기 때문에 이것으로 이야기 내용을 살펴보고자 한다. 南宋 때에 서생 裴禹는 西湖를 유람하게 된다. 이때 당시 실권자인 賈似道의 侍妾 李慧娘이 裴禹를 보고 반해서 칭찬하다가 賈似道에 의해 죽임을 당한다. 盧昭容은 봄날 누각에 올라 매화를 꺾고 시를 읊조리다 우연히 裴禹를 만나서 그에게 매화를 준다. 賈似道는 盧昭容의 아름다운 용모를 보고 반해 강제로 그녀를 첩으로 삼으려 한다. 裴禹는 盧昭容의 어머니에게 자신을 사위로 맞아들이고, 賈似道의 청혼을 거절하라고 한다. 이에 賈似道는 裴禹를 감금하는데, 李慧娘의 혼령은 모습을 드러내어 賈似道의 악행을 꾸짖는다. 이렇게 裴禹는 李慧娘의 혼령의 도움을 받아 위험에서 벗어난다. 나중에 賈似道는 전쟁 중에 패하여 죽임을 당하고, 裴禹는 과거에 급제하여 盧昭容과 결혼한다.

《紅梅記鼓詞》는 《說唱紅梅記鼓詞》·《繡像紅梅記鼓詞》·《繪圖紅梅記鼓詞》·《說唱紅梅記鼓詞》 등의 書名으로도 간행되었다. 또한 이와 같은 내용의 《西湖陰配鼓詞》는 《說唱西湖陰配鼓詞》·《繡像西湖陰配》라는 서명으로 간행되었다. 이 판본들은 淸末에서 民國年間에 上海의 上洋江東書局·江東茂記書局·錦章圖書局 등에서 石印本으로 간행한 것들이다.

朴在淵 소장본 《紅梅記》는 《西湖陰配》라고도 하며, 江東書局에서 1911년에 石印本으로 출판한 것으로 4권 4책 50회로 되어 있다.

《古杭紅梅記》는 언제 朝鮮에 유입되었는지 명확한 시기는 알 수 없지만, 그 번역본이 남아 있다. 번역된 시기는 대개 18세기 말기로 보이는데, 《繡谷春容》

---

[226] 李修生 主編, 《古本戲曲劇目提要》(北京：文化藝術出版社, 1997), 386쪽.

이 아닌 다른 판본을 번역 대본으로 삼았을 것으로 추정되고 있다. 한글본 《홍미긔》는 개별적으로 번역·전사·유통되다가 낙선재본 《티평광긔》에 수록되어 있는 작품으로 보인다.227) 그러나 이것은 소설 번역에 대한 내용이므로, 鼓詞 《紅梅記》의 유입에 대한 정보는 제공하지 않는다.

書名	出版事項	版式狀況	一般事項	所藏處/所藏番號
紅梅記	江東書局, 1911年	4卷4冊50回, 中國石印本	又名:西湖陰配	朴在淵

43) 花本蘭征北

木蘭은 여성의 몸으로 남장을 하고 아버지를 대신하여 종군한 여성 영웅이다. 木蘭이 최초로 등장한 문학작품은 魏晉南北朝 時代의 서사민요인 樂府〈木蘭辭〉인데, 이 작품은 南朝 陳나라의 《古今樂錄》에 수록되어 있었다고 하며, 지금은 《樂府詩集》卷25에 수록되어 있다. 이 작품은 北魏(386~534) 때 나온 것인데 隋唐 문인들의 윤필을 받았으며, 후대에는 민간 강창과 소설 그리고 희곡으로도 창작되었다.228) 木蘭의 이야기는 중국 역대로 민간에서 꾸준히 유행했으며, 鼓詞도 이런 전통 속에서 창작되었다.

《花本蘭征北》은 鼓詞로 시대적 배경이 南北朝가 아니고 唐代이며, 《隋唐演義》의 제56회의 줄거리를 바탕으로 했다. 秦王 李世民은 여러 장수들과 그들의 군사들을 끌어 모아 군사력을 강화한다. 이때 劉武周는 돌궐 曷娑那可汗을 끌어들여 滄州를 공격하려고 한다. 可汗이 징병하자 花本蘭은 나이 많은 아버지를 대신해 남장을 하고 종군한다. 曷娑那可汗이 竇建德의 군대에게 패하고 위급한 상황에서 花本蘭은 그를 구하고 자신은 도리어 竇線娘에게 사로잡혀 포로가 된다. 竇線娘은 花本蘭의 효행을 알고 그녀를 공경하여 몸종으로 머물게 한다. 여러 곡절을 거쳐 花本蘭은 고향으로 돌아가게 되는데, 아버지는 이미 죽고 어머니는 개가한

---

227) 朴在淵, 《홍미긔》(선문대학교 중한번역문헌연구소, 1994), 16~17쪽. 최윤희, 〈古杭紅梅記의 수용 양상과 미적 거리〉, 《중국소설논총》(제32집, 2010), 109~130쪽.
228) 지영재 편역, 《중국시가선(증보판)》(을유문화사, 2007), 284쪽.

상태였다. 可汗은 이 소식을 듣고 花本蘭을 선발해서 궁에 들어오도록 하자, 그녀는 혀를 깨물고 자결한다.

《花本蘭征北鼓詞》의 비교적 이른 판본은 淸代 京都 文和堂에서 5권으로 간행한 木版本이다. 《花本蘭征北鼓詞》는 一名 《唐李淵選將征北鼓詞》라고도 하며, 《繪圖花本蘭征北鼓詞》·《說唱花本蘭征北鼓詞》·《繪圖說唱花本蘭征北鼓詞》·《新編唐李淵選將征北鼓詞》 등의 書名으로 출판되었다. 이 작품들은 淸末에서 民國年間에 上海의 校經山房·江東茂記書局·大成書局·錦章圖書局·鑄記書局 등에서 石印本으로 출판되었다.

朴在淵 소장본 《花本蘭征北》은 上海書局에서 1909년 石印本으로 출판한 것으로 4권 4책 25회로 되어 있다.

書 名	出版事項	版式狀況	一般事項	所藏處/所藏番號
花本蘭征北	上海書局, 1909年	4卷4冊25回, 中國石印本		朴在淵

44) 回盃記

《回盃記鼓詞》는 馮夢龍이 편찬한 《醒世恒言》 第20卷의 〈張廷秀逃生救父〉와 동일한 이야기이다. 〈張廷秀逃生救父〉는 단편소설인데 비해 《回盃記鼓詞》는 중편 정도로 편폭이 길어졌다. 이 이야기는 《雙盃記》라는 연극으로도 개편되어 공연되었으며, 전체 書名은 《八義雙盃記》이고, 一名 《喜聯燈》이라고도 한다. 이 작품의 이야기는 중국 각지에 널리 유행했으며, 각종 지방 연극으로 공연되었다.[229]

蘇州의 부자 상인 王員外는 딸만 둘을 낳았는데, 큰딸 瑞姐는 趙昻에게 시집을 갔고, 둘째딸 玉姐는 혼처가 나기를 기다리고 있었다. 王員外는 목수 張權에게 일을 맡겼는데, 함께 일하던 그의 아들 張廷秀가 총명함을 알고 양아들로 삼았다가 玉姐를 그에게 시집보낸다. 趙昻 부부는 王員外의 재산을 독차지하기 위해 수사관 楊洪과 결탁하여 張權을 도둑으로 몰고 張廷秀를 모함하여 쫓아낸다. 張廷秀

---

229) 李修生 主編, 《古本戲曲劇目提要》(北京:文化藝術出版社, 1997), 386쪽.

와 동생 張文秀는 趙昻을 고소하러 가다가 楊洪에게 붙잡혀 결박된 채 강물에 던져진다. 張文秀는 어떤 상인에게 구출되어 양아들이 되고, 張廷秀는 파도에 휩쓸려 육지에 다다르게 되자 극단 사람들에게 구출되어 연기를 배우게 된다. 王員外는 玉姐에게 개가를 강요하다가 딸이 자살을 시도해 미수에 그치자 더이상 혼사를 거론하지 않는다. 張廷秀는 연기자로 지내다가 재능을 인정받아 관료의 아들이 되어 글공부를 하게 된다. 나중에 張廷秀는 과거에 급제하여 관료가 되고, 부임길에 蘇州를 지나게 된다. 그는 趙昻이 연회를 열자 연극배우로 변장하여 그들을 만나려 하지만 비웃음만 사게 된다. 결국 사람들은 張廷秀의 신분을 알게 되어 크게 놀라고, 張廷秀는 玉姐와 다시 만나게 된다. 이전에 玉姐는 張廷秀에게 옥잔 하나를 信物로 주고 자신이 하나를 보관하였는데, 결국 둘이 다시 만나게 되기 때문에 이 鼓詞를 《回盃記鼓詞》라고 한다.

《回盃記鼓詞》의 이른 판본으로는 淸代 盛京 文盛堂에서 간행한 木版本이 있으며, 서명을 《新刻回盃記》라고 한다. 《回盃記鼓詞》는 《繪圖回盃記鼓詞》·《繡像新刻玉盃記鼓詞》·《繪圖全回盃記鼓詞》 등의 書名으로도 출판되었다. 이 판본들은 淸末에서 民國年間에 上海의 煉石書局·大成書局·錦章圖書局·廣益書局 등에서 石印本으로 출판되었다.

朴在淵 소장본 《回盃記》는 光緒15年(1889)에 京都(北京) 琉璃廠에서 간행된 木版本으로 4권 1책 7회로 되어 있다.

書名	出版事項	版式狀況	一般事項	所藏處/所藏番號
回盃記	光緒己丑(1889) 京都琉璃廠	4卷1冊7回, 中國木版本		朴在淵

45) 金陵府

《金陵府》는 楊家將 계열의 이야기로 宋나라 太宗 때를 시대적 배경으로 삼았다. 宋代 명장 楊繼業의 처인 佘賽花는 세 번이나 表를 올려 西寧으로 돌아가길 주청한다. 그녀는 끝내 윤허를 받아내고, 돌아가는 길에 金陵府에서 머물게 된다. 이때 黃土山 산적 두목 李龍이 부하들을 이끌고 金陵府를 공격한다. 佘賽花는 며느리 王懷女와 손자며느리 穆桂英 두 女將들에게 출정하도록 했는데, 둘 다 산적들에게 사로잡힌다. 이때 魏寶童이 이곳에 와서 산적과 결탁한 도사 周旋과 싸워서 둘을 모두 구한다.

《金陵府鼓詞》는 營口 承文信에서 光緖丙午年(1906)에 4권 4책의 石印本으로 출판되었으며 一名 《繡像金陵府》라고도 한다. 또한 上海에서는 《繡像金陵府鼓詞》·《新刻金陵府鼓詞》·《繪圖金陵府鼓詞》 등의 書名으로 淸末에서 民國年間에 大成書局·江東茂記書局·錦章圖書局 등에서 石印本으로 출판되었다.

朴在淵 소장본 《金陵府鼓詞》는 上海 錦章圖書局에서 4권 4책의 石印本으로 출판된 것인데, 그 간행연도는 알 수 없다.

書名	出版事項	版式狀況	一般事項	所藏處/所藏番號
金陵府	上海錦章圖書局	4卷4冊不分回, 中國石印本		朴在淵

46) 金陵府歸西寧

《金陵府歸西寧》은 《金陵府》230)와 《歸西寧》이란 두 작품의 합본으로 구성된 鼓詞이다. 《歸西寧》은 《金陵府》의 이야기를 이어받은 후속편으로 볼 수 있으며, 楊家將 측과 산적 李龍 측이 대치하여 양측 모두 도술로 대결하는 내용이다. 《金陵府歸西寧》은 楊家將 계열의 이야기이지만, 도술 대결이 대량으로 삽입되어 있어서 歷史演義와는 거리가 멀다. 여기서 민간 강창의 창조력을 엿볼 수 있지만, 동시에 조잡한 내용을 길게 부연하는 등의 통속문학적 특징도 드러낸다.231)

《金陵府歸西寧鼓詞》는 《金陵府鼓詞》와 《歸西寧鼓詞》의 합본으로, 《歸西寧鼓詞》는 江東茂記書局에서 石印本으로 출판되었다. 《金陵府歸西寧鼓詞》는 《金陵府歸西寧合刻鼓詞》·《繪圖說唱金陵府歸西寧鼓詞》·《繡像金陵府歸西寧合傳》·《繡像金陵府歸西寧鼓詞合傳》·《大字足本金陵府歸西寧鼓詞》·

---
230) 《金陵府鼓詞》의 판본에 대한 내용은 본서의 위의 해제를 참고할 수 있다.
231) 胡紅波, 〈民初繡像鼓詞刊本三十二種敍錄〉(《成大中文學報》 第八期, 民國89), 61쪽.

《足本大字繡像金陵府歸西寧鼓詞(合)》 등의 書名으로 출판되었다. 이 판본들은 淸末에서 民國年間에 上海의 江東茂記書局·大成書局·錦章圖書局·鑄記書局·廣益書局 등에서 石印本으로 출판되었다.

朴在淵 소장본 《金陵府歸西寧》은 4권 2책으로 된 石印本인데, 출판사항이 명확하지 않아 출판연대와 출판사를 모두 알 수 없다.

書名	出版事項	版式狀況	一般事項	所藏處/所藏番號
金陵府歸西寧		4卷2冊不分回, 中國石印本		朴在淵

47) 金鐲玉環記

《金鐲玉環記》는 지금도 중국 각지의 강창이나 지방희곡으로도 남아 있으며, 내용은 다음과 같다. 雷寶童은 계모에게 모해를 당해 죽을 뻔했으나 노비 雷靑의 도움으로 도망쳐서 친척에게 의탁하려 한다. 雷寶童은 도망친 후에 찻집 점원이 되고, 나중에 賈氏의 두 딸과 곤경에서 벗어나 계모에게 복수하고 나서 賈氏 딸과 결혼한다.

《金鐲玉環記鼓詞》는 《繪圖金鐲玉環記鼓詞》·《繡像金鐲玉環記鼓詞》·《繪圖說唱金鐲玉環記鼓詞》·《繡像金鐲玉環記》·《大字足本金鐲玉環記鼓詞》 등의 書名으로 출판되었다. 이 작품은 淸末에서 民國年間에 上海의 中原書局·校經山房·江東茂記書局·大成書局·鑄記書局·廣益書局·錦章圖書局·尙古山房 등에서 石印本으로 출판되었다.

朴在淵 소장본 《金鐲玉環記》 1종은 4권 4책으로 上錦章圖書局에서 石印本으로 간행된 것이고, 다른 1종은 江東茂記書局에서 石印本으로 출판된 것인데, 두 판본 모두 그 간행연도는 알 수 없다.

書名	出版事項	版式狀況	一般事項	所藏處/所藏番號
金鐲玉環記	錦章圖書局	4卷4冊, 中國石印本		朴在淵
金鐲玉環記	江東茂記書局	4卷4冊, 中國石印本		朴在淵

48) 金鞭記

《金鞭記》는 呼家將 계열의 이야기인데, 1부 2권 78회, 2부 2권 109회, 3부 2권 99회, 4부 2권 107회, 5부 2권 100회로 구성된 장편의 鼓詞이다.

내용은 宋나라 仁宗 때 개국공신 呼延贊의 아들 呼丕顯이 간신 龐文과 다툼을 벌이는 것을 발단으로 한다. 龐文은 呼丕顯을 모함했으나 仁宗은 받아들이지 않고 도리어 자신이 삭탈관직을 당한다. 후에 龐文은 자신을 딸을 仁宗에게 바치고 권력을 얻어서 呼氏 집안사람들을 모두 생매장시킨다. 다행히 呼丕顯의 아들 呼守用은 도망쳐서 이름을 바꾸고 숨어 지내다 王氏의 딸과 결혼한다. 이들은 아들을 낳아서 이름을 王三漢이라고 지었는데, 이 아이가 바로 呼延慶이었다. 후에 呼延慶은 집안사람들이 묻힌 곳에서 제사를 지내다 판관 包靑天을 만나서 도망친다. 그런데 包靑天은 그가 呼氏 집안의 후손임을 알고 나서 오히려 그가 원한을 풀도록 적극적으로 도와준다.

《金鞭記鼓詞》의 이른 판본으로는 6권 6책으로 된 京都 泰山堂의 木版本이 있으며, 《新刻金鞭記》라고도 한다. 《金鞭記鼓詞》는 《繡像金鞭記》・《繡像金鞭記全傳》・《原本呼家將全傳鼓詞》・《繪圖金鞭記鼓詞》・《繡像說唱金鞭記》・《大字足本金鞭記鼓詞》 등의 書名으로 출판되었다. 淸末에서 民國年間에 上海의 上海書局・會文堂書局・江東茂記書局・大成書局・錦章圖書局・校經山房・江左書局 등에서 石印本으로 출판되었다.

朴在淵 소장본 《金鞭記》는 8권 8책으로 된 石印本인데, 출판사항이 명확하지 않아 출판연대와 출판사를 모두 알 수 없다.

書名	出版事項	版式狀況	一般事項	所藏處/所藏番號
金鞭記		8卷8冊, 中國石印本		朴在淵

49) 滿漢鬪

乾隆皇帝는 재위기간동안 민정을 살피고 유람하기 위해 여러 차례 지방 시찰을 하였다. 실제 역사적 사실인 乾隆의 시찰은 허구서사로 만들어져 민간에 널리 유행하였다. 鼓詞 《滿漢鬪》가 그중 하나인데, 이는 《劉公案》에서 일부분의 이야기를 바탕으로 하여 구성되었으며, 대략 道光年間에 지어졌다. 《劉公案》은 淸나라의 청렴한 관료 劉墉(1719~1804)을 주인공으로 삼은 鼓詞 장르에 속한다. 이 작품은 운문과 산문이 결합된 강창 형식으로 구성되어 있다.232) 이는 淸代 유행하던 공안소설이며, 《滿漢鬪》는 이 작품의 한 부분으로 劉墉과 乾隆의 이야기이다.

《滿漢鬪鼓詞》는 4책으로 된 '蒙古車王府曲本'233)의 筆寫本이 首都圖書館에 소장되어 있다. 《滿漢鬪鼓詞》의 石印本은 《繪圖滿漢鬪全傳鼓詞》・《新刻滿漢鬪》・《繡像滿漢鬪》 등의 書名으로 출판되었다. 이 石印本들은 淸末에서 民國年間에 上海의 江東茂記書局・大成書局・校經山房 등에서 출판되었다.

박재연 소장본 《滿漢鬪》는 2종으로, 하나는 4권 4책의 石印本으로 출판되었고, 다른 하나는 2권 2책의 石印本으로 출판되었는데, 출판사항이 未詳이라 언제 어디서 출판되었는지는 알 수 없다.

書 名	出版事項	版式狀況	一般事項	所藏處/所藏番號
滿漢鬪		4卷4冊20回, 中國石印本		朴在淵
滿漢鬪		2卷2冊不分回, 中國石印本		朴在淵

50) 蜜蜂記

鼓詞 《蜜蜂記》의 이전에 이미 《蜜蜂記寶卷》이 있었으며, 《蜜蜂記鼓詞》는 이런 강창 장르의 영향을 받아 지어진 것으로 보인다. 《蜜蜂記鼓詞》는 모두 18회로 되어 있으며, 회목은 따로 없으며 그 대신 7언의 두 구절로 시작된다.

《蜜蜂記鼓詞》는 漢代를 시간적 배경으로 삼았고, 河南의 洛陽城 麒麟村을 공간적 배경으로 삼았다. 董皆가 劉氏와 결혼하여 아들 良才를 낳아서 苗鳳英을 며

---

232) http://baike.baidu.com/view/523787.htm
233) 蒙古車王府曲本에 대해서는 본서의 《三國志鼓詞》 해제를 참고할 수 있다.

느리로 맞이한다. 劉氏가 죽자 董皆는 젊은 吳氏와 재혼하여 아들을 낳은 후에 良才를 모해하여 가업을 이으려 한다. 후에 董良才는 吳氏의 '蜜蜂計(머리에 꿀을 발라 꿀벌들을 끌어들이는 계략)'에 속아 조롱당하고, 반쯤 죽게 되었을 때 '白虎元神'이 나타나서 董皆와 吳氏를 놀라게 하여 기절시킨다. 깨어난 苗鳳英은 남편이 이미 죽을 줄 알고 목을 베어 자결하고, 董良才는 깨어나서 처가 죽을 것을 보고 울다 도망친다. 후에 염라대왕은 苗鳳英이 억울하게 죽었기 때문에 鄧紅玉의 시신을 빌어 환생하도록 한다.

《蜜蜂記鼓詞》는 1책으로 된 '蒙古車王府曲本'의 筆寫本이 首都圖書館에 소장되어 있으며, 一名 《蜜蜂記》라고도 한다. 《蜜蜂記鼓詞》의 비교적 이른 판본으로는 同治3年(1864) 이전의 木版本이 있다. 《蜜蜂記鼓詞》는 《繡像蜜蜂記》·《新刻繡像蜜蜂記鼓詞》·《新刻繡像蜜蜂記》·《新編蜜蜂記鼓詞》·《新編蜜蜂記鼓兒詞》·《新編蜜蜂記說唱鼓兒詞》·《繪圖說唱蜜蜂記鼓詞》 등의 書名으로 출판되었다. 이 판본들은 淸末에서 民國年間에 上海의 翠文齋·校經山房·江東茂記書局·大成書局·錦章圖書局·鑄記書局·煉石書局 등에서 石印本으로 출판되었다.

朴在淵 소장본 《蜜蜂記》는 上海 錦章圖書局에서 4권 4책 18회의 石印本으로 출판된 것인데, 그 간행연도는 알 수 없다.

書名	出版事項	版式狀況	一般事項	所藏處/所藏番號
蜜蜂記	錦章圖書局	4卷4冊18回, 中國石印本		朴在淵

51) 北平府響馬傳

《北平府響馬傳》은 《響馬傳鼓詞》로 간칭하기도 하며, 4권 20회 혹은 4권 26회로 되어 있다. 이 작품은 隋唐의 정권 교체기를 배경으로 삼은 전쟁이야기이며, 소설 《說唐》에 있는 이야기와 비슷한 鼓詞이다.

이 작품은 《繡像響馬傳》·《繡像響馬傳鼓詞》·《繪圖響馬傳鼓詞》·《大字足本響馬傳鼓詞》·《北平府響馬傳鼓詞》·《繡像響馬傳北平府鼓詞全集》·《繡像說唱北平府響馬傳》·《繡像北平府響馬傳鼓詞》·《繪圖說唱北平府響馬

傳鼓詞》 등의 書名으로 출판되었다. 이 판본들은 淸末에서 民國年間에 上海의 江東茂記書局・大成書局・廣益書局・鑄記書局・煉石書局 등에서 石印本으로 출판되었다.

朴在淵 소장본 《北平府響馬傳》은 上海 廣益書局에서 4권 4책 26회의 石印本으로 출판된 것인데, 그 간행연도는 알 수 없다.

書名	出版事項	版式狀況	一般事項	所藏處/所藏番號
北平府響馬傳	廣益書局	4卷4冊26回(卷3缺), 中國石印本		朴在淵

52) 三省莊

《三省莊鼓詞》는 隋唐의 정권 교체기를 배경으로 삼은 전쟁이야기이며, 소설 《說唐》에 있는 이야기와 비슷한 鼓詞이다.

《三省莊鼓詞》는 《三省莊鼓詞初集》에서부터 《三省莊鼓詞十一集》까지 모두 11집으로 연이어 출판되었다. 《三省莊鼓詞》는 《繪圖說唱三省莊鼓詞》・《繡像三省莊說唱鼓兒詞》・《新刻繡像三省莊》 등의 書名으로 출판되었다. 이 판본들은 淸末에서 民國年間에 上海의 江東茂記書局・大成書局・錦章圖書局・鑄記書局・廣益書局 등에서 石印本으로 출판되었다. 또한 《三省莊鼓詞》의 속집이 《繡像三省莊鼓詞續集》과 《繡像續三省莊說唱鼓兒詞》의 書名으로 上海에서 光緒9年(1883)과 宣統元年(1909)에 石印本으로 출판되었다.

朴在淵 소장본 《三省莊》 1종은 上海 錦章圖書局에서 4권 4책 20회의 石印本으로 출판된 것인데, 그 간행연도는 알 수 없다. 또 다른 1종은 4권 4책 20회의 石印本으로 출판된 것인데, 그 간행연도와 출판사 모두 알 수 없다.

書名	出版事項	版式狀況	一般事項	所藏處/所藏番號
三省莊	錦章圖書局	4卷4冊20回, 中國石印本		朴在淵
三省莊		4卷4冊20回, 中國石印本		朴在淵

53) 西廂記鼓詞

《西廂記》는 唐나라 元稹(779~831)의 傳奇小說 《鶯鶯傳》(一名 《會眞記》)의 이야기를 제재로 삼았다. 金나라에 들어와서는 《西廂記》가 탄생하는데 결정적인 역할을 하게 되는 《西廂記諸宮調》가 창작된다. 元代에 들어와서 王實甫는 《西廂記諸宮調》를 토대로 5本 21折의 장편 雜劇 《西廂記》를 지었다. 이후 《西廂記》는 明·淸代에 100여종이 넘게 출판되었으며, 꾸준히 인기를 누렸다.234) 《西廂記鼓詞》는 이런 전통 속에서 강창 장르의 鼓詞로 개편된 것이다.

《西廂記鼓詞》는 《說唱西廂記鼓詞》·《增像西廂記鼓詞》·《新刻西廂記鼓詞》·《鶯鶯餞行送張生》 등의 書名으로 출판되었다. 비교적 이른 판본으로는 淸代 嘉慶年間에 會文堂에서 木版本으로 출판한 것이 있다. 위의 판본들은 淸末에서 民國年間에 上海의 上海書局·上洋江東書局·江東茂記書局·廣益書局 등에서 石印本으로 출판되었다.

朴在淵 소장본 《西廂記鼓詞》는 간행연도는 알 수 없고, 廣益書局에서 石印本으로 출판되었는데 10권 4책으로 되어 있다.

書名	出版事項	版式狀況	一般事項	所藏處/所藏番號
西廂記鼓詞		10卷4冊不分回, 中國石印本		朴在淵

54) 繡鞋記

《繡鞋記》의 내용은 王潤이 張氏와 결혼하여 王定保를 낳았는데, 그가 어릴 때 이미 張家灣 집안의 사촌누나인 張倫姐와 혼인을 약속한 것을 발단으로 한다. 王定保는 17세에 학당에 공부하러 갔다가 도박을 하여 돈을 잃고, 미래의 장인인 張家灣의 집에 가서 돈을 빌리려 한다. 그런데 어른들이 집안에 없어서 약혼녀인 張倫姐가 그를 대접하다가 찾아온 이유를 묻자 사실대로 말한다. 張倫姐는 동정심 때문에 새로 지은 옷을 빌려주고 노름빚을 갚으라고 한다. 王定保는 돈을 갚으러

---

234) 《西廂記》에 대한 상세한 내용은 본서의 희곡 《西廂記》의 해제를 참고할 수 있다.

가다가 李武擧에게 모함을 당하는데, '꽃을 수놓은 신(繡鞋)'이 옷에서 떨어져서 증거로 삼을 수 있게 된다. 李武擧가 王定保를 법정에 끌고나가자, 王定保 장인의 집에서 옷을 빌려왔다고 증언하고 증인으로 張倫姐가 법정에 나선다. 결국 王定保는 무죄로 풀려나고 李武擧는 무고죄를 시인한다.

《繡鞋記鼓詞》는 淸代 山西 地方의 木版本을 보면, 총 8부로 구성되어 있는데 1부~4부까지는 결질로 되어 있어 알 수 없고, 5부~8부는 〈新刻王定保還家繡鞋記五部〉・〈新刻王定保訓子繡鞋記六部〉・〈新刻王連登訪親繡鞋記七部〉・〈新刻王連登發科團圓繡鞋記八部〉이다.235) 이 木版本말고도 《繡鞋記鼓詞》는 淸代 泰山堂에서 10책으로 출판되었고, 京都 致文堂에서도 木版本으로 출판되었다. 《繡鞋記鼓詞》는 《繪圖繡鞋記全傳鼓詞》・《繡像繡鞋記鼓詞》・《說唱繡鞋記鼓詞》・《繪圖繡鞋記》 등의 書名으로 출판되었다. 이 판본들은 淸末에서 民國年間에 上海의 煉石書局・上洋江東書局・校經山房・江東茂記書局・大成書局・錦章圖書局・鑄記書局・廣益書局 등에서 石印本으로 출판되었다.

朴在淵 소장본 《繡鞋記》는 上海 錦章圖書局에서 4권 4책의 石印本으로 출판된 것인데, 그 간행연도는 알 수 없다.

書名	出版事項	版式狀況	一般事項	所藏處/所藏番號
繡鞋記	錦章圖書局	4卷4冊不分回, 中國石印本		朴在淵

55) 十二寡婦征西

《十二寡婦征西》는 楊家將 계열 이야기로, 楊氏 집안 여장군들을 주인공으로 삼은 鼓詞이다. 내용은 西夏가 宋나라를 공격하는 것을 발단으로 한다. 楊宗保는 군대를 이끌고 전투를 벌이지만 적을 막아내지 못하고 전사한다. 그의 처인 穆桂英은 楊氏 집안의 과부 12명의 여장군을 이끌고 서쪽을 정벌한다. 《十二寡婦征西》는 이 여장군들이 나라를 위해 용감히 외적과 맞서 싸우며 겪는 곡절 있는 이

---

235) 李豫 等 編著, 《中國鼓詞總目》 (太原：山西古籍出版社, 2006), 471쪽.

야기들로 구성되어 있다.

《十二寡婦征西鼓詞》의 비교적 이른 판본으로는 清代 丹柱堂의 《新刻十二寡婦征西全本》이란 書名으로 출판된 木版本이 있다. 《十二寡婦征西鼓詞》는 《繪圖十二寡婦征西》·《繪圖十二寡婦征西鼓詞》·《繡像十二寡婦征西鼓詞》 등의 書名으로 출판되었다. 이 판본들은 清末에서 民國年間에 上海의 煉石書局·校經山房·江東茂記書局·大成書局·錦章圖書局·鑄記書局 등에서 石印本으로 출판되었다. 또한 이와 관련된 《楊家十二寡婦征西》라는 작품은 上海 椿蔭書莊에서 民國年間에 石印本으로 출판되었다.

朴在淵 소장본 《十二寡婦征西》은 4권 4책으로 된 石印本인데, 출판사항이 명확하지 않아 출판연대와 출판사를 모두 알 수 없다.

書名	出版事項	版式狀況	一般事項	所藏處/所藏番號
十二寡婦征西		4卷4冊, 中國石印本		朴在淵

56) 雙鑣記

《雙鑣記鼓詞》의 내용은 《施公案》과 관련이 있으며, 표창을 잘 쓰는 黃三太가 주인공으로 施公을 도와 여러 사건을 해결한다는 줄거리이다.

《雙鑣記鼓詞》는 《繪圖繡像雙鑣記》·《新刻雙鑣記鼓詞》·《繪圖雙鑣記全傳鼓詞》·《大字足本雙鑣記鼓詞》·《新刻雙鑣記說唱鼓兒詞》·《雙鑣記鼓詞》·《繡像雙鑣記鼓詞》 등의 書名으로 출판되었다. 이 판본들은 清末에서 民國年間에 上海의 廣益書局·校經山房·江東茂記書局·大成書局 등에서 石印本으로 출판되었다.

朴在淵 소장본 《雙鑣記》는 上海 錦章圖書局에서 4권 4책 66회의 石印本으로 출판된 것인데, 그 간행연도는 알 수 없다.

書名	出版事項	版式狀況	一般事項	所藏處/所藏番號
雙鑣記	錦章圖書局	4卷4冊66回, 中國石印本		朴在淵

57) 鸚哥記

　　鼓詞 《鸚哥記》의 이야기의 원류는 《鸚哥寶卷》으로 거슬러 올라갈 수 있으며, 앵무새가 주인공인 민간 강창 장르의 작품이다. 또한 이와 관련된 작품으로는 明代 成化年間에 간행된 '說唱詞話'의 하나인 《鸚哥行孝義傳》도 있다.[236] 이를 보면, 鸚哥의 이야기는 오랜 기간 민간에서 널리 유행했으며, 《鸚哥記鼓詞》는 이런 민간 강창의 전통을 계승했음을 알 수 있다.

　　《鸚哥記》는 앵무새인 鸚哥를 주인공으로 삼았으며 우화적으로 구성되었다. 어린 鸚哥는 총명하여 불경을 보고 염불을 하며 시를 지어 읊을 수 있게 된다. 하루는 鸚哥의 아버지가 먹을 것을 구하러 나갔다가 사냥꾼에게 살해당하고, 鸚哥의 어머니는 남편을 찾아 나섰다가 그 사냥꾼에 의해 눈에 부상을 입고 도망친다. 鸚哥의 어머니는 병이 들어 荔枝가 먹고 싶다고 하자, 鸚哥는 어머니에게 효도를 하기 위해 사방팔방으로 荔枝를 찾아 나섰다가 사냥꾼에게 잡혀 우리에 갇힌다. 鸚哥는 시를 읊을 수 있어서 사냥꾼은 知府에게 이 새를 팔고, 후에 知府는 황제에게 진상한다. 황제는 鸚哥가 어머니를 그리워하는 시를 읊조리자 그 효심에 감동하여 鸚哥를 집으로 돌려보낸다. 이때 鸚哥의 어머니는 이미 죽었는데, 鸚哥는 혼자서 어머니의 유골을 안장하려고 하자 황제는 각종 새들을 보내 돕도록 한다. 觀音菩薩은 鸚哥를 제도하여 南海로 돌아가게 하고, 후에 鸚哥는 신선의 반열에 오른다.

　　《鸚哥記鼓詞》는 《新刻鸚哥記鼓詞》·《繡像鸚哥記鼓詞》·《繪圖鸚哥記全傳鼓詞》 등의 書名으로도 출판되었다. 이 판본들은 淸末에서 民國年間에 上海의 江東茂記書局·大成書局·錦章圖書局·校經山房 등에서 石印本으로 출판되었다.

　　朴在淵 소장본 《鸚哥記》는 久敬齋書局에서 4권 4책 32회의 石印本으로 출판되었는데, 출판사항이 명확하지 않아 그 간행연도는 알 수 없다.

書名	出版事項	版式狀況	一般事項	所藏處/所藏番號
鸚哥記	久敬齋書局	4卷4冊32回, 中國石印本		朴在淵

---

236) 朱一玄 校點, 《明成化說唱詞話叢刊》 (鄭州 : 中州古籍出版社, 1997), 289~302쪽.

58) 楊文廣征西

《楊文廣征西》는 楊家將 계열의 이야기인데, 楊氏 집안 제3대 장군인 楊文廣을 주인공으로 삼은 鼓詞이다. 龔敏은 또 다른 鼓詞인 《楊文廣征南》이 《楊金花爭帥印》을 이어서 썼으며, 완결되지 않았기 때문에 후속편이 있을 것이다. 라고 했다.[237] 그래서 단정할 수는 없지만, 《楊文廣征南》이 바로 《楊文廣征西》의 후속편일 가능성도 있는 것으로 보인다.

《楊文廣征西鼓詞》는 《楊文廣征西說唱鼓詞》라는 書名으로도 출판되었는데, 이 작품의 판본들은 淸末에서 民國年間에 上海의 江東茂記書局와 大成書局 등에서 石印本으로 간행되었다.

朴在淵 소장본 《楊文廣征西》는 廣益書局에서 4권 4책의 石印本으로 간행되었는데, 언제 출판되었는지는 알 수 없다.

書名	出版事項	版式狀況	一般事項	所藏處/所藏番號
楊文廣征西	廣益書局	4卷4冊, 中國石印本		朴在淵

59) 揚州府

《揚州府》는 隋唐의 정권 교체기를 배경으로 삼은 전쟁이야기이며, 소설 《說唐》에 있는 이야기와 비슷한 鼓詞이다. 《揚州府鼓詞》는 唐代 초기 여러 장수들이 揚州에 가서 무술시합에 참가하면서 벌어지는 이야기이다.

《揚州府鼓詞》는 《新刻繡像揚州府鼓詞》・《繪圖揚州府鼓詞》・《繪圖說唱揚州府鼓詞》 등의 書名으로 출판되었다. 이 판본들은 淸末에서 民國年間에 上海의 江東茂記書局・大成書局・鑄記書局・大新書局 등에서 石印本으로 출판되었다.

朴在淵 소장본 《揚州府》는 上海 校經山房에서 4권 4책의 石印本으로 출판된 것인데, 그 간행연도는 알 수 없다.

---

237) 龔敏, 《小說考索與文獻鉤沉》 (濟南 : 齊魯書社, 2010), 240~241쪽. 주석의 내용 중 《楊金花爭帥印》은 본서의 《楊金花爭帥》 해제를 참고할 수 있다.

書 名	出版事項	版式狀況	一般事項	所藏處/所藏番號
揚州府	校經書局	4卷4冊, 中國石印本		朴在淵

60) 玉盃記

　　《玉盃記鼓詞》는 馮夢龍이 편찬한 《醒世恒言》第20卷의 〈張廷秀逃生救父〉와 동일한 이야기이다. 이 이야기는 《雙盃記》라는 연극으로도 개편되어 공연되었으며, 각종 지방 연극으로 공연되었다. '이 연극은 허구이지만, 蘇州의 모든 길거리에서는 아직도 《玉盃記》라는 이름도 있는데, 과연 그 사건이 있었는지 의심스럽다.(此劇雖屬子虛, 但聞蘇州專諸巷尙存玉杯記之名, 疑果有其事也。)'238) 이는 《曲海總目提要》의 《雙盃記》에 대한 설명인데, 蘇州 일대에서 《玉盃記》가 유행했음을 알 수 있다. 이 이야기에 대한 鼓詞 장르 작품으로는 《回盃記》·《玉盃記》·《金牌調》가 있으며, 세 작품의 인물은 동일하고 작은 줄거리들은 약간 다르다.239)

　　《玉盃記鼓詞》의 木版本은 天津 義合堂에서 光緒34年(1908)에 2권 2책 8회로 간행되었으며, 《新刻玉盃記》·《張廷秀趕考鼓詞》라고도 한다. 《玉盃記鼓詞》의 石印本은 《繪圖玉盃記鼓詞》·《繡像新刊玉盃記鼓詞》 등의 書名으로, 淸末에서 民國年間에 上海의 煉石書局·錦章圖書局·廣益書局 등에서 출판되었다.

　　朴在淵 소장본 《玉盃記》는 2권 1책 16회로 되어 있는 石印本인데, 출판사항이 명확하지 않아 그 간행연도와 출판사 모두 알 수 없다.

書 名	出版事項	版式狀況	一般事項	所藏處/所藏番號
玉盃記		2卷1冊16回, 中國石印本		朴在淵

---

238) 無名氏 撰, 兪爲民·孫蓉蓉 編, 《曲海總目提要(下)》(合肥 : 黃山書社, 2008), 1416쪽.
239) 《玉盃記鼓詞》의 줄거리에 대해서는 본서의 《回盃記鼓詞》 해제를 참고할 수 있다.

61) 王奇賣豆腐

《王奇賣豆腐鼓詞》는 墜劇인 《大明英烈傳》과 같은 이야기의 鼓詞인데, 내용은 다음과 같다. 洪武5年에 陳友諒이 潘陽湖에서 군사를 모아 반란을 일으키고, 常遇春 등이 평정을 하러 갔다가 곤란에 처한다. 그래서 朱元璋은 평상복을 입고 몰래 그곳에 가서 五虎上將을 찾아보고 온갖 탐험을 하게 된다.

《王奇賣豆腐鼓詞》는 初集부터 十集까지 있으며, 《繪圖賣豆腐初集》・《繪圖新編續英烈王奇賣豆腐鼓詞》・《新編大明續英烈王奇賣豆腐五虎平南傳說唱鼓詞》・《大明續英烈五虎平南》 등의 書名으로 출판되었다. 이 작품들은 모두 淸末에서 民國年間에 上海의 江東茂記書局에서 세 차례 石印本으로 출판되었다.

朴在淵 소장본 《王奇賣豆腐》는 上海 江東茂記書局에서 4권 4책 20회의 石印本으로 출판된 것인데, 그 간행연도는 알 수 없으며, 一名 《大明續英烈五虎平南》으로 되어 있다.

書 名	出版事項	版式狀況	一 般 事 項	所藏處/所藏番號
王奇賣豆腐	江東茂記書局	4卷4冊20回, 中國石印本	又名：大明續英烈五虎平南	朴在淵

62) 六月雪

《六月雪》은 元代 關漢卿의 雜劇 《竇娥冤》(《感天動地竇娥冤》)을 바탕으로 한 鼓詞이며, 지금도 京劇이나 각종 지방 연극 등으로도 공연되고 있다. 《竇娥冤》은 '竇娥라는 여성의 생애를 중심으로 전개되는 그 시대 사회의 모순을 드러내 보여주는데, 중국의 희곡에서는 보기 드문 비극 작품이다.'[240] 鼓詞 《六月雪》은 竇娥의 원한으로 여름인 6월에도 눈이 왔기 때문에 그 제목을 《六月雪》이라고 했다.

竇娥는 아버지의 빚을 갚기 위해 시집을 갔다가 채 2년이 못 되어 남편이 병으

---

240) 김학주 편역, 《元雜劇選》(명문당, 2001), 26쪽.

로 죽고, 시어머니와 단 둘이 살게 된다. 건달 張驢兒는 강도로부터 竇娥를 구해주고 나서, 그녀를 자신의 처로 맞이하고 그녀의 시어머니를 자신의 아버지와 맺어주려 한다. 竇娥가 이를 거부하자 張驢兒는 시어머니를 독살하고 그녀를 강제로 차지하려고 하다가, 도리어 자신의 아버지가 모르고 그 독이 든 음식을 먹고 죽는다. 張驢兒는 竇娥에게 죄를 뒤집어씌워 관청에 고발하고, 탐관오리 知州는 뇌물을 먹고 竇娥를 고문하여 자백을 받아내려고 한다. 그러나 竇娥는 혹독한 고문에도 끝내 결백함을 주장한다. 이에 知州는 시어머니를 잡아다 고문하고, 竇娥는 이를 보다 못해 허위 자백을 하고 형장으로 끌려간다. 형장에서 竇娥는 자신이 원통하게 죽는다면, 피가 땅에 떨어지지 않고 흰 깃발 위로 튀어오를 것이며, 유월에도 눈이 내리고, 3년 동안 큰 가뭄이 들 것이라고 예언한다. 竇娥의 목이 베어지자 모든 것이 그녀의 말대로 된다. 나중에 그녀의 아버지는 고관이 되어 이 사건을 재조사하여 딸의 원한을 풀어준다.

《六月雪鼓詞》는 《繡像六月雪全傳》・《大字足本六月雪鼓詞》・《繪圖六月雪鼓詞》 등의 書名으로도 출판되었다. 이 판본들은 淸末에서 民國年間에 上海의 江東茂記書局・大成書局・校經山房 등에서 출판되었다.

朴在淵 소장본 《六月雪》은 大成書局에서 30권 4책의 石印本인데, 출판사항이 명확하지 않아 출판연대는 알 수 없다.

書名	出版事項	版式狀況	一般事項	所藏處/所藏番號
六月雪	大成書局	30卷4冊113回, 中國石印本	大字足本	朴在淵

63) 銀合走國

《銀合走國》은 후궁과 황제의 삼촌이 함께 둘째 태자 銀光을 옹위하고 왕위계승자 銀合太子를 없애려는 음모를 발단으로 한다. 銀光의 어머니는 시녀를 보내 銀合太子를 유혹하여 방탕하게 만들고, 후에 황후와 태자를 모함한다. 황제는 황후를 순장시키려 하고 銀合太子를 옥에 가둔다. 그런데 둘째 태자 銀光은 형제의 정 때문에 銀合太子를 몰래 풀어준다. 銀合太子는 탈옥해서 황제의 둘째 삼촌에게 이를 고발하고, 그 삼촌은 다른 7명의 형제들과 銀合太子의 누명을 벗기고 황후를 구하려 한다. 나중에 둘째 태자 銀光이 형과 황후를 구하기 위해 자신이 죄를 뒤집어쓰자, 후궁은 아들을 구하기 위해 모든 죄를 시인한다.241)

《銀合走國》의 이른 판본으로는 淸代 邁文堂에서 20권 20책으로 간행된 木版本이 있으며, 一名 《新選四續五續銀合太子走國全本》이라고도 한다. 또한 이 작품은 淸末에서 民國年間에 上海의 江東茂記書局과 大成書局 등에서 《繪圖銀合走國鼓詞》와 《新出繪圖說唱銀合走國》의 書名의 石印本으로 간행되었다.

朴在淵 소장본 《銀合走國》은 江東書局에서 10권 10책의 石印本으로 간행되었는데, 언제 출판되었는지는 알 수 없다.

書名	出版事項	版式狀況	一般事項	所藏處/所藏番號
銀合走國	江東書局	10卷10冊, 中國石印本	大字足本	朴在淵

64) 二度梅鼓詞

《二度梅》는 충신과 간신이 다투는 이야기에 남녀 간의 사랑이야기가 섞인 통속문학이다. 이 작품은 오랜 시간 광범위하게 전승되었으며, 소설·희곡·鼓詞·評書 등의 여러 장르로 유행하였다. 소설 《二度梅》는 一名 《二度梅全傳》이라고도 하며, 惜陰堂主人이 편집했다고 한다. 이 작품은 唐代 肅宗年間을 시대적 배경으로 삼아, 梅氏와 陳氏 두 집안 사이에 벌어지는 사건을 중심으로 구성되었다. 그중 梅魁의 아들 梅良玉과 陳東初의 딸 陳杏元 이 두 주인공의 사랑이야기가 기둥 줄거리이다. 《二度梅鼓詞》는 통속 강창으로 소설과는 스타일이 다르고, 민중들의 생활과 사상에 근접해 있다.

《二度梅鼓詞》는 '蒙古車王府曲本'의 筆寫本이 首都圖書館에 소장되어 있으며, 一名 《文武二度梅》라고도 한다. 石印本들은 《新刻二度梅鼓詞一部》·《新刻繡像二度梅鼓詞》·《繡像二度梅鼓詞》·《大字足本二度梅鼓詞》·《繡像繪

---

241) http://zhidao.baidu.com/question/77472108.html

圖二度梅鼓詞》・《繪圖二度梅鼓詞》・《新刻二度梅忠孝節義》・《繡像二度梅全書》・《繡像二度梅鼓詞全傳》・《繪圖說唱二度梅鼓詞》 등의 書名으로 출판되었다. 萬育堂書坊에서 《新刻二度梅鼓詞一部》를 光緖30年(1904)에 출판되었고, 山東 靑島 誠文信에서는 光緖34年(1908)에 《新刻繡像二度梅鼓詞》라는 서명으로 石印本이 출판되었다. 또한 上海에서는 淸末에서 民國年間에 上洋江東書局・校經山房・大成書局・江東茂記書局・煉石西國・錦章圖書局・鑄記書局・廣益書局 등에서 石印本으로 출판되었다.

朴在淵 소장본 《二度梅鼓詞》는 간행연도는 알 수 없으며 掃葉山房에서 간행한 石印本으로 4권 4책 64회로 되어 있다.

書名	出版事項	版式狀況	一般事項	所藏處/所藏番號
二度梅鼓詞	掃葉山房	4卷4冊64回, 中國石印本		朴在淵

65) 定唐全傳

《定唐全傳》은 鼓詞 작품도 있고, 그림자 인형극(影戱)으로 공연되었으며 이 대본을 《定唐影戱全傳》이라고 한다. 《定唐全傳》은 唐나라 때를 시대적 배경으로 삼아 허구적으로 구성된 鼓詞이다. 齊國公인 劉仁이 간신 王權 부녀의 핍박을 받아 온 집안이 풍비박산이 난다. 이때 거란이 침략하여 변경의 상황이 급박하게 돌아가자, 모든 신하들이 劉仁을 대장군으로 삼아 출정하길 건의한다. 결국 劉仁은 출정하여 승리를 거두고 조정으로 돌아와서는 높은 벼슬을 하사받고 후에 헤어졌던 가족들과도 만나게 된다.[242]

《定唐全傳》鼓詞는 《定唐傳》과 《唐昇仙傳》이 합본된 《新刻定唐傳定唐昇仙傳》이 있으며, 그림자인형극(影詞)인 《繡像定唐影詞》・《繡像定唐影詞全傳》・《新編繡像說唱定唐全傳》・《定唐傳影詞》 등도 있다. 이 판본들은 淸末에서 民國年間에 上海의 茂記書局・上洋茂記書莊・江東茂記書局・昌明書局・錦章圖書局 등에서 石印本으로 출판되었다.

---

242) http://v.youku.com/v_show/id_XMTE5MTk1MDQw.html?f=4107702

朴在淵 소장본 《定唐全傳》과 《定唐昇仙傳》은 錦章書局에서 石印本으로 출판한 것인데, 출판연도는 알 수 없다.

書名	出版事項	版式狀況	一般事項	所藏處/所藏番號
定唐全傳	錦章書局	4卷4冊28回, 中國石印本		朴在淵
定唐昇仙傳	錦章書局	4卷4冊34回, 中國石印本		朴在淵

66) 綵雲球

《彩雲球》는 明나라 때 花將軍의 후손 이야기라고 한다.[243] 《彩雲球》의 인물 삽화를 보면, 무인 복장을 입은 花昆이란 인물이 그려져 있어서[244] 이 인물을 주인공으로 삼은 것 같은데, 자세한 줄거리는 찾을 수 없었다.

《彩雲球鼓詞》는 《繡像彩雲球鼓詞》·《繪圖彩雲球鼓詞》·《繡像彩雲球》·《說唱鼓詞彩雲球》 등의 書名으로도 간행되었다. 이 판본들은 清末에서 民國年間에 上海의 章福記書局·求實齋書局·江東茂記書局·大成書局 등에서 石印本으로 출판되었다.

朴在淵 소장본 《綵雲球》는 12권 12책의 石印本으로 간행되었는데, 출판사항이 명확하지 않아 언제 어느 출판사에서 간행된 것인지는 알 수 없다.

書名	出版事項	版式狀況	一般事項	所藏處/所藏番號
綵雲球		12卷12冊160回, 中國石印本		朴在淵

---

243) http://blog.sina.com.cn/s/blog_7d53c1270100z5ny.html
244) http://www.997788.com/3217/auction/50/288134/

67) 打登州

隋唐의 정권 교체기를 배경으로 삼은 전쟁이야기이며, 소설 《說唐》에 있는 이야기를 바탕으로 한 鼓詞이다.

《打登州鼓詞》는 《新刻隋唐打登州鼓詞》・《繡像打登州鼓詞》・《新刻繡像隋唐打登州鼓詞》・《繪圖說唱打登州鼓詞》 등의 書名으로 출판되었다. 이 판본들은 淸末에서 民國年間에 上海의 上海書局・江東茂記書局・大成書局・煉石書局・鑄記書局・廣益書局 등에서 石印本으로 출판되었다.

朴在淵 소장본 《打登州》는 4권 4책 22회로 되어 있는 石印本인데, 출판사항이 명확하지 않아 그 간행연도와 출판사는 모두 알 수 없다.

書名	出版事項	版式狀況	一般事項	所藏處/所藏番號
打登州		4卷4冊22回, 中國石印本		朴在淵

68) 太原府

《太原府鼓詞》는 隋唐의 정권 교체기를 배경으로 삼은 전쟁이야기이며, 소설 《說唐》에 있는 이야기와 비슷한 鼓詞이다. 《太原府鼓詞》는 제1집에서 제4집까지 있으며, 그 書名은 《太原府初集鼓詞》・《太原府二集鼓詞》・《太原府三集鼓詞》・《太原府四集鼓詞》이다.

《太原府鼓詞》의 비교적 이른 판본으로는 京都 文盛堂에서 光緒19年(1893)에 木版本으로 간행한 것이다. 《太原府鼓詞》의 石印本들은 《新刻太原府鼓詞》・《繡像說唱太原府鼓詞》・《新刻繡像太原府鼓詞》・《太原府鼓詞》 등의 書名으로도 출판되었다. 이 판본들은 淸末에서 民國年間에 上海의 掃葉山房・茂記書局・江東茂記書局・大成書局・錦章圖書局 등에서 간행되었다.

朴在淵 소장본 《太原府》는 3책의 낙질본인데, 출판사항이 명확하지 않아 그 간행연도와 출판사 모두 알 수 없다.

書名	出版事項	版式狀況	一般事項	所藏處/所藏番號
太原府		3冊(落帙), 中國石印本		朴在淵

69) 通州霸(道光私訪・嘉慶私訪)

《通州霸》의 내용은 《道光私訪》 혹은 《嘉慶私訪》과 같으며, 이 작품의 판본들은 대체로 《靑龍傳》과 합본으로 되어 있다.

《靑龍傳》은 劉墉의 손자가 황제의 친척인 黃士功 형제에게 탄핵을 당하고, 道光帝가 평상복을 입고 몰래 지방을 시찰한다는 이야기이다. 《通州霸》도 역시 道光帝가 몰래 지방을 시찰하면서 벌어지는 이야기이다. 乾隆時代부터 通州에는 악질 토호들이 횡포한 짓을 일삼았고, 이에 황제는 노비로 변장하고 몰래 이곳을 찾아간다. 道光帝는 張寶童의 수레를 타고 갔는데, 내린 후에 돈이 없어서 자신의 용포를 張寶童에게 전당잡히라고 한다. 전당포 주인 張豹는 이것이 귀한 물건임을 알고 나서, 張寶童이 이것을 찾으러 왔을 때 많은 이익을 챙기려고 한다. 이때 知縣이 등장하여 張豹를 비호하자, 張寶童과 張豹는 끝없이 다툰다. 그러다 경호관 彭孝中이 쫓아와 知縣과 張豹를 죽이고, 관청창고를 열어 곡식을 백성들에게 나누어준다.245)

《通州垻》・《道光私訪》・《嘉慶私訪》은 《靑龍傳》과 합본으로 간행되었으며, 《嘉慶爺私訪通州垻鼓詞》・《道光爺私訪靑龍傳鼓詞》・《繪圖通州垻全傳鼓詞》・《新編靑龍傳通州垻鼓詞》・《新編靑龍傳通州垻合刻鼓詞》 등의 書名으로 출판되었다. 이 판본들은 淸末에서 民國年間에 上海의 大成書局・江東茂記書局・廣益書局 등에서 石印本으로 출판되었다.

朴在淵 소장본 《通州霸》는 廣益書局에서 2권 2책의 石印本으로 간행되었는데, 언제 출판되었는지는 알 수 없다. 또 《道光私訪》과 《嘉慶私訪》은 모두 2권 1책으로 된 石印本인데, 출판사항이 명확하지 않아 출판연대와 출판사를 모두

---

245) 山西・陝西・河南・河北・山東省藝術(戲劇)硏究所 合編, 《中國梆子戲劇目大辭典》(太原 : 山西人民出版社, 1991), 555쪽.

알 수 없다.

書名	出版事項	版式狀況	一般事項	所藏處/所藏番號
通州霸	廣益書局	2卷2冊不分回, 中國石印本		朴在淵
道光私訪		2卷1冊, 中國石印本		朴在淵
嘉慶私訪		2卷1冊, 中國石印本		朴在淵

70) 呼延慶征南

呼延慶은 실존인물로 北宋時代의 장군이자 외교관이었다. 宋나라 徽宗(재위 기간 : 1100~1125) 때에 '平海軍指揮使'를 역임하였으며, 여러 차례 金나라에 파견되어 遼나라를 연합 공격하는 외교적 협의를 주도했다.

虛構敍事인 '評書'의 呼延慶은 北宋의 개국 명장 呼延贊의 후손으로 등장한다. 呼氏 집안 장수(呼家將)의 이야기는 여러 허구 장르를 통해 널리 유행했으며, 소설로는 《說呼全傳》이 있다. 淸代에도 呼家將 이야기는 널리 유행했고, 《呼延慶征南》은 鼓詞의 이런 이야기 중의 하나이다.

《呼延慶征南》은 《繪圖呼延慶征南全傳》・《繪圖說唱呼延慶征南全傳》・《大字足本呼延慶征南鼓詞》 등의 書名으로도 간행되었다. 이 판본들은 淸末에서 民國年間에 上海의 江東茂記書局・大成書局・鑄記書局 등에서 石印本으로 출판되었다.

朴在淵 소장본 《呼延慶征南》은 校經山房에서 石印本으로 출판한 것으로 4권 4책 되어 있는데, 언제 출판되었는지는 알 수 없다.

書名	出版事項	版式狀況	一般事項	所藏處/所藏番號
呼延慶征南	校經山房	4卷4冊不分回, 中國石印本	大字足本	朴在淵

71) 呼延慶打擂雙鞭記

《呼延慶打擂雙鞭記》는 呼家將 계열의 이야기로 《呼延慶打擂》와 《雙鞭記》의 합본이다. 내용은 宋나라 仁宗 때의 간신 龐文이 자신의 조카 歐子英을 대장군으로 삼아 西涼을 평정하려는 것을 발단으로 한다. 仁宗은 문무 대신들이 이를 받아들이지 않을까봐 무예시합 열어 승리하는 사람이 대장군이 되도록 한다. 중간에 파란을 거쳐 呼延慶이 결국 이 무예시합에서 승리하여 대장군이 되어 西涼을 정벌한다.

《呼延慶打擂》는 淸代에 北京의 寶文堂에서 木版本으로 간행되었다. 합본인 《呼延慶打擂雙鞭記》는 《繡像貫串呼延慶打擂雙鞭記》·《繪圖呼延慶打擂雙鞭記》·《繪圖說唱呼延慶打擂雙鞭記鼓詞》 등의 書名으로도 간행되었다. 이 판본들은 淸末에서 民國年間에 上海의 上海書局·江東茂記書局·大成書局·錦章圖書局·鑄記書局·廣益書局 등에서 石印本으로 출판되었다.

朴在淵 소장본 《呼延慶打擂雙鞭記》는 石印本으로 출판한 것으로 4권 4책으로 되어 있는데, 그 출판사와 출판연도는 알 수 없다.

書名	出版事項	版式狀況	一般事項	所藏處/所藏番號
呼延慶打擂雙鞭記		4卷4冊不分回, 中國石印本		朴在淵

72) 紅燈記

《紅燈記》는 明나라 正德年間을 시대적 배경으로 삼아 허구적으로 구성된 鼓詞이다. 戶部尙書 趙飛雄과 兵部侍郎 孫廣德이 자식을 결혼시키기로 약속한다. 이후 둘은 모두 각자 사직하고 고향으로 돌아가는데, 얼마 지나지 않아 孫廣德의 집안은 화재로 몰락하고 孫廣德도 죽는다. 그의 맏아들 孫繼成은 결혼한 후 과거를 보러가고, 둘째 아들 孫繼高가 아버지의 혼인 약속을 지키려고 한다. 그러나 趙飛雄은 도리어 孫繼高가 노비를 죽였다고 모함해서 감옥에 갇히게 하는데, 趙飛雄의 딸 趙蘭英은 아버지가 약속은 지키지 않고 불의를 저지른 것을 알게 된다.

孫廣德의 부인이 죽자 막내딸은 자신을 팔아 장사를 지내는데, 공교롭게도 그녀는 趙蘭英의 시녀로 들어간다. 趙蘭英은 그녀가 아버지가 시집보내기로 약속한 집안의 딸임을 알고 집으로 돌려보내며, 7월 15일에 붉은 연등을 걸어 집을 알려달라고 한다. 趙蘭英은 약혼자 孫氏 집안을 도와주고 나서 남장을 하고 서울에 올라가는데, 마침 장원급제한 孫繼成에게 동생의 억울함을 풀어주라고 한다. 趙蘭英의 이런 활약으로 약혼자 孫繼高는 누명을 벗고 둘은 서로 결혼하게 된다.246)

《紅燈記鼓詞》의 비교적 이른 판본으로는 《新刻紅燈記說唱鼓兒詞》라는 書名으로 清代 西晉 東南 地域의 誠意堂에서 木版本으로 간행된 것이고, 또 하나는 같은 書名으로 清代 歸德 三和堂에서 木版本으로 간행한 것이다. 《紅燈記鼓詞》《紅燈記鼓詞》는 《繪圖紅燈記鼓詞》·《繡像紅燈記》·《新刻紅燈記》·《說唱紅燈記鼓詞》·《繪圖說唱紅燈記鼓詞》·《繡像紅燈記鼓詞》·《說唱紅燈記》 등의 서명으로 출판되었다. 이 판본들은 清末에서 民國年間에 上海의 江東茂記書局·大成書局·錦章圖書局·鑄記書局·煉石書局 등에서 石印本으로 출판되었다.

朴在淵 소장본 《紅燈記》는 4권 4책으로 된 石印本인데, 출판사항이 명확하지 않아 출판연대와 출판사를 모두 알 수 없다.

書 名	出版事項	版式狀況	一般事項	所藏處/所藏番號
紅燈記		4卷4冊不分回, 中國石印本		朴在淵

73) 回龍傳

《回龍傳鼓詞》는 宋나라 仁宗이 자식이 없어 왕위 계승에 대해 걱정하는 것이 이야기의 발단이다. 仁宗은 점쟁이의 말을 따라 노인으로 변장을 하고 강남 蘇州에 가서 자신을 팔아서 가족을 찾는다고 핑계를 대는데, 이때 王華가 그 노인을 사게 된다. 결국 王華는 천자의 자리를 계승하고, 후의 英宗이 된다. 줄거리가 이런 내용이기 때문에 이 작품을 一名 《王華買父》라고도 한다.247)

---

246) 胡紅波, 〈民初繡像鼓詞刊本三十二種敍錄〉(《成大中文學報》第八期, 民國89), 64쪽.

《回龍傳鼓詞》는 두 가지 계통의 판본이 있는데, 하나는 '車王府曲本'의 筆寫本이고, 다른 하나는 淸末에서 民國年間에 上海의 여러 출판사에서 나온 石印本 계통이다. '車王府曲本' 계통은 민간에서 입말로 연행하던 것을 기록한 것으로 질박한 민간문학의 특징을 지니고 있으며, 현재 首都圖書館에 소장되어 있다.248)

《回龍傳鼓詞》의 石印本은 계통은 《新刻繡像回龍傳鼓詞》·《繪圖說唱回龍傳鼓詞》·《大字足本回龍傳鼓詞》 등의 書名으로 출판되었다. 이 판본들은 淸末에서 民國年間에 上海의 尙古山房·廣雅書局·江東茂記書局·大成書局·錦章圖書局·鑄記書局·廣益書局 등에서 출판되었다.

朴在淵 소장본 《回龍傳》은 鑄記書局에서 4권 4책의 石印本인데, 출판사항이 명확하지 않아 출판연대는 알 수 없다.

書名	出版事項	版式狀況	一般事項	所藏處/所藏番號
回龍傳	鑄記書局	4卷4冊, 中國石印本		朴在淵

---

247) 胡紅波, 〈民初繡像鼓詞刊本三十二種敍錄〉(《成大中文學報》 第八期, 民國89), 47쪽.
248) '車王府曲本'에 대해서는 본서의 《三國志鼓詞》 해제를 참고할 수 있다.

第二部

中國戲曲의 所藏處別 版本目錄

第1章

中國戲曲의 版本目錄

1) 國立中央圖書館

書名	出版事項	版式狀況	一般事項	所藏番號
琵琶記	高明(元) 著, 陳繼儒(明) 評, 刊寫地未詳, 刊寫者未詳, 宣統 2年(1910)	2卷2冊, 中國木版本, 有圖, 29.5×17.7cm	版心書名：陳眉公批評琵琶記 跋：宣統庚戌(1910)…劉世珩	[古]5-80-37
增像第六才子書	金聖歎(清) 光緒 27年(1901)	6冊, 中國石印本, 有圖, 20×13.5cm	表紙書名：繪圖第六才子書, 序：康熙庚子(1720)…呂世鏞	[東谷古] 3749-59
西廂記	董里(元) 著, 刊寫地未詳, 刊寫者未詳, 刊寫年未詳	5卷1冊, 筆寫本, 31.4×20.5cm	附：識文	한고조48-242
西廂記	王實甫(元) 著, 刊寫地未詳, 刊寫者未詳, 刊寫年未詳	3冊, 筆寫本, 24×15.5cm		승계고092-25
西廂記	金聖歎 編著, 刊寫地未詳, 刊寫者未詳, 刊寫年未詳	3卷3冊, 筆寫本, 31.5×20.7cm, 11行字數不同	懷永堂繪像第六才子書	[古]3730-21-1-3
(樓外樓訂正妥註)第六才子書	董里(元) 原著, 金聖嘆 撰 年紀未詳	6卷6冊, 26.4×17.4cm		BC고조48-162
花月琴夢記	刊寫地未詳, 刊寫者未詳, 刊寫年未詳	2冊, 筆寫本, 23.5×13.4cm, 四周單邊 半郭：16.2×11.2cm, 8行20字, 註雙行, 無魚尾		[古]3737-4
(註解)	王實甫, 關漢卿	1冊, 活版本, 24cm	諺吐	위창고3736-4

書名	出版事項	版式狀況	一般事項	所藏番號
西廂記	共著, 刊寫地未詳, 刊寫者未詳, 1906			
語錄類	刊寫地未詳, 刊寫者未詳, 刊寫年未詳	49張, 筆寫本, 24.8×18cm	道家語錄, 西廂記語錄解, 水滸誌錄解, 西遊記語錄解	古朝41-19
長生殿	洪昇 著, 夢鳳樓 暖紅室 共校	2冊, 中國木版本, 有圖, 29.5×17.2cm	原序：康熙己未(1679) …洪昇	[古]5-80-38

2) 韓國學中央研究院(舊韓國精神文化研究院)

書名	出版事項	版式狀況	一般事項	所藏番號
妥註第六才子書釋解	王實甫(元)著, 金聖歎(淸)批點, 刊年未詳	8卷6冊(第2冊缺), 中國木版本, 17.5×11cm, 四周單邊, 半郭：14.2×9cm, 無界, 10行26字, 上黑魚尾	表紙書名：西廂記, 版心書名：第六才子書釋解, 序：時康熙己酉年(1669)天都汪溥勳廣困氏題於燕臺之族次, 藏板記：書業堂藏板	D7C-2
繡像六才子書	王實甫(元)撰, 金聖歎(淸)評程, 士任(淸)編, 刊年未詳	8卷6冊, 中國木版本, 有圖, 12.6×8.3cm, 四周雙邊, 半郭：9.8×6.7cm, 8行16字, 上黑魚尾	表紙書名：西廂記, 版心書名：第六才子書, 重刊序：時擁正癸丑(1733)歲…耕塾程士任自萃甫題於成裕堂, 印：書所子, 宋鼎錫印	D7C-10
增註第六才子書釋解	王實甫(元)著, 金聖歎(淸)批點, 刊年未詳	8卷6冊(第3-5冊缺), 中國木版本, 有圖, 16.4×11.3cm, 四周單邊, 半郭：14×9cm, 9行26字, 上黑魚尾	表紙書名：西廂記, 版心書名：第六才子書釋解, 原序：時康熙己酉年(1669)天都王溥勳廣困氏題於燕臺之族次, 藏板記：善美堂藏板	D7C-1
第六才子書	王實甫(元)著	1冊(46張, 缺本), 筆寫本, 22.2×11cm		D7C-46
聖嘆外書第六才子書	王實甫(元)原著, 金聖嘆(淸)編, 年紀未詳	2卷2冊(第2冊缺), 筆寫本, 29×18.5cm	表紙書名：第六才子書	D7C-8
第六才子書	王實甫(元)原著, 丁九燮國譯, 光武8年(1904)	不分卷1冊, 新鉛印本, 22.4×15.2cm	表紙書名：西廂記, 印：李進翊印	D7A-1
笠翁傳奇十種	笠翁(明)編, 康熙18年(1679)	20卷20冊, 中國木版本, 24.2×15.6cm, 四周單邊, 半郭：19.5×13cm, 有界, 9行20字, 註雙行, 上黑魚尾, 紙質：綿紙	裏題：笠翁傳奇十種, 序末：帝堯巳未(1679)仁神父題, 印：李王家圖書之章	4-241

3) 國會圖書館

書 名	出版事項	版式狀況	一般事項	所藏番號
西廂記	王實甫(元) 著, 金聖嘆(淸) 批點, 上海, 廣益書局, 刊年未詳	5卷2冊, 中國石印本, 20.2×13.7cm	版心題：繪圖第六才子書	OL812.3 ○353ㅅ
艶情小說 西廂記	王實甫(元) 撰, 金聖嘆(淸) 批點, 上海, 上海書局, 刊寫年未詳	1冊(卷3-5), 中國石印本, 有圖, 20×13.5cm		OL812.3-○ 53ㅅ
會眞演義	金聖歎(淸) 批評, 年紀未詳	8卷3冊, 筆寫本, 30.5×19.3cm	書名：表題에 依함, 序：康熙己酉(1669)…汪溥勳廣淵氏題於燕臺之旅次	[古]812.3 ㄱ698ㅎ
註解西廂記	吳台煥 編, 京城大東書市, 光武10年(1906)	1冊, 216쪽, 23cm		812.4 ○338ㅈ

4)-1 서울大學校 奎章閣

書 名	出版事項	版式狀況	一般事項	所藏番號
西廂記	王實甫(元) 撰, 金聖嘆(淸) 註, 刊寫地未詳, 刊寫者未詳, 序：高宗22年(1885)	4卷 續編1卷(合5冊), 筆寫本, 29×18cm	序：先緒十一年乙酉(1885) …文漢命, 卷頭書名：後歎先生訂正註解西廂記	[古]3461-2
第六才子書 西廂記	王實甫(元) 著, 金聖嘆(淸) 外書, 光武9年(1905)	2冊, 筆寫本, 27.2×16.2cm	表紙書名：西廂記, 卷首：大韓光武九年(1905)書, 印：金?熙印	[古] 895.12-G425 j-v.1-2
西廂記	王實甫(元) 著, 年紀未詳	1冊(96張), 筆寫本, 32.8×21.2cm	印：方鐘鉉印, 國漢文混用	[古] 895.12-W184 7s
서상긔	王實甫(元) 著, 隆熙3年(1909)	2卷2冊, 筆寫本, 29.3×20.5cm	한글本	[古]3350-90
西廂雙文傳	王實甫(元) 撰, 年紀未詳	2卷 續集(合2冊), 筆寫本, 35.5×23cm	序：白羊[辛未?]孟春書于巽雲齋中, 金聖歎, 한글註	[古]3461-1
水西漫錄	編者未詳, 刊地未詳, 刊者未詳	1冊(80張), 筆寫本, 24×15cm	卷末：商章協洽庚申(?)…怡雲居士, 內容：水滸類腋 / 西廂記類腋	古 3478 1

書名	出版事項	版式狀況	一般事項	所藏番號
水滸志語錄(西廂記語錄)	刊年未詳	1冊(35張), 筆寫本, 23.6×23.6cm	卷頭書名:飜施耐菴錄, 附:西廂記語錄, 卷末:辛己仲夏小晦潭雲謄書	[古] 895.13-Sh92 sk
水滸志語錄	朴健會(朝鮮) 編, 刊寫地未詳, 刊寫者未詳, 1912	1冊(36張), 筆寫本, 31.5×20.5cm	表紙書名:註解水滸志語錄, 內容:水滸志語錄, 西遊記語錄, 西廂記語錄	3820-10
艶夢漫釋	守實先生 註, 儻山主人 校 年紀未詳	1冊(52張), 筆寫本, 25.5×17cm, 筆寫面:20×14cm, 無界, 10行22字	表題:艶夢, 卷首:艶夢漫釋說:是歲至月之晦守實過客, 讀法(抄略), 印:[儻山珍?], [韓弘?]印 內容:西廂記句讀語錄註解, 詞名, 續編詞名, 第1折驚艶, 第2折借廂, 第3折酬韻, 第4折鬧齋, 第5折寺警, 第6折請宴, 第7折賴婚, 第8折琴心, 第9折前候, 第10折鬧簡, 第11折賴簡, 第12折後候, 第13折酬簡, 第14折拷艶, 第15折哭宴, 第16折驚夢, 西廂記의 懸吐 및 註釋	[奎古] 93
新編勤化風俗南北雅曲伍倫全備記	赤玉峯道人 著, 刊寫地未詳, 刊寫者未詳, 刊寫年未詳	2卷2冊, 朝鮮木版本, 32.5×22.5cm, 四周單邊, 半郭:21.3×14.9cm, 有界, 9行17字, 上下內向黑魚尾	序:歲在上章敦歲在上章敦䍧 [庚午(?)]…高拉, 印:敎誨廳	3461-3
伍倫全備諺解	著者未詳, 刊寫地未詳, 刊寫者未詳, 景宗元年(1721)	8卷5冊, 朝鮮木版本, 34.4×22.5cm, 四周單邊, 半郭:25.4×18.4cm, 有界, 11行21字, 上下花紋魚尾	表紙書名:伍倫全備, 卷首:序…歲舍辛丑(1721)…高時彥, 引用書目	1456
伍倫全備諺解	編者未詳, 刊寫地未詳, 刊寫者未詳, 英祖17年(1741)	8卷4冊, 朝鮮木版本, 32.8×22.3cm, 四周單邊, 半郭:24.9×18.7cm, 有界, 11行, 字數不同, 上下內向花紋魚尾	1721년판은 埋木 수정하여 인출한 것. 印出記:壬戌(1741?) 印置	3917-9
徐文長全集	徐渭(明) 著,	30卷(附錄 포함)	讀書坊藏板,	4729

書名	出版事項	版式狀況	一般事項	所藏番號
	袁宏道(明) 評點, 刊寫地未詳, 讀書坊, 淸(1616-1911)	合10冊, 中國木版本, 24.6×16cm	附錄：四聲猿, 序：黃汝亨	
增圖長生殿傳	洪昇(淸) 塡詞, 吳人舒(淸) 論文, 上海, 蜚英館, 光緖13年(1887)	2冊, 石印本, 19.1×12.4cm	版心題：長生殿, 序：康熙己未(1679)…洪昇, 印：集玉齋, 帝室圖書之章	[奎중] 6104
桃花扇	雲亭山人(淸) 編, 西園, 淸版本	4卷4冊, 中國木版本, 18.7×11.7cm	序：夢鶴居士, 印：集玉齋, 帝室圖書之章	[奎중]6207
藏園九種曲	蔣士銓(淸) 塡詞, 羅聘(淸) 等評文, 刊地未詳, 煥乎堂, 乾隆39年(1774)序	12冊, 中國木版本, 23×15.2cm, 欄上註	序：乾隆甲午(1774)…陳守詒, 印：集玉齋, 帝室圖書之章	[奎중] 4966 00
紅樓夢曲譜	黃兆魁(淸) 撰, 蟾波閣, 光緖 8年(1882)	4冊, 中國木版本, 有圖, 25×14.8cm	卷頭書名：紅樓夢散套, 序：乙亥?…聽濤居士, 印：集玉齋, 帝室圖書之章	[奎중]5210
傳奇六種	楊恩壽(淸)撰, 序, 光緖1年(1875)	5冊, 中國木版本, 30.2×17.6cm	印：帝室圖書之章, 內容：桃花源, 姽嫿封, 桂枝香, 理靈坡, 再來人, 麻灘渡驛, 蓮子居詞話	[奎중]4204

4)-2 서울大學校 中央圖書館

書名	出版事項	版式狀況	一般事項	所藏番號
芥子園繪像第七才子書	高明(中國) 撰, 蘇州, 光華堂, 雍正 13年(1735)	6卷6冊, 中國木板本, 有圖, 15.5×9.2cm, 四周雙邊, 半郭：9.1×6.3cm, 無界, 8行10字 註雙行, 花口, 上下向黑魚尾	表題：繡像第七才子書, 目錄題：芥子園繪像第七才子書琵琶記, 匣題：七才子書琵琶記, 原評：聲山先生, 序：康熙乙卯年(1665) …吳?悔菴, 序：康熙丙午年(1666) …溪浮雲客子, 序：雍正乙卯年(1735) …程自華	3464-34-1-6
第六才子書	王實甫(元) 著, 金聖歎(淸) 批點, 刊寫地未詳,	8卷6冊, 中國木版本, 有圖, 24.8×15.8cm, 四周單邊 18.4×11cm,	敦化堂藏板, 當從史記左國諸書讀之可也, 標題：繡像第六才子書,	895.1244 W1847t v.1~8

書名	出版事項	版式狀況	一般事項	所藏番號
	敦化堂, 刊寫年未詳	有界, 11行22字, 上黑魚尾	表題：西廂記, 刊記：戊申年(?)鐫	
增註第六才子書釋解	王實甫(元) 著, 刊寫地未詳, 善美堂, 刊寫年未詳	9卷6冊, 中國木版本, 有圖, 17.6×11.3cm, 上下單邊, 左右雙邊, 半郭：13×8.9cm, 無界, 10行26字, 花口, 上下向黑魚尾	表題：西廂記釋解, 目錄題：吳山三婦坪箋增註第六才子書釋解, 合評：吳山三婦, 序：康熙己酉年(1669)…汪溥勳廣○氏, 內容：卷1, 慟哭告人, 留贈後人, 凡例, 目錄, 西廂記, 卷2, 西廂記孝實, 讀西廂記法, 卷3, 會眞記, 卷4~8, 西廂記, 卷末, 六才子西廂記摘句套譜	3464-35-1-6
合訂西廂記文機活趣全解(第六才子書釋解)	金人瑞(聖嘆)(清) 批, 中國, 維經堂, 刊寫年未詳	6冊, 中國木版本, 有圖, 17.3×11.4cm, 上下單邊, 左右雙邊, 半郭：13.9×9.2cm, 有界, 10行字數不定 註雙行, 頭註, 花口, 上下向黑魚尾	表題：西廂記, 標題：增註第六才子書釋解, 目錄題：吳山三婦評箋註聖嘆第六才子書, 花口題：第六才子西廂書釋解, 序題：題聖嘆批第六才子西廂, 第二卷首題：增補箋註繪像第六才子西廂釋解, 第六卷首題：箋註繪像第六才子西廂釋解, 卷末題：續增聖嘆第六才子西廂, 刊記：維經堂藏版, 原序：康熙己酉(1669)…汪溥勳廣○氏	3464-35A-1-6
貫華堂第六才子書西廂記	金聖嘆(清) 評點, 世德堂, 刊寫年未詳	8卷8冊, 中國木版本(清), 有圖, 24.7×14.6cm, 四周單邊, 半郭：18.1×12.6cm, 有界, 9行19字 註雙行, 花口, 上下向黑魚尾	花口題：第六才子書, 表題：繡像第六才子書, 裝幀：黃色表紙白絲四綴	3461-12-1-6
增像第六才子書	王實甫(元), 金聖嘆(清) 批評, 上海(清), 檢古齋, 光緒 16年(1890)	6卷6冊, 中國石印本, 有圖, 14.4×8.5cm, 四周單邊, 半郭：10.9×6.6cm, 無界, 13行28字, 無魚尾	刊記：光緒庚寅(1890)仲春月上澣 上海檢古齋石印, 序：康熙庚子(1720)…呂世鏞	895.125-W1847t-v.1-6
增像第六才子書	王實甫(元) 原著, 金聖嘆(清) 外書,	6卷6冊(卷首1卷1冊, 本書5卷5冊),	標題：繪圖第六才子書, 表題：六才子書,	3464 38 0~5

第1章　中國戲曲의 版本目錄　305

書名	出版事項	版式狀況	一般事項	所藏番號
西廂記	刊寫者未詳, 光緒25年(1899) 序	中國石印本, 有圖, 15.1×9.7cm, 半郭：13.3×8.5cm, 無界, 16行36字, 註雙行, 花口, 上下向黑魚尾	序：…康熙庚子(1720)仲冬上澣豊溪昌世鏞題 光緒25年(1899)歲次己亥仲春下澣吳縣朱父進書, 內容：卷首：目錄；繡像；序一曰慟哭古人；序二曰留贈後人；讀西廂記法；會眞記／元積(唐), 1(卷1), 驚艶；借廂；酬韻；鬧齋, 2(卷2), 寺警；請宴；賴婚；琴心, 3(卷3), 前候；鬧簡；賴簡；後候, 4(卷4), 酬簡；拷艶；哭宴；驚夢, 5(卷5), 捷報；猜寄；爭艶；榮歸	
西廂記	王實甫(元) 原著, 刊寫地未詳, 刊寫者未詳, 刊寫年未詳	1冊(缺帙), 筆寫本, 22.7×15.5cm, 四周單邊, 半郭：18.1×12.7cm, 有界, 10行20字 註雙行, 頭註, 上下向黑魚尾	漢韓對譯本, 表題：第六才子書	일사 895.12 Se66
西廂記	王實甫(元) 原著, 刊寫地未詳, 刊寫者未詳, 刊寫年未詳	1冊(86張), 筆寫本(轉寫本), 26.4×19.6cm, 四周單邊, 半郭：21×16.8cm, 有界, 12行字數不定, 頭註, 無魚尾	序：慟哭古人, 表紙裏面墨書：丙戌, 裝幀：赤色表紙黃絲5針眼	3464-41
西廂記大全解	王實甫(元) 原著, 刊寫地未詳, 刊寫者未詳, 刊寫年未詳	1卷1冊(缺帙), 筆寫本, 25.5×19.5cm, 無界, 11行22字 註雙行, 無魚尾	表題：西廂記全解, 漢韓對譯本임, 用紙裏面에 官文書있음	895.12-W1847se
西廂記	王實甫(中國) 著, 岡島獻太郎(日本) 譯, 東京：岡島長英藏板, 明治27(1894)	2卷2冊, 日本木版本, 22.6×14.2cm, 四周雙邊, 半郭：17.6×12.5cm, 無界, 10行20字, 註雙行, 上欄에 小字註, 花口, 上下向黑魚尾	岡島長英發行, 團團社書店出版	3464-40-1-2
(注解)西廂記	王實甫·關漢卿 공저, 京城(서울),	216쪽, 22cm	西廂記5本中 前4本은 黃實甫作이며 後1本은	가람 895.12 W1847s

書名	出版事項	版式狀況	一般事項	所藏番號
	博文社, 光武10年(1906)		關漢卿作임	
水滸傳語錄諺解	施耐菴(元) 原撰, 刊寫地未詳, 刊寫者未詳, 刊寫年未詳	1冊, 筆寫本, 24.6×16cm, 無界, 12行24字, 註雙行, 無魚尾	表題：水滸傳語解, 異題：施耐庵繡像第五才子書, 附錄：西廂語解	895.13-Su36e
徐文長文集	徐渭(明) 著, 袁宏道(明) 編, 刊寫者未詳, 刊寫年未詳	30卷7冊, 目錄1冊, 共8冊, 中國木版本, 27.0×16.9cm, 四周單邊, 半郭：21.1×14.7cm, 有界, 9行21字, 註雙行, 花口, 上下向黑魚尾, 紙質：竹紙	序：萬曆甲寅(1614), 序：黃汝亭	3424-104-1-8
玉茗堂還魂記	湯顯祖(明), 清暉閣 原本, 氷絲館 重刊, 隆乙巳年(1785)	55齣2冊1函, 中國木版本(重梓), 有圖, 30.8×18.4cm, 四周單邊, 半郭：20.7×12.6cm, 9行20字, 花口, 上欄外에 小字頭註	氷絲館重刻還魂記敍：…快雨堂敍, 批點玉茗堂牡丹亭敍：…天啓癸亥(1623)陽生前六日譾菴居士題於清暉閣中	3464 18
長生殿	洪昇(淸) 填詞, 夢鳳樓·暖紅室 刊校, 刊寫年未詳	50齣2卷2冊(上·下)1函, 中國木版本, 有圖, 30.2×17.9cm, 四周單邊, 半郭：19.5×12.1cm, 有界, 9行20字, 上欄外에 小字頭註, 花口, 上下向黑魚尾	原序：…康熙己未(1679)仲秋稗畦洪昇題於孤嶼草堂, 靜深書屋原本	3464 19
桃花扇傳奇後序詳註	吳穆(淸) 詳註, 花庭閒客(淸) 編輯, 刊寫者未詳, 嘉慶21年(1816)	4卷4冊, 中國木版本, 26.5×15.4cm, 上下單邊, 左右雙邊, 半郭：18.4×12.4cm, 有界, 8行27字, 註雙行, 花口, 上下向黑魚尾, 裝幀：藍色表紙黃絲四綴	花庭閒客은 '陳宸書'임, 標題：吳鏡菴桃花扇傳奇後序詳註, 花口題：桃花扇傳奇, 版心題：後序詳註, 原著者：孔尚任, 序：嘉慶己卯(1819)…吉暘園, 弁言：嘉慶丙子(1816), 桃花扇傳奇後序：吳穆, 孔稼部桃花扇傳奇後序：康熙23(1684)…吳穆, 刊記：嘉慶丙子(1816)閏夏刊	3464 27

第1章 中國戲曲의 版本目錄

書 名	出 版 事 項	版 式 狀 況	一 般 事 項	所藏番號
桃花扇	孔尙任(淸) 著, 蘭雪堂, 淸 光緖 21年(1895)	4卷11冊2匣, 中國木版本, 26.8×16.1cm, 上下單邊, 左右雙邊, 半郭：18×11.5cm, 9行20字, 無魚尾	序：梁溪夢鶴居士, 小引：康熙己卯年(1699)… 雲亭山人, 後序：吳穆菴, 内容：小引, 小識, 木末, 凡例, 考據, 綱領, 砌末, 題辭	3464 4
桃花扇	孔尙任(淸) 著, 雲亭山人(淸) 編, 暖紅室・夢鳳樓 刊校, 刊寫年未詳	40齣2冊, 中國木版本, 有圖, 26×19cm, 四周單邊, 半郭：19.6×11.9cm, 有界, 9行20字, 上欄外에 小字頭註, 花口, 上下向黑魚尾	序：…梁溪夢鶴居士撰, 後序：…北平吳穆菴識, 原跋：…桃源逸士黃元治, …料錯道人劉中柱, 淮南李相, …關中陳四如, …潁上劉凡, …婁東葉㕓, …海陵沈默, …海陵沈成垣, 跋：…上元甲寅月當頭夕枕雷道士識於海上楚園	3464 33
憐香伴傳奇	笠翁 編次, 逸水 批評, 步月樓, 淸 刊寫年未詳	2卷2冊, 中國木版本, 有圖, 25.3×15.4cm, 左右雙邊, 半郭：18.7×12.4cm, 有界, 10行24字, 上欄外에 小字頭註, 花口, 上下向黑魚尾	憐香伴序：…勾吳社弟虞巍玄洲氏題, 총서사항：笠翁傳奇十種1-2	3464 12 1
風箏誤傳奇	笠翁 編次, 樸齋主人 批評, 步月樓, 淸 刊寫年未詳	2卷2冊, 中國木版本, 有圖, 25.3×15.4cm, 左右雙邊, 半郭：18.7×12.4cm, 有界, 10行24字, 上欄外에 小字頭註, 花口, 上下向黑魚尾	風箏誤敍：…勾吳社小弟虞鍥以嗣氏題, 총서사항：笠翁傳奇十種3-4	3464 12 2
意中緣傳奇	笠翁 編次, 禾中女史 批評, 步月樓, 淸 刊寫年未詳	2卷2冊, 中國木版本, 有圖, 25.3×15.4cm, 左右雙邊, 半郭：18.7×12.4cm, 有界, 10行24字, 上欄外에 小字頭註, 花口, 上下向黑魚尾	跋：…東海弟徐林鴻謹跋, 총서사항：笠翁傳奇十種5-6	3464 12 3
蜃中樓傳奇	笠翁 編次, 疊菴居士 批評, 步月樓, 淸 刊寫年未詳	2卷2冊, 中國木版本, 有圖, 25.3×15.4cm, 左右雙邊, 半郭：18.7×12.4cm, 有界, 10行24字,	序：…西次社弟孫治[?]台氏拜題, 총서사항：笠翁傳奇十種7-8	3464 12 4

書 名	出版事項	版式狀況	一般事項	所藏番號
		上欄外에 小字頭註, 花口, 上下向黑魚尾		
凰求鳳傳奇	笠翁 編次, 冷西梅客 批評, 步月樓, 清 刊寫年未詳	2卷2冊, 中國木版本, 有圖, 25.3×15.4cm, 左右雙邊, 半郭: 18.7×12.4cm, 有界, 10行24字, 上欄外에 小字頭註, 花口, 上下向黑魚尾	別題:鴛鴦簪, 序:…楚弟社濟于皇氏題笠, 총서사항:笠翁傳奇十種9-10	3464 12 5
奈何天傳奇	笠翁 編次, 紫珍道人 批評, 步月樓, 清 刊寫年未詳	2卷2冊, 中國木版本, 有圖, 25.3×15.4cm, 左右雙邊, 半郭: 18.7×12.4cm, 有界, 10行24字, 上欄外에 小字頭註, 花口, 上下向黑魚尾	別題:奇福記, 序:…錢塘弟胡介題于旅堂之秋水閣, 총서사항:笠翁傳奇十種11-12	3464 12 6
比目魚傳奇	笠翁 編次, 醉疢 批評, 步月樓, 清 刊寫年未詳	2卷2冊, 中國木版本, 有圖, 25.3×15.4cm, 左右雙邊, 半郭: 18.7×12.4cm, 有界, 10行24字, 上欄外에 小字頭註, 花口, 上下向黑魚尾	敍:…辛丑閏秋山陰映然女子王端淑題, 총서사항:笠翁傳奇十種13-14	3464 12 7
玉搔頭傳奇	笠翁 編次, 睡鄉祭酒 批評, 步月樓, 清 刊寫年未詳	2卷2冊, 中國木版本, 有圖, 25.3×15.4cm, 左右雙邊, 半郭: 18.7×12.4cm, 有界, 10行24字, 上欄外에 小字頭註, 花口, 上下向黑魚尾	序:…戊戌仲春黃鶴山農題於綠梅深處, 총서사항:笠翁傳奇十種15-16	3464 12 8
巧團圓傳奇	笠翁 編次, 莫愁釣客·睡鄉祭酒 合評, 步月樓, 清 刊寫年未詳	2卷2冊, 中國木版本, 有圖, 25.3×15.4cm, 左右雙邊, 半郭: 18.7×12.4cm, 有界, 10行24字, 上欄外에 小字頭註, 花口, 上下向黑魚尾	別題:夢中樓, 序:…康熙戊申(1668)之上巳日橋道人書於瑁湖僧舍, 총서사항:笠翁傳奇十種17-18	3464 12 9
愼鸞交傳奇	笠翁 編次, 匡廬居士·雲間木叟 合評, 步月樓, 清 刊寫年未詳	2卷2冊, 中國木版本, 有圖, 25.3×15.4cm, 左右雙邊, 半郭: 18.7×12.4cm, 有界,	序:…匡廬居士雲中郭傳芳抄手撰, 총서사항:笠翁傳奇十種19-20	3464 12 10

書名	出版事項	版式狀況	一般事項	所藏番號
		10行24字, 上欄外에 小字頭註, 花口, 上下向黑魚尾		
冬靑樹	蔣士銓(淸) 塡詞, 紅雪樓, 乾隆辛丑(1781)	38齣2卷1冊, 中國木版本, 28.9×16.7cm, 四周單邊, 半郭: 16.5×13.2cm, 有界, 9行22字, 上欄外에 小字頭註, 花口, 上下向黑魚尾	卷末題: 冬靑樹傳奇, 序: …乾隆辛丑(1781)中秋後 二日丁亥吳郡張塤石公序, 自序: …辛丑(1781)8月離垢 居士書	3464 8 1
桂林霜	蔣士銓(淸) 塡詞, 張三禮(淸) 評文, 楊迎鶴(淸) 正譜, 紅雪樓, 乾隆辛丑(1781)	24齣2卷2冊, 中國木版本, 28.9×16.7cm, 四周單邊, 半郭: 16.5×13.2cm, 有界, 9行22字, 上欄外에 小字頭註, 花口, 上下向黑魚尾	序題: 桂林霜傳奇, 別題: 賜衣記, 序: …乾隆辛卯(1771)九秋燕 臺張三禮書于越州郡齋, 桂林霜傳奇自序: …乾隆辛卯 (1771)仲夏鉛山蔣士銓書于蕺 山之館	3464 8 2~3
一片石 / 第二碑	蔣士銓(淸) 塡詞, 王興吾(淸) 評定, 吳承緒(淸) 正譜/ 藏園居士(淸) 塡詞, 見亭外士(淸) 正譜, 倉厓老人(淸) 評校, 紅雪樓, 乾隆辛丑(1781)	一片石 4齣1卷 / 第二碑 6齣1卷, 共2卷1冊, 中國木版本, 有圖, 28.9×16.7cm, 四周單邊, 半郭: 16.5×13.2cm, 有界, 9行22字, 上欄外에 小字頭註, 花口, 上下向黑魚尾	一片石의 卷末題: 一片石傳奇, 一片石自序: …穀雨日鉛山蔣 士銓苕生自識, 第二碑의 別題: 後一片石, 第二碑의 卷末題: 第二碑傳奇, 第二碑跋: …丙申上浣上谷 王均矩平氏書於古江州庾樓, 第二碑序: …漢陽阮龍光拜題 於洪都官署齋, 第二碑自序: 藏園居士藏士 銓書	3464 8 4
雪中人 / 四絃秋	蔣士銓(淸) 塡詞, 李士珠(淸) 正譜, 錢世錫(淸) 評點 / 淸容主人(淸) 塡詞, 鶴亭居士(淸) 正拍, 夢樓居士(淸) 題評, 紅雪樓, 乾隆辛丑(1781)	一片石 16齣1卷 / 四絃秋4齣1卷, 共2卷1冊, 中國木版本, 28.9×16.7cm, 四周單邊, 半郭: 16.5×13.2cm, 有界, 9行22字, 上欄外에 小字頭註, 花口, 上下向黑魚尾	雪中人의 序題: 雪中人傳奇, 雪中人塡詞自序: …淸容居士 書, 四絃秋의 目錄: 四絃秋雜劇, 四絃秋의 別題: 靑衫淚, 四絃秋의 卷末題: 四絃秋雜劇, 四絃秋序: …蔣士銓淸容氏書, …乾隆癸巳(1773)…張景宗拜 題…, …秋聲館主人鶴亭江春識	3464 8 5

書名	出版事項	版式狀況	一般事項	所藏番號
空谷香	蔣士銓(清) 填詞, 高文照(清) 題評, 紅雪樓, 乾隆辛丑(1781)	30齣2卷2冊, 中國木版本, 28.9×16.7cm, 四周單邊, 半郭: 16.5×13.2cm, 有界, 半葉 9行22字, 上欄外에 小字頭註, 花口, 上下向黑魚尾	版心題: 空谷香, 序: …辛卯(1771)2月燕臺張 三禮椿山氏書, 空谷香傳奇自序: …小雪日濟 寓舟次鉛山倦客自序	3464 8 6~7
香祖樓	藏園居士(清) 填詞, 峯外士(清) 評文, 種木山人(清) 訂譜, 紅雪樓, 乾隆辛丑(1781)	32齣2卷2冊, 中國木版本, 28.9×16.7cm, 四周單邊, 半郭: 16.5×13.2cm, 有界, 9行22字, 上欄外에 小字頭註, 花口, 上下向黑魚尾	標題: 清容外集, 別題: 轉情關, 卷末題: 香祖樓傳奇, 自序: …乾隆甲午(1774)寒 食日藏園居士自書, 後序: …乾隆甲午(1774)九 秋種木居士陳守詒題撰	3464 8 8~9
臨川夢	蔣士銓(清) 填詞, 明新(清) 正譜, 錢世錫(清) 評校, 紅雪樓, 乾隆辛丑(1781)	20齣2卷1冊, 中國木版本, 28.9×16.7cm, 四周單邊, 半郭: 16.5×13.2cm, 有界, 9行22字, 花口, 上下向黑魚尾	卷末題: 臨川夢傳奇, 自序: …甲午上巳鉛山蔣士銓 書于芳潤堂	3464 8 10

5) 高麗大

書名	出版事項	版式狀況	一般事項	所藏番號
陳眉公批評 琵琶記	陳繼儒(明) 評, 民國10年(1921), 掃葉山房	2卷4冊, 中國石印本, 有圖, 20×13.2cm, 無界, 行字數不定, 無魚尾	標題: 傳奇小說琵琶記, 刊記: 民國10年(1921)石印, 掃葉山房	[대학원] C14-B36
第六才子書	王實甫(元) 著, 金聖歎(清) 批點, 敦化堂, 刊寫年未詳	8卷6冊, 中國木版本, 有圖, 24.8×16cm, 無界, 行字數不定, 無魚尾	標題: 繡像第六才子書, 異書名: 西廂記, 刊記: 戊申年(?)鐫	[대학원] C14-B5A
雲林別墅繡像妥註第六才子書	王實甫(元) 著, 金聖歎(清) 著, 批評, 鄒聖脈 妥註	6卷6冊, 中國木版本, 17.7×11.5cm	標題・版心制: 妥註第六才子書, 叙: 乾隆乙?年題於雲林別墅, 內容: 西廂記	C14-B5
雲林別墅繡像妥註第六才子書	王實甫・關漢卿(元) 共撰, 金聖歎(清) 編, 鄒聖脉 妥註	5冊 零本(卷之一 第2冊의 1冊缺), 中國木版本, 有圖, 17×10.8cm	書名은 第二卷 卷首題임, 一名: 西廂記, 標題紙: 聖歎外書	화산C14-B5G -1, 3-6

第1章 中國戲曲의 版本目錄 311

書 名	出版事項	版式狀況	一般事項	所藏番號
	一也軒, 乾隆 50年(1785)序		繡像妥註六才子書 一也軒梓行, 妥註第六才子書序：乾隆乙巳年(1785)題於雲林別墅. 印：李自修印. 內容：1.卷首：序, 目錄, 讀西廂記法, 會眞記/3~6.卷之二~六	
合訂西廂記文機活趣全解	王實甫(元) 著, 金聖歎(淸) 批評, 中國, 刊寫者未詳, 刊寫年未詳	9卷6冊, 中國木版本, 有圖, 17.5×11.5cm	標題：增註第六才子書釋解. 表題：西廂記, 序：皆康熙己酉年(1669)天都汪溥勳廣困氏題…	대학원C14-B5B-1-6
如是山房增訂金批西廂	王實甫・關漢卿(元) 共撰, 出版事項未詳	4卷4冊, 中國木版本, 19.8×12.7cm	版心・表紙書名：西廂記, 卷二~四卷首題：此宜閣增訂金批西廂, 欄上註 朱印	(華山文庫) C14-B5H
增像第六才子書	王實甫・關漢卿(元) 共撰, 金聖歎[人瑞](淸) 編, 上海, 鴻寶齋, 光緒 15年(1889)	5卷 卷首(共6冊), 中國石印本, 有圖, 14.4×8.8cm	序：康熙庚子(1720)…呂世鏞題. 刊記：光緒己丑(1889)仲春月上澣上海鴻寶齋石印	[晩松文庫] 小 91-0-5
增像第六才子書	王實甫・關漢卿(元) 共撰, 金聖歎(淸) 編, 光緒 27年(1901), 上海書局	4卷4冊, 中國石印本, 有圖, 20×13.4cm	標題紙書名：繪圖第六才子書, 一名：西廂記	[華山文庫] C14-B5B
增像第六才子書	王實甫・關漢卿(元) 共撰, 金聖歎(淸) 編(19??)	零本5冊 (卷之一~五의 5冊以外缺), 中國石印本, 20×13cm		[華山文庫] C14-B5C
西廂記解	金聖嘆 著, 刊寫地未詳, 刊寫者未詳, 刊寫年未詳	1冊, 한글筆寫本, 28×21.8cm, 無界, 行字數不定, 無魚尾	表紙書名：西廂記, 印：閔章商鎬	신암 C15-A62
增像第六才子書	王實甫(元) 著, 金聖嘆(淸) 編, 上海書局, 光緒 27年(1901)	6卷4冊, 中國石印本, 有圖, 20×13.4cm, 無界, 行字數不定, 無魚尾	表題：繪圖第六才子書, 序：康熙庚子(1720)…呂世鏞題於西郊之懷永堂	[현민] C14-B5-1-4
增像第六才子書	王實甫・關漢卿(元) 共撰, 金聖歎(淸) 編(19??), 上海, 錦章圖書局	5卷 卷首(合 6冊), 中國石印本, 20.3×13.5cm	標題：聖歎外書繡像繪圖批點西廂記, 版心題：繪圖第六才子書, 一名：西廂記, 標題紙：西廂記,	[華山文庫] C14-B5E

書名	出版事項	版式狀況	一般事項	所藏番號
鮮漢雙文西廂記	金聖嘆(淸) 著	1冊, 筆寫本, 30.3×25cm	繡像繪圖第六才子書, 刊記：上海錦章圖書局印行 序：金聖嘆, 漢文은 側面에 朱書함, 한글본	대학원 C14-A17
西廂記諺抄	金聖嘆 著, 宋致興 譯, 1911年	1冊, 한글筆寫本, 24.6×22.4cm, 無界, 10行字數不定, 無魚尾	書名：表紙書名임 筆寫記：융희사연신히(1911)칠월슌간의인쳔구음면듸 승긔사슉교ᄉ동농셔 은진후인숑치홍 印：宋致興信, 한글본	신암 C15-A62A
有懷堂繪像 第六才子書	金聖歎(淸) 評, 刊寫地未詳, 刊寫者未詳, 刊寫年未詳	8卷6冊, 筆寫本, 19.1×15.3cm, 四周雙邊, 半郭：13.7×11.4cm, 有界, 8行18字, 無魚尾	表題：西廂記, 筆寫記：戊申?萬日日始己西?五月日終謄蘇營家中偸閒	대학원 C14-A12-1-6
西廂記句讀	守實先生 註釋, 黛山主人 參校, 刊寫地未詳, 刊寫者未詳, 刊寫年未詳	1冊, 筆寫本, 24×18cm	表題：艷夢漫釋說	대학원 C11-A23
骨董	狂筆漫士 編, 刊寫地未詳, 刊寫者未詳, 哲宗10年(1859)	1冊, 31.5×21.7cm	書名：表題	대학원 E3-A4
改良五彩繪圖 第六才子書	著者未詳, 上海同文新譯書局, 上海醉經堂書莊 (總發行所)	6卷1匣6冊, 中國石印本, 13×19.5cm, 四周無邊, 半郭：11.5×6.9cm, 17行35字, 白口, 黑魚尾上	版心書名：改良第六才子書	
徐文長文集	徐渭(明) 撰, 閔德美(明) 校訂, 黃汝亨(明) 序, 刊寫年未詳	29卷6冊, 中國木版本, 25.2×16.5cm	本衙藏板	육당 D1-B25-1-6

6) 延世大

書名	出版事項	版式狀況	一般事項	所藏番號
新刊合倂陸天池西廂記	屠隆(明)校正, 周居易(明)校梓	2卷1冊, 中國木版本, 25.2×16.8cm, 四周雙邊, 半郭：22×13.8cm, 有界, 10行24字, 註雙行, 上下向白魚尾, 紙質：竹紙	表題와 版心題：陸天池西廂記, 序：萬曆庚子(1600)十有六日…張鳳翼伯起撰嚴村梁書, 印：元臭如	
增像第六才子書 (西廂記)	王實甫・關漢卿 共撰, 金聖歎 輯註, 光緒丙甲年(1896)春月, 上海賞奇軒影印	卷首, 5卷 共 6冊, 中國鉛活字本, 有圖, 16cm	序：康熙庚子(1720)仲冬上澣 豊溪呂世鏞題	812.2/8
增像第六才子書 (西廂記)	王實甫・關漢卿 共撰, 金聖歎 輯註, 上海寶華書局石印	共6冊(首卷 1冊, 5卷5冊), 中國石印本, 有圖, 18cm, 四周雙邊：13.6×8.6cm, 15行36字, 註小字雙行, 上下內向黑魚尾	內題：增像繪圖西廂記第六才子書, 序：康熙庚子(1720)仲冬上澣呂世鏞題	812.2/9
西廂記	王實甫・關漢卿(元) 共撰, 夢鳳樓・暖紅室 共刊校, 東京, 文求堂書店	5本3冊, 附錄 3卷 1冊 共 4冊, 日本鉛活字本, 有圖, 20cm, 四周單邊, 半郭：15.1×9.2cm, 9行20字, 上欄外에 小字註, 上黑魚尾	內題：北西廂, 外題：北西廂記, 跋：時宣統二年庚戌(1910) 端五 夢鳳樓主識	812.2/5
西廂記	筆寫地 未詳, 筆寫者 未詳, 筆寫年 未詳	7卷3冊, 筆寫本, 22×17cm		[고서] 812.36
西廂記	筆寫地 未詳, 筆寫者 未詳, 筆寫年 未詳	1冊 120張, 筆寫本, 25.5×19.5cm		[고서] 812.36
西廂記	筆寫地 未詳, 筆寫者 未詳, 筆寫年 未詳	83張, 筆寫本, 34cm, 四周單邊, 21.2×17.2cm, 有界, 12行25字	口訣字略號懸吐本	812.2/4
西廂記	王實甫(元), 關漢卿(元) 共撰, 刊寫地 未詳, 刊寫者 未詳, 刊寫年 未詳	1冊(全4冊), 筆寫本, 34.7×22.3cm, 無界, 10行27字內外, 註雙行, 無魚尾	漢韓對譯本, 書名은 表題	[고서](서여) 86 0
第六才子西	筆寫地 未詳,	21張, 筆寫本, 28cm,	外題：錦繡評	812.2/6

書 名	出版事項	版式狀況	一般事項	所藏番號
廂記評論	筆寫者 未詳, 筆寫年 未詳	10行31字 內外		
第六才子書 西廂記	筆寫地 未詳, 筆寫者 未詳, 筆寫年 未詳	1冊, 筆寫本, 19.2×14.5cm, 四周雙邊, 10行24字 註雙行, 無魚尾	表題 : 待月記, 口訣略號懸吐	[고서] 812.36 서상기 가
聖嘆先生批 評第六才子 書科白詞煞 解	筆寫地 未詳, 筆寫者 未詳, 筆寫年 未詳	5卷3冊, 筆寫本, 22.2×17cm, 8行19字, 頭註, 無魚尾	表題 : 西廂記, 目錄題 : 聖嘆先生西相記, 藏書記 : 庚辰(?)四月日冊主 盧[手決], 口訣略號懸吐	[고서] (I) 812.36 서상기
樂山心談	筆寫地 未詳, 筆寫者 未詳, 筆寫年 未詳	39張, 筆寫本, 8行字數不定, 無魚尾	西廂記語錄, 朱子語錄抄	[고서] (II) 410.3116
語錄	筆寫地 未詳, 筆寫者 未詳, 筆寫年 未詳	1冊, 筆寫本, 24.3×17.4cm, 四周單邊, 10行字數不定, 註雙行, 上下向2葉花紋魚尾,	跋 : 歲在壬戌(?)春梅隱[朴鳳瑞書, 西廂記語錄-同春堂語錄鮮- 梁山泊語-史語, 國漢文混用本	
語錄解	李滉著, 柳希春訓, 鄭瀁編, 南二星, 宋浚吉增補	1冊(100張), 筆寫本, 8行字數不定, 註雙行	附 : 道家語錄, 附 : 西廂記語錄解, 附 : 水滸誌語錄解, 附 : 西遊記, 國漢文混用本	
蔣士銓著九 種曲	癸亥七月 上海朝記書局印行	8冊, 中國木版本, 20cm, 四周雙邊, 13.8×10.6cm, 9行22字, 上黑魚尾	卷冊 未詳의 殘存本, 目次 : 卷1,2 : 冬青樹, 冊3 : 第二碑, 冊4 : 一片石, 冊5 : 雪中人, 冊6 : 四絃秋, 冊7,8 : 桂林霜	812.2/15

7) 成均館大

書 名	出版事項	版式狀況	一般事項	所藏番號
成裕堂繪像 第七才子書 琵琶記	高明(元) 原評, 程士任(淸) 校刊, 淸雍正13年(1735) 刊	6卷6冊, 中國木版本, 12.3×7.9cm, 有圖, 四周雙邊, 半郭 : 9.4×6.3cm, 無界, 8行16字, 上黑魚尾, 紙質 : 綿紙	序 : 雍正乙卯(1735)元旦日 耕野程士任自華甫題於成裕堂, 一卷末 : 雍正乙卯(1735)春 日七旬灌叟程自華氏校刊于吳 門之課花書屋, 備考 : 袖珍本	D7C-45
懷永堂繪像	王實甫(元) 著,	8卷6冊, 中國木版本,	序 : 康熙庚子歲(1720)仲冬	D7C-92d

第1章　中國戲曲의 版本目錄　315

書名	出版事項	版式狀況	一般事項	所藏番號
第六才子書西廂記	金聖歎(淸) 評, 味蘭軒刊, 淸朝末期 刊	有圖, 13.2×8.1cm, 四周雙邊, 半郭：9.4×6.6cm, 無界, 8行16字, 註雙行, 上黑魚尾, 紙質：竹紙	上澣豊溪吳世鏞題於西郊之懷永堂, 刊記：味蘭軒刊, 註：一名西廂記, 備考：袖珍本	
琴香堂繪像第六才子書	王實甫(元) 著, 金聖歎(淸) 評, 芸香閣藏板琴香堂, 淸朝末期 刊	8卷6冊, 中國木版本, 有圖, 12.3×7.8cm, 四周雙邊, 半郭：9.4×6.6cm, 無界, 8行16字, 註雙行, 上黑魚尾, 紙質：綿紙	裏題：重刊繪像六才子書, 版心題：第六才子書, 序：乾陵丁亥歲(1767)孟夏上澣松陵周約題於雁完村之琴香堂, 刊記：芸香閣藏板琴香堂, 註：一名西廂記, 備考：袖珍本	D7C-92e
滿漢西廂記	王實甫(元) 著, 淸康熙49年(1710)	4卷4冊, 中國木版本, 25×15cm, 四周雙邊, 半郭：16.4×11.3cm, 無界, 行字數不定, 上黑魚尾, 紙質：綿紙	題簽：滿漢合璧西廂記, 序：康熙四十九年(1710)五月吉旦	D7C-28
繪像第七才子琵琶記	高東嘉(元) 評, 中華圖書館, 淸朝末~中華初 刊	不分卷1冊, 中國石印本, 18×12.4cm, 四周單邊, 半郭：15.4×10.8cm, 18行37字, 上黑魚尾, 紙質：竹紙	序：康熙丙午(1666)孟秋望日筠溪浮雲客子題於衣言堂之南軒	[曺元錫] D7C-190
增像第六才子書	王實甫・關漢卿(元) 共撰, 金聖歎(淸) 編, 淸光緒25年(1899)	5卷6冊, 中國石印本, 有圖, 15.1×9.8cm, 四周單邊, 半郭：13.5×8.5cm, 無界, 16行36字, 註雙行, 上黑魚尾, 紙質：竹紙	版心題：繪圖第六才子書, 序：康熙庚子(1720)仲冬上澣豊溪吳世鏞題, 序：光緒二十五年歲次己亥(1899)仲春下澣吳縣朱文態書, 註：一名西廂記, 備考：袖珍本	D07C-0092
增像第六才子書	王實甫・關漢卿(元) 共撰, 金聖歎(淸) 編, 上海, 上海書局, 淸光緒27年(1901)刊	6卷6冊, 中國石印本, 有圖, 20.1×13.5cm, 四周雙邊, 半郭：17.2×11.7cm, 無界, 20行40字, 註雙行, 上黑魚尾, 紙質：洋紙	序：康熙庚子歲(1720)仲冬上澣豊溪吳世鏞題於西郊之懷永堂, 刊記：光緒辛丑(1901)仲冬上海書局石印, 註：一名西廂記	D07C-0092a
增像第六才子書	王實甫・關漢卿(元) 共撰, 金聖歎(淸) 編, 淸朝末期~中華初 刊	5卷2冊, 中國石印本, 有圖, 20.4×13.5cm, 四周單邊, 半郭：18.2×12.4cm, 無界, 19行43字, 註雙行,	版心題：繪圖第六才子書	D07C-0092b

書名	出版事項	版式狀況	一般事項	所藏番號
		上黑魚尾, 紙質：竹紙		
西廂記	王實甫・關漢卿(元) 共撰, 國譯者未詳, 朝鮮朝末期	3卷3冊, 筆寫本, 32×20cm, 10行字數不定, 紙質：楮紙		D7B-19
丹山堂繪像 第六才子書	王實甫・關漢卿(元) 共撰, 金聖歎(淸) 評, 哲宗-隆熙年間 (1850-1910)	8卷2冊, 筆寫本, 32.1×20.8cm, 13行12字, 註雙行, 頭註 紙質：楮紙	序：道光己酉年(1849)仲冬 月望日昧, 欄軒主人自述	D7C-132
西廂記	王實甫・關漢卿(元) 原著, 譯者未詳, 京城, 光武10年(1906)刊	不分卷 1冊, 新鉛活字本, 22.7×15.2cm, 四周雙邊, 半郭： 16.5×11.5cm, 14行字數不定, 紙質：洋紙	小序：大韓光武八年(1904) 歲甲辰冬日小圃丁九爕書于 楊洲直溪柏栗園小閣中荳燈下, 刊記：光武十年(1906)一月 日發行 京城, 友松文庫	D07A-0006
艶夢漫釋	守實先生 註釋, 儻山主人 參校, 年紀未詳, 朝鮮朝後期~末期	1冊(57張), 筆寫本, 23.9×19cm, 四周單邊, 半郭：18.7×15.6cm, 烏絲欄, 10行 字數不定, 註雙行, 紙質：楮紙	內容：元王實甫撰西廂記小說 讀本及註釋	D7C-164
四奇語錄	朝鮮, 筆寫者 未詳, 筆寫年 未詳(朝鮮後期로 추정)	1冊(48張), 朝鮮筆寫本, 26×20.8cm, 10行20字, 註雙行	西廂記語錄・水滸誌語錄・ 西遊記語錄, 附錄：道家語錄	
牡丹亭還魂記	湯顯祖(明) 編, 玉茗堂, 淸朝後期刊	8卷6冊, 中國木版本, 有圖, 13.2×9cm, 左右雙邊, 半郭： 9.7×7cm, 有界, 9行16字, 註雙行, 上黑魚尾, 紙質：綿紙	裏題：牡丹亭, 版心題：還魂記, 刊記：玉茗堂藏板	D7C-30
牡丹亭還魂記	湯顯祖(明) 編, 同人堂, 淸朝後期刊	8卷6冊, 中國木版本, 12.7×8.4cm, 左右雙邊, 半郭：9×6.8cm, 無界, 8行16字, 註雙行, 上黑魚尾, 紙質：綿紙	裏題：繡像牡丹亭, 版心題：還魂記, 序：萬曆戊子(1588)秋臨以 淸達道人湯顯祖題, 刊記：同人堂藏板	D7C-30a
桃花扇	孔尙任(淸) 編, 西園, 淸朝末期刊	4卷4冊, 中國木版本, 20.2×11.3cm, 四周單邊, 半郭：14×9.7cm, 無界, 9行20字, 註雙行, 上黑魚尾, 紙質：竹紙	書名：裏題에 의함, 序：梁溪夢鶴居士撰, 刊記：西園梓行	D7C-19

8) 慶熙大

書名	出版事項	版式狀況	一般事項	所藏番號
第六才子書 西廂記	金聖歎(淸) 評點, 刊寫地未詳, 味蘭軒, 光緖 己丑(1889)	8卷6冊, 有圖, 15cm, 四周雙邊, 半郭: 11.5×7.5cm, 無界, 9行23字, 上下向黑魚尾		812.2-김54ㅅ
增像第六才子書	著者未詳, 上海, 章福記書局, 刊寫年未詳	6卷6冊, 有圖, 19.8×12cm, 四周雙邊 半郭: 17×11.5cm, 無界, 20行40字, 上下向黑魚尾		812.33-제66ㅈ
增像第六才子書	著者未詳, 上海, 普新書局, 刊寫年未詳	6卷6冊, 有圖, 20.3×13.1cm 四周雙邊 半郭: 17.3×11.7cm, 無界, 17行35字, 上下向黑魚尾	西廂記	812.3-제66ㅂ
增像第六才子書	金聖歎 外書, 上海, 方泰鹵, 光緖甲午(1894)	6卷6冊, 有圖, 15.6×10.2cm, 四周單邊 半郭: 12.5×8cm, 無界, 14行32字, 上下向黑魚尾		812.33-김54ㅂ
繡像第六才子書	金聖嘆 評點, 刊寫地未詳, 文盛堂, 刊寫年未詳	8卷6冊, 有圖, 23.7×16cm, 四周單邊, 半郭: 18×12.3cm, 無界, 11行24字, 上下向黑魚尾	西廂記	812.3-김54ㅈ
增註第六才子書釋解	金聖歎 評點, 刊寫地未詳, 刊寫者未詳, 刊寫年未詳	8卷6冊, 有圖, 16cm, 上下單邊 左右雙邊 半郭: 14×9cm, 無界, 2段, 10行26字, 上下向黑魚尾		812.2-김54ㅅㄷ
西廂記	著者未詳, 刊寫地未詳, 刊寫者未詳, 刊寫年未詳	不分卷1冊, 筆寫本, 有圖, 27.6×17.6cm, 四周雙邊, 半郭: 18.8×13.8cm, 有界, 10行22字, 上欄外小字註, 上下內向二葉花紋黑魚尾	內題: 第六才子聖歎外書, 尾題: 第六才子書西廂記, 書名은 表題	812.33-서52
增註第六才子書釋解	金聖歎 評點, 刊寫地未詳, 刊寫者未詳, 刊寫年未詳	8卷6冊: 揷圖, 上下單邊 左右雙邊 半郭 14×9cm, 無界, 2段, 10行26字, 上下向黑魚尾; 16cm		812.2-김54ㅅㄷ

9) 漢陽大

書名	出版事項	版式狀況	一般事項	所藏番號
增像第六才子書	金聖歎(淸) 注, 刊寫地未詳, 刊寫者未詳, 刊寫年未詳	5卷6冊, 中國石印本, 有圖, 20.2×13.3cm, 四周雙邊, 半郭: 17.1×11.7cm, 無界, 17行35字, 註雙行, 上內向黑魚尾	裏表紙書名:改良五彩繪圖第六才子書, 版心書名:改良第六才子書, 表紙書名:繡像全圖六才子奇書. 聖歎外書. 元曲의 한 편인 西廂記를 金聖歎이 評點한 것. 才子張君瑞와 美人 崔鶯鶯과의 情事를 그린 희곡으로 首卷, 卷1~卷4 5冊이 있다	812.35-김536 ㅈ-v.1~5
增像第六才子書	金聖歎(淸) 注, 刊寫地未詳, 刊寫者未詳, 刊寫年未詳	6卷6冊, 新鉛活字本, 有圖, 15.9×9.9cm, 四周雙邊, 半郭: 13.6×8.5cm, 無界, 15行35字, 上下內向黑魚尾	序:康熙 庚子(1720)仲冬上澣豊溪呂世鏞題	812.35-김536 ㅈㄱ-v.1~5 -v.1~6
增像第六才子書	王實甫·關漢卿 撰, 金聖歎 編, 上海, 上海書局, 淸光緒 27年(1901)刊	6卷6冊, 中國石印本, 20.1×13.5cm, 四周雙邊, 半郭:17.2×11.7cm, 無界, 20行40字, 上黑魚尾 紙質:洋紙		812.35-왕583 ㅈ-v.1~4
妥註第六才子書	金聖歎(淸) 注 ; 鄒聖脈(淸) 妥注, 刊寫地未詳, 刊寫者未詳, 刊寫年未詳	6卷6冊, 中國木版本, 有圖, 17.6×11.5cm, 四周單邊, 半郭: 13.6×9.2cm, 無界, 11行18字, 註雙行 頭註, 上內向黑魚尾	版心書名:雲林別墅繪像妥註第六才子書, 表紙書名:西廂記. 元曲의 한 편인 西廂記를 金聖歎(淸)이 評點한 것. 才子 張君瑞와 美人 崔鶯鶯과의 情事를 그렸음. 刊記:芥子園藏板, 敍:乾隆乙巳年(1785), 內容:卷5:捷報 崔鶯鶯寄汗衫 鄭伯常乾捨命 張君瑞慶團圓, 卷6:雲林別墅繪像妥註第六才子制藝醉心篇	812.35-김536 ㅌ-v.6

10) 西江大

書 名	出 版 事 項	版 式 狀 況	一 般 事 項	所藏番號
聖嘆外書第六才子書	王實甫·關漢卿(元)共撰, 金聖嘆(淸)輯註	2卷2冊, 筆寫本, 30×19.8㎝, 四周單邊 半郭：22×14.5㎝, 有界, 10行25字 註雙行, 無魚尾	國漢文混用本, 表題：才子書解	[중앙고서]성831 v.1,2

11) 梨花女大

書 名	出 版 事 項	版 式 狀 況	一 般 事 項	所藏番號
西廂記語錄	著者未詳, 刊寫地未詳, 刊寫者未詳, 刊寫年未詳	1冊(50張), 筆寫本, 23.6×15.7㎝, 上下單邊, 左右雙邊, 半郭：19.8×12.9㎝, 有界, 8行字數不定, 註雙行, 無魚尾	表題：艶夢漫釋, 西廂句讀, 語錄註解	412-서61

12) 建國大

書 名	出 版 事 項	版 式 狀 況	一 般 事 項	所藏番號
西廂記	王實甫, 吳台煥編, 刊地未詳, 金谷園, 刊年未詳	零本5冊, 中國木版本, 四周單邊, 半郭：21.3×14㎝, 11行22字, 上黑魚尾		
箋註繪像第六才子西廂記釋解	聖歎 批點, 致和堂, 康熙56年(1705)	8卷6冊, 中國木版本, 25×15㎝, 四周單邊, 半郭：19.3×12.3㎝, 10行, 上黑魚尾	印：趙洵元 景之章, 畊黎	[고]922.5
西廂記	著者未詳, 寫年未詳	1冊, 筆寫本, 23×13.5㎝, 四周無邊, 無郭, 無界, 行字數不定, 無魚尾	表紙書名：奇書	[고]923
寶鑑	刊寫地未詳, 刊寫者未詳, 刊寫年未詳	1冊, 筆寫本, 33.6×21.5㎝, 四周單邊, 半郭：24.4×16.7㎝, 有界, 11行24字 註雙行, 無魚尾	書名은 表題, 西廂記, 水滸誌語錄抄, 朱子語錄抄, 談徵抄	411.15 보11

13)-1 東國大

書名	出版事項	版式狀況	一般事項	所藏番號
增像第六才子書	王實甫(元) 著, 上海, 上海書局, 光緒16年(1890)刊	2卷1冊(零本 所藏本：卷1~2), 中國石印本, 13.4×8.4㎝, 四周單邊, 半郭：10.5×6.2㎝, 無界, 13行28字, 註雙行, 紙質：綿紙	表題：西廂記(上), 序：康熙庚子(1720)仲冬上澣豊溪呂世鏞(淸)題, 刊記：光緒庚寅(1890)仲春上澣上海書局石印	D 819.3 서51ㅈ3
增像第六才子書	王實甫(元) 著, 王德信(元) 撰, 刊寫者未詳, 民國元年(1911)刊	5卷4冊, 中國石印本, 有圖, 20.2×13.3㎝, 四周單邊, 半郭：18.2×12.3㎝, 19行43字, 註雙行, 紙質：竹紙	表題：繪圖西廂記, 序：康熙庚子(1720)冬月上澣…呂世鏞…, 刊記：民國元年(1911)冬月出版	D 819.3 서51ㅈ3
懷人堂繪像第六才子書	著者未詳, 刊寫者未詳, 刊寫年未詳	4卷4冊(零本 所藏本：卷5~8), 中國石印本, 15.4×9.1㎝, 四周雙邊, 半郭：9.1×6.7㎝, 無界, 8行16字, 註雙行, 頭註雙行, 上內向黑魚尾, 紙質：竹紙	版心題：第六才子書	D 819.3 회69
增像箋註第六才子西廂記釋解	金聖歎(淸) 批點; 鄧汝寧(?) 音義, 刊寫者未詳, 淸末-中華初 刊	8卷6冊, 中國木版本, 有圖, 16.3×11㎝, 左右雙邊, 半郭：13.8×8.8㎝, 無界, 10行26字, 頭註, 註雙行, 上內向黑魚尾, 紙質：竹紙	表題：西廂記, 標題：增註第六才子書釋解	D 819.3 서51ㅈㅈ
西廂記	王實甫(元) 著, 聖嘆(淸) 箋註, 刊寫者未詳, 光武3年(1899)寫	4卷2冊, 韓國筆寫本, 29.6×20㎝, 無界, 10行字數不定, 紙質：楮紙	1卷末：光武三年(1899)十二月日製錦堂畢書 完山後人李明夏…等筆, 原序：康熙己酉年(1729)天都汪溥勳廣淵氏題…, 卷1末：光武三年(1899)十二月日製錦堂畢書 完山後人李明夏 等筆, 內容：合訂西廂記文機活趣全解-增補箋註繪像第六才子西廂釋解	[유동]D 819.24 왕59ㅅ성

書名	出版事項	版式狀況	一般事項	所藏番號
註解西廂記	王實甫(元) 著, 金聖歎(淸) 批注, 京城(서울), 博文社, 光武 10年(1906)	不分卷 1冊(216面), 新鉛活字本, 22.4×15.1cm, 四周雙邊, 半郭 : 16.4×11.1cm, 無界, 14行27字, 頭註, 無魚尾, 紙質 : 洋紙	書名:表題에 依함, 版心題:西廂記, 國漢文混用, 刊記:光武十年(1906)一月 日發行	819.24 － 왕59ㅅ성

13)-2 東國大 慶州캠퍼스

書名	出版事項	版式狀況	一般事項	所藏番號
註解西廂記	王實甫, 京城府, 博文社, 1906	1冊(216쪽), 新鉛活字本, 22.5×15cm, 四周雙邊, 半郭 : 16.5×11.3cm, 無界, 14行36字, 無魚尾	書名:序題, 序題:西廂記序, 表題:註解西廂記, 版心題:西廂記, 本文에 한글 懸吐된 資料임	D813.508-서51

14)-1 檀國大 退溪紀念圖書館

書名	出版事項	版式狀況	一般事項	所藏番號
西廂記	王實甫(元) 著, 刊寫地未詳, 刊寫者未詳, 刊寫年未詳	1卷1冊(缺帙), 筆寫本, 22.6×19.7cm, 無界, 14行字數不定, 無魚尾	한글對譯本	873.4-왕982ㅅ
西廂記	著者未詳, 刊寫地未詳, 刊寫者未詳, 刊寫年未詳	2卷2冊(缺帙, 存:卷2-3), 22.8×19.7cm, 無界, 行字數不定, 註雙行, 無魚尾	한글對譯本	873.4 － 서524
西廂記	著者未詳, 刊寫地未詳, 刊寫者未詳, 刊寫年未詳	線裝4卷4冊, 筆寫本, 23.7×15.3cm, 四周單邊, 半郭: 17.4×11.2cm, 10行22字, 註雙行, 無魚尾	匣題:箋註第六才子書, 國漢文混用	873.4-서524ㄱ
西廂記	王實甫 著, 刊寫地未詳, 刊寫者未詳,	2卷2冊(缺帙, 存:卷4-5), 筆寫本, 22.6×19.9cm, 無界,	表題:艷詞具解, 國漢文混用	873.4-왕982사

書名	出版事項	版式狀況	一般事項	所藏番號
	刊寫年未詳	行字數不定, 無魚尾		
西廂記大全	元積(唐) 著, 刊寫地未詳, 刊寫者未詳, 19??	1冊(101張), 筆寫本, 21×15cm	卷頭書名：聖嘆第六才子書	IOS, 고823.3-원206ㅅ
雲林別墅繡像妥註第六才子書	鄒聖脈(淸) 註, 刊寫地未詳, 刊寫者未詳, 刊寫年未詳	6卷6冊, 有圖, 17.6×11.4cm, 四周單邊, 半郭：13.2×9.5cm 無界, 11行18字, 註18行6字, 上下向黑魚尾	題：西廂記, 標題：繡像妥註六才全書, 序：乾隆乙巳年(1785)題於雲林別墅, 上段(註記)3.2cm, 下段(本文)9.9cm表	(4)：5：5-17
艶夢謾釋	著者未詳, 刊寫地未詳, 刊寫者未詳, 刊寫年未詳	1卷1冊, 筆寫本, 26.3×17.2cm, 無界, 行字數不定, 註雙行, 無魚尾	表題：艶夢抄海	872.4-염693

14)-2 檀國大 栗谷紀念圖書館

書名	出版事項	版式狀況	一般事項	所藏番號
丹山堂繪像第六才子書	王實甫(元) 著, 刊寫地未詳, 刊寫者未詳, 刊寫年未詳	6卷4冊(零本), 筆寫本, 23.2×14.6cm 無界, 11行23字	表題：西廂記, 目錄終：成裕堂繪像第六才書西廂記	고872.4-왕982ㅅ
西廂記解	王實甫(元) 著, 刊寫地未詳, 刊寫者未詳, 刊寫年未詳	1冊(零本), 筆寫本, 20.9×17.2cm, 無界, 行字數不定		고872.4-왕982샤
聖歎外書第六才子書(註解)	王實甫(元) 著, 刊寫地未詳, 刊寫者未詳, 刊寫年未詳	線裝2卷2冊, 筆寫本, 23×21.7cm, 無界, 12行字數不定	表題：西廂記	고872.4-왕982사

15) 中央大

書名	出版事項	版式狀況	一般事項	所藏番號
增像第六才子書	王實甫・關漢卿 撰, 金聖歎 編, 上海, 江東書局, 刊寫年未詳	5卷2冊, 中國石印本, 有圖, 20.2×13.4cm, 四周雙邊, 半郭：17.8×11.7cm, 無界,	版心題：繡像第六才子書, 標題：繪圖第六才子書, 書名：卷首題, 刊記：上海江東書局石印,	812.2-王實甫증

書名	出版事項	版式狀況	一般事項	所藏番號
		19行38字, 註雙行, 上下向黑魚尾	內容：冊1(卷首~2), 冊2(卷3~5)	
增像第六才子書	王實甫·關漢卿 撰, 金聖歎 編, 上海, 廣益書局, 刊寫年未詳	5卷6冊, 中國石印本, 有圖, 17.4×10.1cm, 四周單邊, 半郭：14.3×9cm, 無界, 18行41字, 註雙行	版心題：繪圖第六才書, 表題：繪圖第六才書, 書名：卷首題, 序刊：鎭江王浩題, 記：上海廣益書局發行, 內容：冊1(卷首), 冊2(卷1), 冊3(卷2), 冊4(卷3), 冊5(卷4), 冊6(卷5)	812.2-王實甫증상
西廂記	著者未詳, 刊寫地未詳, 刊寫者未詳, 刊寫年未詳	不分卷1冊, 筆寫本, 有圖, 27.6×17.6cm, 四周雙邊, 半郭：18.8×13.8cm, 有界, 10行22字, 小欄外小字註, 上下內向二葉花紋黑魚尾	內容：第六才子聖歎外書, 尾題：第六才子書西廂記, 書名은 表題	812.3-서상기
註解西廂記	著者未詳, 刊寫地未詳, 刊寫者未詳, 刊寫年未詳	1冊, 筆寫本, 23×16.6cm, 四周單邊, 半郭：18.1×13.3cm, 有界, 11行字數不定, 無魚尾	한글 훈	812.3-서상기주

16) 國民大

書名	出版事項	版式狀況	一般事項	所藏番號
增像第六才子書聖嘆外書	王實甫, 刊寫者未詳, 刊寫年未詳	5卷5冊 1匣, 中國石印本, 17×10.2cm	版心題：繪圖第六才子	[고]822.4 왕01-5
增像第六才子書聖嘆外書	王實甫, 刊寫者未詳, 刊寫年未詳	1冊(缺帙, 所藏本 1~2), 中國石印本, 有圖, 20.5×13.6cm	版心題：繪圖六才子	[고]822.4 왕01-5ㄱ
槐蔭堂第六才子書聖嘆外書	王實甫, 刊寫者未詳, 刊寫年未詳	8卷6冊, 中國木版本, 24.8×15.6cm, 四周單邊, 半郭：21.1×14cm, 無界, 10行22字, 上下向黑魚尾	內容：西廂記	[고]822.4 왕01-7
西廂記	王實甫 著, 金聖嘆 批點, 刊寫地未詳, 待月軒, 1910年	5卷3冊, 筆寫本, 23.7×14.8cm, 四周雙邊,	標題：聖嘆先生批評貫華主人解…待月軒藏, 目錄題：：聖嘆先生批評第	[고]822.4 왕01

書名	出版事項	版式狀況	一般事項	所藏番號
		半郭：17.7×11.1cm, 有界, 9行16字	六才子書科白詞懇解西廂記	
西廂記	王實甫, 刊寫地未詳, 刊寫者未詳, 刊寫年未詳	6冊, 筆寫本, 21×15cm	書名：序와 表題, 卷頭：第六才子書, 序：時白羊(?)孟春書于…, 國漢文對譯本, 附：諺註集解, 小註別傳	[고]822.4 왕01-1
西廂記	王實甫, 刊寫地未詳, 刊寫者未詳, 刊寫年未詳	1冊, 筆寫本, 27.6×17.5cm	書名：表題	[고]822.4 왕01-2
西廂記	王實甫, 刊寫地未詳, 刊寫者未詳, 刊寫年未詳	2冊, 筆寫本, 32×21.2cm	書名：表題	[고]822.4 왕01-8
西廂記解	王實甫(元) 著, 刊寫地未詳, 刊寫者未詳, 刊寫年未詳	1冊(零本), 筆寫本, 20.9×17.2cm, 無界, 行字數不定		822.4-왕01
第六才子書 聖嘆外書	王實甫, 京城(서울), 博文社, 光武10年(1906)	1冊, 新鉛活字本, 22.5×15.3cm	表題：註解西廂記, 西廂記小序：…甲辰(1904)… 丁九燮書于…	[고]822.4 왕01-3
樓外樓訂正 妥註第六才 子書	王實甫 著, 鄒聖脈 妥註, 刊寫者未詳, 刊寫年未詳	5冊(缺帙, 所藏本 1~4), 中國木版本, 24.5×16.1cm, 四周單邊, 半郭：20.6×14.1cm, 無界, 2段行字數不定, 上下向黑魚尾	內題：金聖嘆先生批評, 妥註第六才子書, 九如堂藏板, 卷帙落張	[고]822.4 왕01-6

17) 京畿大

書名	出版事項	版式狀況	一般事項	所藏番號
西廂記	刊寫地未詳, 刊寫者未詳, 刊寫年未詳	1卷1冊(缺帙), 筆寫本, 30×19.7cm, 無界, 11行字數不定, 註雙行, 無魚尾		경기-K110733-2(坤)
西廂記	刊寫地未詳, 刊寫者未詳,	1冊, 筆寫本, 19×17.4cm, 無界,	表題：西廂記抄	경기-K111956

書 名	出版事項	版式狀況	一般事項	所藏番號
	刊寫年未詳	10行8字, 小字註雙行, 無魚尾		
西廂記	刊寫地未詳, 刊寫者未詳, 刊寫年未詳	1冊, 筆寫本, 31.5×22.1㎝, 四周單邊, 半郭：24.7×18.1㎝, 有界, 12行25字, 小字雙行, 無魚尾	口訣字略號懸吐本	경기-K108937-全
西廂記	刊寫地未詳, 刊寫者未詳, 刊寫年未詳	1冊, 筆寫本, 20×17.2㎝, 無界, 行字數不定, 註雙行, 無魚尾	書名은 表題	경기K-122400

18) 仁荷大

書 名	出版事項	版式狀況	一般事項	所藏番號
增像第六才子書	王實甫(元) 著, 金聖嘆(清) 輯註, 上海, 鴻寶齋, 光緒 15年(1889)	5卷5冊(首卷1冊 共6冊), 中國石印本, 有圖, 12.8×7.7㎝, 四周單邊, 半郭：10.1×6.1㎝, 無界, 13行28字, 無魚尾	表題：西廂記. 刊記：光緒己丑(1889)仲春月上澣上海鴻寶齋石印. 序：康熙庚子(1720)仲冬上澣豊溪呂世鏞題	H812.35-왕58증-v.1-6
妥註第六才子書	王實甫(元) 撰, 金聖歎(清) 外書, 鄒聖脈(清) 妥註, 刊寫地未詳, 芥子園, 刊寫年未詳	卷6冊, 中國木版本, 有圖(21圖), 17.9×11.7㎝, 四周單邊, 半郭：13.8×9㎝, 無界, 行字數不定, 註雙行, 上下向黑魚尾	版心題：妥註六才子書, 目錄, 西廂記, 例言：雲林別墅主人識, 標題紙：妥註第六才子書, 聖歎外書 芥子園藏板, 卷頭：妥註第六才子書, 敍：乾隆乙[巳]年…雲林別墅, 卷首序, 讀西廂記法, 會眞記	H812.35-추54타-v.1-6
弟六才子書	著者未詳, 京城(서울), 大東書市, 光武10年(1906)	1冊, 新鉛活字本, 22.5×15.1㎝, 四周雙邊, 半郭：16.5×11.2㎝, 無界, 14行26字, 上欄外小字註, 無魚尾	版心題：西廂記, 表題：註解西廂記, 漢韓對譯本, 한글懸吐	H812.35-제66

19) 忠南大

書名	出版事項	版式狀況	一般事項	所藏番號
增像第六才子書	王實甫(元) 著	4卷5冊(卷1~2, 4~5), 中國石印本, 有圖, 20×18.5cm, 四周單邊, 半郭：18.2×12.4cm, 有界, 19行43字, 紙質：洋紙	表題：西廂記, 裏題：繪圖西廂記, 序：光緒戊申(1908)歲杏月也, 刊記：民國元年(1912)月日	
增像第六才子書	王實甫(元) 著, 1912刊	4卷5冊(卷1~2, 4~5), 中國石印本, 有圖, 20×18.5cm, 四周單邊, 半郭：18.2×12.4cm, 有界, 19行43字, 紙質：洋紙	表題：西廂記, 裏題：繪圖西廂記, 序：光緒戊申(1908)歲杏月也, 刊記：民國元年(1912)月日	藏菴 集 21
西廂記小註別傳		1冊, 筆寫本, 30.7×20.3cm, 無界, 12行字數不定, 註雙行, 頭註, 紙質：楮紙	表題：西廂指南, 所藏印：梧隱, 備考：國漢文混用	集.小說類-中國 - 879
增像第六才子書	王實甫(元) 著, 刊寫地未詳, 刊寫者未詳, 刊寫年未詳	1冊, 筆寫本, 22.3×18.2cm, 無界, 18行29字, 紙質：楮紙	表題：西廂記, 語錄解	84集.小說類
聖歎第六才子書(西廂記)	發行地不明, 發行處不明, 朝鮮朝後期寫	2卷2冊, 筆寫本, 30×19cm, 四周單邊, 半郭：21×15cm, 有界, 10行20字, 紙質：楮紙	表題：月花詞	(鶴山文庫)集.小說類 2035
艷夢慢釋	守實先生 註釋, 黛山主人 參校, 刊寫地未詳, 刊寫者未詳, 刊寫年未詳	1冊, 筆寫本, 32.2×20.6cm, 上下雙邊, 左右單邊, 半郭：23.7×16.4cm, 有界, 10行20字, 註雙行, 烏絲欄, 紙質：楮紙	國漢文混用	集.隨錄類-中國 - 1219
水滸傳語錄	著者未詳, 刊寫地未詳, 刊寫者未詳, 刊寫年未詳	1冊, 筆寫本, 26×19.2cm, 無界, 字數不定, 註雙行, 無魚尾, 紙質：楮紙	表題：骨董, 國漢文混用, 西廂記語錄	子.譯學類 - 941
風雨賦	姜子牙 撰, 諸陽亮 編輯, 饒宗道 註解, 刊寫地未詳, 刊寫者未詳, 刊寫年未詳	1冊, 筆寫本, 有圖(彩色), 32.6×20cm, 2行字數不定, 紙質：楮紙	表題：步天歌, 合철：西廂記語錄(國漢文混用), 合철：水滸志語錄, 合철：黃金策	子.術數類-201

20) 淸州大

書名	出版事項	版式狀況	一般事項	所藏番號
西廂記	王實甫(元) 著	5卷5冊, 筆寫本, 22.8×17.5cm, 四周單邊, 半郭:15.6×14.6cm, 赤絲欄, 12行26字, 頭註, 紙質: 楮紙	表題: 西廂記註解, 刊記: 辛卯臘月病中强晦昏眸以試病腕草率可愧爲我後屬倘知受重, 內容: 宮冊 驚艶~鬧齋, 商冊 寺驚~琴心, 角冊 前候~後候, 徵冊 酬簡~驚夢, 羽冊續編(泥金捷報~衣錦榮歸)	822.4 왕 488ㅅ
西廂記	王實甫(元) 著, 朝鮮朝後期 寫	1冊(122張), 筆寫本, 32.3×22.5cm, 四周單邊, 半郭:21.2×17.5cm, 烏絲欄, 12行24字, 註雙行, 頭註, 紙質: 楮紙	內容: 聖歎外書(會眞記(唐元稹)~泥金報捷)	822.4 왕 488ㅅ-1

21) 全南大

書名	出版事項	版式狀況	一般事項	所藏番號
琵琶記	高明(元) 撰, 中國, 刊寫者未詳, 刊寫年未詳	6卷6冊, 中國木活字本, 有圖, 23.6×16cm, 上下單邊 左右雙邊, 半郭:17.8×11.9cm, 8行14字, 上黑魚尾, 紙質: 竹紙	版心題: 第七才子書, 別書名: 繪風亭評第七才子書	895.11
陳眉公批評琵琶記	高明(元) 撰, 中國, 刊寫者未詳, 宣統2年(1910)跋	2冊, 中國木活字本, 有圖, 29.6×16.4cm, 四周單邊, 半郭: 20×12.3cm, 有界, 9行20字, 花口, 上下向黑魚尾, 上欄에 小字註, 紙質: 畵線紙	跋: 宣統庚戌(1910)夏五貴池劉世玗記於三唐琴, 刊記: 夢鳳樓暖紅室刊校	4E - 비841ㄱㅊ
繪圖西廂記	王實甫·關漢卿(元)共撰, 金聖歎(淸)編, 上海, 刊寫者未詳,	6卷6冊, 中國木版本, 有圖, 16.4×11cm, 半郭:13.9×9cm, 有界, 行字數不定, 註雙行,	裡題: 第六才子書, 序: 乾陵乙巳(1785)年題於雲林別	3Q-서51ㅇ

書名	出版事項	版式狀況	一般事項	所藏番號
	乾陵50年(1785)	頭註, 上下向黑魚尾, 紙質：藁精紙		
妥註第六才子書	鄒聖脈(淸) 妥註, 淸 乾隆50年(1785)序	6卷6冊, 中國木版本, 有圖, 16.4×11cm, 四周單邊, 半郭：13.9×9cm, 無界, 行字數不定, 註雙行 頭註, 上下向黑魚尾, 紙質：竹紙	表題：西廂記, 序：乾隆乙巳(1785)題於雲林別墅	
合訂西廂記文機活趣全解	王實甫(元) 著, 金聖歎(淸) 批評	4冊(缺帙), 有圖, 16.5×10.6cm, 上下單邊 左右單邊, 半郭：13.5×9cm, 無界, 10行26字, 註雙行, 花口, 下向黑魚尾, 紙質：竹紙	標題：增註第六才子書釋解, 表題와 版心題：第六才子書釋解, 序：時康熙己酉年(1669)天都汪溥勳廣?氏題於燕基之旅次	3Q-합73ㅇ

22) 全北大

書名	出版事項	版式狀況	一般事項	所藏番號
第六才子書	王實甫(元) 著, 淸朝末期 刊	3卷3冊(卷5~7), 中國木版本, 23.9×15.1cm, 四周雙邊, 半郭：18.7×11cm, 無界, 11行24字, 註雙行, 上下向黑魚尾, 紙質：竹紙	表題：西廂記, 版心題：第六才子書, 傍點있음	812.4-王實甫 서
第六才子書	王實甫(元) 著； 金聖嘆(淸) 輯註, 刊寫者未詳, 刊寫年未詳	3卷3冊(缺帙), 中國木版本, 24×15.2cm, 四周單邊, 半郭：18.8×11cm, 有界, 11行24字 註雙行, 上下向黑魚尾	表題：西廂記, 傍點있음	812.4-王實甫 서 卷5-7

23) 圓光大

書名	出版事項	版式狀況	一般事項	所藏番號
西廂釋解	王實甫(元) 著, 金聖歎 編, 刊寫地未詳, 刊寫者未詳,	1冊(零本), 中國木版本, 16.2×11cm, 左右單邊, 半郭：14×9.1cm, 無界, 10行19字, 註雙行,	版心題：第六才子書釋解, 表題：西廂記	AN823.5-ㅇ488ㄴ

第1章 中國戲曲의 版本目錄 329

書名	出版事項	版式狀況	一般事項	所藏番號
	刊寫年未詳	上黑魚尾, 紙質：楮紙		
西廂釋解	王實甫(元) 著, 金聖歎 編	1冊(零本), 中國木版本, 16.2×11cm, 左右單邊, 半郭：14×9.1cm, 10行19字, 註雙行, 上黑魚尾, 紙質：竹紙	本館所藏：卷之6, 版心題：第六才子書釋解, 表題：西廂記	
第六才子書	王實甫(元) 著, 金聖歎 編, 京城, 博文社, 1906年	1卷1冊, 新活字本, 22.5×15.3cm, 四周雙邊, 無界, 半郭：16.7×11.3cm, 14行27字, 紙質：洋紙	版心題：西廂記, 表題：註解西廂記, 序：光武八年(1904)丁九燮, 刊記：光武十年(1906)京城博文社 發行	AN823.5-ㅇ488

24) 全州大

書名	出版事項	版式狀況	一般事項	所藏番號
西廂記	王實甫 撰, 刊寫者未詳, 刊寫年未詳	1冊, 中國石印本, 四周雙邊, 半郭：16.7×11.3cm, 無界		OM822.4-왕162ㅅ
增像第六才子書	王德信(元) 撰, 上海, 普新書局, 刊寫年未詳	5卷3冊, 中國石印本, 有圖, 四周雙邊, 半郭：17.8×11.7cm, 無界, 上黑魚尾	裏題：改良五彩繪圖第六才子書, 表題：繡像第六才子書	OM822.4-왕2231ㅈ

25) 釜山大

書名	出版事項	版式狀況	一般事項	所藏番號
箋註繪像第六才子西廂記釋解	金聖歎 批點, 吳吳山三婦 合評, 鄧汝寧 音義, 唐伯虎 編次	8卷6冊, 中國木版本, 有圖, 17.5×11.6cm, 左右雙邊 上下單邊, 半郭：14×9.6cm, 無界, 10行26字, 註雙行, 花口, 上下向黑魚尾, 紙質：노로지	表題：西廂記, 標題：增註第六才子書釋解, 序：康熙己酉年(1669)…汪溥勳廣困氏題於燕臺之旅次	[芝田文庫] OEC 3-12 18B
合訂西廂記文機活趣全解	王實甫(元) 著, 金聖歎(淸)批評, 淸朝年間 刊	8卷6冊, 中國木版本, 有圖, 17.4×11.2cm, 四周單邊, 半郭：13.9×8.8cm, 無界,	裏題：增註第六才子書譯解, 刊記：維維堂藏板	

書名	出版事項	版式狀況	一般事項	所藏番號
		10行26字, 註雙行, 上下向黑魚尾, 紙質：竹紙		
妥註第六才子書	王實甫(元) 著, 芥子園, 刊寫年未詳	6冊, 中國木版本, 有圖, 18×11.5cm, 四周單邊, 半郭：13.7×9cm, 無界, 11行24字 註雙行, 花口, 上下向黑魚尾	表題：西廂記, 袖珍本	3-12-18
西相記	王實甫 著, 刊寫地未詳, 刊寫者未詳, 刊寫年未詳	1冊(64張), 筆寫本, 21.7×18.1cm, 無界, 行字數不定, 紙質：楮紙		OMO 3-12 62
第六才子書	王實甫(元) 著	2卷1冊(72張), 筆寫本, 29.5×17cm, 8行24字, 註雙行, 紙質：楮紙	表題：西廂記	[芝田文庫] OEC 3-12 18A
骨董	著者未詳, 刊寫地未詳, 刊寫者未詳, 刊寫年未詳	1冊, 筆寫本, 24.3×15cm, 無界, 行字數不定, 無魚尾		OBC 4-3-21

26) 東亞大

書名	出版事項	版式狀況	一般事項	所藏番號
荊釵記	著者未詳, 刊寫地未詳, 刊寫者未詳, 刊寫年未詳	2卷1冊(上・下卷), 23×14.9cm, 上下單邊, 左右雙邊, 半郭：19.8×12.8cm, 無界, 9行19字 無魚尾		(3)：12：2-21
幽閨怨佳人拜月亭記記	著者未詳, 刊寫地未詳, 刊寫者未詳, 刊寫年未詳	4卷2冊, 31.1×18.1cm, 有圖, 四周單邊, 半郭：20.2×14.3cm, 無界, 8行18字 小字18字, 上欄外에 小字頭註, 無魚尾	包匣題：幽閨記, 標題：幽閨記, 刊記：歲在丁卯(?)孟春武進涉園景印, 拜月亭記傳寄跋：...西吳椒雨齋主人三珠生題	(4)：5-4
繡像妥註第六才子書	著者未詳, 刊寫地未詳, 刊寫者未詳, 刊寫年未詳	2卷2冊(缺帙), 25.5×16.7cm, 四周單邊, 半郭：18.2×12.6cm, 有界, 10行19字, 註雙行, 上欄外에 小字頭註	表題：第六才子書, 口訣略號懸吐本	(4)：5：5-12

書名	出版事項	版式狀況	一般事項	所藏番號
		上下向黑魚尾		
增像第六才子書	編者未詳, 刊寫地未詳, 刊寫者未詳, 刊寫年未詳	1卷1冊(缺帙), 有圖, 11.5×7.8cm, 四周單邊, 無界, 13行28字, 註雙行, 無魚尾		(4):5:5-15
雲林別墅繡像妥註第六才子書	鄒聖脈(淸) 註, 刊寫地未詳, 刊寫者未詳, 刊寫年未詳	6卷6冊, 有圖, 17.6×11.4cm, 四周單邊, 半郭:13.2×9.5cm, 無界, 11行18字, 註(18行6字), 上下向黑魚尾	表題:西廂記, 標題:繡像妥註六才全書, 序:乾隆乙巳年(1785)題於雲林別墅, 上段(註記)3.2cm, 下段(本文)9.9cm	(4):5:5-17
增訂金批西廂	著者未詳, 刊寫地未詳, 如是山房, 光緒2年(1876)	卷首1冊, 4卷4冊, 卷末1冊, 共6冊, 19.4×12.2cm, 四周單邊, 半郭:13×10.5cm, 無界, 8行17字, 註雙行, 上欄外에 小字頭註, 上下向黑魚尾	書名:標題, 表題:西廂記, 刊記:光緒歲次丙子(1876) 如是山房重刊	(4):5:5-3
西廂記	王實甫·關漢卿(元) 共著, 京城(서울), 博文社, 光武10年(1906)	1冊(216張), 22.6×15.2cm, 四周雙邊, 半郭:16.5×11.2cm, 無界, 14行26字, 註雙行, 頭註, 無魚尾	刊記:光武十年(1906)…印刷兼發行所…博文社, 小序:大韓光武八年(1904)歲甲辰冬至日小圃丁九燮書于楊州直溪柏栗園小閣中荳燈下	(3):12:2-89
水滸語錄	編者未詳, 刊寫地未詳, 刊寫者未詳, 刊寫年未詳	1冊(19張), 筆寫本, 22×16.4cm, 四周單邊, 半郭:17.9×14cm, 有界, 8行字數不定, 註雙行, 無魚尾	附錄:西廂語錄	(1):10:1-8

27) 釜山敎育大

書名	出版事項	版式狀況	一般事項	所藏番號
增像第六才子書	王實甫·關漢卿(元) 共撰, 上海, 上海書局, 淸光緒27年(1901)刊	4卷4冊(卷1~4), 中國石印本, 有圖, 20.3×13.3cm, 四周雙邊, 半郭:17.2×11.6cm, 無界, 18行40字, 上下向黑魚尾, 紙質:洋紙	題簽:繪圖第六才子書, 刊記:光緒辛丑(1901)仲冬上海書局石印	

28) 釜山女大伽倻文化研究所

書 名	出版事項	版式狀況	一般事項	所藏番號
增像第六才子書	王實甫(元) 著, 金聖歎(清) 批點, 中華初 刊	5卷6冊, 中國石印本, 有圖, 20.2×13.3cm, 四周單邊, 半郭: 17.3×11.5cm, 無界, 17行36字, 註雙行, 上下向黑魚尾, 紙質: 洋紙	題簽: 繡像第六才子書, 版心題: 改良第六才子書, 裏題: 改良五彩繪圖第六才子書	

29) 蔚山大

書 名	出版事項	版式狀況	一般事項	所藏番號
第六才子書	王實甫 著, 金聖歎 批點, 刊寫地未詳, 博文社, 光武10年(1906)	1冊, 15.3×22.5cm	註解西廂記, 서상기, 중국 元代의 극작가 王實甫(王實甫)가 지은 것으로 추정되는 雜劇(雜劇)	812.2 -김성탄

30) 慶尙大

書 名	出版事項	版式狀況	一般事項	所藏番號
西廂記	著者未詳, 서울, 大東書市, 光武10年(1906)	174面, 22.4×15.3cm	書名: 表題임, 國漢文 混用	古(춘추) D7 서51

31) 대구광역시립중앙도서관

書 名	出版事項	版式狀況	一般事項	所藏番號
西廂記	王實甫 著, 刊寫地未詳, 刊寫者未詳, 刊寫年未詳	4冊, 筆寫本, 23×16.5cm, 無界, 行字數不定, 無魚尾		OL822.4- 왕59- 春, 夏, 秋, 冬

32) 慶北大

書名	出版事項	版式狀況	一般事項	所藏番號
第六才子書西廂記	吳伯虎 編次, 刊寫地未詳, 善美堂, 刊寫年未詳	8卷6冊, 中國木版本, 有圖, 16.2×11.1cm, 四周單邊, 半郭: 13.8×8.7cm, 無界, 10行26字, 上下向黑魚尾	序：康熙己酉(1669)年天都汪搏勳廣囨氏題臺於燕臺於次, 刊記：善美堂藏板, 表題：西廂記, 版心題：第六才子書釋解	古812.3 오42ㅈ
貫華堂第六才子書	刊寫事項未詳	零本 1冊, 無界, 22.8×13.4cm, 10行18字, 無魚尾	表題：西廂記, 所藏：卷1	[古]812.1 관961
貫華堂第六才子書西廂記	刊寫事項未詳	8卷6冊, 筆寫本, 23.1×16cm 四周單邊, 半郭：18.2×12.5cm, 有界, 9行20字, 無魚尾	表題：第六才子書, 內容：卷之一(序), 卷之二・三(記), 卷之四(第一之四章), 卷之五(第二之四章), 卷之六(第三之四章), 卷之七(第四之四章), 卷之八(泥金報捷, 錦字緘愁, 鄭恒求配, 衣錦榮歸)	古812.1 관96
西廂記	王實甫, 關漢卿 共撰, 刊寫事項未詳	5卷5冊, 筆寫本, 26.4×17.9cm, 四周雙邊, 半廓：21.0×14.7cm, 有界, 12行32字, 上下向黑魚尾	卷之一：會眞記, 卷之二-三：題目總名, 卷之四：小紅娘傳好事, 卷之五, 題目	[古]바 812.2 왕59ㅅ
西廂記	王實甫, 關漢卿 共撰, 刊寫事項未詳	上下卷2冊, 筆寫本, 28.9×20.4cm, 無界, 10行20字, 無魚尾		[古]中812.2 왕59ㅅ
貫華堂第六才子書	刊寫事項不明	零本1冊(卷一 소장), 筆寫本, 22.8×13.4cm, 無界, 10行18字, 無魚尾		[古]812.1 관961
聖歎先生批評第六才子書科白詞煞解	王實甫, 關漢卿 共撰, 金聖歎(明末淸初) 批評, 刊寫事項未詳	1冊, 筆寫本, 19.9×11.6cm, 無界, 8行18字, 無魚尾		[古]北812.2 왕59ㅅ

33) 啓明大

書名	出版事項	版式狀況	一般事項	所藏番號
增像第六才子書	金聖歎(淸)註, 上海, 錦章圖書局, 刊年未詳	4冊(零本), 中國石印本, 20.3×13.1cm, 四周單邊, 半郭: 18.1×12.3cm, 無界, 20行45字, 上黑魚尾		812.35-증상제○
增像第六才子書	編著者未詳, 刊年未詳	5卷2冊, 中國石印本, 20×14cm, 四周單邊, 半郭: 18.2×12.2cm, 無界, 19行43字, 無魚尾		812.3-증상제
繪圖西廂記	編者未詳, 1912年	5卷4冊, 中國石印本, 有圖, 20×13.5cm, 四周單邊, 半郭: 18.4×12.3cm, 無界, 19行43字, 無魚尾	卷首書名: 增像第六才子書	812.35-서상기
繡像繪圖第六才子書	金聖歎(淸) 註, 上海, 進步書局, 刊年未詳	6冊(零本), 中國石印本, 20.3×13.4cm, 四周雙邊, 半郭: 17.6×13.6cm, 無界, 20行40字, 上黑魚尾		812.35-김성탄수
箋註繪像第十六才子西廂釋解: 西廂記	金聖歎(淸) 著, 刊寫地未詳, 刊寫者未詳, 刊寫年未詳	3冊(零本), 筆寫本, 32.2×21.2cm, 四周雙邊, 半郭: 24.2×14.7cm, 無界, 9行19字, 無魚尾	序: 己酉(1669)…汪溥勳	812.35-김성탄ㅈ
新編勸化風俗南北雅曲伍倫全備記	刊寫地未詳, 刊寫者未詳, 刊寫年未詳	東裝3冊(零本: 卷1-2, 卷4), 朝鮮木版本, 29.0×18.7cm, 四周單邊, 半郭: 21.6×14.9cm, 有界, 9行17字 註雙行, 大黑口, 內向黑魚尾	序: 迂愚叟	170-신편권 812.1-권화풍

34) 嶺南大

書名	出版事項	版式狀況	一般事項	所藏番號
繪像第七才子琵琶記	刊寫地未詳, 刊寫者未詳, 1906	6冊, 石印本, 有圖, 14.6×8.9cm	標題: 七才子琵琶記	[古凡]823.6-칠재자

書名	出版事項	版式狀況	一般事項	所藏番號
妥註第六才子書	王實甫(元) 撰, 金聖歎(淸)外書, 鄒聖脈(淸) 妥註, 刊地未詳, 芥子園, 刊年未詳	6卷6冊1匣, 中國木版本, 有圖, 17.9×11.7cm, 四周單邊, 半郭：13.8×9cm, 行字數不定, 註雙行, 上下向黑魚尾	卷頭：妥註第六才子書敍, 乾陵乙(巳)年…雲林別墅, 卷首序, 讀西廂記法, 會眞記, 例言：雲林別墅主人識, 標題紙：妥註第六才子書, 聖歎外書, 芥子園藏板, 印出記(標題紙)：芥子園藏板, 表紙書名：西廂記	(南齋文庫) 823王實甫
增註第六才子書釋解	金聖歎	1匣6冊, 活印本, 17cm		(중앙도서관) 韶822.4
繪像增註第六才子書釋解	上海, 1887	4冊, 石印本, 20cm		(중앙도서관) 古822.4
西廂記	刊寫地未詳, 刊寫者未詳, 刊寫年未詳	5卷1冊, 筆寫本, 20.5×16.7cm	刊記：乙丑三月中澣終	古 822.4 서상기
艶夢謾釋	年紀未詳	1冊, 筆寫本, 25cm		[東濱文庫]古823.5
西廂記語錄		1冊, 筆寫本, 20×17cm	國漢文混用, 西廂語錄	韶822.4
增像第六才子書	刊寫地未詳, 刊寫者未詳, 刊寫年未詳	5冊(卷2~6, 零本), 中國石印本, 有圖, 20.1×13.4cm	表紙書名：繪圖第六才子書	[南齋文庫] 823.5증상제
增像第六才子書	刊寫地未詳, 刊寫者未詳, 刊寫年未詳	6冊, 石印本, 14.8×8.8cm		古凡822.4-王實甫
繪圖西廂記	王實甫, 民國1年(1912)	5卷2冊, 石印本, 23cm		(중앙도서관)822.4
繪圖西廂記	王實甫, 民國1年(1912)	1匣2冊, 17cm		(중앙도서관) 汶822.4

35) 大邱가톨릭大

書名	出版事項	版式狀況	一般事項	所藏番號
西廂記	元縝 編, 서울, 刊寫者未詳, 19??	1冊, 29×18.8cm		동822.4-원79ㅅ
繪圖第六才子書	金聖歎 著, 上海, 章福記書局, 19??	1冊, 19.7×13cm		동823.4-김53ㅎ

36) 安東大

書 名	出版事項	版式狀況	一般事項	所藏番號
西廂記	王實甫(元) 著, 發行事項 不明	全4卷2冊(零本1冊), 筆寫本, 24.2×17cm	卷首題:花月琴夢記, 所藏本中 卷之3,4의 1冊 以外 缺	(明谷文庫) 古明 822.4

37) 海軍士官學校

書 名	出版事項	版式狀況	一般事項	所藏番號
增補箋註繪像第六才子西廂釋解	王實甫・關漢卿(元) 共撰, 金聖歎(淸)編, 康熙8年(1669)序	8卷6冊(零本5冊, 所藏本中卷之一~五, 七, 八의 5冊 以外缺), 中國木版本, 有圖, 25.1×15.8cm, 四周單邊, 半郭:19.3×12.7cm, 無界, 10行22字, 白口, 上黑魚尾	版心書名:箋六才子書釋解, 序:康熙己酉年(1669)天都汪溥勳廣困氏題於臺之旅次	중 185
西廂記	王實甫・關漢卿(元) 共撰, 金聖歎(淸) 編, 高宗~大正間(1864~1925)	1冊(64張) 筆寫本, 24.6×17.7cm, 無界, 10行20字內外, 註雙行, 紙質:楮紙	一部國漢文混用	필 64

38) 韓國銀行

書 名	出版事項	版式狀況	一般事項	所藏番號
踐約傳	王實甫(元) 著, 刊寫地未詳, 刊寫者未詳, 刊寫年未詳	不分卷1冊(56張), 筆寫本, 29.4×19.1cm, 紙質:和紙	一名:西廂記	

39) 雅丹文庫

書名	出版事項	版式狀況	一般事項	所藏番號
西廂記	王實甫(元) 撰, 金聖歎(淸) 批評	8卷6冊, 中國木版本, 有圖, 18.6×11㎝, 11行24字, 上黑魚尾	附錄：關漢卿 撰 續西廂記 四編, 印記：二城后人, 埜樵, 孫赫柱字人輝號埜樵, 二城世家, 二城后人, 孫赫柱之印	823.4-왕58ㅅ
增像第六才子書	上海, 章福記	5卷5冊(6卷中 卷1缺), 中國石印本, 半郭：16.9×11.6㎝, 19行40字, 上黑魚尾	刊記：上海章福記石印	823.5-증52
懷永堂繪像第六才子書	王實甫(元) 著, 金聖歎(淸) 批點	3卷1冊, 中國木版本, 有圖, 半郭：9.4×6.5㎝, 8行16字, 上黑魚尾	經義齋藏板, 表題：錦心繡肚	823.4-왕58ㅎ
繪像第六才子書	金聖歎(淸) 編	4卷2冊(卷1~4), 23.4×14.5㎝, 9行21字	表題：成裕堂書, 內容：西廂記	823.4-김54ㅎ
增補箋註繪像第六才子西廂釋解	金聖歎(淸) 批評	4卷2冊(卷1~3,4), 中國木版本, 半郭：19.4×12.6㎝, 半葉2段, 9行16字, 上黑魚尾	上段：釋義・參釋・參評	823.4-김54ㅈ
西廂記		1冊, 筆寫本, 22.9×21.7㎝, 12行字數不定		823.4-서52
西廂記		5卷5冊, 筆寫本, 26.6×21.2㎝, 12行25字	表題：艶詞具解, 附國譯	823.4-서52
聖歎外書第六才子書	金聖歎(淸) 編	卷1冊(全4冊 中)筆寫本, 半郭：24.3×17.2㎝, 10行25字, 上二葉魚尾	表題：奇遇眞詮, 內容：西廂記	823.4-김54ㅅ
懷永堂第六才子書		1冊, 筆寫本, 24.3×16.6㎝, 18行36字	表題：西廂記	823.4-회56
成裕堂繪像第六才子書		2冊, 筆寫本, 23.5×14.6㎝, 9行19字	表題：續左史, 印記：月滿蘿軒書滿牀, 淡如	823.6-성66
奇遇眞詮		1冊, 筆寫本, 21.1×20.6㎝, 16行字數不定	內容：西廂記, 印記：又肵	823.5-기66
四聲猿	徐渭(明) 著	1冊, 中國木版本, 半郭：20.8×13.9㎝, 9行20字, 上白魚尾	刊記：本衙藏板	823.5-서66ㅅ
牡丹亭還魂記	湯顯祖(明) 編, 同文書局, 1886年刊	2卷2冊, 中國木版本, 半郭：16.1×9.6㎝, 10行24字, 上白魚尾		823.5-탕94ㅁ

40) 江陵市 船橋莊

書 名	出版事項	版式狀況	一般事項	所藏番號
懷永堂繪像 第六才子書 西廂記	王實甫(元) 著, 金聖歎(淸) 評, 朝鮮朝末期 寫	8卷4冊, 筆寫本, 34.7×22㎝, 無界, 12行24字, 註雙行, 頭註, 紙質：楮紙	表題：西廂記	

41) 山氣文庫

書 名	出版事項	版式狀況	一般事項	所藏番號
西廂記	著者未詳, 朴啓震 (孝宗~正祖年間/ 1650~1800) 寫	1冊(87張), 筆寫本, 35.5×22.6㎝, 四周雙邊, 半郭：26.8×17.5㎝, 12行25字, 註雙行, 烏絲欄, 紙質：楮紙	刊記：歲在乙丑(?)臘月日謄抄于東陽蓮室, 椽承朴啓震, 張儀翰, 卷末墨書識記：沈君徵先生寵綏明崇禎人	4-692
西廂記	著者未詳, 憲哲年間 (1835~1863)	18卷6冊, 筆寫本, 23.6×15㎝, 四周雙邊, 半郭：17.2×11.7㎝, 10行24字, 註雙行, 上白魚尾, 烏絲欄, 紙質：楮紙	序：白羊孟春書于巺震齋中梅花一樹亭 如玉人與墨香相鬪發, 印記：정음문고, 附錄：語錄別傳, 諺註集解, 黛山著	4-693
後嘆先生訂正註解西廂記	後嘆 著, 高宗22年(1885) 寫	4卷5冊, 筆寫本, 25.7×17㎝, 上下雙邊, 半郭：22×14.5㎝, 行字數不定, 朱絲欄, 紙質：楮紙	表題：註解西廂記, 序：大淸光緖十一(1885)年 乙酉之暮春者南漢命謹序, 印記：錦山, 洪千燮主, 洪藏書印, 內容：卷1(驚艶, 借廂, 酬韻, 鬧齋), 卷2(寺警, 請宴, 賴婚, 琴心), 卷3(前候, 鬧簡, 賴簡, 後候), 卷4(酬簡, 拷艶, 哭宴, 驚夢, 泥金捷報, 錦字緘愁, 鄭恒求配, 衣錦榮歸)	4-742

42) 玩樹文庫

書 名	出 版 事 項	版 式 狀 況	一 般 事 項	所藏番號
西廂記	王實甫 編, 朝鮮朝後~末期 寫	下卷1冊(42張), 筆寫本, 25.2×24.4cm, 8行字數不定, 紙質：楮紙	備考：本文에 舊式懸吐가 되어 있음	4-192

43) 仁壽文庫

書 名	出 版 事 項	版 式 狀 況	一 般 事 項	所藏番號
如是山房增訂金批西廂	金聖歎(淸) 批評, 上海, 如是山房, 淸 光緖2年(1876) 刊	5卷6冊(卷首1冊), 木版本, 19.6×12.3cm, 左右雙邊, 半郭：12.3×10cm, 8行17字, 註雙行, 頭註, 上黑魚尾	表題：西廂記, 裏題：增訂金批西廂, 刊記：光緖歲次丙子(1876) 如是山房重刊	4-439

44) 悳愚文庫

書 名	出 版 事 項	版 式 狀 況	一 般 事 項	所藏番號
繪圖第六才子書	金聖歎(淸) 編, 淸光緖32年(1906) 刊	6卷6冊(卷首, 卷1~5, 1函), 中國木版本, 有圖, 20×12.9cm, 四周雙邊, 半郭：16.8×10.4cm, 16行36字, 註雙行, 上黑魚尾, 紙質：竹紙	序：光緖三十有二年丙午(1906)仲春下澣崇川知非子文氏書	

45) 釜山直轄市

書 名	出 版 事 項	版 式 狀 況	一 般 事 項	所藏番號
雲林別墅繪像妥註第六才子書	鄒聖脉(淸) 妥註, 淸朝年間 刊	1冊(71張), 中國木版本, 29.4×17.3cm, 無界, 紙質：竹紙	表題：西廂記	

46) 경주지방고서

書名	出版事項	版式狀況	一般事項	所藏番號
繪圖第六才子西廂記	民國元年冬月出版	1匣5卷2冊, 中國石印本, 20×9cm		

47) 일반동산문화재

書名	出版事項	版式狀況	一般事項	所藏番號
貫兼堂註釋第六才子書	19世紀刊	6卷9冊, 中國木版本, 17.1×10.4cm, 四周單邊, 半郭:14×7cm, 有界, 9行22字, 上下白口, 上下向黑魚尾, 紙質:楮紙	表題:西廂記, 版心題:註釋第六才子書, 所藏記:斗南藏	21-0388~0389, 0486~0492
貫華堂註釋讀第六才子書	19世紀刊	零本9冊, 中國木版本, 17.2×10.5cm, 四周單邊, 半郭:12.9×8.9cm, 無界, 9行22字, 上下白口, 上下向黑魚尾, 紙質:和紙	所藏:卷1	21-0402, 0493~0500

48) 아주신씨인재파 전암후손가(국학진흥원)

書名	出版事項	版式狀況	一般事項	所藏番號
會圖第六才子西廂記	1912	5卷6冊, 中國版, 有圖, 20.2×13.2cm, 19行43字	漢文, 英語, 楷書	KS0236-1-02-00080

49) 기헌고택(국학진흥원)

書名	出版事項	版式狀況	一般事項	所藏番號
六才子書		1冊, 筆寫本, 29×18.5cm		KS04-3045-10644-00644

50) 江陵市 崔鍾瑚

書 名	出版事項	版式狀況	一般事項	所藏番號
聖歎先生批評第六才子書科白詞鮫解	王實甫・關漢卿(元) 共撰, 金聖歎(淸) 編, 朝鮮朝後期 寫	3卷3冊, 筆寫本, 25×14cm, 無界, 行字數不定, 紙質：楮紙	裏題：西廂記, 跋：貫華主人解, 刊記：待用軒藏, 內容：張君瑞解賦圍, 三之一小紅娘畵請客, 張君瑞寄情詩老夫人賴婚事 崔鶯喬坐衙	

51) 大田市 趙鐘業

書 名	出版事項	版式狀況	一般事項	所藏番號
聖歎第六才子書	金聖嘆(淸) 作, 朝鮮朝後期 寫	2冊, 筆寫本, 30.3×19.2cm, 四周單邊 半郭：21.4×14.6cm, 有界, 烏絲欄, 10行20字, 紙質：楮紙	表題：月花詞	

52) 金奎璇

書 名	出版事項	版式狀況	一般事項	所藏番號
薩眞人夜斷碧桃花雜劇		1冊, 中國木版本		
西廂記雲林別墅		2冊(卷之二・四, 落帙), 中國木版本		
第六才子書此宜閣增訂金批西廂		4卷5冊(卷首), 中國木版本		

53) 朴在淵

書名	出版事項	版式狀況	一般事項	所藏番號
西廂記		4卷1冊(落帙), 中國木版本	袖珍本	
第六才子書	光緒二五年(1899)	5卷5冊, 中國石印本	又名：西廂記	
蕭寺香緣		2冊(卷之四·五·六·八), 落帙, 中國木版本	又名：西廂記	
佛墻花影	光緒九年(1886)映紅仙館	8卷6冊, 中國木版本	又名：西廂記, 袖珍本	

54) 金瑛

書名	出版事項	版式狀況	一般事項	所藏番號
西廂記	光武十年(1906), 博文社	1冊, 韓國舊活字本		

第2章

中國彈詞의 版本目錄

1) 韓國學中央研究院(舊韓國精神文化研究院)

書名	出版事項	版式狀況	一般事項	所藏番號
新刻玉釧緣全傳	西湖居士(淸) 著, 道光22年(1842)	32卷64冊, 中國木版本, 有圖, 17.4×11.2㎝, 四周單邊, 半郭：11.9×9㎝, 無界, 10行22字, 註雙行, 上黑魚尾, 紙質：綿紙	裏題：玉釧緣, 序：道光二十二年(1842)歲次壬寅西湖居士偶書, 印：李王家圖書之章	4-235
지싱연견 再生緣傳	刊寫地未詳, 刊寫者未詳, 刊寫年未詳	52卷52冊, 한글筆寫本, 28.2×18.8㎝, 無郭, 無絲欄, 無版心, 10行17~20字, 紙質：楮紙	表題：再生緣傳, 印：藏書閣印	K4-6843
繡像珍珠塔	編著者未詳, 刊寫地未詳, 刊寫者未詳, 刊寫年未詳	1冊(缺帙, 61張), 18.6×11.3㎝, 木活字本, 四周單邊, 半郭：15.8×8.8㎝, 無界, 11行21字, 無魚尾, 紙質：竹紙	板心書名：珍珠塔	K4-6994
繡像珍珠塔	編者未詳, 淸朝年間	4卷5冊(卷1~4), 中國木版本, 18.6×11.2㎝, 四周單邊, 半郭：15.5×8.5㎝, 有界, 11行21字, 紙質：綿紙	表題：珍珠塔, 內容：8回~48回, 連續本落秩未詳, 唱劇小說	C4-232
진쥬탑(珍珠塔)	作者未詳, 寫年未詳	10卷10冊, 筆寫本, 28.1×19.9㎝, 無絲欄, 9行19行, 註雙行, 紙質：楮紙	表題：珍珠塔, 印：藏書閣印	4-6845

2)-1 서울大學校 奎章閣

書名	出版事項	版式狀況	一般事項	所藏番號
繡像義妖傳	陳遇乾(淸) 著, 陳士奇(淸) 等 評定, 刊年未詳	28卷8冊, 中國木版本, 18×11.3cm	序：嘉慶十四(1809)…碩光祖, 印：集玉齋, 帝室圖書之章	[奎中]5941
玉鴛鴦	編者未詳, 刊地未詳, 刊行者：星沙, 同治7年(1868)	20卷4冊, 中國木版本, 20.2×11.8cm	印記：集玉齋, 帝室圖書之章	[奎中] 5800-v.1-4
珍珠塔	編者未詳, 刊地未詳, 刊者未詳, 19世紀末	13卷5冊, 宮體筆寫本, 32.8×21.1cm	한글본	[奎]11440
繡像天寶圖	著者未詳, 刊寫地未詳, 刊寫者未詳, 同治4年(1865)	10卷6冊, 中國木版本, 14.5×9.5cm	版心書名：天寶圖, 序：同治乙丑(1865)…隨安散人, 印：集玉齋, 帝室圖書之章	[奎中]6266
十粒金丹	著者未詳, 京都 泰山堂, 光緒14年(1888) 序	12卷12冊, 中國木版本, 17.3×10.6cm	序：光緒戊子(1888)…漱蘭居士序, 印記：集玉齋, 帝室圖書之章	[奎中] 6077-v.1-12

2)-2 서울大學校 中央圖書館

書名	出版事項	版式狀況	一般事項	所藏番號
錦上花	修月閣主人 序, 寶樹堂, 同治1年(1862)	48回8冊, 中國木版本, 有圖, 17.6×11.7cm, 四周單邊, 半郭：12.2×8.9cm, 無界, 10行20字, 上下向黑魚尾	標題：繡像錦上華, 序：…嘉慶…修月閣主人 序, 繡像(前圖後贊)8葉	3477 611~618
繡像孝義眞蹟珍珠塔	無錫, 方來堂, 己巳(1869?)	24回6卷6冊1函, 中國木版本, 有圖, 18×11.6cm, 左右雙邊, 半郭：13.7×8.5cm, 無界, 11行24字, 花口, 上下向黑魚尾	標題：繡像珍珠塔, 版心題：繡像九松亭, 目錄題：繡像孝義眞蹟珍珠塔全傳, 引：…世云山陰周殊士作 毘陵靑霄居鵬程校閱 己巳孟夏無錫方來堂重刊	3477 39
繡像一箭緣	著者未詳,	8卷8冊, 中國木版本,	表題(卷1)：時調秘本彈詞一	3464-28-

書名	出版事項	版式狀況	一般事項	所藏番號
全傳	刊地未詳, 環秀閣, 嘉慶 23年-道光 1年(1818-1821)	18×10.9cm, 有圖, 上下單邊, 左右雙邊, 半郭:15.9×8.3cm, 無界, 10行20字, 花口, 上下向黑魚尾	箭緣傳, 表題(卷5):時調秘本彈詞一箭緣後傳, 卷1-4는 嘉慶戊寅年(1818) 新鐫한 것이고, 卷5-8은 道光元年(1821) 新鐫한 것임. 序:嘉慶二十三年(1818)…環秀閣主人	1-8

3) 高麗大學校

書名	出版事項	版式狀況	一般事項	所藏番號
繪圖筆生花	心如女史(淸) 著, 上海書局 民國元年壬子 (1912)	16卷1匣16冊, 中國石印本, 13.2×20.4cm, 四周雙邊, 半郭: 12×17.7cm, 無界, 24行48字, 白口, 黑魚尾上	刊記:中華民國元年上海書局石印, 序:陳同勛(1857), 雲腴女士(1872), 印:樂善齋, 閔丙承印	
十粒金丹	著者未詳, 刊寫者未詳, 光緒14年(1888)序	66回12冊, 中國新鉛活字本, 17.0×11.5cm	序:光緒戊子(1888)仲秋漱蘭居士書	육당C14-B20 -1-12

4) 成均館大

書名	出版事項	版式狀況	一般事項	所藏番號
繡像雙珠鳳全傳	撰者未詳, 淸同治2年(1863)序	11卷11冊(卷3 1冊缺), 中國木版本, 19.3×10.7cm, 四周單邊, 半郭:16×8.7cm, 無界, 11行21字, 上黑魚尾, 紙質:綿紙	裏題:繡像雙珠鳳, 版心題:雙珠鳳, 序:同治癸亥(1863)冬日海上一葉道人題	D7C-54
繡像玉連環	朱素仙(淸) 著, 藝芸書屋, 淸嘉慶10年(1805) 刻 後刷	8卷8冊, 中國木版本, 有圖, 18.2×10.7cm, 左右雙邊, 半郭:15.7×8.7cm,	裏題:玉連環傳, 序:龍飛嘉慶十年歲次乙丑 (1805)…雨亭主人, 刊記:嘉慶乙丑年(1805)新	D7C-55

書名	出版事項	版式狀況	一般事項	所藏番號
		無界, 11行21字, 上黑魚尾, 紙質：綿紙	鐫藝芸書屋藏板	
繡像碧玉獅傳	撰者未詳, 清嘉慶24年(1819) 序 後刷	20卷6冊, 中國木版本, 有圖, 18.8×10.9cm, 四周單邊, 半郭：16.2×9.1cm, 無界, 10行23字, 紙質：竹紙	序：嘉慶二十四年歲次己卯(1819)桃月望日題秋澄居士書	D7C-51
繡像八仙緣	朱梅庭 編輯, 清道光9年(1829) 刊	4卷4冊, 中國木版本, 有圖, 16.5×10.6cm, 四周單邊, 半郭：12.1×8.7cm, 無界, 8行20字, 小黑口, 上黑魚尾, 紙質：綿紙	書名：裏題에 의함, 序：上海靜觀道人拜撰, 刊記：道光己丑(1829)新鐫, 寓春居士藏板	D7C-57

5) 慶熙大

書名	出版事項	版式狀況	一般事項	所藏番號
繡像雙珠鳳全傳	著者未詳, 刊寫地未詳, 刊寫者未詳, 刊寫年未詳	12卷6冊, 16cm, 有圖, 四周雙邊, 半郭：14×9cm, 無界, 22行47字, 上下向黑魚尾		812.3-수52

6) 梨花女大

書名	出版事項	版式狀況	一般事項	所藏番號
繡像說唱玉堂春	鑄記書局, (19??)	4卷4冊, 中國石印本, 有圖(圖2張), 15×9cm, 四周單邊, 半郭：13.2×8.2cm, 無界, 16行38字, 上黑魚尾		[고]812.3 수 61설
繪圖龍鳳配再生緣全傳	著者未詳, 廣益書局, 刊年未詳	8卷8冊(缺本, 冊1-5, 7-8), 有圖(圖7張), 15×9cm, 四周雙邊, 半郭：12.4×8.2cm, 無界, 18行42字,	版心題：龍鳳配再生緣	[고]812.3 회 315

第2章 中國彈詞의 版本目錄

書 名	出版事項	版式狀況	一般事項	所藏番號
		上黑魚尾		
宋史奇書	著者未詳, 上海, 廣益書局	12卷6冊, 中國石印本, 有圖(圖12張), 四周雙邊, 半郭：14.3×9.2cm, 無界, 18行43字, 上黑魚尾	別書名：繪圖十粒金丹	[고]812 송 61
繪圖前笑中緣金如意	著者未詳, 上海, 刊年未詳	4卷4冊, 中國石印本, 有圖(圖2張), 14×9cm, 四周雙邊, 半郭：12.8×7.9cm, 無界, 19行45字, 上黑魚尾		[고]812.3 회 315

7) 漢陽大學校

書 名	出版事項	版式狀況	一般事項	所藏番號
新刻秘本唱口雙珠球全傳	刊寫地未詳, 觀志閣梓, 刊寫年未詳	4卷4冊(全49卷12冊), 中國石印本, 19×11.1cm, 四周單邊, 半郭：16.8×9.4cm, 無界, 12行24字, 無魚尾, 無黑口	表紙書名：雙珠球	812.25-심236ㅅ

8) 全南大

書 名	出版事項	版式狀況	一般事項	所藏番號
繡像全圖再生緣全傳	編著者未詳, 上海, 錦章圖書局, 清朝末-民國初	20卷10冊, 中國石印本, 有圖, 20.1×13.4cm, 四周雙邊, 半郭：17.8×11.6cm, 無界, 25行55字, 花口, 上下向黑魚尾, 紙質：竹紙	版心題：繪圖再生緣全傳. 序：道光元年(1821)仲秋上澣日書香葉閣主人稿. 刊記：上海 錦章圖書局印行	3Q-수51-v.1-10
筆生花	淮陰心如女史(中國)編, 上海, 申報館, 同治11年(1872)	32卷16冊, 中國新鉛活字本, 17.1×11.3cm, 四周雙邊, 半郭：13.2×9.3cm,	刊記：上海申報館仿聚珍版印. 序：同治壬申(1872)中秋五日棠湖雲腴女士敍. 原序：咸豊(1857)七年七月	3Q-필52ㅎ

書 名	出版事項	版式狀況	一般事項	所藏番號
		無界, 15行字數不定 註單行, 上黑魚尾, 紙質：北黃紙	旣望愚表姪陳同勛頓首拜題	
繪圖筆生花	淮陰心如女史(淸) 著, 刊寫地未詳, 刊寫者未詳, 同治11年(1872)	16卷16冊, 19.9×13.2cm, 四周單邊, 半郭：17.7×11.8cm, 無界, 25行53字, 上黑魚尾, 紙質：竹紙	原序：咸豊七年(1857)七月 旣望愚表姪陳同勛頓首拜題, 同治壬申(1872)秋五月棠湖 雲腴女士敍	3Q-회225ㅈ

9) 圓光大

書 名	出版事項	版式狀況	一般事項	所藏番號
新刻玉釧緣 全傳	刊寫者未詳, 刊寫年未詳	32卷23冊, 中國木版本, 有圖, 17.4×11.8cm, 四周雙邊, 半郭：15.3×10.7cm, 無界, 22行42字, 上黑魚尾, 紙質：竹紙	版心題：新輯繡像玉釧緣, 表題：繡像玉釧緣全傳, 序：道光二十二年(1842)西 湖居士	AN823.6- 人782人

10) 釜山大

書 名	出版事項	版式狀況	一般事項	所藏番號
三笑新編	著者未詳, 刊寫地未詳, 刊寫者未詳, 刊寫年未詳	6冊(缺帙：7-12冊 소장), 中國木版本, 19×11.2cm, 四周單邊, 半郭：15.8×9.5cm, 無界, 11行22字, 花口 上下向黑魚尾		3-12-27
繡像水晶球	鴛湖悅成閣, 淸嘉慶25年(1820) 刊	38卷6冊, 中國木版本, 有圖, 17.5×10cm, 上下單邊, 左右雙邊, 半郭：15.5×8.5cm, 無界, 10行20字, 花口 上下向黑魚尾, 紙質：中國紙	表題：水晶球, 版心題：水晶球, 標題：繡像水晶球傳 序：嘉慶乙丑(1805)孟秋月 …悅成主人識, 刊記：嘉慶庚辰年(1820)新 鐫 鴛湖悅成閣發行	(芝田文庫)OEC 3-12 20
繡像芙蓉洞 全傳	楊秋亭 著, 刊寫者未詳,	10卷10冊, 中國木版本, 有圖, 19.2×11cm,	表題：芙蓉洞, 序：道光元年(1821)杏月…	(芝田文庫)OEC 3-12 28

第2章　中國彈詞의 版本目錄　349

書名	出版事項	版式狀況	一般事項	所藏番號
	淸道光1年(1821)序	四周單邊, 半郭：15×8.8cm, 無界, 10行20字, 花口, 上下向黑魚尾, 紙質：畵宣紙	楊秋亭識	
繡像說唱麒麟豹全傳	淸朝年間 刊	6卷6冊, 中國木版本, 19.5×10.8cm, 四周單邊, 半郭：15.6×8.8cm, 無界, 10行20字, 花口, 上下向黑魚尾, 紙質：畵宣紙	表題：麒麟豹, 版心題：繡像麒麟豹	(芝田文庫)OEC 3-12 25

11) 東亞大

書名	出版事項	版式狀況	一般事項	所藏番號
繡像八美圖	編者未詳, 刊寫地未詳, 刊寫者未詳, 刊寫年未詳	初集20卷4冊(後集29卷4冊, 共8冊), 有圖, 15.5×9.9cm, 四周單邊, 半郭：13.3×8.8cm, 無界, 10行23字, 上下向黑魚尾	書名：標題임, 目錄題：八美圖, 序：光緖己卯(1879)桃月抱眞子書於瓢城之蕉葉庵	(3)：12：2-59
繡像說唱麒麟豹全傳	陸士珍(?) 著, 刊寫地未詳, 飛春閣, 道光4年(1824)	60卷10冊, 有圖, 19×11.3cm, 四周單邊, 半郭：15.6×8.9cm, 無界, 10行20字, 上下向黑魚尾	版心題：繡像麒麟豹, 標題：繡像麒麟豹, 表題：繡像麒麟豹, 刊記：道光甲申年(1824)秋鐫陸士珍先生原稿珍珠塔續集飛春閣梓	(3)：12：2-99
繪圖笑中緣前金如意全傳	編者未詳, 刊寫地未詳, 刊寫者未詳, 刊寫年未詳	4卷4冊, 有圖, 13.9×8.9cm, 四周雙邊, 半郭：11.7×7.7cm, 無界, 19行47字, 上下向黑魚尾	包匣題 및 題簽題 및 標題：繪圖前笑中緣金如意	(3)：12：2-25

12) 慶北大

書名	出版事項	版式狀況	一般事項	所藏番號
新增全圖珍珠塔後傳麒麟豹	刊寫事項 不明	4卷4冊, 中國石印本, 有圖, 14.9×9cm, 四周單邊, 半郭：13×8.1cm, 無界, 20行44字, 上下向黑魚尾	題簽題：繪圖珍珠塔後傳, 版心題：全圖珍珠塔後傳	古812.3 신78

13) 朴在淵

書名	出版事項	版式狀況	一般事項	所藏番號
再生緣	鑄記書局	30卷20冊, 中國石印本		
錦上花	嘉慶癸酉(1813), 脩月閣藏板	48回12冊, 中國木版本, 上下函	袖珍本	

第3章 中國鼓詞의 版本目錄

1) 國立中央圖書館

書名	出版事項	版式狀況	一般事項	所藏番號
繡像英雄淚國事悲全集	鷄林冷血生 著, 上海書局 編, 民國元年(1912)仲春上海書局石印	7卷7冊, 中國木版本, 有圖, 14.5×8.8㎝	表題紙書名：冊1-4 醒世小說英雄淚, 5-7 醒世小說國事悲, 叙冷血生, 刊記：民國元年(1912)仲春上海書局石印	古5-80-40

2) 韓國學中央研究院(舊韓國精神文化研究院)

書名	出版事項	版式狀況	一般事項	所藏番號
英雄淚	編著者未詳, 刊年未詳	1冊(缺本), 中國石印本, 15×9.1㎝	版心書名：醒世英雄淚	(袖)D7C-24
繡像新刻吳越春秋	著者未詳, 上海, 茂記書莊, 光緖34年(1908)	4卷4冊, 中國石印本, 有圖, 14×8.8㎝	表紙書名：繡像吳越春秋, 標題紙書名：繡像吳越春秋鼓詞全傳, 刊記：光緖戊申(1908)冬月上海茂記書莊校印, 內容：冊1：卷1, 第一回-第十二回, 冊2：卷2, 第十三回-第二十四回, 冊3：卷3, 第二十五回-第三十六回, 冊4：卷4, 第三十七回-第四十八回	D7C-81

書名	出版事項	版式狀況	一般事項	所藏番號
新刻千里駒	著者未詳, 上海, 錦章圖書局, 刊寫年未詳	4卷4冊, 中國石印本, 有圖, 20.1×13.3㎝	標題紙書名：連環圖畵千里駒鼓詞, 表紙書名：大字足本連環圖畵千里駒鼓詞, 刊記：上海錦章圖書局印行, 內容：冊1：卷1, 第一回-第十一回, 冊2：卷2, 第十二回-第二十二回, 冊3：卷3, 第二十三回-第三十一回, 冊4：卷4, 第三十二回-第四十二回	D7C-85

3) 서울大學校 奎章閣

書名	出版事項	版式狀況	一般事項	所藏番號
四海棠全傳	京都：文和堂, 光緒17年(1891)	4卷8冊, 中國木版本, 17.2×10.8㎝		5761 1-8冊
混元盒全傳	著者未詳, 刊地未詳, 泰山堂, 1616-1911	12卷12冊, 木版本(淸版本), 17×10.8㎝	版心書名：五毒傳, 印：集玉齋, 帝室圖書之章	[奎중]6139

4) 高麗大

書名	出版事項	版式狀況	一般事項	所藏番號
繡像英雄淚	冷血生(匿名) 著, 191?年刊	1冊, 中國石印本, 有圖, 14.6×9㎝		(新菴文庫) C14-B12
繡像續五龍傳	編者未詳, 上海, 上海書局, 光緒32(1906)	4卷1冊(缺帙), 中國石印本, 14.5×9㎝		[육당]C14-B28-1
新刻于公案	編者未詳, 上海, 上海書局, 19--	2卷1冊(缺帙：卷3-4), 中國石印本, 14.5×9㎝		[육당]C14-B26-2
新刻包公案鼓詞	編者未詳, 上海, 上海書局, 19--	2卷2冊, 中國石印本, 有圖, 14.5×9㎝, 無界, 行字數不定, 無魚尾	表題紙：繪圖包公案鼓詞	[육당] C14 B27 1~2

5) 延世大

書名	出版事項	版式狀況	一般事項	所藏番號
繡像英雄淚	冷血生 著	4卷 4冊, 中國石印本, 15cm	叙:冷血生目序	812.36/47

6) 成均館大

書名	出版事項	版式狀況	一般事項	所藏番號
繪圖正續紫金鐲鼓詞	著者未詳, 上海, 大成書局, 淸朝末期~中華初刊	6卷6冊(正四卷, 續2卷), 中國石印本, 20.2×13.2cm, 四周單邊, 半郭:18.2×10.6cm, 18行44字, 紙質:竹紙	版心題:繡像紫金鐲, 刊記:上海大成書局發行, 備考:第1~63回	D7C-183

7) 梨花女大

書名	出版事項	版式狀況	一般事項	所藏番號
燕王掃北全傳	上海, (191?)	4卷4冊, 中國石印本, 有圖(2張), 14.8×8.9cm, 四周單邊, 半郭:13.2×8.5cm, 無界, 19行44字, 上黑魚尾	版心題:繡像燕王掃北, 標題:繪圖燕王掃北全傳	[고] 812.3 연75
繡像五雷陣全傳		4卷4冊, 中國石印本, 有圖(2張), 14.8×8.8cm, 四周單邊, 半郭:13.2×8.6cm, 無界, 18行43字, 上黑魚尾		[고] 812.3 수61o
繡像李翠蓮施釵	著者未詳, 上海, 茂記書莊, 宣統1年(1909)	6卷4冊, 中國石印本, 有圖(2張), 15×9cm, 四周單邊, 半郭:13.4×8.6cm, 無界, 25行45字, 上黑魚尾		[고] 812.3 수61이
醒世小說中華新國事悲英雄血	上海, 江東書局, 民國5年(1916)	4卷4冊, 中國石印本, 有圖(圖3張), 15×9cm, 四周單邊,		[고]812.3 성 63

書 名	出版事項	版式狀況	一般事項	所藏番號
		半郭：13.1×8cm, 無界, 18行44字		
繡像三公案鼓詞全傳	著者未詳, 上海, 校經山房, (19??)	6卷6冊, 中國石印本, 有圖(圖8張), 15×9cm, 四周單邊, 半郭：14.3×8.2cm, 無界, 18行47字		[고]812.3 수 61삼
繡像包公案鼓詞全傳	上海, 校經山房, (19??)	2卷2冊, 中國石印本, 有圖(圖3張), 15×9cm, 四周單邊, 半郭：13.2×8cm, 無界, 行字數不定	標題：繡像包公案鼓詞全傳, 版心題：繡像包公案鼓詞, 刊印記：上海校經山房石印, 내용주기：第一回~第八回(卷上), 第九回~第十六回(卷下)	[고]812.3 수 61포
新出繪圖說唱白玉蘭汗衫記鼓詞全傳	上海, 校經山房, (19??)	4卷4冊, 中國石印本, 有圖(圖2張), 15×9cm, 四周單邊, 半郭：13.2×8.2cm, 無界, 半葉 行字數不定	表題：繡像說唱汗衫記鼓詞, 標題：繡像汗衫記鼓詞全傳, 版心題：繡像汗衫記鼓詞, 刊印記：上海校經山房石印, 내용주기：第一回~第五回(卷1), 第六回~第九回(卷2), 第十回~第十三回(卷3), 第十四回~第十六回(卷4)	[고]812.3 수 61ㅎ
繪圖西羌國鼓詞	著者未詳, 上海, 茂記書局, 民國元年(1911)	4卷4冊, 中國石印本, 有圖(圖2張), 19×15cm, 四周單邊, 半郭：12.6×8cm, 無界, 19行44字, 上黑魚尾	圖記：中華民國紀元上海江東茂記書局重校發行	[고]812.3 회 315
六月雪	著者未詳, 上海, 江東書局, 民國2年(1913)	8卷8冊, 中國石印本, 有圖(圖2張), 15×9cm, 四周單邊, 半郭：12.8×7.6cm, 無界, 25行39字		[고]812.3 육 771
繪圖平西涼全傳	著者未詳, 上海, 茂記書莊, 宣統2年(1910)	4卷4冊, 中國石印本, 有圖, 15×9cm, 四周單邊, 半郭：13.9×8.4cm, 無界, 17行45字, 上黑魚尾		[고] 812.3 회315
新刻繡像快活林	上海, 華文齋, 光緒32年(1906)	8卷8冊(缺本, 第5~8冊, 卷5~8), 中國石印本, 有圖(圖2張), 14.6×9cm, 四周雙邊, 半郭：	表題：繡像快活林	[고]812.3 수 61A

書名	出版事項	版式狀況	一般事項	所藏番號
		12.5×8.6cm, 無界, 15行36字, 上黑魚尾		

8) 建國大

書名	出版事項	版式狀況	一般事項	所藏番號
繪圖鼓詞巧合奇寃		10卷6冊, 中國石印本, 15×9cm, 四周雙邊, 半郭: 12.4×7.8cm, 18行35字, 上黑魚尾		[고]923

9) 國民大

書名	出版事項	版式狀況	一般事項	所藏番號
繡像英雄淚國事悲全集	冷血生, 上海, 廣益書局, 民國3年(1914)	6冊 1匣(缺帙, 所藏本: 1~3, 5, 7~8), 中國石印本, 有圖, 15.2×9cm, 四周雙邊, 半郭: 12.6×7.9cm, 無界, 行字數不定, 上下向黑魚尾	標題: 醒世小說英雄淚, 表題: 繡像英雄淚國事悲全集	고823.7 냉 01
繡像九巧傳	上海, 江東書局, 刊寫年未詳	6卷6冊 1匣, 中國石印本, 有圖, 15×9cm, 四周雙邊, 半郭: 12.5×7.7cm, 無界, 行字數不定, 上下向黑魚尾		고823 수05

10) 京畿大

書名	出版事項	版式狀況	一般事項	所藏番號
繡像小八義	刊寫地未詳, 刊寫者未詳, 刊寫年未詳	4冊(卷5-6, 9, 12), 中國石印本, 14.9×8.8cm, 四周雙邊, 半郭: 12.6×7.7cm, 無界, 19行42字,		경기-K122041-5

書名	出版事項	版式狀況	一般事項	所藏番號
		上下向無葉花紋魚尾		
繡像征東傳鼓詞全部	刊寫地未詳, 刊寫者未詳, 刊寫年未詳	1卷1冊(缺帙), 14.6×9㎝, 四周雙邊, 半郭：12.3×7.7㎝, 無界, 15行35字, 註雙行, 上下向無葉花紋魚尾	表題：繡像征東傳鼓詞全部, 版心題：繡像征東傳	경기-K122061-1

11) 忠南大

書名	出版事項	版式狀況	一般事項	所藏番號
足本大字繡像大八義	上海, 廣益書局, 1900年代刊	4卷4冊, 中國石印本, 有圖, 20×13.5㎝, 四周單邊, 半郭：16.6×10.8㎝, 無界, 20行45字, 上下向黑魚尾, 紙質：洋紙	表題：足本全圖英雄大八義, 裏題：繡像英雄大八義, 序：時宣統二年庚戌(1910)仲春白門外史識於上海井書	崔書勉集1241

12) 東亞大

書名	出版事項	版式狀況	一般事項	所藏番號
繪圖寄巧寃全傳	著者未詳, 上海：上海書局, 1910	10卷6冊, 中國石印本, 有圖, 14.9×9㎝, 四周雙邊, 半郭：12.4×7.9㎝, 無界, 18行34字, 上下向黑魚尾	表題：圖巧合寄寃全傳, 刊記：宣統庚戌(1910)仲秋上海書局石印	(4)：5：5-2
繡像英雄淚	冷血生 著, 上海, 上海書局, 民國1年(1912)	4卷4冊, 14.8×8.8㎝, 四周雙邊, 半郭：12.×8㎝, 無界, 16行36字, 上下向黑魚尾	目錄題：新刻醒世奇文英雄淚小說, 題簽題：繡像英雄淚國事悲全集, 標題：醒世小說英雄淚, 敍：冷血生自序	(3)：12：2-45
醒世國事悲	冷血生(中國) 著, 上海, 上海書局, 民國1年(1911)	4卷4冊, 中國石印本, 有圖, 14.8×8.8㎝, 四周雙邊, 半郭：12.4×8㎝, 無界,	目錄題：新刻醒世奇文國事悲小說, 包匣題, 題簽題：繡像英雄淚國事悲全集,	(3)：12：2-46

第3章 中國鼓詞의 版本目錄 357

書名	出版事項	版式狀況	一般事項	所藏番號
		16行36字, 上下向黑魚尾	標題：醒世小說國事悲, 刊記：民國元年(1911)仲春上海書局石印	
新刻于公案	著者未詳, 上海, 上海書局, 光緖32年(1906)	4卷2冊, 中國石印本, 有圖, 14.9×9.1㎝, 四周雙邊, 半郭：12.3×8.2㎝, 無界, 15行36字, 上下向黑魚尾	包匣題：繡像三公寄案鼓詞, 標題：繡像于公案, 表題：繡像于公案, 刊記：光緖丙午(1906)荷月上海書局石印	(4)：5：5-5
新刻包公案鼓詞	著者未詳, 刊寫地未詳, 刊寫者未詳, 光緖32年(1906)	2卷2冊, 有圖, 14.9×9.1㎝, 四周雙邊, 半郭：12.2×8.1㎝, 無界, 15行36字, 上下向黑魚尾	包匣題：繡像三公寄案鼓詞, 標題：繪圖鼓詞包公全傳, 表題：繪圖包公案鼓詞	(4)：5：5-6
繡像五龍傳	著者未詳, 上海, 上海書局, 光緖32年(1906)	4卷1冊(續集4卷1冊, 共2冊), 中國石印本, 有圖, 14.9×9.1㎝, 四周雙邊, 半郭：12.4×8.4㎝, 無界, 16行33字, 上下向黑魚尾	包匣題：繡像三公寄案鼓詞, 標題：繡像五龍傳, 表題：繡像五龍傳, 刊記：光緖丙午(1906)仲冬上海書局石印	(4)：5：5-7

13) 慶北大

書名	出版事項	版式狀況	一般事項	所藏番號
繡像英雄大八義	上海, 錦章圖書局, 刊寫年不明	4卷8冊, 中國石印本, 有圖, 15×9㎝, 四周單邊, 半郭：13.2×8㎝, 無界, 18行41字, 上下向黑魚尾	題簽題：繡像五續英雄大八義, 版心題：繡像英雄大八義, 刊記：上海錦章圖書局石印	[古] 812.3 수51
繪圖英雄淚國事悲全集	冷血世 著, 上海, 校經山房, 刊寫年不明	8卷8冊, 中國石印本, 有圖, 15.3×8.8㎝, 四周單邊, 半郭：13.5×7.8㎝, 無界, 行字數不定, 無魚尾	題簽題：繪圖英雄淚國事悲全集, 版心題：醒世國事悲, 醒世英雄淚, 刊記：上海校經山房印行	古812.3 냉94ㅎ

14) 江陵市 船橋莊

書名	出版事項	版式狀況	一般事項	所藏番號
繡像小八義	撰者未詳, 上海, 章福記書局, 中華年間 刊	12卷12冊(卷1~12), 中國石印本, 17.5×10.1cm, 四周雙邊, 半郭：15.4×9.5cm, 無界, 20行49字, 上下向黑魚尾, 紙質：洋紙	題簽：繡像說唱小八義, 版心題：繪像小八義, 裏題：繪圖說唱小八義全傳, 刊記：上海章福記書局石印	

15) 金奎璇所藏本

書名	出版事項	版式狀況	一般事項	所藏番號
戰北原擊祁山		1冊, 中國木版本		

16) 朴在淵所藏本

書名	出版事項	版式狀況	一般事項	所藏番號
英雄大八義	上海書局	4卷4冊, 中國石印本		
李翠蓮施釵記		1冊(落帙), 中國木版本	又名：還寶傳	
李翠蓮施釵記		3卷1冊, 中國石印本		
英雄淚國事悲	鷄林冷血生, 1909年	4卷4冊, 中國石印本		
混元盒		5冊(卷之1~6缺), 中國木版本		
汗衫記		4卷4冊16回, 中國石印本		
六月雪	大成書局	30卷4冊113回, 中國石印本	大字足本	
韓湘子上壽	錦文堂	1冊, 中國木版本		
打黃狼	京都 錦文堂	1冊, 中國木版本		
李方巧得妻		1冊, 中國木版本		
賣油郞獨占花魁		1冊, 中國木版本		
唐書秦英征西		4卷4冊不分回, 中國木版本		

第3章 中國鼓詞의 版本目錄 359

書名	出版事項	版式狀況	一般事項	所藏番號
綠牡丹鼓詞	茂記書局, 1910年	6卷6冊32回, 中國石印本		
三國志鼓詞	光緒丙午(1906), 二酉山房	8卷8冊(1~42回存), 中國石印本		
三國志鼓詞		7冊1~42回(卷首缺), 中國石印本		
三國志歌詞		3冊(卷4~6)1~48回, 中國石印本		
西遊記鼓詞	上海書局, 宣統元年(1909)	4卷4冊不分回, 中國石印本		
薛剛反唐鼓詞	茂記書局, 1910年	4卷4冊不分回, 中國石印本		
瓦崗寨	光緒丁酉(1897)刻	4卷4冊不分回, 中國木版本		
三全鎭	茂記書莊, 1911年	4卷4冊不分回, 中國石印本		
楊金花爭帥	江東茂記書局, 1911年	4卷4冊16回, 中國石印本		
五鋒會初集	錦府益友山房, 1908年	4卷2冊16回, 中國石印本		
五鋒會二集	錦府益友山房, 1908年	4卷2冊26回, 中國石印本		
五鋒會三集	錦府益友山房, 1908年	4卷2冊18回, 中國石印本		
淸官斷	光緒十七年(1891), 京都琉璃廠	4卷2冊16回, 中國木版本		
紅旗溝	光緒丁未(1907)	4冊(落帙), 中國石印本		
紅旗溝	錦章圖書局	8卷8冊82回, 中國石印本		
蝴蝶盃	江東茂記書局, 1911年	4卷4冊, 不分回, 中國石印本		
蝴蝶盃	茂記書局, 1911年	4卷4冊, 不分回, 中國石印本		
紅梅記	江東書局, 1911年	4卷4冊50回, 中國石印本	又名：西湖陰配	
回盃記	光緒己丑(1889)京都琉璃廠	4卷1冊7回, 中國木版本		
花木蘭征北	上海書局, 1909年	4卷4冊25回, 中國石印本		
香蓮帕		上下二函10冊, 中國木版本		
香蓮帕	錦章圖書局,	4卷2冊, 中國石印本		

書名	出版事項	版式狀況	一般事項	所藏番號
	1911年			
續香蓮帕	錦章圖書局, 1911年	4卷4冊, 中國石印本		
靑峰嶺	茂記書局, 1911年	4卷4冊36回, 中國石印本		
雙釵記		8卷8冊(卷1,2缺), 中國石印本		
雙釵記		1冊(落帙), 中國木版本		
林香保雙親記	上海書局, 光緖丙午(1906)	4卷1冊40回, 中國石印本		
林香保投親		4卷4冊(卷之二缺), 中國木版本	又名：雙釵記	
西廂記鼓詞		10卷4冊不分回, 中國石印本		
二度梅鼓詞	掃葉山房	4卷4冊64回, 中國石印本		
嘉慶私訪		2卷1冊, 中國石印本		
道光私訪		2卷1冊, 中國石印本		
金陵府	上海錦章圖書局	4卷4冊不分回, 中國石印本		
金陵府歸西寧		4卷2冊不分回, 中國石印本		
金鐲玉環記	錦章圖書局	4卷4冊, 中國石印本		
金鐲玉環記	江東茂記書局	4卷4冊, 中國石印本		
滿漢鬪	京都泰山堂	4卷4冊20回, 中國石印本		
滿漢鬪	廣堂書局	2卷2冊不分回, 中國石印本		
蜜蜂記	錦章圖書局	4卷4冊18回, 中國石印本		
繡鞋記	錦章圖書局	4卷4冊不分回, 中國石印本		
雙鐧記	錦章圖書局	4卷4冊66回, 中國石印本		
王奇賣豆腐	江東茂記書局	4卷4冊20回, 中國石印本	又名：大明續英烈五虎平南	
十二寡婦征西		4卷4冊, 中國石印本		
楊文廣征西	廣益書局	4卷4冊, 中國石印本		
三省莊	錦章圖書局	4卷4冊20回, 中國石印本		
三省莊		4卷4冊20回, 中國石印本		
太原府		3冊(落帙), 中國石印本		
北平府響馬傳	廣益書局	4卷4冊26回(卷3缺), 中國石印本		
打登州		4卷4冊22回, 中國石印本		

第3章 中國鼓詞의 版本目錄

書 名	出版事項	版式狀況	一般事項	所藏番號
揚州府	校經書局	4卷4冊, 中國石印本		
鸚哥記	久敬齋書局	4卷4冊32回, 中國石印本		
玉盃記		2卷1冊16回, 中國石印本		
銀合走國	江東書局	10卷10冊, 中國石印本	大字足本	
定唐全傳	錦章書局	4卷4冊28回, 中國石印本		
定唐昇仙傳	錦章書局	4卷4冊34回, 中國石印本		
秦英征西		4卷1冊48回, 中國石印本		
綵雲球		12卷12冊160回, 中國石印本		
通州霸	廣益書局	2卷2冊不分回, 中國石印本		
紫金鐘		8冊(8本), 筆寫本		
呼延慶征南	校經山房	4卷4冊不分回, 中國石印本	大字足本	
呼延慶打擂雙鞭記	錦章圖書局	4卷4冊不分回, 中國石印本		
金鞭記		8卷8冊, 中國石印本		
紅燈記		4卷4冊不分回, 中國石印本		
回龍傳	鑄記書局	4卷4冊, 中國石印本		

第三部

(附錄) 中國古典戲曲・彈詞・鼓詞 綜合目錄

第1章
韓國에 流入된 中國戲曲(彈詞·鼓詞)의 目錄表

※ 밑줄 친 부분은 국내 고전문헌에 유입된 기록은 있으나 현재 존재하지 않는 작품임.

- 戲曲:

 《荊釵記》·《拜月亭記》·《琵琶記》·《西廂記》·《薩眞人夜斷碧桃花雜劇》·《伍倫全備記》·《四聲猿》·《牡丹亭》·《長生殿》·《笠翁傳奇十種》·《桃花扇》·《蔣園九種曲》·《紅樓夢曲譜》·《傳奇六種》·<u>《南柯夢記》</u>·<u>《邯鄲夢記》</u>·<u>《續情燈》</u>·<u>《四夢記》</u>·<u>《西樓記》</u>

- 彈詞:

 《義妖傳》·《玉鴛鴦》·《玉堂春》·《玉釧緣》·《再生緣》·《玉連環》·《珍珠塔》·《一箭緣》·《雙珠鳳》·《錦上花》·《三笑新編》·《八美圖》·《碧玉獅》·《水晶球》·《芙蓉洞》·《麒麟豹》·《八仙緣》·《天寶圖》·《筆生花》·《雙珠球》·《十粒金丹》·《金如意》·<u>《燈月緣》</u>

- 鼓詞:

 《巧合奇冤》·《九巧傳》·《四海棠》·《三公案鼓詞》·《西羌國鼓詞》·

《燕王掃北》‧《英雄大八義》‧《英雄淚‧國事悲》‧《英雄小八義》‧《五龍傳》‧《五雷陣》‧《吳越春秋》‧《于公案》‧《李翠蓮施釵記》‧《紫金鐲鼓詞》‧《戰北原擊祁山》‧《征東傳》‧《千里駒》‧《快活林》‧《平西涼》‧《包公案鼓詞》‧《汗衫記鼓詞》‧《混元盒》‧《綠牡丹鼓詞》‧《唐書秦英征西》‧《賣油郎獨占花魁》‧《三國志鼓詞》‧《三全鎮》‧《西遊記鼓詞》‧《薛剛反唐鼓詞》‧《雙釵記》‧《楊金花爭帥》‧《五鋒會》‧《瓦崗寨》‧《李方巧得妻》‧《清官斷》‧《打黃狼》‧《韓湘子上壽》‧《香蓮帕》‧《蝴蝶盃》‧《紅旗溝》‧《紅梅記》‧《花本蘭征北》‧《回盃記》‧《金陵府》‧《金陵府歸西寧》‧《金鐲玉環記》‧《金鞭記》‧《滿漢鬥》‧《蜜蜂記》‧《北平府向響馬傳》‧《三省莊》‧《西廂記鼓詞》‧《繡鞋記》‧《十二寡婦征西》‧《雙鐧記》‧《鸚哥記》‧《楊文廣征西》‧《楊州府》‧《玉盃記》‧《王竒賣豆腐》‧《六月雪》‧《銀合走國》‧《二度梅鼓詞》‧《定唐全傳》‧《綵雲球》‧《打登州》‧《太原府》‧《通州霸》（《道光私訪》‧《嘉慶私訪》）《呼延慶征南》‧《呼延慶打擂雙鐗記》‧《紅燈記》‧《回龍傳》‧<u>《鳳儀亭》</u>

第2章
中國古典戲曲(彈詞·鼓詞)의 綜合目錄

1. 中國古典戲曲의 綜合目錄

A

阿修羅: 作者不詳
愛梅錫號: 汪柱
安市: 張聲玠
安天會: 作者不詳
暗度陳倉: 无名氏

B

八蠻進寶: 作者不詳
八仙過海: 无名氏
八仙床壽: 朱有燉
八仙床壽: 傳山
八義記: 无名氏
拔宅飛升: 无名氏
覇亭廟: 張韜

覇亭秋: 沈自正
白袍記: 无名氏
白兎記: 无名氏
百寶箱: 梅窗主人
百花夢: 張新梅
百花床壽: 作者不詳
百花亭: 无名氏
百靈效瑞: 厲鶚
百子圖: 作者不詳
拜月亭記: 關漢卿
拜月亭記: 施惠
拜針樓: 王墅
半臂寒: 南山逸史
半夜朝元: 朱有燉
宝藏: 无名氏
宝光殿: 无名氏
宝釵記: 李開先
報恩緣: 沈起鳳

抱妝盒: 无名氏
豹子和尙: 朱有燉
北渡江: 无名氏
北邙說法: 葉憲祖
北孝烈: 靑霞寓
背子厓: 作者不詳
比目魚: 李漁
碧簾洞: 作者不詳
碧蓮繡符: 葉憲祖
碧桃花: 无名氏
碧桃記: 陸繼輅
碧天霞: 徐昆
碧玉釧: 作者不詳
碧玉玲瓏: 程居易
避債台: 无名氏
鞭打單雄信: 无名氏
鞭伏柳盜跖: 无名氏
鞭歌妓: 沈自正

貶黃州: 費唐臣
貶夜郎: 王伯成
遍地錦: 姚子翼
冰心冊: 劉永安
幷頭花: 鄧志謨
波弋香: 周樂清
博望訪星: 舒位
搏望燒屯: 无名氏
搏笑記: 沈璟
補天記: 範希哲
不垂楊: 汪應培
不放偸: 毛奇齡
不伏老: 馮惟敏
不賣嫁: 毛奇齡
不夜天: 作者不詳

嬋娟照: 作者不詳
蟾蜍佳偶: 傳一臣
蟾宮操: 程瀛鶴
長公妹: 清南山逸史
長命縷: 梅鼎祚
長生殿補闕: 唐英
長生殿: 洪昇
長生會: 无名氏
長生樂: 袁于令
長生樂: 張勻
長生鐸: 蔣士銓
長生樹: 趙宜梅
常椿壽: 朱有燉
朝陽鳳: 朱素臣
沉香池: 作者不詳
辰勾月: 朱有燉
陳倉路: 无名氏
陳母教子: 關漢卿
陳塘關: 作者不詳
陳轉高臥: 馬致元
陳州糶米: 无名氏
稱人心 陳二白
成雙譜: 吳震生
城南柳: 谷子敬
城南寺: 黃家舒
癡和尚街頭哭布袋: 嵇永仁
癡祝: 徐爔
赤壁賦: 无名氏
赤壁記: 薑鴻儒
赤壁遊: 許潮
赤松記: 无名氏

赤松遊: 丁耀亢
沖漠子: 朱權
重重喜: 撰者不詳
酬鬼: 徐爔
酬紅記: 趙對澂
出師表: 无名氏
楚江情: 馮夢龍
楚昭公: 鄭廷玉
春波影: 徐士俊
春燈謎: 阮大鋮
春蕪記: 王錂
雌木蘭: 徐渭
催生帖: 汪應培
萃花仙: 作者不詳
翠鈿緣: 南山逸史
翠屛山: 沈自晋
翠微亭卸甲閑遊: 楊潮觀
翠鄉夢: 徐渭
村樂堂: 无名氏
存孝打虎: 陳以仁
存孝打虎: 无名氏
撮盒圓: 夏基, 癯先生
錯調合璧: 傳一臣
錯轉輪: 祁麟佳

C

才貌緣: 山痴野
才人福: 沈起鳳
彩毫記: 屠隆
彩舟記: 汪廷訥
荣蘭紉佩: 汪柱
荣樓記: 王錂改訂
曹彬不江南: 无名氏
草廬記: 无名氏
查關: 作者不詳
茶園: 蓉鷗漫撰
釵釧記: 月榭主人
柴桑樂: 方輪子

D

打董達: 无名氏
打韓通: 无名氏
打啞禪: 李開先

第2章　中國古典戲曲(彈詞・鼓詞)의 綜合目錄

大蔥嶺只履西歸: 楊潮觀
大佛升殿: 无名氏
大紅袍: 作者不詳
大紅西小姑送風: 楊潮觀
大劫牢: 无名氏
大名府: 作者不詳
大破蚩尤: 无名氏
大造化: 作者不詳
大戰邳彤: 无名氏
大轉輪: 徐石麒
呆中福: 作者不詳
丹桂鈿合: 葉憲祖
丹桂記: 徐肅穎据
單鞭奪槊: 无名氏
單刀會: 關漢卿
單刀劈寇: 无名氏
單櫃緣: 作者不詳
單戰呂布: 无名氏
統如鼓: 周樂清
黨人碑: 丘園
蕩婦秋恩: 孔昭虔
忉利天: 蔣士銓
倒浣紗: 无名氏
倒鴛鴦: 朱寄林
禱河冰: 羅小隱
悼花: 徐爔
得騶虞: 朱有燉
燈遊: 无名氏
燈瀛州: 无名氏
地行仙: 无名氏
帝妃春遊: 程士廉

帝女花: 黃燮清
第二碑: 蔣士銓
点金丹: 西冷詞客
鈿盒奇姻: 傳一臣
弔琵琶: 尤侗
吊湘: 靜庵居士
鉤魚船: 張彝宣
調風月: 關漢卿
定風珠: 作者不詳:
定時捉將: 无名氏
定中原: 周樂清
東窗記: 无名氏
東窗事犯: 孔文卿
東方朔: 許潮
東郭記: 孫鐘齡
東海記: 陳宝
東海記: 王曦
東荣郡暮夜却金: 楊潮觀
東籬賞菊: 无名氏
東平府: 无名氏
東坡夢: 吳昌齡
東墻記: 白仁甫
東堂老: 秦簡夫
冬青記: 卜世臣
冬青樹: 蔣士銓
董孝: 四費軒主人
動文昌狀元配瞽: 楊潮觀
凍蘇秦: 无名氏
洞天玄記: 楊慎
洞庭緣: 陸繼輅
洞玄升仙: 无名氏

斗嬋娟: 无名氏
斗鷄忏: 孔廣林
斗金牌: 作者不詳
竇娥冤: 關漢卿
督妓: 黃方胤
讀離騷: 尤侗
讀書聲: 張彝宣
獨角牛: 无名氏
獨樂園: 桑紹良
杜秀才痛哭泥神廟: 嵇永仁
度黃龍: 无名氏
度藍關: 永恩
度柳翠: 李壽卿
斷發記: 李開先
斷緣夢: 梁廷枏
對山救友: 石韞玉
奪錦升天: 作者不詳
奪秋魁: 清代朱佐朝

E

餓方朔: 明孫源文
兒孫福: 朱云孫
二奇緣: 許恒
二胥記: 孟称舜

F

伐晉興齊: 无名氏
翻天印: 劉百章

翻西廂：沈謙
樊姬擁髻：舒位
繁華夢：王筠
反西涼：作者不詳
泛月：蓉鷗漫撰
範張雞黍：宮天挺
放楊枝：桂馥
飛刀對箭：无名氏
飛丸記：張景
非非想：王續古
緋衣夢：關漢卿
翡翠園：朱素臣
分金記：葉良表
焚香記：王玉峰
憤司馬夢裏罵閻羅：嵇永仁
風光好：戴善夫
風流夢：馮夢尤
風流配：鶴蒼子
風流院：朱京藩
風流家：鄒式金
風前月下填詞：曹岩
風月南牢記：无名氏
風雲會：羅貫中
風云會：李玉
風箏誤：李漁
封禪書：朱瑞圖
封禪榜：作者不詳
馮京三元記：沈齡
馮玉蘭：无名氏
鳳飛樓：李文瀚
鳳凰琴：椿軒居士

鳳凰台：作者不詳
鳳流棒：万樹
鳳楢亭：休休居士
鳳奇緣：作者不詳
鳳求凰：陳玉蟾
鳳頭鞋：鄧志黃
佛輪：无名氏
優虎韜：沈起鳳
尤生授經：石韞玉
芙蓉記：江楫
芙蓉樓：江光被
芙蓉樓：張衢
芙蓉峽：林以寧
芙蓉影：西泠長
浮漚記：无名氏
浮西施：徐石麒
符金錠：无名氏
福星照：作者不詳
復落娼：朱有燉
傅羅蔔：作者不詳
富貴長春：作者不詳
富貴長春：作者不詳
富貴雙金：作者不詳
富貴圖：作者不詳
覆墓：徐爔

G

感天後神女露筋：楊潮觀
高唐夢：汪道昆

高文舉還魂記：无名氏
高文舉珍珠記：无名氏
歌代嘯：作者佚名
葛衣記：顧大典
隔江斗智：无名氏
鯁詩讖：士室遺民
公車：蓉鷗漫撰
公孫醜：許潮
公宴：江應培
拘咬呂洞賓：葉承宗
孤鴻影：周如璧
古城記：无名氏
管仲姬：洪昇
灌口二郎初顯聖：楊潮觀
灌園記：張鳳翼
廣成子：无名氏
廣寒梯：清夏綸
廣寒香：汪光被
廣陵月：汪廷訥
歸去來辭：魏荔彤
歸元鏡：智達
皈禪：蓉鷗漫撰
閨餞：江應培
桂花塔：左潢
桂花亭：作者不詳
桂林霜：蔣士銓
桂香雲影：秋緣詞人
桂苑：蓉鷗漫撰

H

海潮音: 張彝宣　　紅樓夢散套: 陳鐘麟　　花瑞: 无名氏
海常仙: 朱有燉　　紅樓夢: 仲振奎　　　花筵賺: 范文若
海屋添籌: 胡重　　紅樓夢: 石韞玉　　　花月痕: 陳棟
海嶽圓: 宮敬軒　　紅羅鏡: 傅山　　　　花表桂廷陵掛劍: 楊潮觀
邯鄲記: 明湯顯祖　紅梅記: 周朝俊　　　化人遊: 丁耀亢
邯鄲郡錯嫁才人: 楊潮觀　紅情言: 王翃　　畫圖緣: 汾上誰庵
寒香亭: 李凱　　　紅葉記: 沈璟　　　　畫隱: 張聲玠
韓文公雪擁藍關: 楊潮觀　紅線女: 梁辰魚　畫中人: 吳炳
漢宮秋: 馬致遠　　紅杏記: 无名氏　　　畫竹傳神: 汪柱
漢相如: 許潮　　　虹霓關: 作者不詳　　懷沙記: 張堅
昊天塔: 李凱　　　後庭花: 鄭廷玉　　　懷香記: 堅采
昊天塔: 李玉　　　後西遊記: 无名氏　　還帶記: 沈采
合汗衫: 張國賓　　後尋辛記: 姚子懿　　還金記: 張瑀
合歡殿: 作者不詳　後一捧雪: 胡云壑　　還金記: 張瑀
合劍記: 劉鍵邦　　後漁家樂: 懷古堂編　還牢末: 李致遠
合同文字: 无名氏　呼雷豹: 作者不詳　　幻緣箱: 丘園
和合添祥: 作者不詳　孤祝: 王懋昭　　　宦門子弟錯立身: 无名氏
和戎記: 明無名氏　湖山小隱: 徐爔　　　換扇巧逢春夢婆: 楊潮觀
河梁歸: 周樂清　　葫蘆幻: 作者不詳　　換身榮: 吳震生
河花蕩將種逃生: 楊潮觀　蝴蝶夢: 關漢卿　浣花溪: 无名氏
荷花塘: 馬佶人　　蝴蝶夢: 謝國　　　　浣沙記: 梁辰魚
賀蘭山謫仙贈帶: 楊潮觀　蝴蝶夢: 陳一球　浣沙: 蓉鷗漫撰
賀元宵: 无名氏　　蝴蝶夢: 作者不詳　　皇華記: 裘華
鶴歸來: 瞿頡　　　虎符記: 張鳳翼　　　凰求鳳: 李漁
黑白衛: 尤侗　　　虎口餘生: 遺民外史　黃鶴樓: 无名氏
紅拂記: 張鳳翼　　虎夢: 无名氏　　　　黃鶴樓: 鄭瑜
紅梨花: 張壽卿　　豪頭牌: 李直夫　　　黃花峪: 无名氏
紅梨記: 明徐復祚　琥珀匙: 葉稚斐　　　黃金蝠: 作者不詳
紅蓮債: 陳汝元　　花萼吟: 夏綸　　　　黃粱夢: 馬致遠
紅樓佳話: 周宜　　花舫緣: 卓人月　　　黃眉翁: 无名氏
紅樓夢傳奇: 陳鐘麟　花前一笑: 孟稱舜　黃袍郎: 作者不詳

黃石梁授計逃關: 楊潮觀
黃土關: 作者不詳
黃孝子: 无名氏
灰闌記: 李潛夫
回春記: 朱葵心
回春夢: 顧森
渾儀鏡: 作者不詳
活拿蕭天佑: 无名氏
貨郎旦: 无名氏
霍光鬼諫: 楊梓

J

吉慶圖: 朱佐朝
吉祥兆: 張彝宣
汲長孺矯詔發倉: 楊潮觀
集翠裘: 裘璉
脊今原: 黃燮清
繼母大賢: 朱有燉
祭皋陶: 宋琬
祭牙: 徐爔
薊州道: 張韜
家宴: 蓉鷗漫撰
笳騷: 唐英
嘉禾獻瑞: 胡重
賈島祭詩: 石韞玉
賈家樓: 作者不詳
賈閬仙: 葉承宗
鵕鸃記: 史槃
剪髮待賓: 秦簡夫

見雁憶征人: 鄧志謨
薦福碑: 馬致遠
鑑湖隱: 裘璉
江花夢: 尤爕
江梅夢: 梁廷枏
降桑椹: 劉唐卿
降薇秋: 吳蘭微
降綃記: 黃燮清
橋紅記: 劉東生
橋紅記: 孟稱舜
鮫綃記: 沈鯨
焦鹿夢: 車任遠
焦帕記: 單本
教歡: 蓉鷗漫撰
節俠記: 許自昌
節孝記: 高濂
截舌公招: 傅一臣
介山記: 宋廷魁
介子推: 狄君厚
金榜山: 椿軒居士
金釵記: 无名氏
金翠寒衣記: 葉憲祖
金鈿盒: 張琦
金貂記: 无名氏
金鳳釵: 鄭廷玉
金剛鳳: 張彝宣
金花記: 无名氏
金花女: 无名氏
金蘭誼: 作者不詳
金蘭誼: 作者不詳
金蓮記: 陳汝元

金鈴關: 作者不詳
金龍印: 无名氏
金門戟: 茅維
金瓶梅: 張陸舟
金錢記: 喬吉
金雀記: 王元壽
金鎖記: 葉憲祖
金童玉女: 賈仲明
金丸記: 无名氏
金線池: 關漢卿
金印合縱記: 作者不詳
金印記: 无名氏
金玉墜: 无名氏
金鐲記: 作者不詳
錦箋記: 周履靖
錦蒲團: 无名氏
錦西廂: 周公魯
錦香亭: 石琰
錦繡旗: 作者不詳
錦衣歸: 朱素臣
進瓜記: 王昆玉
晉春秋: 素廷弼
京兆眉: 南山逸史
荊釵記: 柯丹丘
驚寒: 蓉鷗漫撰
驚鴻記: 吳世美
精忠記: 无名氏
精忠旗: 李梅實
景園記: 王元壽
敬德不伏老: 楊梓
敬壽碑: 羅梅江

鏡光緣: 徐爔　　　康衢樂: 蔣士銓　　　老生兒: 武漢臣
鏡花亭: 廖燕　　　考詞: 蒲松齡　　　樂安春: 吳震生
鏡圓記: 章床恩　　空穀香: 蔣士銓　　樂天開閣: 石韞玉
九宮八卦陣: 无名氏　空青石: 万樹　　　雷峰搭: 陳嘉言父女
九蓮燈: 清代朱佐朝　空堂話: 鄒兌金　　雷峰搭: 无名氏
九世同居: 无名氏　　箜篌記: 无名氏　　雷峰搭: 黃圖珌
酒懂: 李逢時　　　　孔方兄: 葉承宗　　雷峰遇仙記: 无名氏
酒家傭: 馮夢龍　　　寇萊公恩親罷宴: 楊潮觀　耒陽判: 作者不詳
救風塵: 關漢卿　　　哭存孝: 關漢卿　　梨花記: 无名氏
救孝子: 王仲文　　　哭星粲弟: 徐爔　　梨花夢: 何佩珠
居宮鑑: 黃燮清　　　苦海回頭: 陳沂　　離騷影: 楚客
桔浦記: 許自昌　　　酷寒亭: 楊顯之　　李丹記: 劉還初
菊花新夢稿: 趙文揩　跨鳳乘龍: 作者不詳　李逵負荊: 康進之
舉案齊眉: 无名氏　　快活三: 張彝宣　　李衛公替龍行雨: 楊潮觀
舉鼎記: 无名氏　　　快活山樵歌九傳: 楊潮觀　李易安: 洪昇
懼內: 黃方胤　　　　寬大詔: 王訢　　　李雲卿: 无名氏
聚寶盆: 朱素臣　　　奎星見: 積石山樵　麗春堂: 王實甫
聚獸牌: 无名氏　　　葵花記: 作者不詳　儷筵: 汪應培
捐金: 蓉鷗漫撰　　　昆侖奴: 梅鼎祚　　荔鏡記: 无名氏
絕交: 靜庵居士　　　昆明池: 裴璉　　　荔技記: 李東月
釣天樂: 尤侗　　　　　　　　　　　　　連城璧: 李玉
　　　　　　　　　　　　　　　　　　　連環計: 无名氏
　　　　　　　　　　L　　　　　　　連環記: 王濟
　　　　　　　　　　　　　　　　　　　簾外秋光: 汪應培
K　　　　　　　　　來生債: 劉君錫　　憐春伴: 李漁
　　　　　　　　　　蘭桂仙: 左潢　　　憐春閣: 仲振奎
開金榜朱衣點頭: 楊潮觀　蘭亭會: 許潮　　蓮花筏: 朱佐朝
開詔救忠: 无名氏　　藍采和: 无名氏　　蓮花會: 作者不詳
勘金環: 无名氏　　　藍關雪: 車江英　　蓮花塘: 作者不詳
勘頭巾: 陸登善　　　藍橋驛: 黃兆森　　孌童: 黃方胤
看錢奴: 鄭廷玉　　　老君堂: 无名氏　　梁上眼: 唐英
看眞: 張聲玠

兩代奇: 孫爲　　　　六如亭: 張九鉞　　　買笑局金: 傳一臣
兩度梅: 石琰　　　　六喩箴: 四中山客　　賣情梨囤: 傳一臣
兩榮歸: 作者不詳　　龍燈賺: 朱云從　　　茂陵弦: 黃燮清
兩生天: 作者不詳　　龍鳳錢: 朱素臣　　　沒鬥疑案: 傳一臣
兩世姻緣: 喬吉　　　龍膏記: 楊珽　　　　眉山秀: 李玉
兩團圓: 高茂卿　　　龍門隱秀: 无名氏　　梅妃作賦: 石韞玉
兩須眉: 李玉　　　　龍山宴: 許潮　　　　梅花詩: 李應桂
兩鐘情: 許廷錄　　　龍陽君: 鄧志謨　　　梅花簪: 張堅
量江記: 餘翹　　　　龍舟會: 王夫之　　　梅龍鎮: 唐英
療妒羹: 吳炳　　　　蘆花絮: 唐英　　　　梅映雪: 作者不詳
臨川夢: 蔣士銓　　　魯齋郎: 關漢卿　　　梅玉配: 作者不詳
臨春閣: 吳偉業　　　魯仲連單鞭蹈海: 楊潮觀　盟心: 蓉鷗漫撰
臨濠喜: 吳震生　　　綠牡丹: 吳炳　　　　孟母三移: 无名氏
臨潼斗寶: 无名氏　　鸞鎞記: 葉憲祖　　　孟山人: 鄧志謨
靈寶刀: 陳與郊　　　論錢: 靜庵居士　　　夢花酣: 範文若
靈犀錦: 張琦　　　　羅敷菜觸: 石韞玉　　夢花因: 鷗波亭長
靈犀佩: 許自昌　　　羅李郎: 无名氏　　　夢幻緣: 周如璧
靈芝床壽: 朱有燉　　羅衫記: 无名氏　　　夢境記: 蘇元雋
淩波影: 黃燮清　　　洛城殿: 嚴廷中　　　夢磊記: 馮夢龍
淩雲記: 韓上桂　　　洛神廟: 呂履恒　　　夢裏緣: 汪柱
劉國師教習扯淡歌: 嵇永仁　洛水悲: 汪道昆　　夢場州: 黃兆森
劉海圓: 作者不詳　　絡冰絲: 徐士俊　　　夢中因: 尤泉山人
劉漢卿白蛇記: 鄭國軒　落金扇: 作者不詳　　夢中緣: 張堅
劉弘嫁婢: 无名氏　　　　　　　　　　　　彌勒記: 孫挺
劉行首: 初楊訥　　　　　　　　　　　　　彌勒笑: 呂公溥
流星馬: 黃元吉　　　**M**　　　　　　　　汨羅江: 鄧瑜
留鞋記: 无名氏　　　　　　　　　　　　　面缸笑: 唐英
琉璃搭: 作者不詳　　馬陵道: 无名氏　　　澠池會: 高文秀
柳毅傳書: 尚仲賢　　瑪瑙簪: 鄧志謨　　　明月环: 張琦
柳州烟: 東江英　　　埋劍記: 沈璟　　　　明珠記: 陸采
六美圖: 无名氏　　　買花錢: 徐石麒　　　鳴鳳記: 无名氏

命字: 蓉鷗漫撰
磨塵鑑: 鈕格
磨忠記: 范世彥
磨合羅: 孟漢卿
秣陵春: 吳偉業
車尼合: 阮大鋮
牡丹品: 朱有燉
牡丹亭: 湯顯祖
牡丹圖: 朱佐朝
牡丹仙: 朱有燉
牡丹園: 朱有燉
木蘭詩: 張韜
目連救母: 鄭之珍
牧羊記: 无名氏

N

納錦郎: 陳鋒
哪吒三変: 无名氏
奈何天: 李漁
男王後: 王驥德
南渡江: 作者不詳
南極登仙: 无名氏
南柯記: 湯顯祖
南樓月: 許潮
南山法曲: 韓錫胙
南西廂記: 陸采
南西廂記: 李日華
南星拱照: 作者不詳
南陽樂: 夏綸

鬧花州: 吳震生
鬧門神: 茅維
鬧銅台: 无名氏
鬧鐘馗: 无名氏
拈花笑: 徐石麒
念八翻: 万樹
凝碧池忠魂再表: 楊潮觀
牛頭山: 李玉
弄珠樓: 王异
怒斬關平: 无名氏
女彈詞: 唐英
女昆侖: 裘璉
女學士: 无名氏
女雲台: 許鴻磐
女丈夫: 馮夢龍
女貞觀: 无名氏
女專者: 孔廣林
女狀元: 徐渭

P

磐陀山: 撰者不詳
蟠桃初熟: 作者不詳
蟠桃會: 朱有燉
蟠桃會: 作者不詳
判艷: 清嚴廷
龐掠四郡: 无名氏
裴度還帶: 關漢卿
裴晉公: 許潮
盆兒鬼: 无名氏

琵琶記: 高明
琵琶重光記: 蔡應龍
琵琶話: 周樂清
騙英布: 无名氏
貧富興衰: 无名氏
品詩: 蓉鷗漫撰
平齡會: 无名氏
破風詩: 无名氏
破苻堅: 李文蔚
破牢愁: 汪柱
破天陣: 无名氏
破窯記: 王實甫
破窯記: 无名氏
譜秋: 嚴廷中

Q

七國傳: 李玉
七里灘: 宮天挺
七腥記: 紀振倫
七十壽言: 徐爔
妻梅子鶴: 汪柱
齊東絶倒: 呂天成
齊人記: 熊超
齊人乞食: 傅山
齊天大聖: 无名氏
齊天樂: 薛旦
奇酸記: 李斗
耆英會: 喬荣
旗亭館: 裘璉

旗亭記: 鄭之文　　秦州樂: 吳震生　　曲江池: 朱有燉
旗亭記: 金兆　　　琴別: 張聲玠　　　曲江春: 王九恩
旗亭讌: 張龍文　　琴操參禪: 石韞玉　曲水宴: 曹錫黼
麒麟閣: 李玉　　　琴心記: 孫柚　　　娶小喬: 无名氏
麒麟記: 无名氏　　青虹嘯: 鄒玉卿　　金德記: 王拱恕
麒麟罽: 明陳與郊　青樓訪妓: 鄧志謨　金福記: 王筠
乞食圖: 錢維喬　　青樓濟困: 徐爔　　勸美: 蓉鷗漫撰
氣英布: 尚仲賢　　青袍記: 无名氏　　雀羅庭: 曹錫黼
千金記: 沈采　　　青衫記: 顧大典　　群仙朝聖: 无名氏
千金壽: 沈筠　　　青衫淚: 馬致遠　　群仙祝壽: 作者不詳
千裏獨行: 无名氏　青石山: 作者不詳　群仙祝壽: 无名氏
千秋海晏: 无名氏　清風山: 作者不詳　群英會: 作者不詳
千秋鑑: 作者不詳　清平調: 尤侗
千秋鑑: 作者不詳　清平調: 張韜
千祥記: 無心子　　清忠譜: 李玉　　　R
千鐘祿: 李玉　　　清忠譜正案: 唐英
前赤壁賦後赤壁賦: 无名氏　情郵記: 吳炳　蚺蛇膽: 丁耀亢
前世因: 作者不詳　情中幻: 崔應階　　人鬼夫妻: 傅一臣
乾坤嘯: 朱佐朝　　床長生: 无名氏　　人難賽: 吳震生
潛龍佩: 无名氏　　床千秋: 无名氏　　人獸關: 李玉
倩女離魂: 鄭光祖　床賞端陽: 无名氏　人天樂: 黃周星
牆頭馬上: 白仁甫　床賞蟠桃會: 无名氏　人中龍: 盤際時
喬斷鬼: 朱有燉　　床朔堂: 朱有燉　　忍字記: 鄭廷玉
喬影: 吳藻　　　　床有餘: 作者不詳　認金梳: 无名氏
巧抉緣: 唐英　　　床祝無疆: 作者不詳　任風子: 馬致遠
巧奇緣: 作者不詳　窮院籍醉罵財神: 楊潮觀　紉蘭佩: 周樂清
巧團圓: 李漁　　　瓊林晏: 作者不詳　如是觀: 張彝宣
竊符記: 明張鳳翼　秋胡戲妻: 石君寶　如意緣: 新天齋癭道人
秦樓蕭引月: 鄧志謨　秋虎丘: 清王鑨　如意針: 作者不詳
秦樓月: 朱素臣　　虯髯翁: 凌濛初　　如意珠: 秦子陵
秦廷築: 茅維　　　曲江池: 石君寶　　儒吏完城: 許鴻磐

第2章　中國古典戲曲(彈詞・鼓詞)의 綜合目錄

入山: 徐爔
軟錕鋙: 孔傳志
軟羊脂: 孔傳志
軟郵筒: 孔傳志
瑞筠圖: 夏綸

S

灑雪堂: 梅孝已
賽嬌容: 朱有燉
三報恩: 畢魏
三釵夢: 許鴻磐
三出小沛: 无名氏
三度小桃紅: 朱有燉
三多福: 作者不詳
三多金: 吳震生
三奪槊: 尚仲賢
三風緣: 撰者不詳
三風緣: 作者不詳
三桂記: 紀振倫
三化邯鄲: 无名氏
三皇寶劍: 作者不詳
三奇俠: 作者不詳
三社記: 其范
三世記: 永恩
三世姻緣: 无名氏
三笑姻緣: 作者不詳
三星圓: 王懋昭
三儀節: 无名氏
三元報: 唐英

三緣報: 羅梅江
三戰呂布: 鄭光祖
三祝記: 汪廷訥
色癡: 作者佚名
僧尼共犯: 馮惟敏
殺狗記: 徐田臣
殺狗勸夫: 蕭德祥
山靈朝扈: 无名氏
珊瑚玦: 周稚廉
珊瑚帔: 作者不詳
珊瑚鞭: 胡業宏
傷春: 蓉鷗漫撰
商輅三元記: 无名氏
賞菊傾酒: 汪柱
上林春: 姚子翼
射柳捶丸: 无名氏
神鏡: 无名氏
神奴兒: 无名氏
神仙會: 朱有燉
神晏: 王懋昭
愼鸞交: 李漁
蜃中樓: 李漁
升平瑞: 蔣士銓
升堂記: 无名氏
升仙記: 无名氏
升仙記: 黃粹吾
升仙夢: 无名氏
生金閣: 无名氏
生平足: 吳震生
澠池會: 高文秀
蝨談: 徐爔

詩賦盟: 張琦
詩籠: 无名氏
詩扇記: 汪柱
獅吼記: 汪廷訥
十長生: 朱有燉
十出奇: 周大榜
十醋記: 范希哲
十錦塘: 馬佶人
十眉圖: 无名氏
十眉圖: 張勻
十金福: 作者不詳
十三娘: 葉承宗
十五貫: 朱素臣
十樣錦: 无名氏
十義記: 无名氏
十字坡: 唐英
石麟鏡: 朱佐朝
石榴記: 黃振
石榴元: 无名氏
識俊: 蓉鷗漫撰
使酒罵座: 葉憲祖
世外歡: 吳震生
試官述懷: 黃周星
壽甫: 張聲玠
壽狀群仙: 作者不詳
壽爲先: 作者不詳
壽筵稱床: 作者不詳
述夢: 徐爔
雙報應: 嵇永仁
雙杯記: 无名氏
雙螭璧: 鄒玉卿

雙錘記: 范希哲　　雙魚記: 沈璟　　氾黃濤: 恩齋主人
雙翠圓: 夏秉衡　　雙魚珮: 孫郁　　飼鼇記: 王文治
雙蝶夢: 王鑨　　雙忠記: 姚茂良　　松年引: 孔廣林
雙釘案: 唐英　　雙忠節: 郭宗林　　宋公明鬧元宵: 凌濛初
雙風記: 陸士璘　　雙忠廟: 周稚廉　　送窮: 靜庵居士
雙福壽: 張彝宣　　雙珠記: 沈鯨　　蘇九淫奔: 无名氏
雙官誥: 陳二白　　雙珠球: 作者不詳　　蘇六娘: 无名氏
雙合歡: 茅維　　水滸記: 許自昌　　蘇園翁: 茅維
雙合印: 作者不詳　　悅床: 王懋昭　　訴琵琶: 廖燕
雙和合: 朱佐朝　　順風旗: 作者不詳　　素梅玉蟾: 葉憲祖
雙和合: 作者不詳　　說艷: 蓉鷗漫撰　　鸘鸘裘: 許樹棠
雙紅記: 更生子　　說艷: 蓉鷗漫撰　　鸘鸘裘: 哀干令
雙劍圓: 作者不詳　　死裏逃生: 孟稱舜　　睢陽節: 作者不詳
雙節烈: 作者不詳　　死生冤報: 傅一臣　　歲星記: 李斗
雙金榜: 阮大鋮　　四大狀: 朱素臣，朱佐朝，　　誶範叔: 高文秀
雙金牌: 作者不詳　　　　丘園，葉時章四八合　　碎胡琴: 張聲玠
雙烈記: 明張四維　　四海升平: 无名氏　　碎金牌: 周樂清
雙林坐化: 无名氏　　四合奇: 作者不詳　　鎖白猿: 无名氏
雙龍珠: 椿軒居士　　四馬投唐: 无名氏　　鎖魔鏡: 无名氏
雙龍隆: 新都筆花齋　　四美記: 无名氏
雙美緣: 作者不詳　　四美圖: 作者不詳
雙牡丹: 作者不詳　　四奇歡: 朱佐朝

T

雙南記: 越雪山人　　四書集趣: 作者不詳
雙瑞記: 范希哲　　四喜記: 謝讜　　踏雪尋梅: 朱有燉
雙兔記: 永恩　　四喜緣: 春橋　　太平樂事: 陳鋒
雙仙記: 崔應階　　四弦秋: 蔣士銓　　太平樂事: 曹寅
雙獻功: 高文秀　　四賢記: 无名氏　　太平錢: 李玉
雙星圖: 鄒山　　四賢配: 椿軒居士　　太平仙記: 陳自得
雙星圖: 司馬章　　四友記: 永恩　　太平晏: 无名氏
雙雄記: 馮夢龍　　四友堂裏言: 黃鉽　　曇花記: 屠隆
雙鶯傳: 哀干令　　四元記: 范希哲　　曇花夢: 梁廷柟

第2章　中國古典戲曲(彈詞·鼓詞)의 綜合目錄　379

唐苑鼓催花: 鄧志謨
堂晏: 无名氏
堂晏曲: 汪應培
逃關: 作者不詳
桃符記: 无名氏
桃符記: 沈璟
桃花記: 金懷玉
桃花女: 王曄
桃花人面: 孟稱舜
桃花扇: 孟尙任
桃花吟: 曹錫黼
桃花緣: 徐朝彝
桃花源: 尤侗
桃花源: 劉龍瓺
桃林賺: 作者不詳
桃溪雪: 黃燮清
桃計渡江: 石韞玉
桃醫: 无名氏
桃園結義: 无名氏
桃源景: 朱有燉
桃源漁父: 石韞玉
陶處士: 許潮
滕王閣: 鄭瑜
綈袍記: 无名氏
題紅記: 王驥德
題肆: 張聲玠
題園壁: 桂馥
替殺妻: 无名氏
天寶曲史: 孫郁
天豹圖: 作者不詳
天成福: 作者不詳

天感孝: 椿軒居士
天降福: 吳震生
天開壽域: 作者不詳
天馬媒: 劉方
天上有: 黃璞
天書記(重訂): 汪廷訥
天隨願: 袁檁
天台奇遇: 楊之炯
天錫和合: 作者不詳
天星聚: 作者不詳
天醫扇: 作者不詳
天緣債: 唐英
調風月: 關漢卿
鐵拐李嶽: 岳伯川
鐵冠圖: 作者不詳
鐵旗陳: 作者不詳
鐵氏女: 來鎔
通天台: 吳偉業
通仙枕: 作者不詳
通玄記: 蘭茂
同俗歌: 曹錫黼
同甲會: 徐潮
童叟歡迎: 作者不詳
統坤國: 作者不詳
偸甲記: 范希哲
偸期: 黃方胤
偸桃記: 吳德修
偸桃捉住東方朔: 楊潮觀
投筆記: 華山居士
投澗中: 桂馥
投梭記: 徐復祚

投桃記: 汪廷訥
塗投計: 作者不詳
吐絨記: 史槃
團花鳳: 葉憲祖
團園夢: 朱有燉
脫囊穎: 徐陽輝

W

玩江亭: 无名氏
綰春園: 沈嵊
萬倍利: 作者不詳
萬國來朝: 无名氏
萬國來朝: 无名氏
萬花台: 張讕
萬裏圓: 李玉
萬年歡床: 作者不詳
萬年觴: 朱素臣
萬年希: 吳震生
萬金記: 范希哲
萬事足: 馮夢龍
萬壽冠: 朱佐朝
萬珠袍: 作者不詳
王粲登樓: 鄭光祖
王蘭卿: 康海
王母稱床: 作者不詳
輞川樂事: 戴全德
望湖亭: 沈自晋
望江亭: 關漢卿
望雲記: 金懷玉

爲善最樂: 作者不詳
聞窘: 蒲松齡
維揚夢: 陳棟
衛花符: 堵庭棻
衛將軍: 許潮
衛茂漪: 洪昇
未央天: 朱素臣
渭塘寄遇: 无名氏
魏征改詔: 无名氏
魏征砲笏再朝天: 楊潮觀
溫柔鄉: 余懷
溫太眞晉陽分別: 楊潮觀
文姬歸漢: 作者不詳
文姬入塞: 陳與郊
文星榜: 沈起鳳
文星現: 朱素臣
問卜: 徐爔
倭袍記: 作者不詳
烏蘭誓: 潘炤
無底洞: 作者不詳
無瑕璧: 夏綸
吳起敵秦: 无名氏
梧桐葉: 李唐賓
梧桐雨: 白仁甫
五代帶: 朱佐朝
五福記: 无名氏
五高風: 李玉
五侯晏: 關漢卿
五湖遊: 汪道昆
五虎記: 永恩
五龍朝聖: 无名氏

五鹿塊: 清代許廷錄
五倫鏡: 張三异
五馬破曹: 无名氏
五星: 作者不詳
五義風: 作者不詳
五子爭奎: 作者不詳
午日吟: 許潮
午時牌: 无名氏
伍倫金備記: 邱濬
伍員吹簫: 李壽卿
武陵春: 許潮
武春球: 无名氏
誤入桃源: 王子一
誤失金環: 无名氏
悟眞如: 朱有燉

X

西湖記: 无名氏
西湖扇: 丁耀亢
西江瑞: 周昂
西遼記: 許鴻磐
西樓記: 袁干令
西塞山漁翁封拜: 楊潮觀
西蜀夢: 關漢卿
西台記: 陸世廉
西廂記: 王實甫
西遊記: 楊訥
西園記: 吳訥
息宰河: 沈崍

惜花報: 黃周星
喜逢春: 清嘯生
霞箋記: 无名氏
下河東: 作者不詳
下江南曹彬誓衆: 楊潮觀
下西洋: 无名氏
仙官床會: 朱有燉
仙女茱芝: 作者不詳
仙遊閣: 陸繼放
賢翁激婿: 傳一臣
賢星聚: 孤嶼學人
獻長安: 作者不詳
獻賦題搞: 无名氏
獻蟠桃: 无名氏
相恩譜: 吳中情奴
香草吟: 徐沁
香囊記: 邵燦
香囊怨: 朱有燉
香山記: 羅懋登
香祖樓: 蔣士銓
襄陽會: 高文秀
降獅子: 朱有燉
亭千秋: 作者不詳
想當然: 王光魯
宵光記: 徐復祚
逍遙游: 王應遴
逍遙巾: 湯貽汾
逍遙亭: 羅梅江
簫淑蘭: 賈仲明
瀟湘雨: 楊顯之
小豆棚: 曾衍東

第2章　中國古典戲曲(彈詞・鼓詞)의 綜合目錄　381

小河洲: 李應桂
小忽雷: 顧彩
小金錢: 作者不詳
小孫屠: 蕭德祥
小尉遲: 无名氏
小張屠: 无名氏
孝感天: 椿軒居士
孝女存孤: 許鴻磐
挾忠烈: 作者不詳
瀉風情: 許潮
謝道韞: 洪昇
謝東山: 許潮
謝金吾: 无名氏
謝天香: 關漢卿
新調恩春: 戴全德
新豐店馬周獨酌: 楊潮觀
新灌園: 馮夢龍
新琵琶: 張錦
新西廂: 張錦
信陵君義葬金釵: 楊潮觀
興隆傳: 作者不詳
興唐傳: 作者不詳
醒芳: 蓉鷗漫撰
醒鏡: 徐爔
杏花村: 夏綸
杏花山: 作者不詳
杏林莊: 无名氏
修文記: 屠隆
繡春舫: 作者不詳
繡襦記: 徐霖
繡幃燈: 孫郁

續春秋: 无名氏
續精忠: 湯子垂
續琵琶: 曹寅
續精燈: 薛旦
續訴琵琶: 廖燕
續西廂: 查繼佐
軒轅鏡: 朱佐朝
宣和譜: 介石逸
萱壽: 作者不詳
璿璣錦: 孔廣林
薛苞認母: 无名氏
薛仁貴: 張國賓
雪中人: 蔣士銓
血影石: 朱佐朝
尋親記: 王錂重訂
荀灌娘圍城救父: 楊潮觀
訊扮: 張聲玠

Y

崖山烈: 朱九經
雅歡樓: 作者不詳
煙花夢: 朱有燉
煙花債: 崔應階
胭脂記: 童養中
胭脂舄: 李文瀚
胭脂雪: 盛際時
廷安府: 无明氏
廷五關: 作者不詳
顏臣: 无名氏

衍床: 作者不詳
眼兒媚: 孟稱舜
晏金台: 朱樂清
晏滕王: 曹錫黼
艷雲亭: 朱佐朝
雁帛書: 許鴻磐
燕青博魚: 李文蔚
燕子箋: 阮大鋮
揚州鶴: 作者不詳
揚州夢: 喬吉
揚州夢: 嵇永仁
揚州夢: 清岳端
揚狀元進諫謫滇南: 劉翬
夭桃紈扇: 葉憲祖
搖錢樹: 作者不詳
世春秋: 作者不詳
業海扁舟: 金連凱
夜香台持齋訓子: 楊潮觀
謁府師: 桂馥
一合相: 茱涇居士
一江風: 和睦州
一諾媒: 作者不詳
一捧雪: 李玉
一匹布: 作者不詳
一片石: 蔣士銓
一片心: 劉赤江
一品爵: 李玉
一亭霜: 劉永安
一文錢: 徐復祚
伊尹耕莘: 鄭光祖
衣襖車: 无名氏

衣錦還鄉: 无名氏　　英雄蓋: 孟稱舜　　魚村記: 韓錫胙
衣珠記: 无名氏　　英雄概: 葉稚斐　　魚家樂: 朱佐朝
圮橋進履: 李文蔚　　英雄譜: 作者不詳　　魚樵記: 无名氏
宜男佩: 作者不詳　　嬰兒幻: 金兆燕　　魚樵閑話: 无名氏
遺眞記: 廖景文　　瓔絡會: 朱佐朝　　魚陽三弄: 徐渭
倚門: 黃方胤　　櫻桃記: 史槃　　虞兮夢: 唐英
倚玉: 蓉鷗漫撰　　櫻桃夢: 明陳與郊　　雨蝶痕: 浣霞子
義烈記: 汪廷訥　　櫻桃晏: 張源　　雨花台: 徐昆
義妾存孤: 傅一臣　　櫻桃園: 王澹　　玉寶瓶: 作者不詳
義俠記: 沈璟　　鸚鵡記: 无名氏　　玉杯記: 无名氏
義勇辭金: 朱有燉　　鸚鵡媒: 錢維喬　　玉釵記: 心一山人
義貞記: 吳恒宣　　鸚鵡夢: 趙開夏　　玉杵記: 云水道人
義忠恩: 作者不詳　　鸚鵡洲: 陳與郊　　玉帶山: 作者不詳
義忠烈: 无名氏　　鸚鵡洲: 鄭瑜　　玉殿緣: 陳子玉
異夢記: 王元壽　　迎天榜: 黃祖顓　　玉合記: 梅鼎祚
易水寒: 葉憲祖　　傭中人: 唐英　　玉壺春: 賈仲明
易鞋記: 董應翰　　氷團園: 李玉　　玉杯記: 无名氏
驛亭槐影: 汪應培　　幽王舉烽火: 鄧志謨　　玉杯記: 作者不詳
意中人: 李玉　　遊赤壁: 東江英　　玉杯緣: 周昂
意中緣: 李漁　　遊湖: 徐爔　　玉皇升殿: 作者不詳
陰山破虜: 无名氏　　遊梅遇仙: 徐爔　　玉劍緣: 李本宣
陰陽判: 查愼行　　遊山: 張聲玠　　玉節記: 張衢
陰陽鐘: 作者不詳　　遊仙夢: 劉熙堂　　玉鏡記: 作者不詳
姻緣扇: 作者不詳　　有情癡: 徐陽輝　　玉鏡台記: 朱鼎
吟秋: 蓉鷗漫撰　　酉陽修月: 舒位　　玉鏡台: 關漢卿
淫僧: 黃方胤　　盂蘭夢: 嚴保庸　　玉玦記: 鄭若庸
銀漢槎: 李文翰　　魚兒佛: 湛然　　玉馬珮: 路術淳
銀瓶牡丹: 孟稱舜　　魚籃記: 范希哲　　玉梅亭: 臥月樓主
飲中仙: 黃兆森　　魚籃記: 无名氏　　玉門關: 青城山樵
英雄報: 唐英　　魚籃記: 无名氏　　玉蜻蜓: 撰者不詳
英雄成敗: 孟稱舜　　魚水緣: 周書　　玉容鏡: 作者不詳

玉搔頭: 李漁	元寶媒: 朱稚廉	簪花髻: 沈自征
玉獅墜: 張堅	元徽之: 許潮	贊樂: 作者不詳
玉梳記: 賈仲明	原宵鬧: 李素甫	葬花: 孔昭虔
玉台秋: 黃燮清	園林午夢: 李開先	棗床長生 此劇未見著錄
玉堂富貴: 作者不詳	原情: 徐燨	贈蝶: 蓉鷗漫撰
玉丸記: 朱期	園香夢: 梁廷柟	贈書記: 无名氏
玉鴛鴦: 朱呆	袁氏義犬: 陳與郊	斬健蛟: 无名氏
玉簪記: 高濂	袁文正還魂記: 欣欣客	占花魁: 李玉
育英才: 作者不詳	猿聽經: 无名氏	張李鷹: 許潮
鬱輪袍: 張琦	遠山戲: 汪道昆	張生煮海: 李好古
鬱輪袍: 王衡	月華緣: 作者不詳	張天師: 吳昌齡
鬱輪袍: 黃兆森	月容鏡: 作者不詳	張協狀元: 无名氏
禦果園: 作者不詳	月夜談禪: 徐燨	仗義疏財: 朱有燉
禦龍珠: 作者不詳	月中桂: 作者不詳	昭君出塞: 陳與郊
禦爐香: 李漫翁	樂毅圖喬: 无名氏	昭君夢: 薛旦
禦袍恩: 丘園	嶽飛精忠: 无名氏	趙禮讓肥: 秦簡夫
禦雪豹: 朱佐朝	嶽陽樓: 馬致遠	趙氏孤兒記: 无名氏
遇上皇: 高文秀	躍鯉記: 无名氏	趙氏孤兒: 紀君祥
豫讓吞炭: 楊梓	雲窗夢: 无名氏	折桂傳: 无名氏
豫忠: 四費軒主人	雲石會: 署惕三道人編次	折梅逢驛使: 鄧志謨
冤家債主: 无名氏	雲台記: 蒲俊卿	貞文記: 孟稱舜
鴛鴦棒: 范文若	雲台門: 无名氏	珍舊: 蓉鷗漫撰
鴛鴦被: 无名氏	運甓記: 邱瑞吾	珍珠旗: 作者不詳
鴛鴦鏡: 傅玉書		珍珠塔: 作者不詳
鴛鴦鏡: 黃燮清		眞傀儡: 王衡
鴛鴦夢: 采芝客		爭報恩: 无名氏
鴛鴦夢: 葉小紈	**Z**	正昭陽: 石子斐
鴛鴦帕: 張應楸		芝龕記: 黃榕
鴛鴦扇: 劉永安	載花舲: 徐沁	擲釧: 蓉鷗漫撰
鴛鴦家: 沈玉亮	再醮: 黃方胤	智降秦叔寶: 无名氏
鴛鴦緣: 路迪	再生緣傳奇: 无名氏	智勇定齊: 鄭光祖
	再生緣: 王衡	

智賺還珠: 傅一臣	諸仙祝嘏: 无名氏	紫金門: 作者不詳
中郎女: 南山逸史	竹塢聽琴: 石子章	紫荊花: 李文翰
中秋床節: 无名氏	竹計舟: 范康	紫泥宣: 无名氏
中山狼: 王九恩	竹計舟: 畢魏	紫瓊瑤: 張彝宣
中山狼: 康海	苧羅夢: 陳棟	紫徽官: 无名氏
中興圖: 作者不詳	祝發記: 張鳳翼	紫徽照: 作者不詳
中州滔烈記: 作者不詳	傳天心: 唐英	紫霞巾: 陳棟
忠孝福: 黃兆森	賺蒯通: 无名氏	紫簾記: 湯顯祖
忠義圖: 作者不詳	妝樓記: 玩花主人	紫玉記: 蔡應龍
鐘妹床壽: 蒲松齡	莊周夢: 史樟	紫雲亭: 石君宝
鐘情緣: 作者不詳	追韓信: 金仁杰	自燃鼎: 作者不詳
種松堂: 鄧志謨	墜釵記: 沈璟	醉高歌: 張雍敬
種玉記: 汪廷訥	卓女當壚: 舒位	醉畫圖: 廖燕
周公攝政: 鄭光祖	卓女君: 朱權	醉菩提: 張彝宣
倩梅香: 鄭光祖	捉彭寵: 无名氏	醉翁亭: 東江英
珠環記: 鄧志謨	紫釵記: 湯顯祖	醉鄉記: 孫鐘齡
諸葛亮夜祭瀘江: 楊潮觀	紫姑神: 陳棟	醉新豐: 茅維

2. 中國古典彈詞의 綜合目錄

A

哀梨記
哀新年
新編埃及慘狀
愛卿夫妻庵堂相會全本
安邦志
安安送米

B

八仙圖
後八仙圖
八仙緣
芭蕉扇
八寶鸞釵記
八美圖
八美圖
新出繡像人段錦後集平魯宋
新出繡像人段錦前傳
拔蘭花
改本白仙傳
白綾記
新刻繡像白綾扇
新刻白羅衫全本
白蛇傳

白狐裘
新刻白馬駄屍劉文英還魂玉帶記全本
白獺傳
白鶴圖
新刻辰州胡知府白扇記全本
白兔記
白燕樓
白玉簪全本
百花台
百花彈詞
繪圖百花亭
百花圖
百美圖
百鳥圖
新編說昌寶蓮燈華山救母全傳
北史遺文
背解紅羅
筆生花
碧玉環
碧玉連環
碧玉獅彈詞
碧玉塔
碧玉簪

C

采金桃
彩雲球
改良蔡明鳳辭店全本
藏春塢
曹梅緣
張秀英茶碗記全本
釵釧記
昌平樂
陳世美不認前妻
新刻時調沈香太子
陳子春被害龍宮招辛
蠣虎釧
赤玉蓮花
改良劉貴成私訪釧金鐲記全本
賜笏樓
崔文璀彈詞
新六美圖男女狀元張香保翠花記

D

福壽大袍
大金錢
大雙蝴蝶
新編大宋鴛鴦壺
盜金刀
新刻燈下緣

燈月緣　　　　　風箏誤　　　　　韓仙寶傳
燈月傳　　　　　釵天緣珮　　　　韓湘子傳
繪圖燈月醉世傳　鳳麟襖　　　　　繡像說唱海公奇案
登雲豹　　　　　繡像鳳凰台　　　海公奇案玉蜻龍全傳續傳七種
滴水珠　　　　　鳳凰圖　　　　　何必西廂
點默熙然　　　　鳳凰山　　　　　合歡圖
雕龍寶扇　　　　鳳雙飛　　　　　合巹圖
時調跌金錢全傳　鳳求凰彈詞　　　合同記
定國志　　　　　芙蓉洞　　　　　何文秀
繪圖東西晉演義前集　芙蓉劍　　　紅燈記
東遊記八仙過海　福州潮　　　　　紅羅寶帳
　　　　　　　　富貴神仙　　　　紅梅閣
　　　　　　　　富貴圖　　　　　紅土埠
E　　　　　　富爾敦發明輪船彈詞　新刻紅霞征北
　　　　　　　　　　　　　　　　續紅鞋
　　　　　　　　　　　　　　　　紅杏出墻彈詞
二度梅　　　　　　　　　　　　　虎螭鏡
二虎嶺藏山豹　　**G**　　　　　新刻琥珀鳳釵柳稀雲全本南音
新刻二女多情傳　　　　　　　　　花箋記
二十世紀女界文明燈　高唐夢　　　花鳥緣
　　　　　　　　口傳葛姑娘替父伸冤記　花月夢
　　　　　　　　孤鴻影　　　　　畫中緣彈詞
F　　　　　　繡像歸西寧　　　槐蔭記
　　　　　　　　新編秘本歸原扇全傳　還金鐲
法國女英雄　　　果報錄　　　　　還魂記
番合釧　　　　　國事悲　　　　　蜋龍鏡
飛虎槍　　　　　拱璧緣　　　　　換親記
飛龍傳　　　　　庚子國變彈詞　　換空箱
新編酒雪堂合情緣分弦記　　　　　後三笑
新刻雅調唱口粉紅欄全傳　　　　　黃綾帕
粉椿樓　　　　　**H**　　　　　黃金印
時事彈詞風流罪人

回杯記
回龍傳
繪眞記

J

集芳園
吉慶圖
新刻時調見月笑李千金傳
接芳緣
新刻繡像節義奇情傳
增訂節孝傳
劫餘生彈詞
金閨傑
金桂樓
新刻金龜記
精奇雅調金孔雀
金瓶梅傳
金蝴蝶傳
金錢記
金如意
金鎖記
新繡金絲蝴蝶
金台全傳
金台傳
金屋夢
新編金一定
金魚緣
金玉緣
金簪記

錦上花
錦堂歡
錦香亭
晉陽外史
荊釵記
荊襄快談錄
精忠傳
精衛石
新出九度文公全傳
九更天
繪圖九郎宮借馬
九龍陣
九美奪夫
九美圖
九美圖
九品蓮台記
九絲條
九仙枕

K

開篇集成
新刻時調彈詞崑崙關

L

來生福
新抄蘭香閣全部
雷峰塔

李龜年彈詞
新刻添改李翠蓮旅釵
驪珠記
蓮花夢
蓮花帕
梁山伯祝英台夫婦攻書
聊齋志異彈詞
聊齋志異俠女篇彈詞
林婉娘彈詞
劉晨采葯
劉成美傳
榴花夢
劉海台
改良劉金定一下南唐
六美圖
六明珠
原本刻金進瓜借屍還魂團圓記
劉天壁全傳
續穿金扇龍燈圖
龍鳳報
龍鳳金釵
龍鳳姻緣
龍魚記
鸞鳳雙簫
鸞鳳圖
羅成賣絨線
改良羅通掃北報仇忠孝全傳
羅霄女俠彈詞
落金扇
落帽風
陳英賣水記

繪圖李顏貴賣水記

M

滿江紅彈詞
新刻蟒蛇記全傳
梅花夢
梅花韻
梅柳配
猛回頭
孟薑女尋夫
夢影緣
新刻秘本唱口彈詞七篇
描金鳳
明末彈詞
明紀彈詞
明史彈詞注
明史彈詞
明史遺文新柳詩
明月珠彈詞
新刻出像目連全傳

N

奈何天
南詞小引初集
越調南樓傳
難中竹報
鬧金剛

鬧盧莊
慎修堂注訂廿二史彈詞
廿五史彈詞輯注
廿一史彈詞輯注
新刻清唱拗碎靈藝記
女拆白黨
女軍人前後傳
女中師
女彈詞

O

藕絲緣

P

盤龍鐲
潘必正尋姑
蓬萊烈妞
琵琶記
平湖秋月
繪圖說唱破肚記全本

Q

新輯七國孫臏全本
七俠圖
論語齊景公待孔子五章彈詞

麒麟豹
麒麟閣
麒麟羽
七美圖
薺人章彈詞
孟子薺人章演義
戚三郎彈詞
新刻千裏駒
乾隆鏡
千秋恨
新刻雅調彈詞忠孝尋親巧合金冠全傳
巧合三緣
巧連環
巧連珠
繪圖巧奇緣全傳
巧奇冤
巧姻緣
欽命江南
琴瑟合和集
清風劍
清龍傳
青萍記
青石山
瓊花歡
群英傳

R

如是歡

如意寶冊	新鐫十二美女玉蟾緣	雙玉釵
	十二金錢傳	雙珠鳳
	十美圖	雙珠球
S	十裏亭	水怪貪歡緣
	石破天驚	水晶球
三國志玉璽傳	十五貫	水心鏡
繡像三合明珠寶劍全傳	第十一斷錦詞話	四海球
三生石彈詞	十玉人傳	絲羅帶
三笑圖緣	雙包記	四美圖傳
三笑新編	繪圖朱文進焚屍救妹手巾記	新刻絲絨記
三笑姻緣	雙釵記	四時春
三笑彈詞	雙燈記	四香緣
三元記	雙冠誥	四雲亭
李榮春休妻僧鞋記	雙剪髮	絲竹韻傳
殺今桃	雙金錠	宋志
山陽縣彈詞	繪圖王文氷雙金花	蘇小小彈詞
尙湖春彈詞	雙金鐲	素心蘭
少年軍	繡像雙娟緣	孫式子救孔聖雷炮興兵全傳
神劍記	雙驢夢	繡像太極圖
神女夢	雙美緣	繡像太極陳
柳蘭英伸冤記	雙師印	李雲夫婦下柳州得勝太平記
新造國韓沈公爺監潮全歌	雙喜配	後滴水珠太平山
蜃樓人影	雙仙緣	太陽燈
蜃樓傳	雙孝傳	天門陳
笙簧鑑史	雙魚佩	彈詞
生薑袋	雙魚傳	彈詞
升平樂	雙玉杯	彈詞十種
詩髮緣	雙玉玦	彈詞六種
獅吼記	雙玉燕	探河源
獅子吼	雙玉魚	新編螳螂傳全傳
十把穿金扇	雙玉鐲前後傳	桃花庵

改良桃花塢紫金鐲
桃花影
桃花源彈詞
桃柳爭春
陶朱富
啼笑因緣
啼笑因緣續集
天寶圖
天豹圖全傳
天賜福
天貴圖
天香恨
天雨花
天緣記
鐵蓮花
鐵血美人
新刻梁祝同窗記
同心梔彈詞

W

瓦崗寨
萬花樓
亡國恨
文式圖吹箋記
文式香球
文明秋鳳
倭袍傳
無憾編
無量佛

新編金冠後本無雙傳
五毒傳
雅調唱口五鳳飛全傳
五龍緣
五女興唐傳
五女緣
五色雲

X

犀釵記
新選全本西瓜記
西湖緣
西泠劇彈詞
西廂記彈詞
西園記
俠女花彈詞
俠女群英史
新刻(乾隆皇帝)下關東私訪同三虎困龍全傳
改良乾隆下關西鳳凰城私訪陳監生
仙莊會
香蓮帕
香雪海
想當然
繡像全尋親
改良金槍傳兩狼山小祭祖全本
小金錢
小喬自嘆

新刻小清官烏江渡私訪
新編繡像說唱小西涼全傳
新刻時調笑春風
孝女蔡惠
笑中緣
繪圖新史奇歡
雅調猩猩圖全傳
醒愁編
醒世錄
醒世錄
重校訂正說唱柳狀元繡花針報冤傳
繡香囊
薛丁山征西全傳
血淚碑彈詞
新刻東調薛仁貴征東全傳
文式狀元金再興血袍記

Y

鴉鳳緣
牙痕記
雅樂軒開篇
新刻牙牌記
煙花風月
脂血彈詞
燕子箋彈詞
續楊八妹取金刀全傳
新刻楊家將八虎闖幽州
楊排鳳掃北大祭

楊乃武	玉釧緣	再造天
搖錢樹	玉杯記	氈笠緣
夜來香	玉鏡台彈詞	占花魁彈詞
新刻時調一封書節義傳	玉夔龍	章台記
一箭緣	玉連杯	說唱張作霖演義
一捧雪	玉連杯	照相發明彈詞
一文錢	玉樓春	折桂香
一線緣	玉禦蜒	重刊唱本雅調診脈全傳
新出義和團演義	玉蜻蜓	珍珠鳳
義妖傳	玉如意	珍珠塔
意中情	玉堂春	珍珠旗
因果報	玉姻緣	繡像忠烈姻緣奇傳
吟餘編	玉魚記	中秋記
新刻陰陽寶扇	玉鴛鴦	忠孝全彈詞
新調陰陽鏡莫奈何全傳	新刻玉鐲記	鐘無艷全傳
鸚哥記	鴛鴦劍	畫錦堂記
英雄會	新翻鴛鴦佩	珠玉圓
英雄譜	緣秋亭貞節全傳	珠玉緣
英雄奇緣傳	躍鯉記	自由花
映陝樓	雲琴閣	新編東調棕藍扇
永遇樂	雲外飄香	子靈記傳奇
幽閨記	雲中落繡鞋	柴金鞭
魚腸劍	蘊香丸	子虛記
娛萱草		姊妹花
雨雪亭		醉芙蓉
玉杯記	**Z**	新編醉太平
新編玉蟾記		
玉尺樓	再生緣	

3. 中國古典鼓詞의 綜合目錄

A

安德春投友
安良傳鼓詞
安天會
暗茶壺

B

八蠟廟捉拿費得清鼓詞
八打天門陳鼓詞
八大錘大鬧朱仙鎮鼓詞
八洞神仙賀壽
八虎闖幽州鼓詞
八劍七俠十六義鼓詞
八戒招親
八裏橋
八難
八搜鄒應龍鼓詞
八頭案
八喜
八仙大鬧東海鼓詞
八仙過海
八仙過海鼓詞
八仙床壽
八仙上壽鼓詞

八字成文
覇王娶虞姬鼓詞
壩橋餞行
白寶柱借當鼓詞
白帝城
白帝城
白鶴圖
影詞
白蓮教神怪鬼妖鼓詞
白良關鼓詞
白綾記
白綾扇鼓詞
白綾傳鼓詞
白鹿院影詞
白羅衫鼓詞
白馬李七候鼓詞
白馬坡
白馬駝屍玉帶記
白門樓
白娘娘鬥法全合鉢鼓詞
白娘娘雷峰塔鼓詞
白袍征東
白袍征東歡音賜箭
白扇記
白蛇傳鼓詞
白蛇傳影詞
白蛇盜丹

白蛇借傘
白蛇借傘鼓詞
白玉樓鼓詞
白玉樓炎天雪影詞
白猿倫桃
白猿倫桃孝母
白雲征西
百班名
百茱名
百茱梨膏糖
百草山鼓詞
百蟲名兒
百花出征
百花名
百花名十采花
百花袍
百花亭
百花亭影詞全傳
百花詠影詞
百花仙子
百家姓帶古人名
百家姓列國古人名
百靈廟
百年長恨
百鳥朝鳳
百鳥朝鳳 (梅花大鼓)
百鳥名兒

百鳥通音	寶玉探病	**C**
百忍歌	保安恩司令長作 霖	
百忍圖	保龍山鼓詞	才子佳人對詩
百忍爲	豹頭山鼓詞	財迷作羅
百山名兒	暴雨歸丹鼓詞	彩樓傳鼓詞
百山名古人名	悲秋	彩球記鼓詞
百山圖	北平府鼓詞	彩雲球鼓詞
百戲名	北宋楊家將	彩雲球鼓兒詞
敗子回頭鼓詞	北唐傳	蔡鍔再造共和史鼓詞
搬窯	北俠歐陽春鼓詞	蔡中郎鼓詞
半點不由人	背猴子	藏豹山鼓詞
半夜來賊	背娃入府	藏龍庵
半字句	奔牛陳鼓詞	曹操逼宮鼓詞
棒打鄭屠 (中篇襄燴垣兒詞)	比古人	曹錕鼓詞
包待制出身傳詞話	碧玉釧影詞	曹錕退位鼓詞
包公案 (襄垣鼓兒詞)	碧玉將軍	曹淑珍賣詞
包公案鼓詞	碧雲寺	草般借箭 4頁
包公案鼓詞	鞭打督郵	草昭敲牙
包公案誇桑	鞭打蘆花	層層見喜
包公誇桑	別姬	叉杆吃醋
包公奇案	別母亂箭	挿花段 (小段襄垣鼓兒詞)
包公獻桑	別善惡	查關
包龍圖陳州糶米記詞話	賓鐵劍影詞	茶碗記
包龍圖斷白虎精傳詞話	賓困甘州城	拆白黨尋花
包龍圖斷曹國舅公案傳詞話	伯牙撫琴	拆論自由戀愛
包龍圖斷歪烏盆傳詞話	博望城	拆西廂
包龍圖趙皇帝孫文儀案傳詞話	薄蛇傳鼓詞	禪宇寺救駕
包拯投胎 (小段襄垣鼓詞)	捕蛇傳鼓詞	饞老婆
鮑子安打擂	下垂別淚	長阪坡
寶蓮燈鼓詞	下全相會	長江奪鬥
寶玉勸玉 (梅花大鼓)		長毛驢

長隨嘆
常遇春三打采石磯鼓詞
唱黑
抄本大鼓曲
鈔票嘆
韓鮮亡國鼓詞
址諛嗑
址黃旗（襄垣鼓兒書帽）
沉香救母雌雄劍鼓詞
沉香救母寶蓮燈
陳妙常白雲庵
陳三兩爬堂鼓詞
陳世美不認前鼓詞
陳塘關鼓詞
陳英賣水神饞記
陳英士誅正鄭對表
陳玉生按姑娘
陳子春被害記龍宮招親
程咬金做皇帝鼓詞
吃大煙嘆十聲
吃喝嫖賭包人窮鼓詞
赤壁賦
蟲蝦打仗
崇禎吊死煤山（中篇襄垣鼓詞）
崇禎歡畫
寵妲姬
醜末寅初
醜妞兒出閣
出善會
初一十五廟門開
廚子歎

廚子歎
楚霸正逼死烏江鼓詞
串龍珠左公案鼓詞
春梅遊舊家池館
春秋配鼓詞
春字小段
慈雲走國鼓詞
刺虎
翠屏山
矬老婆（襄垣鼓兒詞書帽）

D

打斑鳩（小段襄垣鼓兒詞）
打登州
打登州鼓詞
打狗勸夫
打鼓罵曹
打關西
打鬼（京音大鼓）
打花鼓鼓詞
打黃狼
打懶呆（小段襄垣鼓兒詞）
打蠻船
打婆婆
打嚴嵩鼓詞
打漁殺家
大八義鼓詞
大報父母恩
大姑娘十八忙

大姑娘耍婆婆（小段襄垣鼓兒詞）
大鼓詞選
大鼓書
大鼓書詞
大鼓書詞匯編（初集）
大鼓研究
大歡園
大光明（京音大鼓）
大閨女誇婆家（小段襄垣鼓兒詞）
大腳段（小段襄垣鼓兒詞）
大剿女匪五龍隊鼓詞
大姐算卦
大炕人心狹義鋤奸影詞
大力將軍
大明奇狹傳初集鼓詞
大明奇狹傳二集鼓詞
大明奇狹傳三集鼓詞
大明奇狹傳四集鼓詞
大明興隆傳
大鬧八叉路
大鬧花燈鼓詞
大鬧苗家莊鼓詞
大鬧三門街說唱鼓詞正集
大鬧三門街說唱鼓詞續集
大鬧蟠桃會
大鬧蘇家難
大鬧天宮
大鬧天宮
大鬧相國寺
大鬧野豬林
大破冰雹陳鼓詞

大破鳳凰嶺鼓詞	黛玉恩親曲詞 (梅花大鼓)	調精忠
大破紅州鼓詞	黛玉葬花 3頁	喋幹面 (小段襄垣鼓兒詞)
大破洪州	單刀會	丁得財巧得妻
大破孟州鼓詞	當陽橋	丁郎尋父
大破孟州混元鉢鼓詞	黨人碑影詞	丁郎中狀元
大破寄門陳鼓詞	黨太尉	丁香割肉
大破天門陳鼓詞	蕩寇志鼓詞	頂針續麻
大破煙雲嶺初集鼓詞	蕩子嘆	定保借當
大破沂州鼓詞	檔曹	定釵代繡
大破五行陳	刀劈三關鼓詞	定鼎奇聞
大清國初集鼓詞	道姑哈詩 (中篇襄垣鼓兒詞)	定國志鼓詞
大清國二集鼓詞	道光爺私訪青龍傳鼓詞	定軍山
大清國三集鼓詞	道情鼓子詞	定唐影詞全傳
大清國四集鼓詞	道情鼓子詞	定唐全傳鼓詞
大上壽	德州府	定遠縣鼓詞
大實話	德州府鼓詞	丟姑爺
大絲滌黨	得抄傲妻	東郭傳鼓詞
大唐奏王詞話	燈下緣	東郭記鼓詞
大西唐鼓詞	燈月醉世傳鼓詞	東郭外傳
大西廂	登科記	東郭簫鼓兒詞
大賢人勸丈夫	登樓降香	東漢演義鼓詞抄本
大小姐偸杏	狄仁傑迂考	東來傳
大煙毒	狄仁傑迂考鼓詞	東西惡演義
大煙樓	地動段	洞賓賣葯 (小段襄垣鼓兒詞)
大煙嘆	第五才子水滸傳鼓詞	洞庭湖
大雁捎書	第一奇女鼓詞	獨木關
大雁小燕對詞	顚倒古人名	獨占花魁
大雜會	顚倒配影詞	杜泉死守松家峪
黛玉悲秋	點仙莊 (小段襄垣鼓兒詞)	杜十娘怒沉百寶箱
黛玉焚稿	電光目玉蝴蝶鼓詞	斷橋情跡鼓詞
黛玉歸天曲詞 (梅花大鼓)	吊膀自嘆	對雀屛影詞

對松關鼓詞
多俾亞傳鼓詞
奪阿頭（中篇襄垣鼓兒詞）

E

兒女英雄傳鼓詞
二八佳人
二打天門陳鼓詞
二度林英
二度梅鼓詞
二度梅鼓詞
二度梅影詞
二婦拉婁（小段襄垣鼓兒詞）
二姑郎還願
二姑郎降香（小段襄垣鼓兒詞）
二虎嶺鼓詞
二姐回門（小段襄垣鼓兒詞）
二郎降妖（中篇襄垣鼓兒詞）
二郎神嫁妹鼓詞
二郎爺劈山救母
二馬投唐鼓詞
二女多情傳鼓詞
二入榮國府
二十打天門陳鼓詞
二十個姑娘拜壽（小段襄垣鼓兒詞）
二十九軍男兒們
二十四黑
二十四節氣古人名

二十四節氣曲牌名
二十四孝
二十四孝鼓詞
二賢傳

F

番合釧鼓詞
樊金定罵城
樊梨花送枕鼓詞
樊梨花下山
樊梨花招親（小段襄垣鼓兒詞）
樊梨花征西
反榮園（襄垣鼓兒詞書帽）
反難楊修
反勸妻
反唐全傳鼓詞
反唐鼓詞
反五關
反字音（襄垣鼓兒詞書帽）
反字音（小段襄垣鼓兒詞）
梵宮落髮
方孝孺罵燕王
方玉娘鼓詞
房四娘還魂記
防堵嘆
訪白袍
訪武昌（襄垣鼓兒詞）
訪賢
飛虎夢影詞

飛龍傳鼓詞
飛坡島鼓詞
飛熊夢
分龍會影詞
粉紅女繞口令
粉妝樓鼓詞
風波亭鼓詞（石派快書）
風都嶺鼓詞
風流新史鼓詞
風流天子鼓詞
風雪山神廟
封神榜鼓詞
封神榜影詞
瘋僧掃秦鼓詞
瘋僧治病
馮素珍替夫賢良傳
馮玉祥鼓詞
鳳凰釵
鳳凰山鼓詞
奉儀亭
奉國大戰記鼓詞
奉天省長王冰江
奉天實事俠女伶鼓詞
奉直大戰記鼓詞
佛門點元鼓詞
佛學證鑒說唱鼓詞乾坤歸元鏡
佛爺梁武帝鼓詞
芙蓉誅
父母恩
負心恨
富春樓

富貴九子圖

G

改良大鼓書詞
改良燈下工夫
改良勸夫
甘露寺
趕劉秀
綱鑒圖鼓詞
高沖挑滑車鼓詞
高後保一下南唐
高老莊收八戒
高媳婦
割肝救母 (中篇襄垣鼓兒詞)
割韭菜 (小段襄垣鼓兒詞)
割肉孝母
革命英雄血
葛巾傳
庚子新財主
宮花配
宮門掛帶 (中篇襄垣鼓兒詞)
姑娘借油
姑娘刺大煙
姑娘勸夫郎
姑娘洗澡
姑女自嘆 (大鼓書)
姑嫂賢良
姑爺拜年
姑爺鑽門坎

占城會
占城相會
古代四賢鼓詞
古今奇歡鼓詞
古人名
鼓詞抄
鼓詞大歡
鼓詞匯編
鼓詞集
鼓詞集
鼓詞三編 (改正准詞)
鼓詞三種
鼓詞四種
鼓詞五種
鼓詞續編 (改正准詞)
鼓詞選刊
鼓詞選刊續集 (附梅花大鼓曲詞)
鼓詞傳號
故宮盜寶鼓詞
寡婦熬兒 (小段襄垣鼓兒詞)
拐銀匠 (小段襄垣鼓兒詞)
關公出世鼓詞
關公辭曹
關公辭曹
關公盤貂蟬對詞
關公挑袍(中篇襄垣鼓兒詞)
關黃對刀
關王廟
關雲長賣豆腐鼓詞
關雲長出世鼓詞
關中碑鼓詞

觀音出世鼓詞
觀音賜箭
觀音話佛出世鼓詞
官軍大戰長生王鼓詞
官門掛帶 (中篇襄垣鼓兒詞)
光棍哭妻 (小段襄垣鼓兒詞)
光棍嘆
歸西寧鼓詞
閨女誇婆家 (小段襄垣鼓兒詞)
鬼斷家私
滾樓
鄭巨埋兒
鄭松齡反戈鼓詞
鄭秀下兩廣鼓詞
鄭子儀床壽
鄭子儀打擂
國事悲鼓詞
國事悲英雄淚鼓詞
過繼巧姐兒

H

哈爾濱逆倫案鼓詞
海公大紅袍鼓詞
海瑞打嚴嵩鼓詞
海棠結社
海獻蟄樓
韓瑞龍投辛鼓詞
韓世忠炮炸兩狼關鼓詞
韓湘子得道鼓詞

韓湘子度林英（小段裏垣鼓兒詞）	紅樓夢鼓詞	呼家將鼓詞
韓湘子九度文公十度妻鼓詞	紅彎禧鼓詞	呼家將銀賜紫金鞭忠孝全傳鼓詞
韓湘子上壽	紅羅寶帳	呼家將征南鼓詞
韓信十大奇功鼓詞	紅梅閣	呼家將征南鼓詞
韓信算卦	紅梅閣鼓詞	呼廷床打擂
韓信問蔔	紅梅記鼓詞	呼廷床打擂鼓詞
韓信無時	紅牡丹	呼廷床打擂雙鞭記鼓詞
漢官印	紅娘巧辨曲詞（梅花大鼓）	呼廷床大上墳鼓詞
漢光武復國走南陽鼓詞	紅娘下書	呼廷床上墳鼓詞
汗衫記鼓詞	紅旗溝鼓詞	呼廷床征南鼓詞
好逑傳鼓詞	紅土埠	呼廷床征南鼓詞
耗子娶貓	紅仙女算卦	狐狸緣
耗子摔交	紅繡鞋鼓詞	狐狸緣影詞
合鉢	紅葉題詩	狐仙段
何氏賣身	紅月娥做夢	胡迪打秦檜
何陽山影詞	紅鬃烈馬	胡阿毛開車入黃浦
鶴侶自嘆	洪武放牛	胡必松九美圖鼓詞
鶴橋密馨	洪武傳	胡迪大罵閻羅
黑驢告狀打棍出箱鼓詞	洪憲升天鼓詞	胡迪遊十八層地層
黑小放牛	洪秀全初集鼓詞	湖北尋親記鼓詞
黑小娶黑妞	洪秀全二集鼓詞	蝴蝶杯鼓詞
恒娘鼓詞	洪秀全三集鼓詞	蝴蝶杯鼓詞
紅燈記鼓詞	洪秀全四集鼓詞	蝴蝶杯影詞
紅燈記鼓兒詞	洪羊洞鼓詞	蝴蝶降世戲妻大劈棺鼓詞
紅風傳鼓詞	鴻鸞喜	蝴蝶夢
紅拂傳鼓詞	鴻雁捎書	虎牢關
紅拂私奔	宏碧緣鼓詞初集	虎牙嶺鼓詞
紅蝴蝶鼓詞	宏碧緣鼓詞二集	花關索貶雲南詞話
紅淚傳鼓詞	後七國志鼓詞	花關索出身傳詞話
紅臉段	後三國志說唱鼓詞	花關索認父傳詞話
紅臉段	後珍珠塔麒麟豹鼓詞	花關索下面川詞話

花蝴蝶鼓詞	回龍傳鼓詞	濟公傳鼓詞
花蝴蝶復仇記說唱鼓詞	回龍傳鼓詞	濟公鼓詞八集 （繪圖八續濟公
花木蘭投軍鼓詞	回娘家	鼓詞）
花木蘭征北鼓詞	回權記	濟公鼓詞初集二集 （繪圖前後
花位娛鼓詞	會玉捧玉	公鼓詞）
華容道	會眞記鼓詞	濟公鼓詞二十二集 （繪圖二十
畫中緣影詞	混元鉢鼓詞	二續濟公鼓詞）
懷宗傳鼓詞	混元鉢鼓詞	濟公鼓詞二十集 （繪圖二十續
還魂記	混元盒影詞	濟公鼓詞）
還俗登第影詞	活捉小張三	濟公鼓詞二十三集 （繪圖二十
還鄉段打舟船鼓詞	火燒連營鼓詞	三續濟公鼓詞）
皇帝夢	火燒彌山	濟公鼓詞二十四集 （繪圖二十
黃恩欽賜賞	火燒綿山	四續濟公鼓詞）
黃河套	火燒太湖口鼓詞	濟公鼓詞二十一集 （繪圖二十
黃河陳鼓詞	火燒戰船	一續濟公鼓詞）
黃河陳萬仙陳鼓詞	火燒趙家樓	濟公鼓詞九集 （繪圖九續濟公
黃九郎鼓詞	火焰山	鼓詞）
黃狼段	貨郎翻箱 （小段裏垣鼓兒詞）	濟公鼓詞六集 （繪圖六續濟公
黃三太三盜九龍杯鼓詞	鷄寶山鼓詞	鼓詞）
黃氏女遊陰 9頁	擊鼓罵曹	濟公鼓詞七集 （繪圖七續濟公
黃天霸八蠟廟鼓詞	唧嘹你算卦	鼓詞）
黃天霸大鬧落馬湖鼓詞	集錦書目	濟公鼓詞三集 （繪圖再續濟公
黃天霸盜禦馬連環套鼓詞	集腋成裘 （京音大鼓）	鼓詞）
黃天霸三破齋星樓鼓詞	妓女悲秋	濟公鼓詞十八集 （繪圖十八續
黃天霸三擒蔡天化鼓詞	妓女悲傷	濟公鼓詞）
黃天霸招辛鼓詞	妓女得意	濟公鼓詞十二集 （繪圖二續濟
黃天霸捉拿一枝桃鼓詞	妓女告狀	公鼓詞）
黃文下書	妓女上墳	濟公鼓詞十集 （繪圖十續濟公
徽欽二帝鼓詞	妓女嘆	鼓詞）
回杯記鼓詞	濟公案鼓詞	濟公鼓詞十九集 （繪圖十九續
回荊州	濟公傳鼓詞	濟公鼓詞）

濟公鼓詞十六集（繪圖十六續濟公鼓詞）	假碧桃鼓詞	金鉢三法
	劍閣聞鈴（梅花大鼓）	金釵記鼓詞
濟公鼓詞十七集（繪圖十七續濟公鼓詞）	箭射盔纓	金頂山影詞
	箭攢羅成	金盒春秋鼓詞
濟公鼓詞十三集（繪圖十三續濟公鼓詞）	薑安安送米	金環記
	薑登選活捉鄭松齡鼓詞	金精戲寶
濟公鼓詞十四集（繪圖十四濟公鼓詞）	薑太公釣魚鼓詞	金陵府會鼓子詞 [點絳唇]
	薑太公賣面	金陵府鼓詞
濟公鼓詞十五集（繪圖十五續濟公鼓詞）	薑維一計害三賢鼓詞	金陵府歸西寧鼓詞
	薑子牙八十遇文王鼓詞	金牌調鼓詞
濟公鼓詞十一集（繪圖十一續濟公鼓詞）	江東橋影詞	金瓶梅孽姻緣鼓詞
	焦葉扇影詞	金錢斷（小段襄垣鼓兒詞）
濟公鼓詞四集（繪圖四續濟公鼓詞）	蛟趾羅鼓詞	金錢記（襄垣鼓兒詞）
	鮫綃帳影詞	金槍傳兩狼山小祭祖
濟公鼓詞五集（繪圖五續濟公鼓詞）	蕉葉扇影詞	金石良言
	叫姐姐（小段襄垣鼓兒詞）	金石緣影詞
寄信	搒彩球	金銷鐄鼓詞
祭塔	截江奪鬥鼓詞	金縢玉箸影詞
嘉床爻私訪青龍傳鼓詞	姐妹易嫁	金印記
佳人采桑	解人迷	金再興血袍記
佳人奇文	武花酒	金盅記（襄垣鼓兒詞）
佳人生悶氣	武嗎啡鴉片大煙歌	金鐘計
佳人送飯	借當	金珠衫鼓詞
佳人送飯	借東風	金鐲玉環記（襄垣鼓兒詞）
佳人送郎君	借姑娘	金鐲玉環記鼓詞
佳人戲鸚鵡	借女吊孝	錦上花全集鼓詞
佳人寫書段	借靴	錦水祠
佳人綉幔帳	今古奇歡鼓詞	金水詞
賈春香盼夫（小段襄垣鼓兒詞）	金杯記	金園榮（京音大鼓）
賈鳧西鼓詞	金鞭記（襄垣鼓兒詞）	晉陽外史鼓詞
賈家樓鼓詞	金鞭記鼓詞	進寶傳鼓詞

京郡圖	開宗義富貴孝義傳	萊蕪縣
景陽風武松打虎鼓詞	拷打紅娘	藍關走雪
京陽風鼓詞	拷打寇承玉	藍橋會
鏡花緣鼓詞	科學救國大鼓書	浪蕩子哭廟
九城修馬路	空城計	浪子戲
九打天門陳鼓詞	空城計鼓詞	老夫妻打賭 (小段襄垣鼓兒詞)
九度林英	空同記鼓詞	老寡婦上墳 (小段襄垣鼓兒詞)
九更天滾釘板	孔明借箭	老漢嘆
九花娘鼓詞	孔明招親	老兩口誇子 (小段襄垣鼓兒詞)
九九歸一 (襄垣鼓兒詞書帽)	孔子去齊	老媽上京
九九圖	寇萊公審潘洪鼓詞	老少配
九九消寒圖	哭長城	老侍衛論
九裏山	哭柴荊	老鼠告狀
九裏山十面埋伏鼓詞	哭官哥	老鼠告狀 (中篇襄垣鼓兒詞)
九蓮燈	哭秦廷鼓詞	老倭瓜告狀
九龍杯鼓詞	哭五更 (小段襄垣鼓兒詞)	老英自嘆 (唐山大鼓)
九龍帶 (襄垣鼓兒詞)	哭祖廟	雷峰塔鼓詞
九美圖鼓詞	苦中義影詞	雷振海征北
九美奪夫鼓詞	誇夫	擂鼓戰金山
九女逹 (襄垣鼓兒詞)	跨海收疆	梨花大鼓書詞初編
九巧傳鼓詞	快活林	狸貓換太子
九義十八俠鼓詞	快活林鼓詞	狸貓換太子八集鼓詞
酒色財氣	快嘴李翠蓮記詞話	狸貓換太子初集鼓詞
就是我鼓詞二集	匡胤打店 (中篇襄垣鼓兒詞)	狸貓換太子二集鼓詞
就是我鼓詞正集	匡胤開賭 (小段襄垣鼓兒詞)	狸貓換太子六集鼓詞
娶仙爐鼓詞	魁樓借筆鼓詞	狸貓換太子九集鼓詞
娶仙陳鼓詞	闊大煙嘆	狸貓換太子七集鼓詞
		狸貓換太子三集鼓詞
		狸貓換太子十集鼓詞
		狸貓換太子四集鼓詞
K	**L**	狸貓換太子五集鼓詞
看馬戲	拉荊芭	

離魂	梁武帝鼓詞	劉備招親鼓詞
黎大總統首創共和記	梁祝姻緣鼓詞	劉二姐逛廟鼓詞
黎元洪鼓詞	梁山百祝英台夫婦攻書團圓記鼓詞	劉二姐捏娃娃
黎元洪武昌起義鼓詞		劉高手治病
李翠蓮鼓詞	梁山伯祝英台全傳鼓詞	劉公案（襄垣鼓兒詞）
李翠蓮盤道	兩狼山小祭祖鼓詞	劉公案鼓詞
李翠蓮盤道施金釵	兩老漢誇子（小段襄垣鼓兒詞）	劉公案鼓詞
李翠蓮施金釵	兩頭忙	劉公案鼓詞後集
李方巧得妻	倆老婆	劉關張桃園三結義鼓詞
李方巧得妻鼓詞（太平年鼓詞）	聊齋白話韻文鼓詞集	劉何二大人奉旨拿國太鼓詞
李公奇案鼓詞	聊齋志異鼓詞	劉黑郎推車（小段襄垣鼓兒詞）
李鴻章征東鼓詞	列國志鼓詞	劉金定觀星
李鴻奪魚	列奸黨治罪	劉金定探病
李鴻奪魚（中篇襄垣鼓兒詞）	烈女傳（襄垣鼓兒詞）	劉金定四下南唐
李萬順跑關東	林黛玉葬花說唱鼓詞	劉金定四下南唐鼓詞
李曉英愛國從軍	林花靖	劉伶醉酒
李氷生接閨女	林香保雙釵記鼓詞	劉金進瓜
俚曲鼓詞	林中會	劉榮下南京
歷代史略鼓兒詞	臨城大劫案鼓詞	劉文龍求官升仙傳
歷代史略十段錦詞話	臨江會	劉玄德出世鼓詞
連環記	臨陶府鼓詞	劉永福打台灣鼓詞
連升三級	臨潼山	劉玉郎恩家鼓詞
蓮花落鼓詞	臨潼山救駕（小段襄垣鼓兒詞）	劉智遠李三娘白兔記鼓詞
蓮花井	伶俐小妞妞	柳江口
蓮花井盞鼓詞	靈飛經鼓詞	柳敬亭
蓮子瓶鼓詞	靈飛經影詞	柳蔭記
良方四盞	靈飛鏡影詞	柳路景榮歸
梁紅玉	靈官廟代傳鼓詞	六才子鼓詞
梁賽金擀麵	玲瓏塔	六打天門陳鼓詞
梁山一百單八將	劉備過江	六大洲
梁山英雄傳鼓詞	劉備賣草鞋鼓詞	六士三義影詞

六煙嘆
六月三伏
六月雪鼓詞
龍鳳傳鼓詞
龍鳳簪 (襄垣鼓兒詞)
龍鳳再生緣
龍官保女大王大鬧賢關鏟絲鸞記
龍虎奇緣鼓詞
龍虎征南鼓詞
龍門陳影詞
龍泉劍鼓詞
龍三姐拜壽鼓詞
龍須面分裙記全本鼓詞
龍抓劉奇 (中篇襄垣鼓兒詞)
龍抓熊氏女
聾漢招親 (小段襄垣鼓兒詞)
露淚緣
盧溝曉月 (梅花大鼓)
蘆花蕩
魯班修橋 (小段襄垣鼓兒詞)
魯撻除霸
魯撻大鬧延安府
陸英姐鼓詞
路遙知馬力鼓詞
呂布戲貂蟬
呂純陽請天兵
呂純陽三戲白牡丹初集鼓詞
呂純陽三戲白牡丹二集 鼓詞
呂純陽三戲白牡丹三集鼓詞
呂純陽三戲白牡丹四集鼓詞
呂侗賓戲牡丹

呂蒙正趕齋
呂蒙正困寒窯宮花報喜大團圓
　　　　全本
呂蒙正教書
呂蒙正教學
呂蒙正忍耐圖
呂祖買葯勸世文
呂祖捉妖狐
綠蝴蝶鼓詞
綠牡丹鼓詞
綠野仙蹤鼓詞
綠衣女
論語小段
羅成打登州鼓詞
羅成還魂 (中篇襄垣鼓兒詞)
羅成叫關
羅成賣絨線
羅成算卦
羅成托夢
羅裙記
羅探花記鼓詞
羅通掃北鼓詞
羅章跪樓
洛陽橋

M

馬鞍山
馬前潑水
馬潛龍走國鼓詞

賣刀試刀
賣瓜子 (小段襄垣鼓兒詞)
賣油郎獨占花魁
賣油郎獨占花魁鼓詞
饅鬥鼓詞
滿床笏
滿春園
滿漢鬥鼓詞
毛公案
毛驢拐媳婦
沒牙虎打擂鼓詞
梅鼓子詞
梅花傳影詞
梅鹿陳 (中篇襄垣鼓兒詞)
美女換江山鼓詞
美女思春
美女思親曲詞
美女思情
美人計
門神竈君訴功 1冊
猛虎學藝 (小段襄垣鼓兒詞)
猛回頭鼓詞
蒙正趕齋 (小段襄垣鼓兒詞)
蒙正歸窯
蒙正祭竈
孟薑女
孟薑女哭城
孟薑女哭斷長城
孟薑女萬裏尋夫鼓詞
孟薑女尋夫
孟子見梁惠王

禰衡罵曹　　　　　　　　　　　　　　　　　　女俠紅蝴蝶六集鼓詞
迷魂陳鼓詞　　　　　哪吒鬧海鼓詞　　　　　　女俠紅蝴蝶九集鼓詞
迷人館捉拿九花娘鼓詞　男女雙十愛　　　　　　女俠紅蝴蝶七集鼓詞
迷仙陳鼓詞　　　　　南北大戰記鼓詞　　　　　女俠紅蝴蝶三集鼓詞
麋氏托孤　　　　　　南北宋鼓詞　　　　　　　女俠紅蝴蝶四集鼓詞
密建遊宮　　　　　　南北停戰議和記鼓詞　　　女俠紅蝴蝶五集鼓詞
密建遊宮鼓詞　　　　南北英雄鼓詞
蜜蜂記鼓詞　　　　　南昌衛鼓詞
苗家莊鼓詞　　　　　南天門走雪山鼓詞　　　　**P**
苗秀英裹腳（小段襄垣鼓兒詞）　南陽府鼓詞
苗莊王訪賢　　　　　南陽關　　　　　　　　　怕老婆頂燈
妙法折洋樓　　　　　難葯引　　　　　　　　　排王贊
民國成　　　　　　　鬧花燈鼓詞　　　　　　　盤古傳鼓詞
憫忠傳　　　　　　　鬧江州　　　　　　　　　盤盒救主
閔忠碑鼓詞　　　　　泥馬渡江影詞　　　　　　盤州曲鼓子詞
名憫爭風鼓詞　　　　年羹堯全傳說唱鼓詞　　　盼婿（小段襄垣鼓兒詞）
明恥集　　　　　　　廿四忙　　　　　　　　　跑關東
明末清初　　　　　　捏鎬　　　　　　　　　　炮打五虎神初集鼓詞
明清八義鼓詞　　　　孽姻緣　　　　　　　　　炮打五虎神二集鼓詞
明清演義　　　　　　寧武關　　　　　　　　　炮打五虎神三集鼓詞
鳴冤閣影詞　　　　　寧武關鼓詞　　　　　　　炮打五虎神四集鼓詞
木皮散客傳鼓詞　　　牛皋下書　　　　　　　　彭公案
木皮散人鼓詞 15頁　　牛頭山救駕　　　　　　　彭公案鼓詞
目連救母　　　　　　奴女換太子鼓詞初集　　　彭公案鼓詞八集
目連僧救母　　　　　奴殺閻婆惜　　　　　　　彭公案鼓詞初集
目連僧救母初集鼓詞　女大發慌（小段襄垣鼓兒詞）　彭公案鼓詞二集
目連僧救母二集鼓詞　女吊孝　　　　　　　　　彭公案鼓詞九集
目連生救母　　　　　女復仇影詞　　　　　　　彭公案鼓詞六集
穆桂英掛帥鼓詞　　　女俠紅蝴蝶八集鼓詞　　　彭公案鼓詞七集
穆桂英招親　　　　　女俠紅蝴蝶初集鼓詞　　　彭公案鼓詞三集
N　　　　　　　　女俠紅蝴蝶二集鼓詞　　　彭公案鼓詞十集

彭公案鼓詞十一集	七劍十三俠鼓詞二集	乾隆充軍鼓詞
彭公案鼓詞十二集	七劍十三俠鼓詞三集	乾隆皇帝下關西
彭公案鼓詞十三集	七擒孟獲	乾隆休妻鼓詞
彭公案鼓詞十四集	七擒孟獲初集鼓詞	黔之驢
彭公案鼓詞十五集	七擒孟獲二集鼓詞	遣晴雯
彭公案鼓詞四集	七俠五義鼓詞	槍斃郭松齡鼓詞
彭公案鼓詞五集	七星燈	槍斃駝龍鼓詞
彭公保巧破七命案鼓詞	七言百家姓	槍斃閻瑞生
碰碑	七子八婿大上壽	槍挑小梁王
劈山救母	七字百家姓	喬太守亂點鴛鴦譜
劈山救母鼓詞	齊陳相罵	巧斷六頭案
皮鞭記 (襄垣鼓兒詞)	齊人夢鼓詞	巧合奇冤鼓詞
皮箱計	齊人有一妻一妾	巧連珠鼓詞
漂母飯信	奇女征番忠孝圖鼓詞	巧奇緣鼓詞
平安城 (京韻大鼓)	奇巧案	巧相逢
平定南京	奇巧鴛鴦案	巧姻緣
平東來	奇事傳鼓詞	俏紅妝
平西涼陰兵陳合集	麒麟報	俏佳人離情
平陽傳	祈禱和平 (京音大鼓)	怯打朝
平妖傳鼓詞初集	氣不平	怯綉
平妖傳鼓詞二集	千金報	秦瓊辭母
平妖傳鼓詞三集	千金裘	秦瓊打擂鼓詞
平妖傳鼓詞四集	千金全德	秦瓊打擂鼓詞
破鏡鼓詞	千裏駒 (襄垣鼓兒詞)	秦瓊大鬧原府鼓詞初集
葡萄架鼓詞	千裏駒鼓詞	秦瓊大鬧原府鼓詞二集
	前後說唐鼓詞	秦瓊大鬧原府鼓詞三集
	前後說唐影詞	秦瓊大鬧原府鼓詞四集
Q	前七國志鼓詞	秦瓊發配男起解鼓詞
	前三國志全本鼓詞	秦瓊訪友大鬧太原府初集鼓詞
七打天門陳鼓詞	乾坤鼓詞	秦瓊訪友大鬧太原府集鼓詞
七劍十三俠鼓詞初集	乾坤歸元鏡鼓詞	秦瓊掛師尉遲恭父子相會鼓詞

秦瓊活捉王洪黨鼓詞
秦瓊救李淵 (中篇襄垣鼓兒詞)
秦王吊孝
秦春盼夫 (小段襄垣鼓兒詞)
秦雪梅
秦雪梅鼓詞
秦雪梅吊孝三元記鼓詞
秦英征西鼓詞
青茉名
青龍傳鼓詞
青龍傳通州壩鼓詞
青樓遺恨
青石山
青石山鼓詞
青石山狐仙傳鼓詞 (石派快書)
青雲傳影詞
青雲劍影詞
清初鼓詞俚曲選
青峰嶺鼓詞
清官斷 (襄垣鼓兒詞)
清官斷鼓詞
清廉訪案殺子報鼓詞
清烈傳 (襄垣鼓兒詞)
清龍傳 (襄垣鼓兒詞)
蜻蜓奇緣鼓詞
晴雯補裘
晴雯撕扇
床功樓鼓詞
窮富拜年
窮漢過年 (小段襄垣鼓兒詞)
窮人嘆冤氣 (襄垣鼓兒詞)

窮酸歡
瓊林宴
驅魔曲 (京音大鼓)
取西川張松獻地圖鼓詞
取雄關 (京音大鼓)
取滎陽
全本遊地府
全德報
全合鉢
全烈女傳
全孟州鼓詞
全林寺影詞
全投唐鼓詞
全尋親鼓詞
全夜宿花亭鼓詞
全忠孝影詞
秦打鎮關西
勸毒品 (小段襄垣鼓兒詞)
勸防空 (京音大鼓)
勸閨女
勸票傲夫
勸世良言
群英會
群英會鼓詞

R

繞口令
繞塔繞口令
熱客後悔

仁義禮智信
仁宗認母傳詞話
忍勸圖
日出東山漫天紅 (襄垣鼓兒詞書幅)
日俄戰
肉兵墳鼓詞
肉頭陳
知夢傳鼓詞
儒家畫景鼓詞

S

賽海棠
賽龍圖青天報
三春景鼓詞
三打紅毛國初集鼓詞
三打紅毛國二集鼓詞
三打紅毛國六集鼓詞
三打紅毛國三集鼓詞
三打紅毛國四集鼓詞
三打紅毛國五集鼓詞
三打天門陳鼓詞
三度林英
三姑娘上壽
三顧茅廬
三公案鼓詞
三鬼毛 (小段襄垣鼓兒詞)
三國綱鑒鼓詞
三國志鼓詞

三國志鼓詞	三省莊鼓詞十集	神怪劍俠案鼓詞
三國志鼓詞	三省莊鼓詞四集	神仙出寶
三洪傳鼓詞	三省莊鼓詞五集	神仙小說封神演義鼓詞
三魂傳 (襄垣鼓兒詞)	三省莊鼓詞續集	神州代會贊鼓詞 (石派快書)
三箭定天山	三十三怕 (襄垣鼓兒詞)	審磚頭
三教九江河鼓詞	三搜臥龍崗鼓詞	升禪會說唱鼓詞 1冊
三門街後傳鼓詞	三堂會審	升仙傳鼓詞
三門街前傳鼓詞	三戲白牡丹鼓詞	升仙定唐傳說唱鼓詞野史
三門婿拜壽 (小段襄垣鼓兒詞)	三俠五義鼓詞	聖教古史小說鼓詞
三民主義鼓兒詞	三俠五義鼓詞	聖教古史小說鼓詞
三難新郎	三俠傳	聖教古史小說鼓詞
三郎教子	三賢傳鼓詞	聖教古史小說鼓詞
三怕老婆	三賢傳影詞	聖教古史小說鼓詞
三氣周瑜詞	三星下界興宋傳鼓詞	聖教古史小說鼓詞
三巧傳	三元記	聖教古史小說鼓詞
三全鎭鼓詞	三元傳鼓詞	聖節鼓子詞 [點絳唇]
三全傳	三元記烏金記鼓詞合傳	聖節鼓子詞 [減字木蘭花]
三人求才 (小段襄垣鼓兒詞)	三月桃花	師官愛妻劉都賽上元十五夜看
三人行 (京音大鼓)	三子分家	燈傳詞話
三掃鳳凰台	騷翁賢媳鼓詞	施公案鼓詞
三掃鐵丘墳	傻大哥	施公案鼓詞
三山聚義打靑州	傻子誇妻	施公案鼓詞八集
三司大審玉堂春	上海大世界鼓詞	施公案鼓詞初集
三省莊鼓詞	上海灘鼓詞	施公案鼓詞二集
三省莊鼓詞八集	上海新世界鼓詞	施公案鼓詞九集
三省莊鼓詞初集	上海之大世界新世界鼓詞	施公案鼓詞六集
三省莊鼓詞六集	上元鼓子詞幷口號 [點絳唇]	施公案鼓詞七集
三省莊鼓詞九集	少侍衛嘆	施公案鼓詞三集
三省莊鼓詞七集	舌戰群儒	施公案鼓詞十集
三省莊鼓詞三集	宗太君表功 (中篇襄垣鼓兒詞)	施公案鼓詞四集
三省莊鼓詞十一集	神怪鬼妖白蓮教鼓詞	施公案鼓詞五集

施公案影詞	十勸人 (小段襄垣鼓兒詞)	摔鏡架曲詞 (梅花大鼓)
施公清烈鼓詞	十三打天門陳鼓詞	摔琴
十愛誇夫	十三道大轍	拴娃娃
十愛美女	十三妹大破能仁寺鼓詞	雙拜年
十八愁 (襄垣鼓兒詞)	十三妹三刺年羹堯鼓詞	雙鞭記鼓詞
十八愁繞口令	十三月古人名	雙鑣記 (襄垣鼓兒詞)
十八打天門陳鼓詞	十四打天門陳鼓詞	雙鑣記鼓詞
十八姑娘吊孝 (小段襄垣鼓兒詞)	十五串影詞	雙釵記鼓詞
十八國鬥寶鼓詞	十五打天門陳鼓詞	雙詞堂影詞
十八羅守寡	十五折	雙燈記
十不足 (小段襄垣鼓兒詞)	十賢女 (小段襄垣鼓兒詞)	雙風奇緣
十重恩	十一打天門陳	雙風山鼓詞
十打天門陳鼓詞	十至百歡花	雙掛印鼓詞
十大愁	十字百家姓	雙官誥鼓詞
十大勸	十字坡	雙合桃鼓詞
十道黑	獅子樓	雙紅燈鼓詞初集
十等傳家勸人方	石猴演壽圖說唱鼓兒詞	雙紅燈鼓詞二集鼓詞
十二打天門陳	石郎駙馬傳詞話	雙簧鼓詞
十二寡婦征西鼓詞	石破天驚鼓詞	雙金定傳鼓詞
十二紅鼓詞	石頭記	雙進門泥鞋記鼓詞
十二月古人名	石玉昆	雙鈴記
十二月鼓子詞 [漁家傲]	時興調綉鴛鴦	雙龍傳鼓詞
十個學生放風箏	實事奇案說唱鼓詞騷翁賢媳	雙夢奇緣鼓詞
十個丫環放風箏	拾便宜	雙夢熊鼓詞
十粒金丹鼓詞	侍衛訟	雙妻傳鼓詞 (太平年鼓詞)
十六愁鼓詞	柿子筐	雙失婚二下南唐影詞
十六打天門陳鼓詞	手巾記	雙雙婚配
十六靠	壽榮華鼓詞	雙鎖山
十九打天門陳鼓詞	書幅	雙鎖山鼓詞
十女誇夫	數羅漢	雙鎖山因龍傳鼓詞初集
十七打天門陳鼓詞	摔鏡架	雙鎖山因龍傳鼓詞二集

雙鎖山因龍傳鼓詞三集	絲絨記鼓詞	孫武子雷炮興兵救孔聖
雙鎖山因龍傳鼓詞四集	司馬貌魂斷三國	孫悟空大鬧蟠桃會
雙鎖山因龍傳鼓詞五集	私孫記 (襄垣鼓兒詞)	孫行者大鬧火焰山鼓詞
雙鎖山因龍傳鼓詞六集	四打天門陳	孫行者大鬧天官鼓詞
雙題紅鼓詞	四大血案鼓詞	孫行者捉妖怪鼓詞
雙頭馬鼓詞	四海棠鼓詞	孫忠理論敦蒙難
雙頭山因龍傳鼓詞	四名山豹頭山鼓詞	銷鐵劍影詞
雙禿鬧房	四名山鼓詞	銷陽關影詞
雙喜配鼓詞	四平山影詞	
雙賢圖	汜水關	
雙星記花燈傳	松江傳	**T**
雙玉聽琴	松江吃屎鬧江州鼓詞	
雙玉鐲鼓詞	宋江發配	塔子溝初集鼓詞
雙珠鳳鼓詞	宋江鬧院	塔子溝二鼓詞
雙狀元祭祖先李彥貴	宋江坐樓	塔子溝三鼓詞
水蟲兒段	宋江坐樓鼓詞	塔子溝四集鼓詞
水紅袍	宋史奇書鼓詞	太公賣面
水滸說唱鼓詞全傳	宋哲元大戰喜峰口	太後佛爺安民勸善歌
水滸傳詞話	蘇鳳英葯茶記鼓詞	太極圖鼓詞
水漫藍橋相會鼓詞	蘇代賠妹鼓詞	太極陳鼓詞
水南寨	蘇三起解	太平傳鼓詞
水淹金山寺	蘇州賣刀	太平莊 (京音大鼓)
水淹金山寺鼓詞	算糧登殿鼓詞	太師回朝
水淹藍橋	隋唐演義鼓詞	太師適齋章鼓詞
順治出家鼓詞	隋唐傳鼓詞	太虛幻境
順治過江全傳鼓詞	隋煬皇帝看瓊花鼓詞	太原府初集鼓詞
順治進關鼓詞	隋煬皇帝下揚州鼓詞	太原府二集鼓詞 (繡像說唱太原府二集鼓詞)
說唱鼓詞五種	隨緣樂	
說唱歐洲戰事記	孫賓拜壽	太原府鬧花燈鼓詞
說嶽鼓詞	孫賓招親	太原府三集鼓詞 (繡像說唱太原府三集鼓詞)
絲絨記	孫文鼓詞	

太原府四集鼓詞　(繡像說唱太原府四集鼓詞)	天下景致	駝龍正法記鼓詞
太子藏舟	天下雲遊	
太子藏舟	天竺國影詞	
彈詞小說賈鳧西鼓詞	田家樂	**W**
談香女哭瓜	桃骨車	
嘆青樓	桃袍	瓦崗寨鼓詞
唐二主探病	鐵公雞說唱初集鼓詞	外國爪子鬧中原
唐宮鬧妖記鼓詞	鐵公雞說唱二集鼓詞	外洋樂通商
唐李淵選將征北鼓詞	鐵公雞說唱三集鼓詞	萬寶陳鼓詞
唐明皇遊月宮	鐵公雞說唱四集鼓詞	萬寶陳影詞
唐僧取紅鼓詞	鐵冠圖鼓詞	萬古愁鼓子詞
唐僧師徒取紅西遊記鼓詞	鐵蓮燈影詞	萬國床祝大典記鼓詞
唐王探病	鐵丘墳	萬花樓
桃洞仙緣	鐵丘墳影詞	萬仙陳鼓詞
桃花庵鼓詞	鐵樹開花鼓詞	亡國鏡
桃花鼓詞	聽鼓詞	王伯黨招親鼓詞
桃花記鼓詞	聽月傳鼓詞	王道士捉妖
桃花扇影詞	通天帶	王登雲休妻
陶三春刀辟三關鼓詞	通天河代贊鼓詞	王登雲休妻
陶三春刀劈三關薛平貴五家坡合刻鼓詞	通州壩鼓詞	王定保借當
	同胞看看氣不平鼓詞	王定保借當鼓詞
踢火盆	佟九玲借當	王二姐
天宮賜福	偷吃糕	王二姐得病害相思
天津齙舌奇聞騷翁賢媳鼓詞	偷南瓜	王二姐探鏡架
天雷報	偷石榴	王二姐思夫
天理循環報	偷玉菱	王二姐思夫曲詞（梅花大鼓）
天門陳鼓詞	頭渡林英	王二姐做夢
天門陳鼓詞	禿姑爺	王公案鼓詞
天水關	禿媳婦	王桂英烏金記鼓詞
天台山封神	土地爺告狀	王漢奚借糧
	托兆碰碑	王華買父鼓詞

王會川跑關東鼓詞	王昭君出塞 (小段襄垣鼓兒詞)	吳越春秋鼓詞七集
王金川得狀元	望兒樓	吳越春秋鼓詞三集
王金子大鼓書	爲賭噘夫	吳越春秋鼓詞十集
王魁元逃學	溫酒斬雄	吳越春秋鼓詞四集
王龍比勢鼓詞	溫涼盞鼓詞	吳越春秋鼓詞五集
王美容歡花	文明大鼓書詞	五百大刀隊戰死喜峰口
王婆罵鷄	文天祥鼓詞	五彩蓮雙熊傳鼓詞
王奇賣豆腐初集鼓詞	文武二度梅鼓詞	五彩圖說唱迷仙陳鼓詞
王奇賣豆腐初集鼓詞二	文武香球	五打天門陳鼓詞
王奇賣豆腐六集鼓詞	刎頸鴛鴦會鼓子詞	五代殘唐鼓詞
王奇賣豆腐九集鼓詞	問天鼓詞	五毒傳鼓詞
王奇賣豆腐七集鼓詞	臥鳳山影詞	五鋒會影詞三集
王奇賣豆腐三集鼓詞	臥虎山鼓詞	五關斬將
王奇賣豆腐十集鼓詞	臥虎山影詞	五鬼分屍奸奏檜
王奇賣豆腐四集鼓詞	臥龍崗三請諸葛鼓詞	五虎炮打亂柴溝初集鼓詞
王奇賣豆腐五集鼓詞	臥牛山	五虎炮打亂柴溝二集鼓詞
王清明合同記	臥薪嘗膽鼓詞	(新編說唱五虎炮打亂柴溝
王床打拳	烏龍院	二集鼓詞)
王床賣藝	烏龍院活捉張三郎鼓詞	五虎炮打亂柴溝六集鼓詞
王三鋤田	烏鴉山鼓詞	(新編說唱五虎炮打亂柴
三王姐捎書	吳大人私訪九人頭鼓詞	溝六集鼓詞)
王天保討飯	吳佩孚大戰嶽雄峻鼓詞	五虎炮打亂柴溝三集鼓詞
王文虎退婚雙花記鼓詞	吳佩孚鼓詞初集	(新編說唱五虎炮打亂柴
王瞎子捉奸鼓詞	吳佩孚鼓詞二集	溝三集鼓詞)
王祥臥冰 (中篇襄垣鼓兒詞)	吳用智劫生辰綱鼓詞	五虎炮打亂柴溝四集鼓詞
王祥臥魚	吳越春秋鼓詞初集	(新編說唱五虎炮打亂柴
王玉山輪妻	吳越春秋鼓詞八集	溝四集鼓詞)
王元上壽	吳越春秋鼓詞初集	五虎炮打亂柴溝五集鼓詞
王員外休妻	吳越春秋鼓詞二集	(新編說唱五虎炮打亂柴
王月英罵燈孝燈記	吳越春秋鼓詞六集	溝五集鼓詞)
王允獻冠	吳越春秋鼓詞九集	五虎平南傳初集說唱鼓詞

五虎平西鼓詞	武松	西太後初集鼓詞
五虎平西鼓詞	武松除霸	西太後二集鼓詞
五虎征南傳鼓詞	武松打店	西太後三集鼓詞
五虎莊	武松打虎	西太後四集鼓詞
五花記鼓詞	武松打虎鼓詞	西唐傳
五劍十八義鼓詞	武松大鬧東嶽廟	西廂
五雷陳鼓詞	武松大鬧董家廟	西廂段
五龍傳鼓詞	武松大鬧十字坡鼓詞	西廂記
五龍堂	武松大鬧五龍堂	西廂記鼓詞
五美緣鼓詞	武松獨臂擒方臘鼓詞	西廂子弟書詞六種
五女興唐傳	武松迂會	西遊記鼓詞
五女興唐傳鼓詞	武松孟州結拜	西遊記鼓詞
五女興唐鼓詞	武松擒方臘	洗衣記（襄垣鼓兒詞）
五女征南一納紅鼓詞	武松殺娘	喜話大歡
五人義	武松殺嫂	戲海（京魯大鼓部）
五人義大義勛王鼓詞	武松炸會	戲鸚鵡
五色雲	武松醉殺西門床鼓詞	瞎子騎驢
五色雲鼓詞	武則天初集鼓詞	俠鳳奇緣鼓詞初集
五聖朝天	武則天二集鼓詞	俠鳳奇緣鼓詞二集
五鼠鬧東京鼓詞	武則天三集鼓詞	俠女紅蝴蝶初集鼓詞
五行山鼓詞	武則天四集鼓詞	俠女紅蝴蝶二集鼓詞
五閻羅判斷貓鼠鼓詞	誤闖白虎堂	俠女紅蝴蝶三集鼓詞
五元哭墳鼓詞		俠女紅蝴蝶四集鼓詞
五雲傳		俠女伶鼓詞初集
五莊歡	X	俠情奇緣說唱鼓詞俠鳳奇緣續集
五子登科		俠情事實說唱鼓詞俠鳳奇緣
伍子胥過江	西漢演義鼓詞（東西漢鼓詞合）	俠俠俠鼓詞初集
伍子胥早投吳滅楚鼓詞	西湖全情影詞	俠俠俠鼓詞二集
武大郎上墳	西湖陰配鼓詞	俠俠俠鼓詞三集
武家坡	西湖緣鼓詞	俠俠俠鼓詞四集
武陵源	西美國鼓詞	俠義鼓詞雍正八義續集

第2章　中國古典戲曲(彈詞·鼓詞)의 綜合目錄　413

俠義烈婦征西傳	小八義鼓詞	小娘們鬥牌
下關西	小拜年	小女婿尿床
下河南	小錯房 (小段襄垣鼓兒詞)	小喬自嘆
下兩廣鼓詞	小大姐偸情	小喬自嘆鼓詞
下南唐雙銷山鼓詞	小二姐做夢	小喬自嘆
仙人報恩	小放牛	小三分家
仙桃會影詞	小放牛鼓詞	小上墳
仙緣策	小姑惡	小上壽
先生殺學生	小姑不賢	小絲滌黨
先生嘆	小姑出閣	小送飯
先主祭靈	小姑賢	小太原府鼓詞
閑情逸致四種鼓詞	小寡婦改嫁	小天台
弦杖圖	小寡婦上墳	小王打鳥
賢良女燈下勸夫	小寡婦上墳大鼓詞	小五義鼓詞
鹹豐搬家熱河	小寡婦思夫	小西涼鼓詞
現世報鼓詞	小寡婦嘆	小西涼鼓詞
香蓮帕說唱鼓詞	小鬼鬧房	小西唐對松關鼓詞
香齡串鼓詞	小漢子鋤地	小西唐鼓詞
香羅帶鼓詞	小黑驢	小西廂
香油果子吊孝	小錯房	孝子傳鼓詞
香子討封	小倆口拜年	笑林廣記鼓詞
湘子得道	小倆口變臉	新出手拙出能佳人奇文
湘子點化	小倆口頂嘴 (小段襄垣鼓兒詞)	新洞天 (京音大鼓)
襄陽會	小倆口對詩	新姑爺拜年
祥籠夢影詞	小倆口鬧洞房	新國事悲鼓詞
響玲寶珠傳	小倆口爭燈	新漢演義鼓詞初集
響馬傳 (襄垣鼓兒詞)	小倆口拜年	新漢演義鼓詞二集
響馬傳鼓詞	小倆口頂咀	新刻二十四孝警示列傳
相子拜壽	小倆口回門	新刻水淹藍橋
蕭何追韓信	小馬潛籠走國	新誇桑 (京音大鼓)
小八義	小尼姑自嘆	新藍橋

新曲鼓詞	續國事悲英雄淚鼓詞二集	煙袋記
新生活運動鼓詞	續國事悲英雄淚鼓詞三集	煙毒害
新五雷陳（梅花大鼓）	續紅樓夢影詞	煙花樓
新陰功傳	續罵城	煙雲嶺鼓詞初集
新遊宮	續五彩蓮雙熊傳鼓詞	煙雲嶺鼓詞二集
醒世警同胞鼓詞	續五籠傳鼓詞	煙雲嶺鼓詞六集
醒世圖鼓詞	續小五義鼓詞	煙雲嶺鼓詞三集
興籠傳鼓詞	續新藍橋	煙雲嶺鼓詞四集
興隆會（京音大鼓）	續英雄大八義鼓詞	煙雲嶺鼓詞五集
興清傳鼓詞	宣統二次登基鼓詞	胭脂雪
行孝段	宣統復辟夢鼓詞	胭脂傳
杏元和番	宣統招親鼓詞	胭脂鼓詞
雄黃酒	薛寶釵撲蝶	延安府
雄黃酒鼓詞	薛丁山征西鼓詞	炎涼嘆
綉汗巾鼓詞	薛剛反唐	閻羅判斷貓鼠
綉荷包	薛禮征東	眼前報鼓詞
綉像定唐傳影詞	薛平貴紅鬃烈馬鼓詞	雁門山
綉像苦忠義影詞	薛平貴五家城鼓詞	燕青打擂
綉像蓮花扇鼓詞	薛仁貴跨海征遼鼓事詞話	燕青賣線
綉像銷羊關牧羊關影詞	薛仁貴征東鼓詞	燕王掃北鼓詞
綉鞋記鼓詞	學拳打金剛鼓詞	揚州府鼓詞
綉鞋記鼓詞（太平年鼓詞）	雪艷刺湯	揚州繞口令
徐母罵曹	雪夜上梁山	楊八姐遊春
徐母訓子	雪月梅鼓詞	楊八郎探母
徐世昌鼓詞	血滴子鼓詞	楊廣玩花
徐蔭棠平南初集鼓詞	血書詔影詞	楊貴妃鼓詞
徐蔭棠平南二集鼓詞	巡警歌	楊滾打擂
許仙借傘		楊家將鼓詞
許仙借傘白蛇傳鼓詞		楊家將鼓詞
續大破孟州鼓詞	**Y**	楊家十二寡婦征西
續大破孟州混元鉢鼓詞	牙痕記鼓詞	楊金花爭師印鼓詞

楊排風掃北大祭祖	一品當朝	英烈傳三集鼓詞
楊七郎打擂	一入榮國府	英烈傳四集鼓詞
楊七郎三下南唐	一文錢 (京音大鼓)	英烈傳五集鼓詞
楊三姐告狀鼓詞初集	一枝花捎書	英烈春秋鼓詞
楊三姐告狀鼓詞二集	一至十倒翻	英雄大八義鼓詞
楊文廣平南傳鼓詞	義妖全傳鼓詞	英雄正續大八義鼓詞
楊文廣征南鼓詞	義口救主滾釘版九更天	英雄大鬧九龍山鼓詞
楊文廣征西鼓詞	義俠傳鼓詞	英雄大鬧三門街鼓詞
楊小姐要表兵困甘州城	憶眞妃	英雄會
楊志賣刀	因果惡報	英雄淚鼓詞
楊宗英下山鼓詞	因果美報鼓詞	英雄鑒初集鼓詞
洋人回國	姻緣榜	英雄鑒二集鼓詞
洋人進京	陰魂陳	英雄鑒三集鼓詞
姚三姐破鏺記	陰魂陳鼓詞	英雄鑒四集鼓詞
姚公案	陰陽案	英雄譜鼓詞
咬臍郎打圍	陰陽報影詞	英雄小八義鼓詞八集
葯性唱本鼓詞	陰陽鬥鼓詞	英雄小八義鼓詞正集
野馬川影詞	陰陽界影詞初集	英雄小八義鼓詞二續
夜看春秋	陰陽界影詞二集	英雄小八義鼓詞六續
夜宿花亭	陰陽界影詞三集	英雄小八義鼓詞九續
夜宿花亭合鉢綉汗巾鼓詞	陰陽傳	英雄小八義鼓詞七續
一百單八州	銀合走國	英雄小八義鼓詞三續
一百黑	英歌記鼓詞	英雄小八義鼓詞十續
一百忍	英烈春秋鼓詞初集	英雄小八義鼓詞四續
一才子三國志鼓詞	英烈春秋鼓詞二集	英雄小八義鼓詞五續
一寸光陰	英烈春秋鼓詞三集	鶯哥行孝義傳詞話
一寸光陰一寸金	英烈春秋鼓詞四集	鶯鶯夢夢
一打天門陳鼓詞	英烈春秋鼓詞五集	鸚哥對詩
一朵浮雲	英烈鼓詞	鸚哥記鼓詞
一門歡床	英烈傳初集鼓詞	鸚哥對答
一女九夫	英烈傳二集鼓詞	影詞二十一種

影詞念四種	玉杯記回杯記鼓詞	遠歡青山
影詞三十二種	玉杯記鼓詞	月明樓
影詞四十八種	玉杯記回杯記金牌記鼓詞合傳	月明樓鼓詞
應靈寺鼓詞	玉蝴蝶鼓詞	嶽飛槍挑小梁王鼓詞
雍正八義鼓詞	玉蝴蝶影詞	嶽飛請宋靈初集鼓詞
雍正八義鼓詞續集	玉虎墜鼓詞	嶽飛請宋靈二集鼓詞
雍正新小八義鼓詞	玉嬌梨	嶽精忠傳鼓詞
冰福寺	玉姐出閣	嶽母刺字
冰床升平鼓詞	玉姐兒想婆家	越王獻西施鼓詞
詠梅鼓子詞幷序	玉姐要婆家	雲劍影詞
詠穎州西湖鼓子詞	玉葵寶扇鼓詞	
尤三姐下凡	玉龍鐲影詞	
遊湖借傘	玉羅記鼓詞	**Z**
遊湖借傘鼓詞	玉蜻蜓後傳鼓詞	
遊舊院	玉蜻蜓前傳鼓詞	在陳絕糧
遊龍傳鼓詞	玉容圖鼓詞	葬花
遊亭入館	玉堂春	早婚害
遊武廟	玉天仙癡夢	造白泡
遊西湖	玉鴛鴦全傳鼓詞	造白袍
遊園尋夢	玉簪記鼓詞	鍘美案鼓詞
淤泥河	禦祭嶽王墳鼓詞	摘豆莢
幹成龍征北鼓詞	鴛鴦劍影詞	斬蔡陽
幹公案鼓詞	鴛鴦譜鼓詞	斬蔡陽鼓詞
幹公案鼓詞	鴛鴦誤	斬竇娥
俞伯牙摔琴	鴛鴦墜	斬華雄
漁家傲南詞（仿鼓子詞）	嶽飛佳話	斬顏良誅文醜
漁家樂瓊林宴影詞	元微之崔鶯鶯商調蝶戀花詞	戰長沙
漁家樂影詞	（鼓子詞）	戰長沙收黃忠
漁樵耕讀	轅門射戟	戰濮陽
漁樵問答	袁世凱風流史鼓詞	戰太平
愚鼓詞	袁世凱皇帝夢鼓詞	戰潼關

張飛趕船鼓詞	趙子龍招親鼓詞	指日高升
張飛賣肉鼓詞	貞節立牌坊	指日高升曲詞 (梅花大鼓)
張飛出世鼓詞	偵探小說就是我鼓詞續集	志善賢孝詞
張敬堯大破鄂城	偵探小說就是我鼓詞正集	台家寶
張郎休妻葛丁香戒指記	珍珠汗衫記	治羅鍋
張良辭朝	珍珠箭影詞	捏娃娃
張良休妻 (小段襄垣鼓兒詞)	珍珠帕鼓詞	致命小傳鼓詞
張三賣巾 (小段襄垣鼓兒詞)	珍珠衫	智破佟家霧鼓詞
張生開葯方 (小段襄垣鼓兒詞)	珍珠衫鼓詞	中國第一佛祖梁武帝鼓詞
張生戲鶯鶯 (小段襄垣鼓兒詞)	珍珠扇影詞	中國各省名稱鼓詞
張四姐大鬧東京傳	珍珠塔	忠孝情義開公傳
張松獻地圖	珍珠塔影詞	鐘聲(京音大鼓)
張松獻地圖鼓詞	枕頭案	重耳走國
張天師捉妖天牌記	鎮宮圖影詞	周倉偷孫子
張舜卿翠花記	鎮冤塔薄命圖影詞	周瑜托夢
張文貴傳詞話	鎮冤塔影詞	洲西坡
張吳北京會議記	爭燈	妯娌鬧
張吳大戰馮玉祥鼓詞	爭玉璽鼓詞	朱洪武出世鼓詞
張小姐賣花記全本	征東傳鼓詞	朱洪武放牛 (中篇襄垣鼓兒詞)
張學良鼓詞	征東鼓詞	朱買臣
張水打擂	征東鼓詞全傳	朱買臣馬前潑水鼓詞
張作霖初集鼓詞	征東全傳鼓詞	朱買臣全本
張作霖二集鼓詞	征續三俠五義鼓詞	朱買臣休妻
張作霖初三鼓詞	征續大八義鼓詞	朱買臣休妻鼓詞
昭君出塞	征續小八義鼓詞	朱太祖販烏梅鼓詞
昭君和番	征續英雄大八義鼓詞	朱仙鎮鼓詞
趙匡胤打關西	鄭元和落難蓮花落鼓詞	朱子家訓
趙匡胤打關西鼓詞	知難行易鼓詞	珠寶釵影詞
趙蘭英紅燈記	直奉大戰鼓詞	諸葛亮招親鼓詞
趙五娘上京琵琶記	直奉二次大戰鼓詞	諸八武拱地
趙振銷打妻	直魯聯軍攻津記	豬八武招親鼓詞

莊稼老兒嘆十聲鼓詞
莊王訪賢 (小段襄垣鼓兒詞)
莊子劈棺蝴蝶夢鼓詞
狀元譜鼓詞
子不孝
子龍趕船
子路追孔
子期聽琴
子胥過江 (小段襄垣鼓兒詞)
子牙賣面 (中段襄垣鼓兒詞)
姊妹易嫁
紫金關影詞
紫金鐲鼓詞
紫荊關影詞
紫羅袍
走局
走馬春秋鼓詞
走馬薦諸葛
最喜春光
醉打山門
左傳春秋鼓詞
左蓮城告狀
坐宮
包丞相斷烏盆全傳
長生薊
穿金扇龍燈圖鼓詞
萃美集
大鼓書子弟書合集
大仙陳鼓詞
地質圖三集李三保平南
風波亭 (石快書)

鼓詞六種
鼓詞四編
滾盤珠合義傳
花爲媒鼓詞
集錦傳記
哭周瑜
誇陽歷大鼓書
快活周瑜
梨花京音大鼓書天地集
龍虎山鬼迷張天師
龍興戰績鼓詞
孟日紅割股葵花記
明清兩國志說唱鼓詞
青紅顛倒玉牡丹鼓詞
清宮十三朝演義鼓詞
三回杯鼓詞
三孝記
上海妓女繁華夢鼓詞
書囊記鼓詞
雙蝴蝶
魏大人私訪梅州記鼓詞
吳三桂借清兵鼓詞
五代興隆傳
五色神旗
新筏子都大鼓書
杏花天鼓詞
旋風案
搖錢樹影詞
勇士黃勛伯義勇可風
袁青蟬金玉蟬相知還陽配合田
生天台三寶驪珠記

月唐全傳鼓詞
珍珠衫子弟書詞
子弟鼓詞社會新歌

저자소개

민관동(閔寬東, kdmin@khu.ac.kr)
- 1960年生, 韓國 天安 出生.
- 慶熙大 중국어학과 졸업.
- 대만 文化大學 文學博士.
- 現 慶熙大 중국어학과 敎授.
- 現 韓國中國小說學會 會長.
- 現 慶熙大 比較文化硏究所 所長.

著作
- 《中國古典小說在韓國之傳播》, 中國上海學林出版社, 1998年.
- 《中國古典小說史料叢考》, 亞細亞文化社, 2001年.
- 《中國古典小說批評資料叢考》, 學古房, 2003年.
- 《中國古典小說의 傳播와 受容》, 亞細亞文化社, 2007年 10月.
- 《中國古典小說의 出版과 硏究資料 集成》, 亞細亞文化社, 2008年 4月.
- 《中國古典小說在韓國的硏究》, 中國上海學林出版社, 2010年 9月.
- 《韓國所見中國古代小說史料》, 中國武漢大學校出版社, 2011年 6月.
- 《中國古典小說 및 戲曲硏究資料總集》, 학고방, 2011年 12月.
- 《中國古典小說의 國內出版本 整理 및 解題》, 학고방, 2012年 4月.
외 다수.

翻譯
- 《中國通俗小說總目提要》(第4卷-第5卷) [공역], 蔚山大出版部, 1999年.

論文
- <在韓國的中國古典小說翻譯情況硏究>, 《明淸小說硏究》(中國) 2009年 4期, 總第94期.
- <朝鮮出版本 新序와 說苑 연구>, 《中國語文論譯叢刊》 第29輯, 2011.7.
- <中國古典小說의 出版文化 硏究>, 《中國語文論譯叢刊》 第30輯, 2012.1 외 70여편.

유승현(劉承炫, xuan71@hanmail.net)
- 1971년생, 한국 서울 출생
- 檀國大學校 중문학과 졸업
- 台灣 中國文化大學 문학박사
- 現) 慶熙大學校 비교문화연구소 학진토대연구팀 전임연구원

著作
- 《小說理論與作品評析》(공저), 台北 問津出版社, 2003.
- 《中國古典小說戲曲硏究資料總集》(공저), 學古房, 2011.

論文
- 〈돈황(敦煌) 의협서사의 민중적 의협관〉, 《中國小說論叢》 제31집, 2010.3.
- 〈朝鮮의 中國古典小說 수용과 전파의 주체들〉 《中國小說論叢》 제33집, 2011.4. 외 7편.

경희대학교 비교문화연구소 비교문화총서 06

韓國所藏 中國古典戱曲(彈詞·鼓詞)
版本과 解題

초판 인쇄 2012년 12월 25일
초판 발행 2012년 12월 31일

공   저 | 민관동·유승현
펴 낸 이 | 하운근
펴 낸 곳 | 學古房

주   소 | 서울시 은평구 대조동 213-5 우편번호 122-843
전   화 | (02)353-9907 편집부(02)353-9908
팩   스 | (02)386-8308
전자우편 | hakgobang@chol.com
홈페이지 | http://hakgobang.co.kr
등록번호 | 제311-1994-000001호
ISBN   978-89-6071-286-7 93820

값 : 35,000원

※ 파본은 교환해 드립니다.